국제정치의
사회적 진화

기원전 8000년부터 미래까지

국제정치의 사회적 진화 ─기원전 8000년부터 미래까지
國際政治的社會演化
THE SOCIAL EVOLUTION OF INTERNATIONAL POLITICS

1판 1쇄 인쇄 2019년 12월 10일
1판 1쇄 발행 2019년 12월 16일

지은이   탕스핑(唐世平, Shiping Tang)
기획   성균중국연구소
옮긴이   이희옥·양철·강애리
펴낸이   신동렬
편집   현상철·신철호·구남희
디자인   장주원
마케팅   박정수·김지현

펴낸곳   성균관대학교 출판부
등록   1975년 5월 21일 제1975-9호
주소   03063 서울특별시 종로구 성균관로 25-2
전화   02)760-1253~4
팩스   02)760-7452
홈페이지   http://press.skku.edu/

ISBN 979-11-5550-351-5 93340

잘못된 책은 구입한 곳에서 교환해 드립니다.

성균중국
연구총서

027

THE SOCIAL EVOLUTION OF

국제정치의 사회적 진화

기원전 8000년부터 미래까지

國際政治的
社會演化

탕스핑(唐世平, Shiping Tang) 지음
성균중국연구소 기획
이희옥·양철·강애리 옮김

INTERNATIONAL POLITICS

성균관대학교
출 판 부

영문판 서문

1959년 다윈의 『종의 기원』 출간 100주년을 맞아 헤르만 뮐러(Paul Hermann J. Muller)는 "다윈주의가 없는 100년이 너무 길다"고 개탄한 바 있다. 사회과학으로 시야를 넓혀 보면, 그의 한숨이 더욱 깊게 느껴진다. 『종의 기원』이 세상에 나온 지 150여 년이 지난 후, 대다수의 사회과학자들은 진화방법을 통해 인간사회를 이해하는 것에 대해 반발심을 품지는 않더라도 여전히 모순된 감정을 가지고 있다. 인류사회를 충분히 이해하려면, 이와 같은 사회진화에 대한 의심을 깨끗이 버려야 한다. 사회과학자들은 진화적 사고를 기꺼이 받아들여야 하며, 사회진화론자가 되어야 한다. 도브잔스키(T.Dobzhansky)의 명언을 원용하자면, 진화적 사고를 운용하지 않는 한, 인류사회의 모든 것을 이해할 수 없을 것이다.

이전 연구에서 필자가 제기한 바와 같이, 우리가 사회과학의 궁극으로 돌아간다면, 11개의 기초적인 패러다임을 발견할 수 있다. 또한 사회과학 영역의 모든 주류 학파나 방법들이 모두 이 패러다임의 다른 조합의 산물이라는 사실을 알게 될 것이다(Tang 2011b). 여기에서 더 나아가 진화의 방법, 즉 정확히 말해 사회진화 패러다임(Social Evolution Paradigm)이 가장 강력한 방법이라는 사실을 제기하고자 한다. 사회진화 패러다임은 사회과학의 궁극적 패러다임이다. 이와 관련해 이 책에서는 무엇이 사회진화 현상이고 무엇이 사회진화 패러다임인지를 자세히 살펴봄으로써, 사회과학자들이 사회진화를 이해하고 사회진화 패러다임을 적용하여 인류사회를 이해하도록 돕고자 한다.

필자는 사회진화 패러다임을 통해 인류의 시작(B.C. 11000년)부터 현재까지 국제정치의 시스템 변화를 자세히 살펴봤다. 동시에 국제정치학계의 "대논쟁"에 있어 진화적 사고에 기초한 해결책을 제공하면서 사회진화 패러다임의 해석력을 보여주고자 노력해 왔다. 따라서 이 책은 국제관계학자들과 정치학자들뿐 아니라, 모든 사회과학자들을 위한 것이라고 할 수 있다.

다른 사회과학자들과의 작업과 사회진화 패러다임을 적용하여 집필한 다른 책들(Tang 2008b; 2010a; 2010e; 2011a; Tang and Long 2012)에 대해 적어도 일부 사회과학자들이 사회진화 패러다임이 해석력 있는 패러다임이라고 생각하길 바라며, 이를 통해 사회진화주의가 부재했던 150여 년을 종식하기를 바란다.

필자의 예상과 달리 이 책의 저술기간은 훨씬 길었다. 몇몇 기관의 아낌없는 정신적, 재정적 지원이 없었다면, 이 책의 발표는 기약도 없이 요원해졌을 것이다. 이에 이 기회를 빌려 중국사회과학원 아시아태평양연구소, 싱가포르 난양이공대학 라자라트남국제문제연구원(The S. Rajaratnam School of International Studies, RSIS)에 감사 인사를 드린다. 특히 중국사회과학원 장원링(張蘊岭) 교수와 RSIS의 배리 데스커(Barry Desker) 소장의 탁월한 리더십 덕분에 두 기관의 좋은 작업환경에서 일할 수 있었다.

2005년 싱가포르국립대학 동아시아연구소의 방문연구원으로 있던 기간에 도움을 준 왕경우(王赓武) 교수에게도 감사의 말을 전한다. 이 기간에 사회진화에 관한 세부적인 연구들을 완성했다. 또한, 어떻게 사회진화의 방법을 적용하여 국제정치와 더 넓은 인류사회의 사고를 이해할 수 있을 것인가를 보완할 수 있었다. 더 중요한 것은, 왕경우 교수라는 걸출한 역사학자에게 배울 수 있는 기회를 가졌다는 점이다. 이는 많은 학자들이 꿈꾸는 것인데, 필자는 참으로 운이 좋았다고 생각한다.

많은 학자들의 비판도 큰 도움이 되었다. 국제관계 분야에서 아미타브 아차리아(Amitav Acharya), 배리 부잔(Barry Buzan), 밥 저비스(Bob Jervis), 리처드 네드 르보우(Richard Ned Lebow), 제프리 레그로(Jeffery Legro), 조나단 머서(Jonathan Mercer), 푸샤오위(蒲晓宇), 소킷톡(Sow Keat Tok), 알렉산더 웬트(Alexander Wendt), 쉐리(薛力)의 도움을 받았다. 아세안 엘리트 여론조사에 관한 미발표 데이터를 공유해준 크리스 로버츠(Chris Roberts)에게도 감사한 마음이다.

인류학과 고고학을 포함한 넓은 의미의 사회진화론 학자들 중, 기예르모 알가제(Guillermo Algaze), 마리온 블루트(Marion Blute), 제프리 호지슨(Geoffrey Hodgson), 리차드 넬슨(Richard Nelson) 등의 작업은 서로 다른 분야의 데이터들과 의견을 일치시키는 데 근본적인 실수를 범하지 않도록 도와주었다.

옥스퍼드대학 출판사의 도미닉 바이엇(Domic Byatt) 편집자는 참을성 있게 지혜와 동기부여를 해주었다. 위험을 감수하고 일반 사회과학서적과는 다른 것처럼 보이는 이 책의 출판을 지지했다. 이 책이 최소한 그의 안목을 어느 정도 입증해주기를 희망한다.

그리고 추이타오(崔濤), 리홍린(李洪林), 리홍메이(李紅梅), 장위(張愚) 등의 특별한 친구들에게도 감사의 말을 전하고 싶다. 필자에 대한 그들의 확고한 믿음은 필자의 영감 일부였을 뿐만 아니라, 필자를 지지하고 격려하고 이해해주었다. 특별한 친구이자 멘토인 레슬리 펑(馮元良, Leslie Fong), 한징(韓兢), 옌신(嚴新)은 책에서 배울 수 없는 것들을 가르쳐 주었다.

지난 몇 년 동안, 몇몇의 훌륭한 연구조교들과 함께 일할 수 있는 행운이 있었다. 판용펑(范勇鵬)은 뛰어난 연구지원을 해주었을 뿐 아니라, 유럽 시스템 부분에 대한 유익한 토론도 해주었다. 양산(楊珊)은 참고문헌을 정리하는 고생을 마다하지 않았다. 베아트리체 비거(Beatrice Bieger), 캔디스 팡(Candis Pang), 판롱팡(潘榮芳), 홍옌(洪彦), 양위엔(楊原), 야오리샤(姚麗霞)와의 협력으로 이 작업이 고통스럽지 않았고, 현재 지도하고 있는 리쟝춘(李江春), 쑤뤄린(蘇若林), 왕카이(王凱), 장칭이(張婧一), 장민(张旻), 저우이치(周亦奇)도 필요한 도움을 주었다.

푸단대학에 와서 만난 새로운 동료들과 친구들 덕분에 즐겁고도 생산적인 나날을 보내고 있다. 천위강(陳玉剛), 천즈민(陳誌敏), 허쥔즈(何俊誌), 후잔(鬍湛), 리루이창(李瑞昌), 리우지엔쥔(劉建軍), 션이(瀋逸), 쑤창허(蘇長和), 우청치우(吳澄鞦), 우카이야(吳開亞), 우신보(吳心伯), 주친(硃勤)과 쉬는 시간에 차와 커피를 마시고 담배를 태우면서 집필과정을 즐겁게 보냈다. 또한 쉬리펑(徐立峰)과 줘시잉(左希迎)을 포함한 대학원생들은 진심으로 필자를 도와주었다.

필자의 가족들에게도 감사한다. 부모님은 이 모든 것을 견디어 낼 끈기를 주셨을 뿐만 아니라, 이토록 긴 기간 동안 그들과 함께 할 시간이 극히 적었던 것을 이해해주었다. 아내 왕린(王琳)과 장인장모님께 어린 아들을 키우는 것에 대부분의 짐을 지운 것 같아 이 책의 서문을 빌어 감사의 말을 전하고 싶다. 마지막으로, 아들 탕샤오위(唐瀟雨)에게도 감사한다. 그는 필자가 놀이 시간으로 쓸 수 있는 시간이 제한적이라는 점을 이해해주었고, 아들과의 시간이 소중하다는 것을 일깨워줬다.

이 책 세 번째 장의 초기버전은 *European Journal of International Relations* 제16권 제1호에 발표된 바 있다. 세이지(Sage) 출판사에 이미 발표한 내용을 다시 사용하도록 허락해준 것에 대해서도 감사의 인사를 전한다.

한국어판 서문

본서의 한국어판 출판은 많은 사람들의 노력이 있었기에 가능했다. 우선, 이 번거로운 작업을 맡아준 성균관대학교 성균중국연구소의 양철 교수와 푸단대학교 국제관계와 공공사무학원의 강애리 박사연구생에게 진심으로 감사하다. 또한, 성균관대학교 성균중국연구소 소장 이희옥 교수가 바쁜 일정에도 불구하고 번역원고를 직접 교정했다고 하니 더욱 존경스럽고 감동적이다. 이들의 노력이 아니었다면, 이 책이 한국 독자들을 만나는 시간은 아마 없었을 것이다. 이에 대해 보답할 수 있는 유일한 길은 필자 스스로 최대한의 능력을 발휘하여 그들과 함께 아시아의 사회과학의 성장을 위해 노력하는 것밖에 없다.

다음으로, 푸단대학교 국제문제연구원의 싱리쥐(邢麗菊) 교수, 성균관대학교 성균중국연구소의 안보(安波) 연구원에게도 감사하다. 이들은 본서의 한국어판 출판과정이 원활히 이루어질 수 있도록 중요한 기여를 했다. 이들 덕분에 이 책이 한국독자들을 만날 수 있게 되었다.

지난 여러 해 동안 필자의 연구의 대부분은 영어로 먼저 발표되거나 출판되었다. 이는 아시아(동아시아)의 많은 자연과학자들은 이미 세계적 수준의 학문적 기여를 하고 있는 반면, 아시아의 사회과학자들은 보편적인 사회과학적 지식을 제공하지 못했기 때문이기도 하다. 만약 아시아가 유럽 지역에 뒤이어 전 지역의 현대화를 이루고자 한다면, 아시아의 사회과학자들은 반드시 세계의 보편적인 사회과학적 지식분야에 공헌해야만 한다.

필자는 중국 출신 사회과학자로서 항상 다음과 같은 부분을 인정한다. 아시아의 전반적인 현대화가 없었다면 중국의 현대화는 어려웠을 것이다. 중국의 현대화 없이 아시아 전체의 현대화는 불가능했을 것이라는 말은 그다지 중요하지 않다. 분명 그 과정이 순탄하지 않겠지만 필자의 노력이 세계의 보편적인 사회과학적 지식을 위해 더 많은 아시아의 사회과학자들이 몸을 던지게 했으면 좋겠다.

2005년 말, 중국사회과학원에서 수업할 당시 학생들에게 10년 내에 영어로 쓴 책 네 권을 발표하겠다고 호언장담했다. 당시 학생들은 아마 이 말이 농담이라고 생각했을 것이다. 그 후 2016년 말까지 네 번째 영문 저서인 *On Social Evolution: Phenomenon and Paradigm*을 완성했다. 이 네 번째 영문 저서의 출판과정도 쉽지 않았으며, 마침내 2020년에 루틀리지(Routledge)에서 출판될 것이다. (물론 모두가 그렇듯, '마감일'은 항상 늦어지기 마련이며, 나 또한 그러했다.) 이제 다음 10년 동안 영어로 된 저서 네 권을 더 쓸 계획이다. 이 중 첫 번째 서적은 『(가제)경제성장의 제도적 기반(經濟增長的制度基礎)』이 될 것이다. 이번 책의 출판은 너무 오래 지연되지 않기를 바랄 뿐이다.

본서의 영문판은 운이 좋게도 2015년에 국제연구협회(International Studies Association, ISA)에서 '올해의 최우수 책(Annual Best Book Award)'으로 선정되었다. 중국 및 아시아 학자로는 처음 있는 일이다.

첫 번째 영문 저서인 *A Theory of Security Strategy for Our Time: Defensive Realism*이 순수한 국제관계학 분야의 저서였다면, 두 번째 영문 저서인 *A General Theory of Institutional Change*는 사회과학

전반에 관한 것이다. 지금 당신이 손에 들고 있는 이 책『국제정치의 사회적 진화』는 적어도 엄밀한 의미의 국제관계학 분야의 서적으로 볼 수 없다. 왜냐하면 이 책의 초점은 국제관계학 분야라기보다는 *A General Theory of Institutional Change*과 같이 '사회진화 패러다임(Social Evolution Paradigm)'에 관한 것이기 때문이다. *On Social Evolution*에서 상세히 밝힌 바와 같이 '사회진화 패러다임'은 마치 다윈의 진화론이 생물학적으로 모든 것을 녹일 수 있는 '만능산(Universal Acid)'인 것처럼 사회과학의 궁극적인 패러다임이다. 뿐만 아니라, 『국제정치의 사회적 진화』에서 해결하려고 한 몇몇의 실증과 이론문제, 특히 전쟁의 기원과 인류사회의 진화에 미치는 깊은 영향은 사실상 인류 고고학의 핵심 문제 중 하나다.

이미 세심한 독자들은 최근 필자의 연구 대부분이 더 이상 국제정치가 아니라는 것을 발견했을 것이다. 사실 나는 국제관계학계에서 '사라지고' 있는데, 당신의 동의와는 별개로 내가 이미 이 분야에서 근본적인 대이론과 실증문제를 해결했다고 생각하기 때문이다. 나의 미래 연구 분야는 기본적으로 비교정치학(현대화, 민족갈등, 정치변동), 제도경제학(경제성장의 제도적 기초)과 산업정책, 사회과학철학과 방법론에 집중될 것이다. 필자는 이미 이러한 분야들에서 시론적인 논의를 발표했고, 관심 있는 독자들은 필자의 개인 웹페이지에서 다운로드 받거나 찾아볼 수 있다.

많은 사람들이 필자에게 왜 자주 일을 바꾸는지에 대해 묻고는 한다. 물론 이것이 좋은 의미의 말은 아니다. 그러나 이에 대해 이렇게 답하고자 한다. "한 분야에서 나를 흥분시키는 문제를 해결한 후에, 의연하게 이곳을 떠나 다른 분야에서 나를 가장 흥분시키는 문제를 찾겠다. 비록 익

숙하지 않은 분야라도 말이다." 필자는 스스로가 몇 개의 다른 영역을 다룰 수 있다고 믿으며, 이것이야말로 진정한 필자의 모습이라고 생각한다.

필자는 10여 년 전에 한 친구에게 금세기 가장 중요한 사회과학자 중 한 사람이 될 것이라고 말했던 것을 기억한다. 이 목표를 달성하든, 그렇지 않든 간에 항상 스스로가 설정한 목표에 대해 진지하게 대해왔다. 적어도, 확실히 '높은 산의 꼭대기에는 바람만이 있는' 수준을 추구해왔다. 이에 가장 좋아하는 몇 마디의 당시(唐詩)로 이 서문을 마치고자 한다.

나는 장차 정상에 올라, 언젠가 한번은 뭇 산이 작아 보이는 것을 굽어보리라(會當凌絶頂' 一覽眾山小).

- 두보, "망악"(杜甫, "望岳")

손 끝에 든 칼끝을 휘두르고, 옷자락은 만리의 먼지를 날린다(劍動三軍氣' 衣飄萬里塵).

- 이교, "송낙봉예종군"(李嶠, "送駱奉禮從軍")

탕스핑, 2019년 상하이에서.

역자 서문

국제질서를 중국적 방법이나 접근하는 '중국학파'로는 옌쉐퉁(閻學通)의
도의적 현실주의, 친야칭(秦亞青)의 과정 구성주의, 자오팅양(趙汀陽)의
천하체계 등에 탕스핑(唐世平)의 사회진화론을 추가할 수 있다. 특히 새
로운 실험을 지속하고 있는 탕스핑의 연구는 중국경험, 중국특수, 중국
예외를 강조하는 전통적인 중국학계의 접근법과는 일정한 차이가 있다.
탕스핑의 학문적 궤적은 국제정치의 일반이론을 구축하는 데 있었다. 실
제로 비교정치학, 제도경제학, 정치경제학, 사회과학 방법론 등으로 연
구지평을 확장하면서 국제정치 연구의 외연을 넓혔다. 탕스핑은 자신의
연구 성과를 기존 국제정치학계는 물론이고 다른 분과학문의 톱클래스
의 학술지에도 주목할 만한 논문을 꾸준히 발표하면서 이를 실증해 보
였다. 아시아학자로는 처음으로 국제연구협회(ISA)에서 수여하는 올해의
저술상을 수상했고 중국의 석학으로 불리는 '장강(長江)학자'로 선정되
는 등 중국 내외에서 모두 인정받는 몇 안 되는 국제정치학자이다.
　　이 책은 사회진화적 접근을 통해 인류의 기원에서 현재까지의 국제
정치시스템의 변화를 자세하게 살피고 있다. 구체적으로는 공세적 현실
주의 세계의 탄생, 공세적 현실주의와 방어적 현실주의의 논쟁, 보다 규
칙화되고 진화된 국제시스템을 다루면서 국제정치의 핵심이 행위자-구
조가 아니라 시스템이라고 보고, 시스템이 국가에 미치는 영향을 자세히
분석하고 있다. 이러한 사회진화(social evolution) 패러다임은 국제정치는

물론이고 사회과학 영역 전반에 적용할 수 있도록 했다.

이런 점에서 이 책은 엄밀한 의미에서 전통적인 국제정치학 교과서는 아니다. 그러나 탕스핑은 대이론과 실증문제와의 싸움이라는 고통스러운 과정을 극복하고 새로운 도전에 나서고 있다. 그는 좀처럼 정책세미나에 모습을 드러내는 법이 없다. 역자도 여러 번 요청했으나, 여기에 대해서는 별다른 관심이 없었다. 천생 학자로 살면서 융합과 복합, 고금과 동서를 넘나들면서 자신을 흥분시키는 학문적 의제를 잡고 씨름하는 데 관심을 기울여왔다.

이 책은 원래 영국 옥스포드대학 출판사에서 펴냈고, 이후 중문본은 중신(中信)출판사에서 일부 용어와 세심한 주석 등을 추가하고 수정해 출판했다. 번역본의 저본은 영문본과 중문본을 동시에 참고하면서 대조했다. 이 번역을 시작한 계기는 우연한 기회에 역자의 학문적 동료인 푸단대학 수창허(蘇長和) 원장의 제의를 받았고, 싱리쥐(邢麗菊) 교수가 학문적 교류의 가교 역할을 했다. 번역과정은 역자와 연구소의 양철 교수, 성균중국연구소를 거쳐 푸단대학에 유학 중인 강애리 양이 참여했다. 강애리 양은 과거 역자와의 번역 경험을 살려 중문본과 영문본을 참고해 일일이 대조했고, 양철 교수와 역자는 동서와 고금을 넘나드는 탕스핑의 지식을 소화하는 과정에서 윤문과 윤독을 거듭하며 국제정치학 용어와 학문적 논리를 체계적으로 정리했다. 또한 영국 옥스포드 출판사의 한국어판권을 처리하고 책을 책답게 만들어 준 성균관대 출판부에도 깊은 감사를 전한다. 그럼에도 불구하고 이 번역과정의 모든 책임은 역자의 몫이다. 이 책의 중국의 국제정치학의 흐름을 이해하고 한중 간 학문적 교량의 역할을 하기를 기대한다. 독자 여러분의 아낌없는 질정을 바란다.

2019년 12월

역자를 대표해

이희옥 씀

| 차례 |

왜 국제관계학에서
진화적 방법이 필요한가?[1]

아직 끝나지 않은 '대논쟁'

지난 한 세기 동안, 공세적 현실주의, 방어적 현실주의, 신자유주의/영국학파[2]라는 대(大)이론 사이에서 전개된 '대(大)논쟁'은 국제관계학이라는 학문의 발전을 상당 부분 제약했다.[3] 니부어[Niebuhr(1932)1960]와 카(Carr

---

1   중국에서 연화(演化, evolution)는 흔히 '진화(進化)'로 번역되는데, 이 번역은 오해의 소지가 있다. 라틴어로 에볼루티오(evolutio)는 '(말려 있는 물체를)펼친다'는 뜻이다. 이로부터 스위스 생리학자 알브레히트 폰 할러(Albrecht von Haller)는 'evolution'이라는 표현을 만들어 배아발육의 전성설에 사용하였다. 그러나 후성설이 대두되면서 'evolution'은 점차 배아발육의 진화재현설에 사용되었다. 이때부터 개체발육과 종(種)의 변화 개념이 연결되면서, 'evolution'도 생물종이 낮은 단계에서 높은 단계로 진화하는 과정을 설명하는 단어로 사용됨에 따라 생물종을 묘사하는 목적으로 사용되었다. 후에 이러한 이해는 스펜서(Spencer)에 의하여 한층 확장되었다. 그러나 주목할 점은 다윈은 처음엔 진화라는 용어가 아니라 변화가 있는 세대교체(descent with modification)라는 표현을 썼다는 것이다. 지금에 와서 사람들은 이미 생물의 변화는 아무런 방향도 없으며, 반드시 진보적 의미를 가지지는 않는다는 것을 이해하게 되었다. 'Evolution'의 생물학적 의미 변화 과정에 관해서는 Peter J. Bowler, 1975, "The Changing Meaning of 'Evolution'", *Journal of The History of Ideas* 36 (1):95~114를 참조. 특히, 'Evolution'이 반드시 진보의 의미를 담고 있다고 생각하는 오해에 관해서는 이 책 제1장을 참조.(중문판 역자 주)

2   영국학파의 '다원주의(pluralism)'를 신자유주의의 불완전한(truncated) 형태로, '사회연대주의(solidarism)'를 구조주의의 친족선택이론으로 간주한다. 본서 제4장을 참조.

3   이들 세 가지 이론을 정통적인 국제정치학의 대(大)이론으로 보는 이유는 이들 이론이 대략적으로 국제정치의 세 가지 다른 시대적 특징을 포착하고 있기 때문인데, 이러한 이론은 우리가 경험했던 세계, 우리가 겪고 있는 세계, 그리고 우리가 창조해야 할지도 모르는 세계를 담아내고 있다(본서 제2장, 제3장, 제4장 참조). 현재 많은 학자들은 구성주의를 국제관계이론을 볼 수 없다고 생각하는데, 이는 해당 이론이 인식론의 범주에 더 가깝기 때문이다(예: Barkin 2003; Booth 2005, 272). 다만, 이런 지적보다 구성주의가 국제정치학의 독립적인 대이론으로 고려될 수 없는 이유는 구성주의가 존재론적으로 사회 세계의 핵심과정만을 포착했을 뿐, 진실한 '세계'를 포착하지 않았기 때문이다. 구성주의 학자와 반대론자들 간에도 모두 이 점을 분명히 인식하고 있다(Keohane 1989; Wendt

1939)가 다시 현실주의(realism)와 이상주의(idealism) 사이의 논쟁에 불을 붙인 이후, 모겐소(Morgenthau 1948)와 월퍼스(Wolfers 1962)는 제2차 세계 대전 이후 현실주의에 대해 보다 체계적으로 서술했다. 그 뒤를 이어 왈츠(Waltz 1979)의 신현실주의 구조혁명, 코헤인과 나이(Keohane and Nye 1977)의 신자유주의도 '대논쟁'에 가세했다.(Keohane 1984; 1986 참조) 현실주의와 신자유주의가 '사회'에 대한 관심이 부족하다는 것에 불만을 갖고 애들러[Adler(1991) 2005]와 웬트(Wendt 1992)는 1990년대 말에 구성주의를 바탕으로 공격을 개시했다. 코펜하겐학파(Waever 1995; Buzan et. al, 1998)는 구성주의적 시각에서 서로 다른 다양한 사회 영역에 대해 '안보화(securitization)'를 했다. 이와 동시에, 현실주의는 철저히 공세적 현실주의와 방어적 현실주의로 분열되었다(Jervis 1976; 1978; 1999; Snyder 1991; Glaser 1994—1995; Brook 1997; Taliaferro 2000—2001; Mearsheimer 2001; Tang 2008a; 2010a; 2010b).

이러한 '대논쟁'이 해결되지 않았음에도 불구하고 '대논쟁' 과정에서 학계에서는 두 가지 중요한 공통된 인식이 형성되었다. 첫째, 주의를 기울일 만한 일부 반대 목소리를 제외하고(예컨대, Waltz 1979, 66; Mearsheimer 2001, 2), 대부분의 학자들은 국제시스템이 모종의 근본적인 형태의 변화를 겪었다고 인식한다. 그러나 이 학자들은 이러한 근본적

1999). 더욱이, 구성주의는 거의 순수한 의미의 관념적인 측면에 불과하다. 국제정치학의 이론적으로 또 다른 중요한 갈래는 로버트 콕스(Robert Cox)와 켄 부스(Ken Booth)로 대표되는 '비판안보이론(Critical Security Theory)'이다. 이 지점에서 논쟁의 구체적인 내용이나 각 이론의 지지자들을 지나치게 인식하지 않고자 한다. 이러한 논쟁에 관한 다른 견해로는 Keohane 1986; Baldwin 1993; Powell 1994; Frankel 1996; Jervis 1999; Copeland 2000b; Tang 2008a을 참조.

인 변화의 구체적인 시기, 범위, 정도, 변화 원인에 대해 각기 다른 관점을 가졌다(Cox 1981; Ruggie 1983; Schroeder 1994b; Wendt 1992; 1999; Lebow 2008). 둘째, 서로 다른 이론들은 근본적인 차이가 있지만, 이러한 불일치는 각 이론의 논리연역에서의 차이가 아닌 각 이론별로 서로 다른 함축된 가설에서 비롯된다(Powell 1994; Taliaferro 2000-2001; Tang 2008a).

그러나 보다 근본적인 의문은 모두가 거의 동일한 인류 역사를 관찰했음에도 불구하고 왜 국제관계학자들은 국제정치 세계를 다르게 해석하느냐 하는 점이다. 이 책은 '대논쟁'이 지지부진하게 해결되지 않는 주요 원인으로 국제정치의 대이론들이 시간의 변화로부터 오는 힘을 크게 경시했거나 심지어는 무시했다고 주장한다. 정확하게 말하면, 각각의 대이론들은 명시적으로나 암묵적으로 자신들이 모든 인류의 역사를 설명할 수 있다고 한다. 본질적으로 이러한 이론들은 모두 시간이 지나도 국제시스템에 근본적인 변화가 일어나지 않을 것이라고 가정했기 때문에 하나의 이론이 모든 역사에 적용되기 충분하다고 주장하고 있다. 로버트 콕스(Robert Cox)가 잠바티스타 비코(Giambattista Vico)로부터 영감을 받아 주장했듯이, 모든 국제관계의 대이론은 '특정한 역사적 단계(특정한 사회관계의 구조)에서 도출된 결론을 보편적으로 유효하다고 가정하는 오류'를 범하고 있다(Cox 1981, 133).

다시 말하면, 국제정치의 모든 역사를 하나의 이론을 통해 독자적으로 해석하려는 시도는 국제관계 이론가들이 모두 국제정치의 근본적인 성격이 거의 변화하지 않았다고 묵인했거나, 정확하게 말하자면 인류 사회가 단 하나의 국제정치 단계를 거쳤다고 묵인했다는 것을 의미한다. 이와 같이 모든 국제정치 대이론들은 진화적 이론이 아니다.

이러한 가정에 대해, 월츠가 가장 명확하게 진술했다. "국제정치의 근본적인 성격은 고도의 정형성을 유지하고 있고 패턴이 지속적으로 재현되고 있으며, 같은 사건이 끝없이 되풀이되고 있다." 나아가 그는 이 '국제정치 생활의 동질성'이 '지속되고 있는 무정부상태라는 특성'에 기인하고 있다고 설명한다(Waltz, 1979, 66). 미어샤이머(Mearsheimer 2001, 2)도 "국제정치는 언제나 무자비하고 위험하며, 이것이 계속될 가능성이 높다"고 주장했다. 국제정치에 체계적인 변화가 있었다는 것을 인정하는 이론들이 있다고 하더라도 충분하지는 않다. 변화에 대해 진정한 내생적인 해석을 하지 않았기 때문이다(Cox 1981; Ruggie 1983; Wendt 1999; 구체적인 세부 내용은 본서 2, 3, 4장 참조. 유사한 견해로는 Lebow 2008, 96~97를 참조). 이 경우 변천이론들은 좋은 이론이 아니다. 좋은 변천이론은 내적으로부터 출발한 변천까지도 설명할 수 있어야 한다.

왈츠(Waltz 2000, 5)의 입장과 달리 국제정치시스템의 부분적 특성이 지금까지 지속되고 있는데도 불구하고, 인류사회의 일부분으로 국제정치시스템은 처음부터 하나의 진화적인 시스템이었다.[4] 이에 국제정치학 역사에 대한 사회진화적 방법이 필요하다. 진화적 특성이 없는 이론들은 국제정치학의 전체 역사를 담아낼 수 없다. 진화하는 방법만이 변천에 대한 진정한 내적 해석을 제공할 수 있다(Tang, 미발표 원고; 본 책의 제

---

4   러기(Ruggie 1983, 271)가 지적했듯이, 왈츠의 모델은 구조(즉, '극')의 변화만 있을 뿐, 시스템의 변천은 없었는데, 이는 무정부상태가 위계질서로 바뀔 수 없기 때문이다. 그러나 현실에서는 시스템은 근본적으로 변화할 수 있는데, 심지어 일부 한 측면만이 변화하고 나머지 일정하다고 해도 시스템은 여전히 근본적으로 변화할 가능성이 있다(Jervis 1997).

1장 참조). 사회진화 패러다임에 힘입어, 이 책은 국제정치시스템의 변형 뿐 아니라, 국제관계이론의 거시사회학을 설명할 것이다. 사회진화 방법은 국제정치시스템의 변형에 대한 진정한 내생적 해석을 제공할 뿐 아니라, 국제관계이론의 거시사회학을 통해 국제관계이론 간의 '대논쟁'을 해결할 수 있다는 점에서 일거양득이다.

책의 구성

이 책은 세 부분 총 6장으로 구성되어 있다. 제1부 '이론적 기초'의 제1장에서는 제2부에서 다루는 사회진화 패러다임의 실증연구의 토대를 마련하는 것을 목적으로 삼고 있다. 제2부는 이 책의 실증연구에 해당하는 부분이며, 모두 3장으로 이루어져있다. 사회진화 패러다임을 바탕으로 이 세 개의 장은 기원전 8000년부터 지금까지, 그리고 미래 국제정치시스템의 변형을 다룰 것이다. 진정한 진화이론만이 변형에 대한 내생적 해석을 제공할 수 있다고 생각해, 이 3개의 장은 국제정치 시스템이 거쳐간 세 변형 단계에 대한 진정한 내생적 해석을 제시하고 있다. '파라다이스'에서 공세적 현실주의까지, 공세적 현실주의에서 방어적 현실주의까지, 방어적 현실주의에서 보다 규칙에 근거한(rule-based) 세계를 다루고 있다. 제3부는 제5장과 결론을 포함하고 있다.

제1장 '생물진화에서 사회진화로'에서는 무엇이 사회진화 현상인지, 무엇이 사회진화 패러다임인지(Tang, 미발표 원고)를 요약하는 동시에 국제관계학의 진화이론을 비판한다.

제2장 '파라다이스에서 패러다임으로: 공세적 현실주의 세계의 탄생'에서는 주로 고고학과 인류학에 근거해, 지구상의 주요 지역에서 나타난 평화로운 파라다이스에서 전쟁이 빈번하고 잔인한 공세적 현실주의의 세계로 이어지는 과정을 살펴본다. 약 기원전 8000년에서 기원전 6000년 이전까지 인류는 풍부한 식량자원과 넓은 공간에 비해 적은 인구로 서로 싸우지 않고 평화롭게 지냈다. 그러나 인구가 증가하면서 식량자원이 부족해지고, 농경생활에 접어들면서 서로 싸우기 시작했다. 점차 공세적 현실주의의 규칙과 논리, 즉 '중간 지점 없이 정복하거나 정복되는 상태'가 싹트기 시작했고, 이것이 하부시스템으로 급속하게 확산되면서 공세적 현실주의의 세계로 접어들게 되었다.

제3장 '미어샤이머에서 저비스까지'에서는 공세적 현실주의 세계(1648년 혹은 1945년 이전)에서 방어적 현실주의 세계(저비스의 세계, 1945년 이후)로의 변화를 다루고 있다. 고대 중국(기원전 1046년 혹은 1044년에서부터 서기 1759년까지)과 포스트 로마 제국 시대의 유럽(서기 1450년부터 서기 1995년까지)이라는 두 개의 상세한 역사적 기록이 있는 지역에서 증거를 추출했다. 공세적 현실주의는 본질적으로 자기파괴적이다. 한 국가가 다른 나라를 정복하고 몇 번의 성공을 거두면서, 불가피하게 서로 연관된 두 가지 결과가 나타났다. 첫째, 시스템에서 국가의 수는 감소했다. 둘째, 생존 국가의 평균 규모가 확대했다. 물론 때때로 정복의 성공사례들을 찾을 수는 있지만, 이 두 가지는 필연적으로 갈수록 정복을 어렵게 만들었다. 이는 앞서 언급한 두 시대에서 국가 소멸률이 점차 감소하고 있다는 것으로 증명될 수 있다. 정복이 점점 더 어려워진다는 객관적 사실과 함께 공세적 현실주의보다 방어적 현실주의에 대한 선호, 갈수록 정복이 어렵다

는 관념의 전파, 주권관념과 민족주의의 부흥과 확산이라는 세 개의 보조 메커니즘이 함께 작용해 방어적 현실주의 세계의 기초를 닦았다.

제4장 '보다 더 규칙화된 국제시스템'은 지구상의 주요 지역들이 평화를 제도화하는 과정을 보여주고 있다. 이전에 제기한 제도변천의 일반론을 소개하고(Tang 2011a), 이를 바탕으로 유럽연합, 남부 원추지대(Southern Cone), 동남아시아의 지역평화를 제도화한 세 사례를 자세히 살펴보았다. 또한, 영국학파, 신자유주의, 구성주의와 푸코(Foucault)의 이론을 통합해 어떻게 공식적·비공식적 국제제도와 국제질서를 연구할 것인가에 대한 시사점을 제공할 것이다.

제5장 '진화시스템으로서 국제시스템'은 앞선 장들의 내용에 기초해, 사회진화 패러다임이 궁극적인 것이 아니라면, 적어도 강력한 사회과학 패러다임이라는 논지를 강조한다. 국제관계학, 또는 보다 광범위한 사회과학에서 구조주의(structuralism)가 미친 심오한 영향을 고려해 과거 구조에 대한 지나친 강조가 국제시스템에 대한 이해를 방해한, 실패한 길이었음을 지적하고자 한다. 우리의 관심사가 구조(structure, 結句)가 아니라 시스템(system, 系統)이 되어야만 한다고 강조할 것이다. '무정부의 논리'와 '구조의 논리' 없이 오로지 '시스템의 논리'만이 있다. 다음으로 시스템이 국가행위에 영향을 미치는 다섯 가지 주요 경로를 검토하고, 이러한 이해를 바탕으로 국가행위를 이론화하고자 한다. 마지막으로, 사회시스템의 진화를 이해하는 열쇠는 행위자, 행위자의 행위와 시스템이라는 세 가지 공진화(coevolution)라는 점을 강조한다.

마지막으로 '결론'에서는 주요 논점을 요약하고, 사회진화 패러다임이 사회과학에서 강력하며 필수적인 패러다임이라는 점을 거듭 강조한

다. 동시에 현재와 미래 국가의 안보 추구에 관한 정책적 제언을 제시할
것이다.

핵심정의

개념이 명확하지 않으면 의미 있는 논의가 나타날 수 없다. 다음과 같은
몇 가지 핵심 개념들 모두 논란이 있다는 점에서 먼저 개념 정의를 하고
자 한다. 주의해야 할 점은 어떤 개념의 경우 이미 상세하게 다룬 바가
있어 본서에서는 해당 개념을 재확인 한 후, 더 이상의 부가 설명을 하지
않았다(Tang 2011a, 3~7).

사회

정태적으로 말하면, 사회는 행위체나 참여자들(즉, 개체와 개체), 제도체계,
시공간을 포함한 물리적 환경으로 구성된 시스템이다.[5] 요컨대, 이러한
정의는 물리적 환경 역시 사회의 일부라는 것을 명시하고 있기 때문에,
사회를 단순히 '지식의 비축'이나 '관념의 분배'로 정의하는 것은 명백히
잘못된 것이다(예컨대, Berger and Luckmann 1966; Barnes 1988; Wendt 1999,
249).

---

5   본서에서의 물리적 환경에 대한 정의는 기든스(Giddens)와 부르디외(Boudieu)가 사회
     에 대해 정의한 것에서 말하는 '시간과 공간' 또는 '위치와 시각'보다 커야 한다(Bourdieu
     1998).

동태적으로 말하면, 사회는 시스템 내부에서 일어날 수 있는 모든 과정이다. 예컨대, 상호작용, 단위체의 행위, 제도화, 사회화와 내화 등의 과정을 일컫는데, 이와 관련해 세 가지를 강조하고자 한다. 첫째, 사회시스템 내의 과정은 단위체나 시스템의 부분적 특성으로 환원될 수 없다(Archer 1995; Wendt 1999, 147~150). 둘째, 이 과정은 단순히 단위체 간의 상호작용에 그치지 않으며, 단위체와 물리적 환경 간의 상호작용도 시스템 내의 중요한 과정이다. 이 점이 매우 중요하다. 왜냐하면 사회과학자들이 종종 단위체 간의 상호작용, 행위체와 구조 간의 상호작용에만 관심을 기울이고, 행위체와 물리적 환경 간의 상호작용은 간과하기 때문이다(예컨대, Archer 1995; Wendt 1999, 제4장). 이렇게 되면 우리는 쉽게 '유심주의(唯心主義, ideationalism)'의 잘못된 길로 나아가기 쉬운데, 사회구조주의가 그 예이다. 셋째, 상호작용과 같은 과정은 시스템 내에서 현상을 '끊임없이 만들어내고(자연발생적)'[6], 이러한 현상들도 시스템의 중요한 특성들로 구성되어 있다(구체적 논의는 제5장에서 다루어진다.). 요컨대, 하나의 시스템으로서의 사회는 현상이 계속 만들어지는 시스템적 특성으로 인해 개체와 시스템 내 구성요소의 단순한 합으로 환원될 수 없다(Jervis 1997). 사회가 제도체계를 포함한다는 사실 또한 사회가 개체의 단순한

---

6 자연발생적 특징은 시스템 이론, 진화이론, 복합이론 등 과학 철학의 이론의 중요한 기초이다. 환원론과는 반대로 자연발생적 이론에서는 전체가 개체의 단순한 총합보다 크다. 예를 들어, 수소와 산소의 합으로 물이 만들어지는 화학반응을 단순하게 입자물리학으로 설명될 수 없다. 뿐만 아니라, 유전자에서 전체 생태계까지, 혹은 단일한 소비자/제조업체에서 전체 국가경제시스템까지 모두 자연발생적인 특징을 갖고 있다. (한글판 역자 주) 본서의 중문판에서는 湧現, 영문판에서는 emergent로 표현되고 있는데, 한국어로는 일반적으로 '자연발생'으로 번역된다.

합으로 생각될 수 없는 근본 원인 중 하나이다[Giddens(1976) 1993, 128; 2006, 106~107].

제도와 구조

"제도는 인위적으로 설계된 제약으로 인류의 상호작용을 만든다."(North 1990, 3) 다시 말해, 제도는 헌법, 법률, 국제메커니즘 등 공식적 규칙과 규범, 금기, 관례 등 비공식적 규칙 모두를 포함한다. 노스(Douglas North) 가 제기한 정의에 동의하는 동시에 제도를 행위 또는 행위의 모델, 그리고 조직이라고 한 다른 두 가지 정의에 대해서는 동의하지 않는다(자세한 내용은 Tang 2011a, 3~4 참조).

인류사회(혹은 인류 시스템)는 수많은 제도로 지탱되고 있다. 서로 관련이 있는 제도들은 제도들의 체계와 하위시스템을 만들었다(Lin 1989; Lin and Nugent 1995). 사회의 전체 제도체계 혹은 시스템은 곧 사회의 '구조(structure)' 혹은 '사회구조(social structure)'이다. 따라서 이 책에서 구조에 대한 필자의 정의는 좁은 의미의 '제도적' 정의다. 사회가 개체의 단순한 합으로 환원될 수 없는 근본적인 원인의 하나는(전부가 아니라) 사회가 구조를 포함하기 때문이라는 점을 다시 한 번 상기시키고자 한다.

문화

더햄은 문화에 대한 관념적 정의를 내렸고 이를 수용한다(Durham 1991, 3~10). 클로버와 파슨스는 문화를 "인간행위를 만들어내는 요소, 즉 전승되고 창출되는 가치, 관념, 그리고 기타 상징적인 의미의 시스템 모델"로 정의했고(Kroeber and Parsons 1958, 583), 기어츠는 "역사적으로 전해져 온 기호에 내재된 의미모델", "사회적 상호관계의 측면에서 의미와 상징의 정리된 체계", 혹은 "인간이 자신의 경험을 해석하고 자신의 행위를 이끄는 데 근거가 되는 의미구조"라고 기술했다(Geertz 1973, 89, 92~94, 144~145). 이에 문화는 최소한 네 가지 중요한 특성을 가진다. 관념적 차원에 속하고 상징적 의미를 가지고 있으며, 실재할 뿐 아니라, 사회적으로 전승되고 역사성을 갖추고 있다. 이런 정의를 통해 알 수 있듯이, 인류만이 문화를 가질 수 있다(Geertz 1973; Durham 1991, 3~10; Premack and Hauser 2004).

어떤 분야의 문화, 가령 종교나 언어가 상당한 정도에서 조직화되어 있다는 점을 부인할 수 없지만 '시스템적으로 조직된 것'이라는 관점에는 동의하지 않는다. 문화가 반드시 '시스템적으로 조직된다'는 관점은 문화에 대한 '전체주의적(holistic)' 해석이자, '기능주의 학파(functionalism)'가 범하는 전형적 오류다. 또한, 기념비와 같은 문화재는 문화적 전승의 일부일 뿐, 결코 문화 그 자체가 아니다. 물론 물질적인 것이 문화를 지탱하고 문화재는 물질적 투입의 결과물이지만, 문화 그 자체는 순수하게 상징적이고 관념적이기 때문이다(Tang 2011b).

문화는 규칙과 비슷한 구성요소(rule-like components)와 규칙과 거리가 먼 구성요소(non-rule-like components, 예컨대 상징기호)를 모두 포함하고 있으며, 오직 규칙과 비슷한 구성요소만이 사회 제도체계(예컨대, 구조)의 일부분이다. 문화에 포함된 규칙도 최고 권력의 뒷받침 여부에 따라 공식적 규칙과 비공식적 규칙으로 나뉜다. 제도와 동일하게, 문화도 행위 혹은 행위모델은 아니다.

마지막으로, 문화는 인류사회의 관념적 측면의 일부를 만들기 때문에, 인류사회의 일부분일 뿐, 결코 전체가 될 수 없다. 문화적 진화는 관념적 진화의 일부분이며, 관념적 진화는 사회적 진화의 일부분이다. 사회적 진화는 관념적 진화를 포함하고 있으며, 자연스럽게 문화적 진화도 포함한다(제1장과 보다 자세한 논의는 Tang, 미발표 원고).

제1장

생물진화에서
사회진화로

서론

제1장은 뒤에 이어질 장들의 토대에 해당한다. 독자들이 생물진화와 사회진화에 대한 기본적인 인식을 갖게 하는 것이 본 장의 목표다. 보다 더 중요한 목표는 사회진화 패러다임(Social evolution paradigm, SEP)에 대한 기본적 인식을 갖게 하는 것이다. 물론 앞으로 출간할 책에서 사회진화 패러다임에 대해 자세히 다루려고 하며, 본 책에서는 그 중점적인 내용만을 검토한다. 제1장의 내용은 비교적 간단하기 때문에 만약에 더 깊은 내용에 관심이 있다면, 사회진화에 관한 다음 책을 참고해주길 바란다 (Tang, 미발표 원고).[1]

본 장은 다음과 같이 진행된다. 제1절에서 생물진화에 관한 지식을 요약했고, 제2절에서는 이 생물진화에 대한 몇 가지 흔한 오해에 대해 밝힌다. 제3절에서는 무엇이 사회진화 현상인지 밝히며, 제4절에서는 사회진화 패러다임의 핵심원칙을 약술한다. 앞선 내용들을 바탕으로 제5절에서는 잘못된 진화이론들을 비판한다. 제6절에서는 기존의 국제관계학의 진화이론을 비판적으로 요약하고 검토한다.

---

1   유감스럽게도 본 책의 영문판 *Social Evolution of International Politics*을 집필할 때, 필자는 진화생물학 영역에서 일어난 가장 크고 새로운 진전에 대하여 충분히 관심을 가지지 못했다. 물론 이 책의 토론을 방해하지는 않지만, 여전히 이 책의 가장 큰 약점이다. 필자는 다음 책 *On Social Evolution: Phenomenon and Paradigm*에서 이 단점을 보완하고자 했다. 이와 같은 진화생물학에서의 새롭고도 중요한 진전은 사실상 필자가 발전시킨 사회진화 모델이 더 강해지고 커질 것을 의미한다.(중문판 저자 주)

다음 단계의 논의에 앞서, 다음의 중요한 세 가지 내용을 설명하고 넘어가고자 한다. 먼저 진화와 변화를 등가로 놓는 비유적 차원에 머무르지 않을 생각이다. 예를 들어, 물리학자들이 태양계 혹은 우주의 진화를 논의할 때, 여기서 진화는 비유적 차원에 머무를 수밖에 없다.[2] 진정한 의미의 진화적 시스템이 되기 위해서는 반드시 생명체로 채워져야 하며(제1장 제1절 참조), 태양계는 이러한 조건을 갖추지 못했다.

다음으로, 일부 진화 생물학자들이 다루는 방식으로 '사회진화'를 이해하지 않겠다(예: Trivers 1985). 이러한 작업들은 대부분 인류가 아닌 종(예를 들어, 개미)에 착안하지만, 이런 유기체들은 모두 마음과 지혜가 없기 때문에 인류사회를 이해하는 측면에서 제한적인 함의를 가질 뿐이다.

마지막으로, 일련의 진화와 관련된 주장으로 분류되지만, 사실상 진정한 의미의 사회진화로 볼 수 없는 문헌들에 대해 검토하지 않았다. 이러한 문헌들이 만연하기 때문에 일일이 검토하고 비판할 수가 없다. 여기에서 다음과 같은 두 가지 예시만 다루려고 한다. 쇼터(Andrew Schotter)는 신제도주의 경제학(New Institutional Economics, NIE)에서 신고전학파 경제학의 접근법을 따르며 진화적 방법이 경제와 사회제도를 이해하는 올바른 방법이라고 주장하는 동시에, 신고전학파의 경제학적 접근법이 진정한 의미의 진화적 방법이라고 주장했다(Schotter, 1981). 그러나 볼랜드(Boland)가 지적했듯이, 제도의 변천에 대한 신고전학파 경제

---

2   'System'은 '시스템' 또는 '체계'로 번역할 수 있다. 이 책은 일률적으로 '시스템'이라고
     번역하고자 한다. '국제체계'가 '서양 주도의 국제체제'를 지칭하여 부정적인 의미로 사
     용되는 경우도 있기 때문이기도 하다. 이 책에서 '시스템'은 절대적으로 중립적인 표현
     이다.(중문판 저자 주)

학의 이해는 진정한 진화적 특성을 가질 수 없다. 이는 단지 한 번의 동적변화(파레토경계의 균형점으로 향한다)가 일어나고, 이후 다른 외생적 충격이 없는 한 정지한다. 즉, 신제도주의 경제학의 변화들은 모두 외생적인 사건에 의해 나타난다. 이렇게 되면 신제도주의 경제학은 내생적 원인으로 설명되는 제도의 변천을 해석할 수 없다(구체적인 내용은 Tang 2011a의 제1장, 제2장 참조).

국제정치학에서 조지 모델스키(George Modelski)는 권력 이동의 '장주기이론'을 국제관계이론이라고 설득했다(Modelski 1978; 1987; 1990; 2005). 왜냐하면 국제정치가 패권 교체의 장주기를 경험했고 이에 진화적 특성을 가졌기 때문이다. 하지만 그의 진술은 비유적 차원의 진화, 혹은 '가짜 진화(pseudo-evolutionary)'에 불과하다(Falger 2001). 모델스키는 분명 생물진화나 사회진화에 대해 아는 것이 없다. 생물진화든, 사회진화든 모두 주기적인 형식이 아니다. 제일 중요한 것은 그의 저서에서는 진화의 핵심인 '변이(variation)-선택(selection)-유전(inheritance)'의 메커니즘을 근본적으로 찾아볼 수 없다. 사실상 그의 '주기이론' 구상조차도 그 타당성이 의심스러운 관찰에 불과하다.[3]

모델스키의 구상이든 쇼터의 이론이든, 모두 진정한 진화적 성격의 이론이 아니기 때문에 이 책에서도 이와 비슷한 문헌을 검토하지 않을 것이다. 이에 본 책에서는 제1장의 나머지 부분에서 사회과학과 국제

---

3   스털링-폴커(Sterling-Folker)는 또 다른 관점에서 모델스키(Modelski)와 협력 학자들(윌리엄 톰슨[William Thompson] 등)의 저서에 진화적 성격이 있다는 점을 부정했다(Sterling-Folker 2022:78n17).

정치학 분야에서의 진화적 성격의 이론의 운용과 오용을 다룰 것이지만, 이는 진정한 진화적 요소를 갖춘 문헌들에 한정될 것이다.

1. 생물진화의 예비지식

사회진화를 이해하기 위해서는 생물진화부터 이해해야 한다. 왜냐하면 이제까지 진화에 관한 일관된 설명은 생물진화에서 비롯되었기 때문이다. 생물진화에 대한 현대의 이해, 즉 '현대종합이론'은 이미 생명과학의 기본서로 쓰이고 있다(예를 들어, Futuyma 1998). 본 절은 그 중에서 사회진화와 관련 있는 핵심 내용에 관해 중점적으로 다룰 것이다.

(1) 진화: 기본조건

다음의 세 가지 조건을 만족했을 때, 비로소 진화가 발생한다.

먼저, 진화는 시스템 내부에서 벌어진다. 이른바 시스템은 두 개 혹은 여러 개의 상호 연결된 단위체로 구성된 것으로 자연발생적인(emergent, 涌現) 특성을 가지고 있다(Jervis 1997, 6). 시스템이 없다면, 시스템 내 개체 단위체의 다양성과 이른바 선택 압력(selection pressure; 즉 환경이 없음)이 없기 때문에, 이에 진정한 의미의 진화도 일어날 수 없다.[4] 생물진화는 생태환경에서 발생하는데, 생태환경은 물리적 환경과 시스템 내부의 모

---

4   진화는 시스템 내에서만 일어날 수 있으므로, 시스템적 방법은 진화적 방법의 불가결한 일부분이며, 후자는 전자를 포괄한다. 본 장의 제4절을 참조하길 바란다.

든 유기체를 포함하고 있다.

다음으로, 진화는 생명체로 이루어졌거나 생명체가 만들어낸 시스템(예를 들어, 인류사회)에서만 일어날 수 있다. 다른 말로 하자면, 생명체로 이루어진 시스템만이 진정한 의미의 진화를 보여줄 수 있다.[5] 왜냐하면 시스템의 핵심개체(예를 들어, 유기체 혹은 문화 단위)가 '변이-선택-유전'의 메커니즘을 따라 변화를 발생시켜야만 시스템은 진화적 특성을 가질 수 있고, 생물학적 기초가 없는 개체들은 이를 행하지 못한다. 이에 비생물학적 시스템(예를 들어, 태양계와 우주)은 '진화'할 수 있지만, 이 진화는 비유의 수준에 머무를 뿐, 진정한 의미의 진화는 아니다. 말하자면, 이러한 시스템의 진화는 시스템의 변화와 어떠한 실질적인 차이를 보이지 않는다. 진정한 진화적 시스템은 변화가 발생하는 것뿐 아니라, 시스템의 핵심개체가 '변이-선택-유전' 메커니즘이라는 특정한 방식을 거쳐 변화가 발생해야 한다.

마지막으로 진화는 시공간에서 벌어진다(예를 들어, 생태계통의 생물진화, 생태-사회계통의 사회진화). 변화는 반드시 시간 차원에서 벌어지며, 개체 간의 그리고 개체와 환경 간의 상호작용은 공간 차원에서 벌어져야만 하기 때문이다.[6]

만약 어떤 시스템이 위의 세 가지 조건을 충족한다면, 반드시 진화적인 시스템이다. 이에 우리도 진화적 방법으로 이 시스템을 이해해야

---

5   호지슨과 크누센(Hodgson and Knudsen 2010b, 32~37)은 이를 '복잡개체군시스템 (Complex Population System)'이라고 말했다.

6   따라서 만약에 시스템이 시간적 차원에서 변한 것이 없다면(즉, 시간이 동결된다면), 진화적 방법을 사용하는 것도 아무런 의미가 없다.

한다. 사실상, 이러한 시스템을 마주할 때 진화의 방법만이 우리를 충분히 설득할 수 있다. 도브잔스키(Dobzhansky)는 이와 관련해 "진화의 관점을 떠나서는 생물학의 그 어떤 것도 의미를 갖지 못한다"고 말한 바 있다(Dobzhansky 1973).

현재로서는, 생물계와 인류사회(즉, 사회계), 이 두 개의 시스템이 세 가지 조건을 만족시킨다고 말할 수 있다. 다시 말하자면, 이 두 개의 시스템은 진정한 진화적 특성을 가지고 있다. 게다가, 인류사회는 지구상의 생물학적 진화의 기초 위에서 형성되었다(Campbell 1960, 380n2; Bhaskar 1986, 136~143; Hodgson and Knudsen 2010a; 2010b, 특히 제1장). 이에 진화의 방법을 생물계와 인류사회에 적용해야만 하는 것은 당연하다.

(2) 네오다윈주의(Neo-Darwinism) 생물진화론[7]

가. 핵심 메커니즘: 변이-선택-유전

미시적 수준에서 생물진화는 첫째 다양성의 발생, 즉 유전물질 혹은 유전자형 변이 발생 혹은 돌연변이, 둘째 (자연)선택, 즉 특정한 표현형(phenotype)과 그에 대응하는 유전자형의 도태 혹은 보류, 셋째 유전, 즉 복제 혹은 선별을 거쳐 남은 유전자형(genotype)과 그에 대응하는 표현형(phenotype)의 전파와 같은 세 가지 서로 다른 단계를 통해 전개된다.[8] 다윈이 이 핵심적인 '변이-선택-유전'의 메커니즘을 가장 처음으로 서

---

7   이 부분은 주로 '현대종합이론'의 설명을 참고했다(Futuyma 1998, 제1장, 제2장, 제3장, 특히 17~49쪽).

8   표현형은 유전자의 표현에 의존하며 유전자형은 유기체의 유전구조이다. 이에 대해서는 다시 간단하게 설명할 것이다. 세부사항은 Tang 2014, 165를 참조.

술했으며, 이를 '다윈주의(Darwinism)'이라 한다.[9]

자연환경에서 유전자 돌연변이는 기본적으로 무작위로 일어나는
데, 인위적인 힘은 이 과정에 작동하지 않는다. 이러한 서로 다른 돌연변
이들은 선택 과정의 궁극적인 바탕이 되는데, 유전자의 변이가 표현형에
서의 다양성을 가져오며, 이러한 표현형은 다음 선택단계에서 직접적인
선택지가 된다(Mayr 1997).[10] 다시 말하자면, 표현형은 직접적으로 선택
할 수 있으나, 유전자형은 간접적으로만 선택할 수 있다. 이는 환경의 선
택 압력이 유전자형이 아닌 표현형에서만 관찰되기 때문이다. 특정한 표
현형이 유기체의 '포괄 적응도(inclusive fitness)'[11]에 유리한지 불리한지,

---

9   아래 신다윈주의와 라마르크주의의 서로 다른 견해에 덧붙이고자 한다. 유전자형은 유
    기체의 유전자 구조이다. '유전자'라는 용어가 정의하기 어렵기 때문에, 필자는 그것을
    전통적 의미(Futuyma 1998, 제3장)에 한정해서 사용할 것이다. 간단하게 말하면, 유전자
    는 표현할 수 있는 정보를 지니고 있는 유전물질의 일부이다. 다윈(Darwin 1859)은 자
    연선택이 그 이론의 핵심 메커니즘(mechanism)임을 강조한다. 이렇게 보면 푸투이마
    (Futuyma 1998, 19~23)가 지적한 바와 같이 다윈주의 혹은 신다윈주의 이론을 단순히 순
    수한 자연선택이론으로 보는 견해는 틀린 것이다.

10 현대종합이론의 등장 초기에, 대다수의 생물학자들은 선택이 우선 개체, 유기체 차원에
    서 전개된다고 생각했지만, 그것이 개체군과 생물종 차원에서도 이루어질 수 있는지에
    대해서는 여전히 논쟁 중이다(Williams 1996, Dennett 1995). 최근 학계에서는 '다층적 선
    택' 이론을 점차 받아들이고 있다(구체적인 내용은 Okasha 2006를 참조).

11 이 용어는 다양하게 번역되어왔다. 예를 들어 '광의의 적합도'(월슨의 『사회생물학』, 베이징
    이공대학 출판사 2008년, 바스의 『진화심리학』, 상무인서관 2015년), '총적합도'(마이어의 『생물학
    사상발전의 역사』, 사천교육 2010년), '총괄적합도'(도킨스의 『이기적 유전자』, 중신출판사 2012
    년) 등이 있다. 여기서 적응치는 유전자가 성공적으로 유전되는가를 가늠하는 척도이다.
    윌리엄 해밀턴(William D. Hamilton)이 포괄 적응도 이론을 내세울 때만 해도 누구도 관
    심이 없었다. 윌리엄스(Williams 1996)가 이를 알기 쉬운 표현으로 바꾸자 생물학자들에
    의해 이타행위 등의 연구에 활용되기 시작했다. 전통적 적응도 이론에 따르면 자연선택
    은 유전자가 다음 세대에게 유전되는 성공률을 제고시키는 경향이 있다. 해밀턴은 자연
    선택이 자신의 번식 여부보다는 유전자의 전승 성공률을 높이는 쪽으로 기울었다고 본
    다. 다시 말해, 전통적 적응도 이론은 자신의 번식 행위의 성공률에 대한 영향만 계산하

아니면 중립적인지를 환경이 결정한다. 다른 조건이 모두 같다는 전제 하에 유리한 표현형을 가진 유기체가 경쟁에서 불리한 표현형을 가진 유기체를 이길 가능성이 높다. 표현형을 선택하는 과정의 배후를 보면, 환경은 간접적으로 유전자형을 선택했다. 그러나 유리한 표현형에 대응한 유전자형이 살아남아 개체군으로 확산될 가능성이 더 크다. 이와 반대로, 불리한 표현형에 대응한 유전자형은 확산되기 어렵거나, 심지어는 완전히 사라질 수도 있다.

나. 생물진화에 관한 분자와 유전의 기본원리

1865년부터 1866년까지, 그레고르 멘델(Gregor Mendel)은 생물진화의 유전적 기초를 이해하는 데 첫 물꼬를 텄다. 안타깝게도 그의 작업은 그 후 반세기 동안 거의 알려지지 않았다. 20세기 초까지 휴고 드 브리스

지만, 포괄적 적응도 이론은 행위가 자기 친족의 번식성공률에 미치는 영향도 고려한 후 이 값에 가중치를 두어 총합을 계산하는데, 가중치는 바로 친족과 자신의 유전적 상관도 r을 사용한다. 쉽게 말해, 모든 부부가 혈연관계가 없고 일란성 쌍둥이도 없다는 가정하에, 부모와 부모의 형제자매, 그리고 자녀와 같은 사람들과 자신 사이의 유전적 상관도는 1/2이다. 조부모, 외조부모, 고모부와 고모, 외삼촌과 이모, 이복아버지 혹은 이복어머니의 형제자매, 남자 조카와 여자 조카, 남자 외조카와 여자 외조카, 손자와 손녀, 외손자와 외손녀와 같은 사람들과 자신 사이의 유전적 상관도는 1/4이다. 고종사촌, 이종사촌과 자신 사이의 유전적 상관도는 1/8이다. 이와 같은 방법으로 다른 값도 유추할 수 있다. 따라서 어떤 행위의 비용을 C 그 행위가 개체 자신에게 가져다주는 번식 이익은 b, 어떤 친척의 번식이익은 b_i 그 친척과 개체 간의 유전적 상관도는 r_i라고 한다면, 자신의 번식이익과 모든 친척들의 번식이익에 가중치를 둔 이후에 총합 $B(B=b+\sum b_i \times r_i)$를 구할 수 있다. 이 때, 전통적인 적응도 이론은 c와 b의 대소 관계만 비교하지만, 포괄적 적응도 이론은 c와 B의 대소 관계를 비교한다. 따라서 포괄 적응도 이론이 이타행위의 존재를 일정 부분 설명한다고 볼 수 있다. William D. Hamilton, 1964. "The Genetical Evolution of Social Behaviour. I.", *Journal of Theoretical Biology*, 7 (1): 1-16; "The Genetical Evolution of Social Behaviour. II.", *Journal of Theoretical Biology*, 7(1):17-52 를 참조.

(Hugo de Vries)와 칼 코렌스(Carl Correns)가 각각 독립적으로 멘델의 성과를 재현하고 나서야 주목받기 시작했다. 1910~1920년대에 토마스 모간(Thomas Morgan)과 그 학생들이 유전자를 염색체에 위치시키면서 멘델의 유전학은 더욱 공고하게 기초를 다지게 되었다. 1937년, 테오도시우스 도브잔스키(Thedosius Dobzhansky)는 진화 생물학과 유전학을 완전한 생물진화이론인 '현대종합이론' 또는 '신다윈주의'로 통합했다.[12] 그의 연구에 힘입어 에른스트 마이어(Ernst Mayr), 조지 심슨(George Simpson), 레드야드 스테빈스(G. Ledyard Stebins)는 '현대종합이론'을 보다 발전하고 보완했다(Mayr 1942;Simpson 1944; Stebins 1950; '현대종합이론'의 기본소개는 Futuyma 1998, 24~29 참조).

왓슨과 크릭(Watson and Crick 1953)은 생물진화의 중요한 분자 기반, 즉 생명 시스템의 가장 중요한 물질인 DNA(deoxyribonucleic acid)의 '이중 나선형 구조'를 발견했다. 일반적으로 생명체의 유전물질은 모두 이중사슬의 DNA로 나타나지만, 일부 RNA(ribonucleic acid) 바이러스나 레트로 바이러스(Retrovirus)의 경우에는 단사슬 혹은 이중사슬의 RNA가 만들어지기도 한다.[13]

---

12 로널드 피셔(Ronald A. Fisher), 홀데인(J. B. S. Haldane), 라이트(S. G. Wright)는 모두 집단유전학 분야에서 중요한 이론적 공헌을 했지만, 도브잔스키(와 마이어)는 그들의 문헌을 읽어보지 않았다(가장 큰 이유는 문헌 속 숫자 계산이 지나치게 복잡하기 때문일 것이다). 줄리아 헉슬리(Julia Huxley)는 '현대종합이론'을 알리는 데 많은 역할을 담당했지만, 실질적인 이론적 공헌은 없었다(Huxley 1942). '현대종합이론'에 관해서는 굴드의 책을 참조(Gould 1982).

13 RNA 바이러스는 RNA 복제효소(RNA에 의존한 특별한 RNA 중합효소)를 통해 복제된다. 레트로 바이러스도 RNA 바이러스이지만, RNA 중개에 의존하여 역전사효소(RNA에 의존하는 DNA 중합효소)를 통해 복제된다.

종의 기원의 궁극적인 기초는 유전자 돌연변이에서 온다. 유전물질이 자라나는 외부환경과 상호작용하고, 이를 통해 표현형에 영향을 미친다. 통상 유전자와 표현형은 일대일 대응이 아니라, 어떠한 표현형의 성질과 형상(예를 들어 안구의 색)은 여러 개의 유전자 조각에 의해 제어된다. 많은 유전자는 여러 개의 복사본을 가지고 있어 유전자 간의 상호 조합에 따라 표현형이 달라질 수 있다.

아우구스트 바이스만(August Weisman)은 세포의 세포핵과 세포질 사이에 장벽이 존재한다고 지적하면서 '성질과 형상(acquired characteristic)'의 직접적인 유전의 가능성을 무효화했다. 바이스만 장벽은 유전자형이 표현형에 영향을 줄 수 있지만 반대로 표현형은 유전자형에 직접적인 영향을 줄 수 없다는 것을 보여준다. 분자측면에서 바이스만 장벽은 생물진화의 정보전달이 단방향, 즉 유전물질(DNA 혹은 RNA)에서 단백질로 유도되는 것을 의미하며, 그 반대는 안 된다는 것을 의미한다. 더 정확하게 말하면, 유전정보는 단백질로 번역될 수는 있지만, 단백질에 저장된 정보는 되돌아가서 유전정보로 번역될 수 없다. 이러한 단방향적인 정보전달은 생물진화에서 성질과 형상(즉 표현형)이 직접적인 유전을 얻을 가능성을 배제하는데, 이는 다윈주의 진화론을 부정하는 동시에 신다윈주의 생물학 진화론에서의 입지를 다졌다. 이는 또한 분자생물학의 '중심법칙'이기도 하다(Crick 1970).[14]

---

14 다윈의 시대에는 인간이 유전물질과 생물진화의 기타 근본적인 메커니즘에 대해서 거의 알지 못했는데, 이는 많은 이들이 획득형질이 직접 유전(즉 라마르크식 유전)될 수 있다고 생각했던 원인의 하나이다. 심지어 다윈 본인도 이를 부인하지 않았다 (원하지도 할 수도 없었다). 다윈의 원초적 발상과 구별하기 위해 진화에 대한 현대적 이해를 '신다윈

표 1.1 생물진화와 사회진화에 관한 다양한 관념

분류 / 관념	유기체는 적응적 변이를 필요로 함	환경이 유기체의 적응성 변이를 유발시킴	특성의 직접 유전	선택: 자연/ 인공	진화는 진보와 완벽함을 추구
라마르크주의 (예: 라마르크)	모호	모호	인정	모호	인정
다윈주의 (예: 다윈)	부정	부정	인정	자연	모순
스펜서주의 (예: 스펜서)	인정	모순	인정	모호	인정
신다윈주의 (예: 와이스만)	부정	부정	부정	자연	부정
신라마르크주의 (생물진화)	부정	부정	인정	자연	부정
초라마르크주의 (사회진화의 관념적 차원)	인정	인정	인정	인공, 단 물질적 제약 있음	부정

※주: "모순"은 저자의 논저에서 인정과 부인의 두 가지 태도를 나타내는 것이며, "모호"는 저자의 논술이 애매모호하다는 것을 의미한다.

(3) 진화방법의 본질과 해석력

생물진화를 이해하는 과학적 이론으로 신다윈주의는 진화의 특정한 결과를 예측하지 못하고, 특정 유기체 혹은 특정 종류의 운명을 정확하게

주의'라고 한다. 문서 속에서 '라마르크식' 과정의 다섯가지 관점을 찾을 수 있다. 그런데 많은 학자들이 라마르크(Lamarck)나 라마르크주의를 논할 때, 이 다섯가지 관점을 자세하게 구분하지 않기 때문에 심각한 혼란을 야기했다. 사회진화의 개념변화는 어느 정도는 라마르크주의이지만, 순수한 라마르크주의는 아니다(그래서 필자는 이를 '초라마르크주의'라고 부른다). 필자는 다른 책의 제2장에서 이러한 견해들을 상세히 연구했다. 이에 대한 간단한 내용은 표 1.1을 참조.

예언하지도 못한다. 마치 소행성이 지구에 충돌해 공룡이 멸종된 것과 같이 진화 과정도 우연성을 특징으로 갖고 있기 때문이다.[15] 그렇다면 왜 신다윈주의는 코르페니쿠스의 태양중심설과 함께 현대과학의 양대 기둥 중 하나로 여겨지는가? 다시 말해, 신다윈주의의 해석력은 어디에서 오는가? 이는 세 가지 측면에서 고려될 수 있다.

우선, 신다윈주의 이론은 세련되었다. 하나의 간단한 '변이-선택-유전' 메커니즘을 통해 지구 또는 다른 행성 위의 생명, 예를 들어 풍부한 생물다양성, 유기체의 환경적응, 같은 종 내 다른 개체 간의 유사점과 차이점, 다른 종간의 공통점 등에 대해 설명할 수 있다.[16] 다른 어떠한 이론 혹은 방법(예를 들어, 비진화적이거나 부분적으로만 진화적인 방법)도 이에 비견할 수 없다.[17] 다음으로 생물진화 중 다른 중간 수준 혹은 미시적인 메커니즘은 모두 신다윈주의의 틀에서 통합되고 통일될 수 있다. 지금까지 우리는 신다윈주의의 핵심 메커니즘을 거스르는 어떠한 생물진화 현상을 발견하지 못했다. 대니얼 대닛(Danial Dennett)의 표현대로 신다윈주의는 모든 것을 녹여낼 수 있는 "만능산(酸)"이다(Dennett 1995, 62). 마지막으로, 신다윈주의 앞에서 생명의 기원에 대한 외생적(외생요인 혹은 외부자

---

15 진화론의 이 특성은 자연과학이 아니라 사회과학과 더욱 유사하게 만든다. 왜냐하면 자연과학은 이론의 예측능력이 매우 중요하기 때문이다(Richards 1992; Scriven 1959을 참조). 마이어(Mayr 1969)는 포퍼(Popper) 같은 학자들의 주류 과학철학이 생명과학에는 적용되지 않는다고 지적했다.

16 과학적 해석에서 메커니즘이 가지는 핵심적 지위에 관해서는 바스카르(Bhaskar 1978, 2008)와 번지(Bunge 1997)를 참조.

17 생물의 다양성에 관해 '창조론(creationism)'은 왜 새가 깃털이 있는지, 왜 카멜레온이 위장했는지 설명해야 한다.

극) 해석이 무색하게 된다. 뱀을 그리는데 다리를 그려넣는 것은 쓸데없는 짓이다.[18]

요컨대, 세련되고 강력하며 내생적인 신다윈주의는 지구(혹은 심지어 다른 행성들)에서의 생명의 기적에 관한 다른 모든 대체이론들보다 설득력을 지닌다.

2. 생물진화에 관한 몇 가지 오해

다윈이 150여 년 전에 혁명적인 이론을 발표했고, 유전학과 분자생물학은 과거 반세기 동안 급격한 발전을 이루어 생물진화의 이론적 기초를 확립했다는 점에는 의심의 여지가 없지만, 생물진화 및 진화 패러다임에 대한 다양한 오해는 여전히 비일비재하다. 마치 자크 모노드(Jacques Monod, 1965년 노벨 생리학 혹은 의학 수상자)가 비웃으며 '진화론에 관한 또다른 이상한 사실이 있는데, 그것은 모든 사람이 스스로 진화론을 이해한다고 생각한다(Hodgson 1993, 37)'고 한 것처럼 말이다. 생물진화에 대한 오해를 없애기 위해, 이 절에서는 몇 가지 흔한 실수들을 중점적으로 밝히고자 한다.

---

18   가장 전형적인 외적 요소 또는 외적 출처는 '신(神)' 혹은 '조물주'이다.

(1) "진화론은 이론일 뿐, 사실이 아니다."

이론은 과학자들이 관념적으로 구성한 결과물이지, 절대 자연 그 자체의 사실이 될 수 없다. 그러나 '창조론' 옹호자들과 같이 진화에 반대하는 사람들은 모두 이론으로서의 신다윈주의 뿐만 아니라 자연적 사실로서 생물학적 진화를 거부하는 것을 자연의 과학이론을 출발점으로 삼았다. 물론 과학자들이 '비디오테이프'와 같이 원생액(primordial soup)에서 현대인에 이르는 모든 진화 과정을 재현할 수 없다. 더욱 문제가 되는 것은, 설사 과학자들이 진화론을 반대하는 이들에게 진화 과정을 담은 '테이프'를 보여주었다고 하더라도, 그들은 여전히 거짓으로 생각할 것이다. 그렇다고 해서 신다윈주의의 운이 다한 것인가? 전혀 그렇다고 볼 수 없다.[19]

먼저 진화론 반대자들(즉, '창조론', '지적 설계론'의 옹호자들)들에게도 마찬가지로 자신의 이론을 증명할 수 있도록 똑같은 기준의 논리적 증명과 증거를 요구해야 한다. 과연 창조론자들은 신이 만물을 만드는 전체 과정을 담은 '테이프'를 보여줄 수 있는가? 창조론자들은 "물론이죠, 우리에게는 성경이 있습니다."라고 답할 수 있다. 하지만 그들이 과학자들이 제시한 엄청난 증거의 진실성에 의문을 제기할 수 있는 만큼, 우리도 성경의 내용이 믿을 만한 것인지 의문을 가질 필요가 있다. 어쨌든 과학자들이 보는 지질기록은 돌에 적힌 역사적 과정인 반면, 창조론자들은 종이에 적힌 증거만을 가지고 있다. 확실한 것은, 돌 위의 내용은 종이

---

19 '창조론'에 대한 간단한 반박은 Futuyma 1998, 부록 2를 참조. '창조론'과 '지능설계론'에 대한보다 전면적인 비판은 Kitcher 1982, 2007를 참조.

위의 내용보다 훨씬 낫다. 전자는 인간으로부터 독립하여 존재할 수 있고, 후자는 인간이 출현한 이후에야 비로소 존재하는 산물이다. 창조론자들은 대상에 따라 서로 다른 평가 기준을 적용해 자신의 '이론'이 적합하다고 주장한다.

둘째로, 우리가 신다윈주의와 '창조론'이 내세우는 각각의 역사적 과정을 정확하게 증명할 수 없다면, 양자의 대결은 다르게 이루어져야 한다. 바로 누구의 논리가 보다 더 과학적인가를 보아야 한다. 여기서 신다윈주의는 압도적으로 우세하다. 신다윈주의의 생명의 기적에 관한 설명은 논리가 자연스럽고 간단명료하며 강력하고 효과적이다. 무엇보다도 신다윈주의는 내생적이다. 어떠한 외생의 힘을 빌리지 않고도 생명의 기적을 설명할 수 있다. 이와 반대로, '창조론'은 한 가지 까다로운 질문인 '하나님(혹은 하나님의 부모님)은 어디서 오는가?'를 피하지 못한다. 아무리 반복해도, '창조론'은 이 까다로운 문제에서 벗어날 수 없고 답할 수도 없다. 결국 '보편적 의지', '자연법칙', '지적 설계'와 같은 것을 궁극적인 해석이라고 하는 이론들 모두 '신비주의 혹은 동어반복'이기 때문에 반(反)진화(anti-evolutionary)된다. 반면, 신다윈주의는 신이나 다른 외생의 힘을 전혀 필요로 하지 않는다.

마지막으로, 신다윈주의는 자연적인 사실이 아닌 하나의 강한 이론일 뿐이지만, 생물진화는 과학자들이 확립한, 의심할 여지가 없는 사실이다. 이와 관련해 세 가지 증거를 제시하고자 한다.

먼저, 천문학, 지질학, 고생물학은 우주의 나이가 지구생명의 역사에 있어 창조론자들의 상상을 훨씬 능가한다는 것을 보여준다. 더욱 중요한 것은, 각 지질시대의 모습은 천차만별이지만, 자라난 생명의 형식은 천 갈래, 만 갈래로 연결되어 있다. 그야말로 '테이프'에 가까운 것을 과학자들은 가진 것이다. 둘째, '생명의 나무'에서 보여주듯이 지구상의 서로 다른 유기체들은 해부학적 구조뿐만 아니라 유전적인 코드에서도 유사성을 가지고 있다.[20] 만약 서로 다른 생명체가 각각 독립적으로 창조된다면, 이렇게 많은 유사성을, 특히 근본적인 측면에서부터 가지지 못했을 것이다. 셋째, 인간은 유전적 원리에 의해 많은 동식물을 길들이고 심지어는 새로운 종까지 교배시켰다. 신다윈주의 진화론을 지지하는 유전학 원리는 모두 인위적 과정에서 효과가 있었다. 만약 자연환경에서 그에 상응하는 법칙이 없었다면, 인위적인 환경에서 이런 원리들을 응용하는 일들이 효과적으로 나타나기 어려웠을 것이다.

결국 자연 사실로서의 생물진화를 거부하고 강력한 과학이론으로서의 신다윈주의를 거부한 것은 이데올로기에 해당한다. 과학적으로 합리적인 증거를 더 제시해도 그들을 설득할 수 없다.

(2) "진화론은 '적자생존'"

진화와 진화론에 관한 흔한 오해는 아마도 생물진화와 다윈주의를 '적자생존'이라고 요약하는 것이다. 진화는 '생존(그리고 번식을 통한)의 경쟁'이기 때문이다. 사실, 다윈(Darwin 1859, 201~202, 472)이 일찍 깨달았던 것처럼 생물진화는 근본적으로 '최고 적응자의 생존'을 초래하지 않는다. 생물진화는 같은 종의 개별 생명체 사이에서 더 적응한 자의 생존(survival

---

20   유전암호는 DNA 세트를 메신저 RNA(mRNA)를 통해 단백질로 해석할 때 사용하는 암호다.

of fitter), 즉 특정한 환경에서 더 적응한 자의 생존을 의미한다. 생물진화의 적응성은 언제나 상대적인 것으로, 절대적인 것이 아니다. 다시 말해, 생물진화는 '최고 적응자의 생존'이 아니라 '적응자의 생존'을 의미할 뿐이다.[21]

가장 적응한 표현형이 존재한다는 생각은 진화의 근본원리에 어긋난다.[22] 특정한 생태환경 내에서도, 가장 적응한 표현형과 종을 찾아낼 수 없다. 이유는 간단하다. 주어진 환경에서 종종 다양한 방식으로 모두 적응할 수 있다. 진화과정에서 개별 종들은 각자 선별을 거쳐 남은 기술로 각기 다른 방법으로 환경에 적응했다.

(3) '진화론'의 잘못된 형식: 의도된 적응과 유발된 적응

진화의 결과로 유기체는 그들이 속한 환경에 적응한다. 하지만 이 사실은 적응의 원인에 관한 두 가지 오해를 유발하거나, 혹은 두 가지 종류의 잘못된 '적응론'을 초래한다.

첫 번째 잘못된 '적응론'은 유기체가 스스로 환경에 의도적으로 적응, 즉 유기체가 의식적으로 환경에 적응을 시도한다는 것이다. 불행하

---

21 관련 문헌의 상세설명에 따르면 '적자생존'이라는 개념은 사실 사회적 다윈주의의 기본 가설로, 가장 극단적인 형태는 지정학과 나치주의로 나타난다. 사실 '적자생존'이라는 표현은 다윈이 아니라 스펜서가 만든 것이다. (안타깝게도)다윈은 이 작품의 제4판에 이 개념을 다소 유보적인 태도를 가지고 언급했다.

22 예를 들어, 말라리아가 횡행하는 아프리카에서는 혈액 적혈구가 낫 모양인 사람에게는 생존의 이점이 있는데, 이는 이런 적혈구가 말라리아에 더 잘 저항할 수 있기 때문이다. 하지만, 해발고도가 높은 지역에서는 낫 모양 적혈구를 가진 사람이 산소 공급이 부족해져 생명이 위험할 수 있다.

게도 이 적응론은 유기체가 환경에 적응해야겠다는 의지를 처음에 어떻게 가지게 되었는지 설명하지 못한다. 오직 다윈주의의 적응론만이 명확하게 설명할 수 있다(Hodgson 2001, 97~99). 이에 다윈 이후, 이 의도적 적응론은 철저히 부정되었다. 신다윈주의의 해석에 따르면, 유기체가 환경에 적응할 수 있는 것은 보다 적응적인 표현형과 유전자형을 가졌기 때문이지, 유기체가 적응적인 표현형을 의식적으로 발전시킨 것이 아니다.

두 번째 잘못된 '적응론'은 환경이 직간접적으로 유기체의 적응성을 가진 돌연변이를 유발하고 이에 유기체가 환경에 적응했다는 것이다. 진화이론 분야에서 많은 선도적인 과학자들(예를 들어 다윈과 도브잔스키)이 이러한 함정에 빠졌었다. 물론 이는 당시 사람들이 진화의 분자적 기반에 대해 잘 알지 못했기 때문이다. 분자생물학이 탄생한 이후에 이런 유발적 적응론은 철저하게 부정되었다. 엄밀한 의미에서 보면, 특정한 환경하에서 발생하는 돌연변이는 무작위가 아니며, 어떠한 DNA 조각은 다른 조각보다 돌연변이가 더 쉽게 발생한다.[23] 그러나 환경 자체는 직접적으로나 혹은 간접적으로 적응을 위한 돌연변이를 유발하지는 않는다. 가장 엄격하게 말해서 환경은 맹목적으로 돌연변이를 유발하지, 돌연변이 과정 후의 적응력을 미리 결정하지 않는다.

사실 두 가지 잘못된 '적응론'은 창조론과 거리가 멀지 않다. 신이 유기체가 자발적으로 환경에 적응한다는 의식을 주셨거나, 혹은 신이 환경에게 모든 유기체들에 호의적으로 대하라고 명하는 등, 이러한 두 가

---

23 이런 부위들은 소위 "돌연변이 호발부위(mutation hotspot)"를 의미한다.(중문판 역자 주)

지 설만 더한다면 신은 궁극적이고도 호의적인 의지 혹은 의지의 근원이 된다. '보편적 의지', '자연의 법칙', '지적 설계'를 최종적인 설명으로 본 모든 이론은 근본적으로 '신비주의와 동어반복', 즉 반(反)진화적(anti-evolutionary)이다(Service 1968, 397). 반대로 신다윈주의는 신이나 의지를 전혀 필요로 하지 않는다.

요컨대, 생물진화에서 적응은 자연선택의 결과물이지, 유기체가 의도적으로 적응한다거나, 환경이 돌연변이를 유발하는 결과가 아니다. 생물진화의 적응성은 다윈주의를 따르며, 진화는 '맹인시계 장인'(Dawkins 1976)이다. 따라서 반드시 선택주의(selectionism)에 따라 진화논리에서의 적응론적 사고를 해야 한다(Daly and Wilson 1995).

(4) 진화는 복잡하고 더욱 정교하게 펼쳐질 운명으로 전개

흔히 진화가 필연적으로 더욱 복잡하고 더욱 정교하게 펼쳐진 운명으로 향한다는 오해, 쉽게 말해 진화가 '앞으로 향하는 진보'라고 오해하고 있다. 이러한 관점은 종이나 생체 시스템 차원의 잘못된 '적응론'으로 이해될 수 있다. 간단히 말해, 이는 진화가 더 높은 차원으로 향하고 있고, 설사 이것이 완벽에 미치지 못하더라도 '앞으로 진보'한다는 것이다. 처음 '진화는 진보를 향한 것'이라고 말한 사람은 허버트 스펜서(Herbert Spencer)였다.[24]

---

24 그러나 다윈이 전혀 책임이 없는 것은 아니다. 그는 "자연선택은 단순한 방법으로 이루어지지만 동시에 만물의 아름다움을 위해 움직이며, 모든 육체와 마음의 천성이 완벽을 향해 가게 만든다"고 말했다. 이는 그가 자연선택에 따른 진화를 '엉성하고, 낭비가 심하며, 잘못되기 쉽고, 저급하고, 끔찍하다'고 인정한 것과 모순된다. 인간의 진화에 대

하지만 한 종 전체이든, 생물 시스템이든 생각하는 능력이 없다면, 방향성 역시 없다. 유기체와 환경 모두 적응에 대한 인식이 없기 때문에 진화는 단선적이든, 다중선형적이든 어떠한 방향성을 가질 수 없다. 진화에 방향이 있는 것처럼 보이지만 이러한 가상의 '방향성'은 단지 변이-선택-유전의 핵심 메커니즘에 의한 의도치 않은 결과물일 뿐이다. 어느 차원이든 생물진화에서 방향성은 없다.

마지막으로, 생물진화는 적응성을 발생시키지만, 어떤 의미에서도 이 적응성이 '진보'로 이해될 수 없다. 생물진화에는 조금의 진보도 없다. 인위적으로 생물진화에 '진보'를 부여한다는 뜻은 사실상 우리의 인간중심적 사고에서 생물진화 그 자체의 객관적 결과보다 생명의 나무에서 우리가 가진 지위에 대한 걱정을 반영한 것이다 [Williams(1966) 1996, 35; Levins and Lewontin 1985, 12~29; 본 장 제3절 참고].

(5) "신다윈주의는 큰 수정이 필요하다." 혹은 "반드시 예외가 있다."

어쩌면 놀랍지 않은 부분은, 신다윈주의에 반대하는 더욱 '정교한' 도전들은 자연과학과 사회과학을 포함한 과학자 진영에서 비롯되었다는 점이다. 일부 과학자들은 새로운 과학적 발견을 설명하기 위해 신다윈주의(통상적으로 중간 수준이거나 미시적인 측면에서) 크게 수정되어야 한다고 주장한다. 하지만 이를 자세히 들여다보면, 이런 도전과 '수정'은 기껏해야

해 말할 때, 다윈은 진화의 진보성을 보다 선명하게 인정했다(Darwin 1871, 1874, 132). 다윈이 진화의 진보성에 대해 가지고 있던 태도에 대한 간략한 검토는 케이(Kaye 1986, 11~22)를 참조.

너무 소규모로 미시적이거나, 심지어는 겉만 번지르르한 수사적 표현에 불과하다. 사실 그들은 '무식해서 용감한' 격인데, 왜냐하면 신다윈주의의 해석력이 그들의 상상을 훨씬 능가하기 때문이다. 신다윈주의는 최소한의 수정을 통해서도 충분한 설명력을 갖추었다. 다시 말하자면, 신다윈주의는 어떠한 큰 수정도 필요하지 않는, 포용성과 탄력성을 가진 이론이다.

예를 들어, 스티븐 제이 굴드(Stephen Jay Gould)는 '단순평형설 (punctuated equilibrium)'을 치켜세우며, 다윈의 초기 이론에 대해 중대한 수정을 했다고 인식했다(Eldredge and Gould 1972). 굴드는 다윈주의를 엄밀한 의미에서 점진주의 이론이라 했지만, 화석증거에서는 생물진화 과정의 길고 점진적인 발전 과정이 돌발적인 폭발에 깨어지는 현상이 나타난다. 가령, '짧은' 지질연대 내에 대량의 새로운 종이 쏟아져 나왔다. 이에 '단순평형설'은 다윈주의를 보완하고 심지어 수정했다고 볼 수 있다. 하지만 자세히 들여다보면, 다윈의 초기이론은 엄격한 점진주의 이론이라기보다는, '단순평형설'과 비슷하다. 다윈이 단지 '단순평형', 이 용어를 사용하지 않았을 뿐이다. 그는 '느린' 진화와 이와 대비된 '격렬한' 진화로 이분화하였는데, 여기서 '격렬한' 진화가 굴드가 말하는 '단순평형'에 해당한다. 뿐만 아니라, 다윈이 일찍이 깨달았듯, 진화가 빠른지 느린지는 사실 우리가 역사를 바라보는 시간의 틀에 달려 있다. 시간의 틀이 바뀌면, '단순평형'이 사라지기도 한다(Darwin 1859, 302~329; Dennett 1995, 282~312).[25]

3. 현상으로서의 사회진화

생물계와 인류사회는 모두 진화의 세 가지 기본조건을 충족한다. 사실상, 인류사회는 생물진화의 산물로, 후자가 없다면 전자도 없다. 그렇다면, 이 두 시스템 모두 진정한 의미의 진화적 성격을 가지고 있어야 하며, 두 시스템 모두 진화적인 방법을 통해 인식되어야 한다.

그러나 동시에, 사회진화는 분명히 새로운 근본적인 차이점을 가지고 있다. 신다윈주의를 단순하고 기계적으로 인류사회에 옮기는 것은 크게 위험하지는 않더라도 오류를 범할 수 있다. 그렇게 하기 어려운 근본적인 이유는 하나의 새로운 근본적인 힘인 관념이 인류사회에 추가되었고, 사회진화에 참여했기 때문이다. 관념 역시 생물진화의 산물이긴 하지만, 관념의 참여는 인류 시스템을 근본적으로 변화시켰다. 물론 관념적 역량의 추가가 물질력이 더 이상 사회진화에 작용하지 않는다는 것을 의미하지는 않는다. 정반대로, 이 두 힘의 상호작용은 사회진화를 촉진하고 있으며, 생물진화보다 훨씬 더 복잡한 사회진화 현상을 초래한다. 본 절에서는 국제시스템의 진화를 이해하기 위한 내용만을 총정리하고, 사회진화의 다른 측면에 관한 상세한 기술은 그 후로 남겨두겠다 (Tang, 미발표 원고).

---

25 굴드의 끈질긴 자화자찬은 "단순평형" 개념이 사회과학계에서 보편화되는 데 일조했다. 이 개념이 정치과학계에서 어떻게 사용되는지는 Krasner 1984를 참조.

(1) 사회진화에서의 유전자와 표현형

생물진화에는 물질(생물)적 유전자와 표현형만 있었다. 하지만 사회진화에서는 두 개의 유전자와 표현형이 있는데, 이는 물질적인 것 이외의 관념적인 것을 포함한다. 뿐만 아니라, 분석의 차원에 따라 사회진화의 관념적 수준별로 다수의 유전자와 표현형이 있을 수 있다. 예를 들어, 기술진화를 이해하기 위해 넬슨과 윈터(Nelson and Winter 1982)는 혁신을 표현형으로 두고, '경로(routine, 생산의 암묵적·명시적 지식)'를 유전자로 보았다. 습관의 형성을 연구하기 위해 헐(Hull 1982, 311)은 관념을 유전자로, 습관을 표현형으로 보았다. 제도적 변화를 연구하기 위해 베블렌(Veblen, 1898)은 습관을 유전자로, 제도를 표현형으로 인식했다(Hodgson 2001, 115, 표 6.3; 2006, 13). 문화의 진화를 이해하기 위해 비유전적 요소(meme, 문화의 전달방식)를 유전자로 둘 수 있지만(Dawkins 1976; Durham 1991), 호지슨(Hodgson)은 습관과 관념을 유전자로, 문화적 특성을 표현형으로 간주해야 한다고 주장했다. 과학의 진보를 이해하기 위해 포퍼의 진화론적 인식론(Popperian evolutionary epistemology)이 오랫동안 인식해온 것처럼 관념과 이론은 모두 유전자(그리고 표현형)로 고려될 수 있다(Campbell 1974a; 1974b, Hill 1989). 제도의 변천을 이해하기 위해 탕스핑은 특정 제도의 배치에 관한 관념을 유전자로, 제도의 배치를 표현형으로 본다(Tang 2011a). 국가의 외교정책을 이해하기 위해 탕스핑(Tang 2008b), 탕스핑과 롱스단(Tang and Long 2012)은 특정한 정책의 관념을 유전자로, 정책을 표현형으로 보았다.

요컨대, 사회진화에 단 하나의 유전자와 표현형을 고집할 수도, 그럴 필요도 없다. 심지어 아무런 이득이 없다(선행연구로 Stuart-Fox 1986;

Durham1991, 187-189l Chick 1999를 참조). 구체적인 처리원칙은, 고차원의 요소가 저차원의 요소를 선택적으로 결정할 때, 전자는 표현형이 되고 후자는 유전자가 될 수 있다(유사한 관점으로 Chick 1999; Dopfer 2001, 12~17; Wilkins 2001, 177~179; Hodgson 2002, 269~273; Hodgson and Knudsen 2010b). 사실상, 도킨스(Dawkins 1976)가 '비유전적 요소'를 문화유전의 기본 단위로 정의한 것은 그가 사회진화에 다양한 조합의 유전자와 표현형이 존재한다는 것을 인식하고 있음을 말해준다. 관념, 단어, 곡조, 의복 등 어떠한 것이든 '비유전적 요소'가 될 수 있다(Durham 1991, 176~177; Blackmore 1999, 4~23, 42~46, 59~62).

(2) 사회진화에서의 돌연변이: 무작위성과 맹목성 vs. 비무작위성과 방향성

생물진화에서의 돌연변이는 기본적으로 무작위로 발생하며 DNA 손상 / 뉴클레오티드(핵산의 구성 성분, nucleotide)의 변화, 재구성 혹은 유전물질의 교환(가령, 염색체 전위를 통한 유전자 교환), 외래침투(가령, 바이러스와 숙주 유전자의 통합)의 세 가지 메커니즘을 통해 이루어진다.[26] 이런 돌연변이는 절대적으로 맹목적인 것이 더욱 중요하다. 즉, 유기체에 있어 이 돌연변이가 이득인지 아닌지는 알 수 없다. 인류진화의 생물학적 측면에서 이러한 메커니즘들은 아직 유효하다.

사회진화의 관념적 차원과 관련해 가장 기본적인 수준에서 새로운

---

26 이것은 서로 다른 DNA 조각들의 변화 난이도가 같다고 말하는 것은 아니다. 생물진화에서 말하는 '눈먼 돌연변이(Blind Mutation)'는 그저 돌연변이의 방향이 정해져 있지 않다는 것을 의미한다.

관념의 생산은 새로운 유전자의 돌연변이와 동일하다(Cavalli-Sforza 1971, 536).[27] 게다가 유전자 돌연변이의 세 가지 메커니즘에 대응하는 것을 사회진화의 관념적 차원에서 찾아볼 수 있다. 새로운 관념이 만들어지는 것은 DNA 손상 / 뉴클레오티드의 변화에, 관점이 뒤섞이는 것은 유전물질의 교환에, 외래 관념이 들어오는 것은 외래침투에 각각 해당한다.

사람이 관념을 만들고, 관념이 만들어지는 과정에 의식이 개입하기 때문에 엄밀하게 말하자면 사회진화의 관념적 차원에서의 돌연변이는 무작위로 발생하지 않는다. 더 중요한 지점은 개체가 종종 특정한 문제를 해결하고, 특정한 목표를 쟁취하는 과정에서 관념이 만들어진다. 그들은 그 관념이 사회시스템에서 실현되었을 때, 비록 간혹 관념이 크게 틀릴 수도 있지만 그 잠재적인 효용성에 관심을 갖는다.(즉 이러한 관념들이 표현형으로 변하게 되면, 행위체가 관념의 적응성에 기대를 갖게 된다.) 새로운 기술을 발명하고 새로운 제도를 설계할 때, 이런 점은 특히 관념이 행위체가 특정한 문제를 염두에 둔 상태에서 싹트게 한다.

뿐만 아니라, 기존의 사회구조(예를 들어 제도와 문화)에서 관념은 만들어지고 선택되며 전해진다[Elias(1939) 1994; Foucault 1980]. 따라서 넓은 의미에서 말하자면, 대부분 사회진화의 관념적 차원에서 돌연변이는 맹목적으로 발생하는 것이 아닐 수도 있다. 물론 사회연구를 통한 것처럼 약간의 예외는 배제하지 않는다. 다시 말해, 상당한 면에서 사회

---

27 여기에서 새로운 관념을 돌연변이와 동일시하는 것은 단지 가장 근본적인 의미에서만 말할 뿐이다. 왜냐하면 비교 수준이 바뀌면 신기술이나 새로운 제도가 돌연변이로 간주될 수 있기 때문이다(윗글 참고).

진화의 관념적 돌연변이는 비(非)무작위적이며, 정방향적이다(Boyd and Richerson 1985, 9~10). 다음에서 관념의 비무작위적, 정방향적 돌연변이가 사회진화의 속도에 중요한 의미가 있다는 점을 더 명확하게 지적할 것이다.

물론, 관념이 무작위적이고 맹목적으로 생산되지 않는다는 이유로 관념화된 표현형이 반드시 사회시스템에 '적응'한다는 의미는 아니다. 이러한 (유전자로서의)관념과 (행위와 같은)표현형은 사회적 시스템의 선택에 영향을 받는다. 사실상, 많은 사람들은 비무작위/정방향적 돌연변이와 인위적 설계의 적응성을 혼동하는데, 특히 오스트리아학파들이 그러하다. 그들은 '자발성(spontaneous)'과 무작위/맹목성을 명시적으로나 암묵적으로 등가로 놓는 오류를 범했다[Hayek(1973) 1982].

(3) 사회진화에서의 선택: 복잡한 상황

생물진화에서 선택압력은 물리적 환경에서 비롯된다. 이와 대조적으로, 사회진화에서의 선택압력은 물리적 환경과 인류 자신의 양쪽에서 비롯되며, 이들의 상호작용은 사회진화를 촉진한다. 더 나아가 사회진화는 관념적 역량이 관여하기 때문에 물질적인 선택과 관념적인 선택이라는 서로 다른 선택압력이 있다. 게다가 사회진화에서는 서로 다른 유전자와 표현형의 조합이 있기 때문에 사회진화에서의 선택이 생물진화에서의 선택보다 훨씬 복잡하다.[28]

---

28 프라키야와 르윈턴(Fracchia and Lewinton 1999, 61)은 초기 다윈주의의 문화진화이론이 선택을 유일한 법칙으로 삼은 것을 지적했다. 필자는 선택은 분석틀에 있는 유일한 해

가. 자연 vs. 인공; 물질 vs. 관념

인류가 나타나기 전에 물리적 환경은 생물진화의 유일한 선택압력의 근원이었다. 이 선택압력은 순전히 물질적이었다. 뿐만 아니라 사람들의 관여가 없었기 때문에 물리적 환경은 완전한 자연이었다. 그러나 사회진화에서 작용하는 두 가지 선택압력은 사회진화에서의 선택을 크게 복잡하게 만들었다. 우선 물리적 환경이라고 해도, 산업혁명 이전부터 점차 인류활동의 영향을 받아 더 이상 순수하거나 자연스럽지 않았다. 오늘날, 인공적으로 개조된 물리적 환경은 인류와 다른 종들의 진화를 만들었다. 인위적으로 교배되어 만들어진 새로운 종은 인간이 다른 종의 진화에 영향을 줄 수 있다는 확실한 증거이다. 지구 온난화는 인류가 자기 자신과 다른 종들의 진화에 깊은 영향을 준다는 사실을 강력하게 구현한 것이다.

더욱 관건은, 사회진화에서 관념적 측면의 선택압력이 물질적일 수도, 관념적일수도 있다는 점이다. 물질적 역량은 여전히 관념이 인류의 효용을 향상시킬 수 있는지, 없는지에 대한 최종적인 중재자 역할을 한다. 하지만 동시에, 어떤 관념을 실현하거나 지지할지 선택하는 과정에서 관념적 역량은 가장 직접적인 선택압력을 제공한다. 마지막으로, 관념적 역량의 궁극적인 추동력은 인류의 지능이기 때문에 이들은 순수한 인공적 산물이다. 이에 사회진화에서 관념적 차원의 인공적인 선택

석법칙이 아니라, 단지 분석틀의 일부라는 점을 다시 한 번 조심스레 강조하고자 한다. 이전에 엄격하지 않았던 (완전히 혼란스러운 것이 아니라면) 논의에 대해서는, Stuart-Fox 1999, 42~44; Carneiro 2003, 171~179 등을 참조.

은 자연선택보다 더 강력한 힘을 갖게 되지만(Commons 1934, 45, 636, 657~658)[29], 그럼에도 불구하고 여전히 물리적 환경의 제약에서 벗어날 수 없다. 사회진화에서 인공적인 선택과 자연선택은 어떤 학자들이 생각하는 것처럼 호환되지 않는 것이 아니다(Hodgson 2002, 266~269; Hodgson and Knudsen 2010b, 50~51). 오히려 그들은 함께 작동할 수 있다.

나. 사회진화의 중요한 선택 역량: 사회권력

물질적 역량과 관념적 역량의 상호작용은 사회진화에서 하나의 중요한 선택역량을 만들었다. 바로 사회권력이다.

많은 학자들은 정책적 변환(Kingdon 1995; Campbell 2002)에서 제도적 변천(Tang 2011a), 문화적 발전[Elias(1939) 1994; Bourdieu(1980) 1990; Foucault(1976) 1990; 2000; Durham 1991]에 이르기까지, 권력은 사회진화에서 중요한 선택역량 중 하나이다. 여기에서 구체적으로 설명할 수 없지만, 권력 없이 왜 인류사회가 그렇게 많은 유전자와 표현형을 가지고 있는지 설명할 수 없다. 이러한 유전자와 표현형(가령, 제도나 문화적 특성)이 근본적으로 이런 사회의 효용을 떨어뜨리는데도 불구하고 말이다(Tang 2011a). 이러한 측면에서 이 사회진화이론이 명시적으로 권력을 중요한 선택역량으로 인정하지 않았다면, 이는 분명 불완전한 이론일 것이다(예

---

29   이 때문에, 베블런(Veblen 1898)과 캠벨(Campbell 1960; (1965) 1998)은 모두 사회진화를 자연선택으로 잘못 이해하고 있다. 이전에도 많은 사람들이 생물학에서 인공적인 선택의 역할(예: Darwin(1871) 1874; 2003; Spencer 1898)을 지적했지만, 커먼스(Commons 1934)는 처음으로 사회진화에서 인공적인 선택의 역할을 분명히 강조했다. 구체적인 세부 사항은 Tang의 미발표 원고를 참조.

를 들어, Boyd and Richerson 1985; Blackmore 1999; Blute 2010; Hodgson and Knudsen 2010b).[30]

사회권력이 중요한 선택역량이라는 것을 깨닫고 나면, 몇 가지 중요한 결론을 내릴 수 있다. 먼저, 사회진화는 관념적 차원과 때로는 물질적 차원(즉, 유전의 차원)의 선택에서 종종 큰 편차가 있다(Durham 1991, 198, 205). 더 큰 권력을 가진 사람들은 어떠한 관념을 퍼뜨릴지, 없애버릴지 결정할 가능성이 더 높다. 다음으로, 기존의 관념들, 특히 이미 성문화되어온 관념들은 배후에서 권력의 지지를 받고 있고, 새로운 관념과 유전자의 적응성에 큰 영향을 미친다(Foucault 1980; North 1990; Tang 2011a).[31] 셋째, 문화와 제도의 특성은 해당 주체의 포괄 적응도를 반드시 높이는 것은 아니다.[32]

결론적으로, 생물진화에는 물질적 측면에서의 자연선택만 있는 반면, 사회진화에는 자연과 인공이라는 두 가지 선택이 있다. 인류의 지능은 사회진화의 관념적 측면에서 중요한 작용을 한다. 이는 관념의 돌연변이를 태동시킬 뿐 아니라, 선택압력을 가할 수 있다. 무엇보다도, 인간의 지적 능력에 뿌리를 둔 인위적 선택에 의해, 사회진화는 물질적 측면

---

30 권력은 분명 광범위하게 논의되고 논란의 여지가 많은 개념임에는 틀림이 없다. 필자는 권력에 관한 기타 문헌을 종합해 통일된 분석 프레임(Tang, n.d.-a)을 제시하고자 한다. 몇몇 진화 인류학자들이 권력을 사회진화에서의 선택역량으로 인정하려 했지만(Cavalli-Sforza and Feldman 1981, 64~65; Richerson and Boyd 2005, 제5장), 생물진화에 대한 지나친 존중으로 이를 행하지는 않았다.

31 이는 사회시스템의 경로의존이 굉장히 보편적이라는 것을 의미한다(Tang 2011a).

32 전체적으로 보면 문화는 인류의 적응 산물이다. 그러나 특정 시공간 속에서 문화 시스템 전체가 적응체인지 아닌지를 따지는 것은 좋은 방향의 연구가 아니다. 우리는 특정한 문화적 특성을 구체적으로 파악해야 한다.

에서 장기적인 진보를 이루었다(Tang 2011a).

다. 선택의 층위: 유전자, 표현형, 개체, 집단

생물진화의 선택은 유전자가 아닌 표현형 수준에서만 수행된다. 유전자가 아닌 표현형에서만 선택압력을 '관찰'할 수 있다(Mayr 1997). 전통적으로 대부분의 생물학자들은 생물진화의 선택이 집단 수준이라기보다는 전적으로 개인에 있다고 믿는다(Williams 1966).[33] 그러나 리차드 르원틴 (Richard Lewontin)의 논문(Lewontin 1970)이 발표된 후, 많은 생물학자들은 생물진화에 다양한 층위의 선택들이 있다는 사실을 인정하기 시작했다(Hull 1980; Brandon 1982; 1998; Buss 1983; Okasha 2006). 인간 종의 생물진화 또한 다양한 층위의 선택에 의해 좌우된다.

이와는 대조적으로 사회진화의 관념적 차원에서의 선택은 유전자, 표현형, 개인, 집단과 같은 네 단계의 다양한 층위에서 이루어진다. 왜냐하면 유전자와 표현형의 조합이 다양하고, 사회진화의 관념적 차원에서 나타나는 선택압력의 근거와 종류가 다르기 때문이다(표 1.2를 참조).

예를 들어, 전쟁과 정복을 통한 집단선택은 사회진화의 가장 강력한 원동력 중 하나이다[Darwin (1871) 1874, 137~140; Spencer 1873; Campbell

---

33 개인선택을 옹호하고 집단선택은 인정하지 않는 이론가에게는 '친족선택이론'(Kinship selection theory)이 매우 중요하다. 왜냐하면 이 이론은 집단선택이 불필요하기 때문이다. 많은 사람들이 '선택의 수준'과 '선택의 단위' 개념을 동일한 의미로 사용한다. 하지만 마이어가 지적했듯이, 이는 잘못된 것이다. '선택의 수준'은 선택 대상 또는 객체를 의미하는 반면, '선택된 단위'는 측정할 수 있는 실체를 고른다는 의미이다. 그러나 많은 경우 우리는 수준만 논의할 수 있을 뿐, 단위는 논의할 수 없다. 예를 들어, 선택은 독립되어 있지 않은 여러 개의 표현형으로 나타날 수 있다.

1975; 1976; 1991; Carneiro 1978; Dawson 1999; Diamond 1997; Chaudhry and Garner 2006; Soltis, Boyd and Richerson 1995; Spencer and Redmond 2001; Nolan and Lenski 2004; 구체적으로 본 책의 제2장을 참조]. 배후의 핵심적인 원리는, 전쟁의 동일한 조건 하에서 더 나은 복지(효용) 시스템을 가진 집단이 더욱 경쟁우위를 가진다는 점이다.[Hayek 1967, 67~71; (1973) 1982, 44; (1976) 1982, 162; (1979) 1982, 202].[34] 단도직입적으로 말하면 효용 수준이 높다는 것은 더 많은 식품, 의복, 인구와 더 높은 수준의 기술(Jones 2005)을 의미하며, 인구의 크기와 기술적 정교함의 정도가 그 집단의 전쟁 능력을 결정짓는다(Diamond 1997; Tang et al., n.d. 참조).

따라서 사회진화의 관념적 차원을 고려해 더욱 정확하게 말하자면 선택은 서로 중첩된 다수의 층위에서 벌어지는 것이다. 개념적이든 물질적이든, 선택은 표현형에 직접적인 영향을 미친다. 동시에 생물 유전자의 경우, 선택은 간접적인 역할만 할 수 있지만, 관념적 유전자에는 직접적으로 작용할 수 있다.

이와 같이 관념의 차원에서 서로 다른 선택역량이 서로 다른 층위에서 작동할 수 있고 동일한 선택역량이 동시에 다른 층위에서 작동할 수도 있다. 개체의 층위에서는 (가령 희노애락과 같은)감정과 감각, (통상적으로 사회 권력의 그림자하에서)도구적 계산, (일반적으로 권력의 지지를 받아 사회화되고 내재화된)습관, 신앙, 감정, (통상적으로 권력의 공개적인 지지를 받거나 현존

---

34   하이에크(Hayek)는 "문화진화는 전반적으로 집단의 선택 위에서 이루어진다."(Angner 2002, 698~699 인용)고 말하는 등 사회진화에서의 집단의 선택을 중요하게 강조했다 (Sober 1984, 280도 참조).

표 1.2. 생물진화와 사회진화의 선택층위

선택 층위	생물진화	사회진화	
		생물 차원	관념 차원
집단	?	예?	예
개별 유기체(개체)	예	예	예
표현형	예	예	예
유전자	아니오	아니오	예

하는 사회구조에 내재되어 있는)합법성과 반(反)사회화 모두 선택역량을 작동
할 수 있다(Weber 1978, 1장). 집단의 층위(즉 가족, 그룹, 회사, 국가 및 국제시스
템 수준)에서 선택역량은 (물질과 관념이 혼합된)권력, 도구적 이성, 습관, 감
정, 합법성에서 비롯될 수 있다. 더욱 중요한 것은 이들 두 가지 층위가
상호작용을 한다는 점이다. 즉, 선택역량의 상호작용이 두 층위에서 사
회적 결과를 형성하고, 한 가지 층위에서의 결과가 다른 층위의 선택역
량에 영향을 미친다(Durham 1991, 204-205). 또한 가장 두드러진 특징으
로는 높은 층위에서의 선택 결과가 낮은 층위의 선택에 영향을 미친다.
마치 관념이 특정한 제도적, 문화적 시스템(즉, 사회구조) 내에서 만들어
지는 것과 같다. 기존의 제도와 문화적 특징은 불가피하게 어떤 새로운
관념을 추구하고 유지해야 하는지에 대해 영향을 미친다[Foucault(1972)
1977; 1980; Giddens 1984; Tang 2011a].[35] 이상의 모든 것은 사회진화에서

35   이는 소위 '행위체 구조' 문제의 핵심이다(관련 세부사항은 Tang 2011a 와 본서 제5장을 참
     조). 짧은 내용이지만 더햄(Durham 1991, 특히 207~210)도 이 문제를 다룬 소수의 진화론

의 선택을 극도로 복잡하게 만든다[Elias(1939) 1994; Bourdieu(1980) 1990; Foucault 1980; (1976) 1990; Tang 2011a].

(4) 사회진화의 유전 메커니즘

사회진화의 두 가지 주요 차원, 즉 (인간의 사회진화를 포함한)물질적 차원과 관념적 차원은 근본적으로 다른 두 가지 유전적 메커니즘을 가지고 있다. 사회진화는 "이중 유전"을 가지고 있다(Boyd & Richerson 1985; Durham 1991).

호모 사피엔스의 생물진화는 여전히 신다윈주의 원칙을 따르고 있다. 와이즈만(Weisman)의 장벽은 표현형에서 유전형으로의 직접적인 유전 가능성을 부정한다. 그러나 인간의 생물진화에서 새로운 전환이 일어났다. 인간 활동에 의한 환경의 지속적인 개조는 생물진화의 선택적 압력을 자연 상태에서 '인공-자연'의 혼합 형태로 이루어진 물리적 환경으로 변화시켰다. 다시 말해, 우리의 행동은 환경을 통해 우리 자신의 유전적 진화를 겪고 있으나, 이 인간의 행동에서 환경을 바탕으로 한 유전적 진화까지 이루어진 순환의 고리(feedback loop)는 아직 제대로 밝혀지지 않았다.

와이즈만의 장벽은 인간의 생물진화 차원에서는 존재하지만, 사회진화의 관념적 차원에는 존재하지 않는다. 이에 정보가 표현형에서 유전자형으로 전달되는 것을 막을 수 있는 장벽이 없다. 발달된 두뇌로 인간

자 중 하나이다.

은 많은 양의 정보를 흡수하고 처리할 수 있으며, 후속세대를 육성하고 교육하는 데 많은 시간을 할애할 수 있다. 즉 지속적인 학습을 통해 개인은 이전 세대의 결과를 얻을 수 있다. 이와 같이 획득된 특성으로서의 관념적 유전자와 표현형(제도와 문화 등)이 다음 세대에 직접 전달될 수 있다. 사실 제도는 특정 개인과 상관없이 다음 세대에 전달될 수 있다. 제도, 특히 규정된 규칙은 많은 개인이 후손에게 가르치는 것을 거부하더라도 쉽게 다음 세대에 전달될 수 있다. 따라서 관념 차원에서의 사회진화 유산은 이른바 라마르크 유산에 국한되지 않는다.[36] 생물진화에서 신(新)라마르크(또는 유전) 유산을 구별하기 위해 이를 "초(超)라마르크주의(Super-Lamarckian)"라 부르고자 한다(자세한 내용은 표 1.1 참조).

관념적 유전자와 표현형 모두 직접 유전될 수 있지만 관념적 차원에서 사회진화의 유전은 순수한 의미의 초라마르크주의가 아니다. 각 세대는 이전 세대에서 물려받은 유전자와 표현형을 선택하기 때문에, 다윈(신다윈이 아닌 다윈)의 변이-선택-유전 메커니즘도 관념적 차원에서의 유전에 적용될 수 있다. 이와 같이 관념적 차원에서의 사회진화의 유전 메커니즘은 사실 초라마르크주의에 내재된 다윈식 유전에 해당한다.

즉 다음과 같은 내용이 중요하다. 관념 진화의 선택이 인위적이기 때문에, 이에 모든 관념이 개인이나 집단의 효용 수준을 높여주지 못한다는 것이다. 이는 부분적으로 인간사회에서의 관념의 유전이 권력자원을 필요로 한다는 사실에서 기인한다(자세한 내용은 Tang 2011a 참조).

---

36 많은 학자들은 인류사회의 관념 진화는 라마르크식이라는 것을 암시하고 있다. 최근 관련 논의는 자블론카와 램(Jablonka and Lamb 2006, 특히 220~231)을 참조.

(5) 사회진화의 관념적 차원에서의 적응

생물진화와 사회진화에서 어떤 속성이 유기체의 효용 향상에 도움이 된다면(생존, 생식 등) 이것은 적응성으로 이해할 수 있다. 생물진화에서 유기체는 지적능력의 부족으로 환경에 적극적으로 적응할 수 없다. 생물진화의 적응 결과는 무자비한 자연선택의 산물이다. 이 원리는 여전히 인간 종의 생물진화에도 적용된다.

그러나 인간은 지적 활동에 관여할 수 있기 때문에, 우리는 효용 향상에 대한 생각을 하고 이를 실천하면서 의식적으로 환경에 적응한다. 이는 자연스러운 모습이다. 물론 이러한 시도들이 옳은 방향일지라도, 처음부터 그 선택을 한 것은 아니었다. 따라서 사회진화의 관념적 차원에 있어 우리는 방향성과 의지를 담고 있는 적응을 하고 있다. 게다가 이러한 관념적 차원에서의 적응들이 다음 세대로 전해질 수 있다.

그러나 우리가 의도적으로 적응하려고 한다고 해서 적응의 모든 결과가 우리의 적응을 위한 의식적인 시도들의 즉각적인 산물이라고 간주해서는 안 된다. 적응의 많은 결과는 장기간의 시행착오를 거친 선택과정의 산물이다. 우리의 의식적인 적응 시도 역시 순수한 의미의 초라마르크주의보다는 초라마르크주의 속에 내재된 다윈식 과정이다. 뿐만 아니라, 우리가 의식적으로 적응을 목표로 한다고 해서 우리가 관념적인 측면에서의 피해를 감수할 것이라고 보아서는 안 된다. 사실, 많은 이유 때문에 우리의 관념들 중 대다수가 실제로 우리의 효용을 감소시킬 수 있다(예를 들어, 복지 수준을 낮추는 제도, 자세한 내용은 Tang 2011a 참조).[37] 요컨대, 사회진화의 관념적 차원에서의 적응 결과는 다윈주의와 초라마르크주의 메카니즘이 혼합된 산물로, 관념적 차원에서의 유전과 동일하다.

(6) 사회진화의 단계와 방향[38]

우리는 인류사회가 많은 단계를 거쳤음을 분명히 관찰할 수 있다. 정치 조직으로 보면, 인류사회는 그룹, 부락, 군장국가(chiefdom), 국가(state)의 네 단계를 거쳤다[Service(1962) 1971; 다른 척도에 관한 자세한 이론으로는 Johnson and Earle 2000을 참조]. 생산도구의 재료와 기술로 보면, 인류사회는 석기[39], 청동, 철기 등 최소 세 단계를 거쳤다. 마찬가지로 주요 생산 방식으로 보면, 인류사회는 사냥과 채집, 농업과 산업의 세 가지 핵심 단계를 거쳤다.[40] 다음 장에서 지적하겠지만 국제정치사 역시 세 단계(시대)로 나눌 수 있다.

강조하고 싶은 것은, 인류사회가 서로 다른 단계를 거쳤다고 인식하거나 사회진화를 이해하는 데 도움이 될 수 있지만 이러한 다른 단계(또는 다른 형태의 변화)가 진화론 그 자체가 아니라 단순히 사회 변화의 사실들을 포착하는 것임을 인정해야 한다. 진정한 진화론은 변이-선택-유전의 핵심 메커니즘을 통해 이런 변화의 단계를 설명해야 한다(다음 절 참조). 이른바 진화적 성격의 이론화에 대한 많은 시도들은 다른 발전 단계

---

37 주목할 점은 라마르크주의식 진화가 왜 개체와 집단이 관념의 손상과 개선을 동시에 이룰 수 있는지를 설명하지 못한다는 점이다(Hodgson 2001, 98~99). 다윈주의만이 이를 명료하게 설명할 수 있다.

38 단계와 방향은 (사회)진화의 (물질적 또는 도의적) 진보 개념이 밀접하게 연관되어 있다는 것은 명백하다. 진보는 미묘한 용어이기 때문에, 이를 다른 책에서 보다 자세히 다루고자 한다.

39 석기 시대는 구석기 시대, 중석기 시대, 신석기 시대 총 3단계로 세분될 수 있다.

40 다른 한 그룹에서 에드워드 테일러(Edward B. Taylor)가 처음 언급한 낙인, 곧 몽매하고 야만적이고 비문명적이라고 지적한 낙인은 철저히 버려져야 한다. 왜냐하면 이는 민족 중심주의로 오염된 도덕적 우월감을 상당히 많이 가지고 있기 때문이다.

를 식별하는 것에 그치고 있을 뿐, 변화에 대한 진화적 설명을 하지 못하고 있다.

일단 사회진화가 서로 다른 단계를 가지고 있으며, 이런 단계들이 다른 수준의 사회적 복잡성과 차례로 연결되어 있다는 것을 인정하게 되면(예: 그룹-부락-군장국가-국가의 단계), 사회진화 과정이 진보를 향하고 있는 '방향성'을 가지고 있다고 인식해야만 한다[예: Spencer(1857) 1891; White 1949; Huxley 1942, 289; 1956; Sahlins 1960; Carneiro 2003, 161~169, 171~179, 229~239]. 그러나 이 이해는 틀렸다.

먼저 이러한 방향성을 가진 단계들이 사실은 변이-선택-유전의 메커니즘을 통한 결과라는 것을 인정해야 한다. 더욱 중요한 것은 자연적 선택과 인위적 선택 모두 사회진화 과정에서 작동하고 있다는 점이다. 이 부분을 인정하면, 방향성이 있는 것을 이해하기 쉽다. 왜냐하면 다른 방향으로 향하는 움직임을 볼 수 없기 때문이다(즉, 많은 사회적 실체가 사라지고 거의 자취를 남기지 않는다). 아니면 보다 가능성이 높은 것은 진화가 진보를 향한 운동이 되어야 한다는 것을 확실시하고 싶기 때문에 우리가 선택적으로 다른 방향으로의 움직임을 무시한 것일 수 있다.

실제로 카네이루(Carneiro 2003, 165)는 진화에 방향성이 있다고 주장하는데, 이는 진화를 복잡성이 증가하는 것과 동일시하고, 반대로 반(反)진화와 퇴화를 복잡성이 감소하는 것을 보았기 때문이다. 그러나 복잡성의 증가를 진화로만 간주하고 단순성을 배제하는 접근법은 근본적으로 생물진화와 사회진화의 핵심원리를 위반하고 있다. 진화는 근본적으로 선택에 기반하고 있고, 이 선택에는 표현형, 유기체, 종, 사회적 실체가 가진 가치의 하락과 소멸을 포함하고 있기 때문에 단순화를 향한 움

직임도 진화의 필수적인 부분이다.[41]

뿐만 아니라, 일단 선택이 진화의 핵심이라고 인정하면, 자연진화나 사회진화 모두 복잡해지거나 도의적 발전을 필연적으로 초래하지 않는다는 사실을 분명히 발견할 수 있다. 여기에는 세 가지 이유가 있다. 첫째, 이미 멸망한 정치적 실체(부락, 부족)의 소멸이 인류 전체의 진보를 위한 것이라는 견해는 아무런 의미가 없다. 둘째, 사라진 정치적 실체는 물질적으로나 도의적으로 진보를 얻을 수 없다. 마지막으로 파괴와 소멸 자체가 하나의 방향으로 이해될 수 없다는 것인가?

다시 말하자면, 생물진화와 사회진화 모두에 어떠한 진정한 의미의 방향성은 없다. 많은 학자들[Williams(1966) 1996, 35; Levins and Lewontin 1985; Kaye 1986, 28~33; Fracchia and Lewontin 1999, 60~67]이 지적했듯이, 생물진화와 사회진화가 더 높은 경향, 보다 복잡한 방법과 동일시하는 것은 과학적으로 엄밀하지 않다. 이는 오히려 인간중심주의에서 비롯된 것으로, 종, 종족(race), 사회를 생물진화와 사회진화의 꼭대기에 두려는 인간중심적인 시도를 반영한 결과다.

4. 사회진화 패러다임: 핵심원칙

다윈과 알프레드 러셀 월리스(Alfred Russell Wallace)는 처음 그들의 이론

---

41   카네이루(Carneiro 2003, 161~169)는 사회진화가 방향성도 있고 동시에 가역적이라고 생각한다. 그는 방향성과 가역성이 공존할 수 없다는 것을 이해하지 못했다.

을 서술할 때부터 이미 그들의 이론이 인류를 하나의 물종(物種)이자 인류사회를 이해하는 데 있어 깊은 설명력을 갖추고 있다고 인식하고 있었다(Richards 1987, 157~169). 일단 그들의 발견이 발표되자 많은 신봉자들이 열과 성을 다해 그들의 이론을 인류사회를 이해하는 용도로 사용하려고 했음은 그리 놀라운 사실은 아니다(Hodgson 2005; Nelson 2007 참조). 다만 초기에 진화적 패러다임을 이용해 인류사회를 이해하려고 했던 시도들은 오도된 것이며, 심지어 극도로 위험한 작업이었다[자세한 비판은 Tang 미발표 원고; 관련된 초기 비평은 Campbell(1965) 1998; Hallpike 1986; Kaye 1986; Fracchia and Lewontin1999 등을 참조]. 이러한 실패는 어떻게 진화적 성격의 방법을 운용해서 인류사회를 이해하는가에 대한 체계적인 서술이 부족했기 때문이다. 본 절에서는 무엇이 사회진화 패러다임인지를 정리하여 사회진화 패러다임의 운영을 통해 국제정치의 진화를 살펴보기 위한 기반을 마련하고자 한다(Tang, 미발표 원고).

(1) 존재론과 인식론

존재론적 관점에서 사회진화 패러다임은 다음과 같은 핵심원칙을 고수하고 있다. 먼저 인류사회는 진화하는 시스템이다. 다윈과 그 추종자들이 서술한 진화 패러다임을 통해 인류사회를 이해해볼 수 있다. 둘째, 생물진화와 사회진화 사이에는 근본적인 차이점이 있다. 따라서 사회진화 패러다임에 다윈식 진화를 기계론적으로 인류사회를 이해하는 데 이식할 수 없다. 반면에, 사회진화 패러다임은 근본적인 의미에서 새로운 패러다임이라 볼 수 있다.[42] 더 정확히 말하자면, 사회진화 패러다임은 사회시스템 패러다임(SSP, Social System Paradigm)을 포함할 수 있고, 사회과학의 아홉 가지 패러다임을 유기적으로 통합하기 때문에 사회시스템을 이해하는 도구를 제공한다. 존재론적으로 사회진화 패러다임은 사회시스템 패러다임에 사회시스템을 바꾸는 시간의 차원을 추가했다. 이에 사회진화 패러다임은 변이-선택-유전이라는 진화의 핵심 메커니즘을 통합의 원칙으로 삼아 유기적으로 사회과학의 열 가지 기본 패러다임을 유기적으로 통합할 수 있게 되었다(Tang 2011b, 미발표 원고).

인식론적으로는 사회진화 패러다임은 세 가지 원칙을 고수한다. 첫째, 진화적 성격의 방법을 사용하여 인류사회에 대한 유익한 연구를 할 수 있으며, 그 핵심에는 인위적인 변이-선택-유전의 메커니즘이 있다. 사실 사회진화 패러다임은 진화적 성격의 방법만이 인류사회의 역사를 충분히 설명할 수 있고 인류사회의 구현을 연구할 수 있다. 둘째, 진화적 성격의 방법에 의해 인류사회를 설명하는 것은 비유적이거나 순수하게 생물학적 설명에 그치지 않는다. 마지막으로, 가장 중요한 것은 사회적 변화와 안정을 위한 핵심적인 설명 방법은 이 인위적인 변이 선택-유전 메커니즘이어야 한다.

---

42   이렇게 되면, 생물진화를 어떻게 엄격하게 사회진화에 적용할 것인가에 대한 우려는 불
      필요하고 아무런 이익이 되지 않는다(예: Papkin 2001).

(2) 시스템적 사회변천에 대한 사회진화 패러다임의 처리원칙[43]

시스템 변환에 대한 진화적 성격의 해석은 다음 세 가지 부분이 반드시 포함되어야 한다. 진화의 과정(역사), 변이-선택-유전의 핵심 메커니즘을 사용한 시스템 전환, 그리고 시스템 전환 과정의 주요 결정요소(예: 지리, 인구, 기술, 무역, 전쟁)에 대한 이해(다만, 특정 요소에 가중치를 두지는 않음)가 그것이다.[44] 이러한 해석을 부여하기 위해 사회진화 패러다임은 다음과 같은 처리원칙을 강조한다.

원칙적으로 사회진화의 패러다임은 사회과학의 다른 열 가지 기본 패러다임을 유기적으로 통합할 수 있고 또 통합해야 한다. 그러나 모든 패러다임을 통합하는 것은 우리 능력 밖의 일이다. 따라서 첫 번째 원칙은 다른 사회 현상을 볼 때 서로 다른 사회과학자들은 그들만의 기본 패러다임의 합리적인 조합을 가져야 한다는 것이다. 즉, 인류사회를 연구하는 학자들은 모든 기본 패러다임을 염두에 두어야 하지만 이 현상에 어떤 패러다임을 적용할 것인가를 결정해야 한다. 그러나 동시에, 우리는 존재론적 우선성을 가진 패러다임의 이론적 틀에는 반드시 결함이 있고 진정한 의미의 진화적 성격도 가질 수 없다는 것들을 무시했다는 것을 인식해야 한다(자세한 내용은 Tang 2013 참조). 예를 들어, 순수

43　여기서는 체계적인 사회변혁만을 처리하므로, 필자는 이 임무의 처리원칙만을 진술하고자 한다. 국가행위의 처리원칙을 이해하는 데에 대해서는 Tang and Long 2012를 참조. 인간 심리의 개체행위 처리원칙에 대해서는 Tang n. d. -c를 참조. 구체적인 내용은 Tang, 미발표 원고를 참조.

44　카네이루(Carneiro 2003, 171~173)도 이와 유사한 관점을 언급했다. 불행한 것은, 그의 사회진화에 대한 이해가 처음부터 끝까지 철저하게 스펜서주의에 기초한다는 사실이다.

한 이상주의적인 틀(국제관계학에서 사회구성주의가 여기에 포함됨, Onuf 1989; Kratochwil 1989; Wendt 1999 등을 참조)은 진정한 의미에서 진화적 성격의 이론이라 볼 수 없는데, 이는 물질적인 역량을 무시하기 때문이다.

요컨대, 어떤 기본 패러다임을 사용해야 하는지에 대한 보편적 지침은 없다(Tang 2011b; 2013). 우리는 대개 특정한 사회 현상을 설명하기 위해 패러다임의 적절한 조합을 찾을 필요가 있다. 그렇게 해야만 우리 자신의 해석적 틀에 내재한 잠재력을 체현할 수 있고 더 나아가 해당 틀의 결함을 파악할 수 있다. 연구가 진행되면서 우리는 이전에 구상된 틀에 고집스럽게 매달리기 보다는 그 틀에 더 많은 패러다임을 도입할 필요성을 느낄 수 있다. 그렇게 해야만 패러다임의 틀을 찾느라 오히려 이해를 못하던 것에서 벗어날 수 있다(Hirshman 1970).

둘째, 사회진화 패러다임은 높은 층위에서의 변화가 낮은 층위에서의 변화에 영향을 미친다는 사실을 인정하는 한편, 한 층위에서 일어난 변화의 근본적인 구동력은 낮은 층위에 의해 발생하는 변화라고 본다. 즉, 변화는 주로 내생적으로 발생한다. 사실상, 진화적 성격의 방법만이 변화와 안정성에 대한 진정한 내생적인 설명을 할 수 있다(Boland 1979, 968; Knudsen 2001, 125).

셋째, 사회진화 패러다임은 "적응" 또는 "기능주의"의 방법으로 사회적 변화를 설명하기를 거부한다. 생물진화에서처럼 우리는 적응이 유기체의 의식적 적응의 결과라고 단정할 수도 없고, 사회진화의 "적응"이 개인이나 집단의 의도적 적응의 즉각적인 산물이라는 기능주의로도 판단할 수 없다. 개인이나 집단의 의식적 적응이 성공할 수 있다 해도, 이는 가능성에 불과할 뿐 예정된 사실이 아니다. 우리는 생물학에서의 적응론과 보다 전형적인 사회과학에서의 기능주의가 주장하듯 모든 표현형들이 비록 완전하지는 않더라도 적어도 적응의 산물이라고 단정할 수는 없다. 표현형은 사회진화의 적응적 산물이 아니라 경험적인 실증의 문제이다.

넷째, 사회진화는 사회시스템에서만 이루어질 수 있기 때문에 사회시스템 패러다임은 사회진화 패러다임의 핵심요소 중 하나이며, 후자는 전자를 포함한다. 따라서 사회진화 패러다임은 사회시스템 패러다임의 모든 방법론적 규칙을 수용한다. 즉, 사회진화 패러다임은 사회를 이해하는 모든 단순한 방법들에 반대한다. 가령, 단순한(혹은 단 하나의) 인과관계, 선형적 사고, 특정부분에의 가중치 부여, 개별적 요소의 단순 합계 등의 방법으로 전체를 이해하려는 모든 간단한 방법들을 경계한다. 반대로 사회적 역학, 즉 상호작용, 피드백, 경로의존성을 찾는 데에 주의를 기울여야 한다. 사회적 결과를 논의할 때, 우리는 간접/직접, 지체된/즉각적인, 예상하지 못하는/예상하는, 관찰할 수 있는(발생하는)/관찰되지 않은(발생하지 않은) 결과를 찾아야 한다(Jervis 1997).

마지막으로 이론이 진정한 의미의 진화적 성격을 갖추기 위해서는 위에서 언급한 핵심 사항, 즉 유전자, 표현형, 돌연변이의 기원, 선택압력의 기원 및 선택된 표현형의 돌연변이, 유전 메커니즘에 대한 선택압력의 선택 메커니즘을 명확하게 식별해야 한다. 이는 사회진화론에서 비롯된 역사적 결과를 설명하기 위해 이루어져야 한다. 사회과학에서 진화적 성격의 사고를 응용한 초기의 연구들은 이러한 핵심 사항들을 명확하게 지적하지 못했기 때문에 실패했다(예: Alchian 1950; Nelson and Winter 1982; Hayek 1967; (1973) 1982; (1976) 1982; 1978; (1979) 1982; Carneiro 2003;

이와 유사한 비판은 Knight 1992 제4장; Calvert 1995, 261; Fiani, n.d 등을 참조).

(3) 사회진화 패러다임의 해석력

생물진화에 대한 진화적 이론화가 반드시 사후적인 것처럼, 사회진화에 대한 진화적 이론화도 반드시 사후적이어야 한다. 진화론은 항상 무엇이 어디에서 진화해왔는지를 이론화한다. 하나의 물종이든 하나의 동물이든 간에, 우연성은 존재하기 때문에 진화론은 생물의 특정한 진화과정의 경로(예를 들어 스펜서식 선형진화의 과정 혹은 순환)를 정확하게 예측할 수 없다. 이와 유사하게, 사회진화 방법도 우연성의 존재를 인정하기 때문에 사회진화론도 인류사회의 특정한 진화과정의 경로와 결과를 정확하게 예측할 수 없다. (생물과 사회)진화론의 해석력은 과거의 (글자 그대로의)'증명'과 미래에 대한 예측에 의존하지 않는다.

진화론은 네 가지 측면에서 비(非)진화이론보다 훨씬 우위에 있다. 첫째, 비진화이론보다 더 광범위한 증거를 더 효과적이고 간결하게 통합할 수 있다. 둘째, 비진화이론보다 다양한 대상들에 대해 더욱 일관되고 통합적이며 근본적인 설명을 할 수 있다. 셋째, 사회변천과 안정에 더욱 내생적인 해석을 할 수 있다. 넷째, 이미 진화된(그러나 아직 발견되지 않은) 사물을 예측할 수 있으며, 이러한 예측은 비진화론에 의해 달성할 수 없는 것이다(Dennett 1995; Buss 1995; Caporael and Brewer 1995; Hodgson and Knudsen 2010a; 2010b). 보다 구체적으로 진화론은 비진화이론에 비해 압도적인 우위를 점하는데, 이는 진화론이 인위적인 변이-선택-유전이라는 핵심 메커니즘을 삼기 때문이다.

이러한 특성들로 인해 사회진화 패러다임은 인류사회를 이해하는 데 많은 도움이 된다. 신다윈주의가 생물진화를 이해하는 '만능산 (universal acid)'으로 불리는 것처럼 사회진화 패러다임도 시공과 층위를 뛰어넘어 인류사회를 이해하는 '만능산'으로 불릴 만하다.

5. 사회진화의 방법이 아닌 것은 무엇인가?

생물진화론이 강력하게 확립된 후에도 생물진화에 관한 수많은 퍼즐들이 여전히 존재하고, 마찬가지로 사회진화에 대한 이해를 방해하는 퍼즐이 더 많다는 점은 놀라운 일이 아니다. 한마디로 사회진화는 생물진화와 다르고 후자에 비해 훨씬 복잡하다. 사실 가장 위대한 사회과학자들조차 사회진화에 대한 이해에 실수를 범했다(가령, 스펜서, 베블렌, 마르크스, 슘페터, 하이에크 등). 사회진화 패러다임을 사회과학의 효과적인 패러다임으로 만들기 위해서는 이런 실수들을 바로잡아야 한다. 이 절은 앞선 두 절의 평가기준을 적용해 어떠한 것을 진정한 진화론이라 볼 수 없는지 명확하게 구별하려 한다.

　첫째, 사회진화 패러다임은 생물진화의 신다윈주의 이론을 사회진화로 기계적으로 모방한 결과가 아니다. 그 이유는 간단하다. 사회진화는 생물진화와 근본적으로 다르다. 사회진화는 순수한 신다윈주의, 심지어 다원주의까지도 상당 부분 초라마르크주의에 내재된 다원주의다. 마찬가지로 개념적 차원에서의 사회진화 유전자와 표현형은 생물진화의 유전자와 근본적으로 다르다. 이런 식으로 우리는 사회진화의 관념적 차원에서의 유전자와 표현형을 다시 이해할 필요가 있다.

둘째, 사회생물(sociobiology)이나 진화심리학(evolutionary psycho-logy)은 달리 사회진화 패러다임은 생물진화 결정론이나 환원론이 아니다.[45] 사회생물학과 진화심리학은 자연 선택이 인간의 행동을 형성하는 주된 힘, 심지어 유일한 힘이라고 믿는다(예: Wilson 1978; Alexander 1979; Tooby and Cosmides 1990; 1992; Buss 1995). 사회진화 패러다임은 인간사회가 순수한 생물진화라기보다는 사회진화의 산물이라고 주장한다. 즉, 사회진화 패러다임은 자연 선택이 인간의 행동을 형성하는 주된 힘이라는 관점을 명백히 부정한다. 그러므로 사회진화 패러다임은 생물진화의 결정론와 환원론으로 분류되는 이론들에 강력하게 반대한다. 더욱이 사회진화는 '유전자뿐만 아니라(Richerson and Boyd 2005)' 또는 '유전자와 문화의 공동진화(Boyd and Richerson 1985; Durham 1991; Blute 2006; 2010)' 이상의 의미를 가지기 때문에, 단순히 위와 같은 표현으로 사회진화론을 이해하기엔 무리가 있다.

셋째, 사회진화 패러다임은 '사회적 다윈주의'나 '적자생존'과 같은 생물진화에서 파생된 결정론이 아니다. 사회적 다윈주의, 혹은 좀 더 적절한 표현으로 사회적 스펜서주의는 생물진화 차원에서도 오류가 있다는 이해를 바탕으로 한다. 스펜서는 자연선택이 '최적자의 생존'을 가져온다고 하지만, 자연선택은 '최적자'가 아닌 '상대적으로 더 적응한 자'의 생존을 도모한다. 모든 적응의 결과는 특정한 환경을 기반하고 있기

---

45 대다수 형태의 결정론은 어느 정도 환원론이 필요하다. 생물진화 결정론은 여러 형태의 유전자 결정론, 생물 결정론과 (생태적) 환경 결정론을 내포하고 있다. '생물진화 결정론' 은 '유전자 결정론'보다 조금 낫기는 하지만, 인간의 행동을 이해하는 데 적합하지 않으며, 인류사회 전체를 설명하는 건 더욱 적합하지 않다.

때문에 생물진화, 사회진화에서 소위 '최적자(fittest)'의 생존은 존재하지 않는다. '적자생존'이 반박된 이후에 사회적 다윈주의/스펜서주의는 설 자리를 잃었다.

넷째, 사회진화 패러다임은 문화적 결정론이 아니다. 사회진화 패러다임은 사회진화가 생물적 진화와 관념적 진화에 의해 주도된다고 주장한다. 문화가 인간사회를 형성하는 중요한 힘이긴 하지만, 이 역시 관념적 진화의 일부에 불과하기 때문에 전체 인류사회를 결정할 수는 없다. 더구나 문화 자체가 사회진화의 산물로, 레슬리 화이트(Leslie White)가 말했듯, 문화는 독립적이고 스스로 결정되는 것이 아니다(White 1949, 18장). 근본적으로 주로 관념으로 존재하는 문화는 물질적인 기초에서 비롯되어야 하며, 물질적인 제약하에서 발전할 수밖에 없다. 이런 식으로 문화 자체가 인류사회를 형성하는 데 있어 독립적인 역량이 될 수는 없다. 이렇게 본다면 '문화 결정론'은 설 자리가 없다.

다섯째, 사회진화 패러다임은 순수한 의미의 적응주의나 (사회과학에서 친숙한)기능주의가 아니다. 기능 위주의 해석은 진화적 접근의 일부일 뿐, 전부는 아니다. 가장 중요한 것은 모든 표현형이 완벽하지는 않더라도 반드시 적응한다고 가정할 수는 없다. 표현형이 생물진화나 사회진화의 적응인지 아닌지는 실증적인 문제로, 반드시 성립되는 철칙은 아니다. 그밖에도 기능주의처럼 사회진화의 모든 '적응'이 개인이나 집단의 의식적인 적응의 산물이라고 단정할 수도 없다.[46] 생물진화는 '적응

---

46 안타깝게도 많은 학자들이 사용하는 진화이론은 기능주의/적응론이다. 가장 분명한 것은 아마도 제도에 관한 연구일 것이다. 기능주의 이론에 관한 사회제도 연구에 대한 전

론'을 완전히 부정하는 반면, 사회진화에서는 기능주의/적응론이 더 이상 적용되지 못한다. 사실상 기능주의는 아직도 진화적 사고의 적이다 (Hallpike 1986).

마지막으로 사회진화 패러다임은 운명적이거나 역사적인 필연성에 의한 전개라 볼 수 없다. '역사적 필연성', '운명적 전개'는 가장 부끄러운 예언 중 하나이다(Berlin 2002). 그의 기독교 신앙과 일관되게 스펜서는 기본적으로 (생물과 사회)진화를 더 높은 운명 전개와 동일시하기 때문에, 많은 사람들은 사회진화(그리고 심지어는 생물진화까지)가 일종의 '역사적 필연성' 또는 '운명적 전개'라고 믿고 있다(Sahlins and Service 1960; Carneiro 2003). 생물학의 진화론처럼 사회진화 패러다임은 우연과 이변을 인정하고 역사의 필연성과 운명의 전개를 철저히 부정한다.

6. 진화이론에 대한 국제관계학적 비판

19세기 말부터 20세기 초까지 인종 제국주의, 사회적 다윈주의, 지정학 등 국제관계학에서 진화적 성격을 가졌다고 분류되는 다양한 이론들이 있었다. 20세기 후반까지 국제관계학의 이론가들이 이러한 문제 있는 이론들을 명백하게 부인한 이후, 신현실주의, 신자유주의, 구성주의 등 국제관계학의 이론적 패러다임에서 점차적으로 진화론의 일부 요소를 회

반적인 비판은 Tang 2011a를 참조.

복되었다(Kahler 1999; Sterling-Folker 2001; Patrick 2001).[47] 실제로 왈츠는 "선택의 개념을 국제정치에서 중요한 위치에 놓아야 한다"고 주장했다 (Waltz 1986, 331; 1979 74~77 참조). 마찬가지로 (신)현실주의와 (신)문화주의를 통합할 가능성에 대해 논의할 때, 스캇 세이건은 선택을 둘 사이의 가능성 있는 연결고리로 본다(Sagan, 1997).

본 절에서는 약간의 진화적 성격을 지닌 중요한 국제정치이론의 예시와 학파를 요약하고 이를 비판하고자 한다. 앞서 언급한 사회진화 패러다임의 명확하고 체계적인 설명에 따르면, 진화적 성격의 사고를 사용한 국제관계의 초기 이론들은 단순한 비유적 수준에 있으며, 피상적이고 잘못된 진화론(예: 모델스키의 장주기이론)에 불과하다. 물론 어떤 이론들은 진화적 성격을 가지고 있지만(Spruyt 1994 a; 1994 b), 대부분은 사회진화 패러다임의 요건을 충족하지 못한다.

외교정책의 변천에 관한 이론

제프리 레그로(Jeffery Legro)는 진화적 용어를 사용하지 않았지만, 진화적 성격의 사고에 입각한 외교정책변경론을 제시했다(Legro 2005). 레그로는 개별 국가가 자신의 외교정책이 더 이상 작동하지 않는다는 점을 인식하면 외교정책의 기조를 변경한다고 강조했다. 새로운 정책을 모색하는

---

47 세계 정치에 대해 진화적 해석을 한 문헌은 톰슨(Thompson 2001)을 참조. 안타까운 것은 이 책의 많은 장들이 모델스키와 톰슨의 진화적 성격을 가진 것처럼 보이는 장주기이론과 사회생물학과 진화심리학 방법의 영향을 받았다. 스털링-폴커(Sterling-Folker 2002)는 (인간적인) 생물적 결정론과 사회화, 개체와 집단, 물질과 관념이라는 몇 가지 개념군(群)을 잘 표현하고 있다. 안타깝게도 그녀는 이 논점들을 체계적으로 발전시키지 못했다.

과정에서 신구(新舊)의 개념이 경쟁하며 새로운 정책으로 형성된다. 데이비드 웰치(David Welch)의 외교정책 변화에 관한 책에서도 이와 같은 내용을 찾을 수 있으며, 진화 생물학의 내용까지도 참고하고 있다(Welch 2005, 16).

필자는 사회진화 패러다임을 활용해 외교정책의 변화를 설명해왔다(Tang 2008a). 1949년부터 2007년까지 중국의 외교정책을 검토한 결과 사회진화론의 틀이 마오쩌둥에서 덩샤오핑까지를 느리지만 광범위한 정책변화를 가장 잘 설명할 수 있으며, 나아가 제2차 세계대전 후 미국의 군사적 개입주의도 설명했다(Tang and Long 2012). 물질과 관념이라는 두 역량과 선택과 학습이라는 두 과정을 통합하여 미국사례를 분석했다. 유리한 지리적 위치, 막강한 실력과 기술적 우위를 바탕으로 미국은 다른 국가들에 비해 온건한 행동을 선택해야 한다는 압력(선택압력)이 덜하다. 이에 미국은 대국 중 가장 공세적인 현실주의에 가까운 국가라 볼 수 있다.

국제제도의 규범의 변천과 확산

국제관계학에서 진화적 성격의 연구는 아마 국제제도와 규범의 변천과 확산에 관한 부분에서 가장 많이 쓰일 것이다. 이들 연구들은 제도와 규범을 독립변수가 아닌 종속변수로 놓고[48], 특정한 제도와 규범이 왜, 그

---

48   신자유주의는 제도를, 구조주의는 (비공식적으로) 규범을 중시한다. 규범이란 '행위 기준', 또는 '특정한 신분의 행위체에 대해 보여야 할 적절한 행위의 집단적 기대'(Florini 1996, 364; Katzenstein 1996, 5)를 말한다. 제도를 독립변수(제도 자체가 움직임)로 하는 이론은 모두 진정한 의미에서 제도변화이론이라고 할 수 없다. 모든 변화 이론에서 변화

리고 어떻게 생겨나고 확산되는지를 설명하고자 한다. 이들 연구들은 사회진화의 관념적 차원에 초점을 맞추고 있기 때문에 더욱 진화적 성격을 띠고 있다. 진화적 성격을 가진 문헌이라고 하더라도, 어떠한 진화요소를 바탕으로 변천에 대한 해석의 틀이 전개된다.

신자유주의의 제도적 변천에 관한 초기 연구는 기능주의적 접근법을 채택했다[Keohane and Nye(1997)1989; Keohane 1984; Sterling-Folker 2000]참조). 이에 이들 이론에서 제도적 변천에 관한 기능주의적 접근이 가진 한계를 확인할 수 있다(Tang 2011a). 최근의 신자유주의자들은 권력과 경쟁을 더욱 강조하고 있고, 그들의 이론은 아직도 제한적이긴 하나 더 많은 사회적 사실을 포착하려 한다(Ikenberry 2000; Gruber 2000; 신자유주의 및 제도 연구에 관한 비판은 Schweller 2001 참조).

신자유주의는 국가의 목표에 대한 선호가 고정되어 있다고 주장하는 한편, 구성주의는 국가와 다른 국내 행위자들의 정체성과 목표가 언제든지 바뀔 수 있다고 주장한다. 따라서 구성주의는 신자유주의보다 진화적이다(Patrick 2001). 많은 구성주의자들이 규범의 발전과 확산(일반적으로 '집단적 정체성 colletive identities'의 일부)을 설명했는데, 이를 진화적 성격의 이론 틀이라고 명명하지는 않지만 최소한 일정부분에서 진화적이라고 볼 수 있다(Wendt 1992; 1999; Checkel 2001; Acharya 2004; Hall 1999; Reus-Smit 1997; 1999; Holsti 2004; Johnston 2008). 물론 진화적 성격의 구성주의 이론들도 있다(Fiorini 1996; Patrick 2001).

는 사후적이기 때문이다(Calvert 1995, 59).

그러나 사회진화 패러다임의 영향을 받은 제도적 변천에 관한 일반이론에 비하면, 이러한 신자유주의와 구성주의의 제도변화론(혹은 제도확산론)은 단순하거나 부분적으로만 진화론일 뿐이다(제4장 참조).

'인지적 진화'

임마누엘 애들러(Emmanuel Adler)의 '인지적 진화'는 분명히 구성주의 초기 논의인 포퍼-캠벨-툴민(Popwer-Campbell-Toulmin)의 '진화론적 인식론'에 영향을 받았다(Adler 2005, 제1장 참조). 애들러는 변이-선택-유전의 핵심 메커니즘을 국제정치 인식의 진화를 이해하기 위한 핵심 메커니즘으로 간주한다. 뿐만 아니라, 그는 몇 가지 이분법적인 형태의 기본 패러다임을 추려내고 (비유적으로)이들을 유기적으로 통합해야 한다는 것, 즉 둘 사이의 중간지대를 찾아야 한다고 제안했다. 애들러의 인지적 진화론도 양면게임적 구상(two level scheme)인데, 이는 국가가 먼저 새로운 관념을 만들고, 그 중 일부 혁신적이고 진보적인 관념들이 선택되어 국제무대로 확대되는 것이다. 일단 이러한 관념들이 '인지적 진화'의 과정에서 성공하면, 그들은 국제적인 하위시스템(Adler 1997b)을 변화시킨다. 국제시스템의 관념적인 변천에 대한 단순한 구조적 해석에 비해 애들러의 구상은 상대적으로 진화적 성격이 강하다. 이는 국가 내의 개체만이 관념을 발생시킬 수 있고, 국제구조 중에서의 관념은 갑자기 나타날 수 없기 때문이다.[49]

---

49   애들러(Adler (1991) 2005)의 논문과 웬트(아래에서 검토한 Wendt 1992)의 논문은 어느 정도 상호보완적인 측면이 있다. 애들러가 관념의 변천에 집중한다면, 웬트는 새로운 관념

진화적 성격에도 불구하고, 애들러의 구상을 사회진화 패러다임으로 보기에는 여전히 무리가 있다. 가장 중요한 것은 그는 구성주의가 유물론과 이상주의 사이의 중간지대를 차지하고 있다고 주장하지만(Adler 1997a, 336), '인지적 진화'에서 물질적 역량이 가지는 역할에 대해서 언급하지 않는다. 더욱이, 그의 연구에서 권력과 현실의 충돌은 중요한 역할을 하지 않았으며, 이는 이전의 유토피아적 이론에 비해 구성주의가 권력을 더욱 강조한다는 그의 논지와는 완전히 반대되는 내용이다(Adler 1997 a, 336; 2005, 14). 마지막으로, 구성주의가 이러한 이분법적 패러다임 간의 중간지대를 차지한다고 해도, 이러한 패러다임을 완전히 통합하지는 못한다(Tang and Long 2012 참조). 다만, 이러한 통합을 통해서만 국제관계와 더 넓은 의미의 인류사회에 대한 진정한 의미의 진화적 성격의 이해가 가능하다.

민족국가의 출현

국제관계학에서 핸드릭 스프루이트(Hendrick Spruyt)의 14세기와 18세기 유럽의 국제체제에서 비롯된 주권적 영토 국가에 대한 해석이 가장 사회진화 패러다임과 유사하다(Spruyt 1994; 1994b). 틸리(Tilly, 1990)와 크래스너(Krasner 1984; 1988; 1999)를 포함한 다른 사람들의 연구를 비판적으로 검토한 후, 스프루이트는 변이와 선택이라는 두 단계를 강조하면

이 국제시스템 본질에 미치는 영향에 주목하기 때문이다. 그러나 이는 두 명의 주장 모두 시스템에 비슷한 결함이 있다는 것을 의미하기도 한다. 자세한 사항은 본서 제4장을 참조.

서 어떤 특정한 형태의 국가(즉, 주권적 영토 국가)가 왜 그리고 어떻게 궁극적으로 전체 시스템의 절대다수적인 국가 형태가 되는가에 대해서 설명하고 있다. 주권적 영토국가들이 무역을 보호하고 세금을 부과하는 데 더 능숙하며, 따라서 다른 지배형태인 도시국가연합과 도시국가에 비해 장기적으로 경쟁우위를 가지고 있다고 주장했다. 이 주장을 통해 영토주권국가와 주권 개념에 힘이 실리게 되었다. 안타깝게도 스프루이트는 사회진화를 제도적 진화와 동일시하고 있고, 진화의 주기와 경로를 잘못 강조하고 있으며, 굴드의 '단순균형론'과 페르난도 브로델(Fernand Braudel)로부터 너무 많은 영향을 받았다(Spruyt 1994b, 22~23, 178~179; 굴드의 비판은 Dennett 1995 참조). 또한, 스프루이트의 주장은 '역사비교제도분석(Historical and Comparative Institutional Analysis, HCIA)'에 내재된 기능주의적 색채가 짙다. 물론 이는 해당 분석이 신고전주의 경제학(North, Williamson, 자세한 비판 내용은 Tang 2011a, 2장 참조)의 영향을 받았기 때문이다. 마지막으로 스프루이트는 사회진화 패러다임이 무엇으로 사회 변천을 합리적으로 설명해야 하는지에 대해 체계적인 설명을 하지 못했다.

진화적 성격의 '행위자 기반모형(Agent-Based Modeling, ABM)'

진화적 성격의 '행위자 기반모형(Agent-Based Modeling)' 혹은 시뮬레이션은 진화적 성격의 변천을 모의 실험하는 하나의 방식이다. 이미 널리 인용된 악셀로드의 책은 행위자 기반모형의 초기 연구이다(Axelrod 1984). 파카스는 리더십그룹에서의 정책결정모델을 제시했다(Farkas 1996).

최근 라스 에릭 세더만(Lars-Erik Cederman)과 그의 동료들은 국제시스템에서의 정복과 정권교체를 통해 주권과 민주적 평화가 나타날 수 있었던 진화 과정을 모델화했다(Cederman 1997; 2001a; 2001b; 2002; Cederman and Greditsch 2004; Cederman and Girardin 2010).[50] 이 연구는 몇 가지 흥미로운 결과를 제시하며 국제시스템의 진화를 연구하기 위한 새로운 아이디어를 제공했다. 또한, 비록 비교적 짧은 시간인 유럽의 전근대에서 근대를 분석하는데도 불구하고 본 책의 주장을 뒷받침한다.

그러나 아무리 '행위자 기반모형"이 강력하다고 해도 진화적 성격은 여전히 제한적이다. 일반적으로 '행위자 기반모형'은 행위자의 목표를 위한 선호는 고정하는 반면, 전략을 위한 선호는 과정에서 바뀌는 것을 인정한다. '행위자 기반모형'은 변동 가능성이 있는 선호전략과 시스템에서의 행위자의 수를 제외하고도 환경이 상대적으로 일정하다고 가정하고 있다. 이에 해당 모델은 행위자와 시스템 간의 상호작용을 모델화할 수 없으며, 전체 시스템에서 심층적으로 이루어지는 차원간의 변화 역시 설명하지 못한다.

국제시스템의 변천에 관한 이론

국제정치시스템은 큰 변화를 겪어왔고 진화적 성격의 방법은 이를 설명하는 데 효과적일 수 있다. 그러나 국제시스템의 진화에 관련해 아무도 진정한 의미의 사회진화적 해석을 하지 않는다.

시스템 측면에서 가장 영향력 있는 국제정치이론들 중 일부는 반

---

50 헌틀리(Huntley 1996)는 민주화 평화를 국제적인 시스템 진화의 산물로 간주하는 그의 초기 생각을 상세히 밝혔다.

(反)진화적이었다. 왈츠(Waltz 1979, 66)와 미어샤이머(Mearsheimer 2001, 2) 모두 국제정치의 근본적인 본질은 시간이 지나도 변하지 않는다고 확신하고 있다. 그러나 대부분의 국제정치학자들은 국제시스템이 근본적인 변화를 겪었다고 인정한다. 예를 들어 러기(Ruggie 1983)는 영토국가의 출현이 국제시스템의 변천을 구성했다고 지적했다. 마찬가지로 뮬러(Mueller 1989)는 국가가 전쟁 자체가 얻는 것보다 잃는 것이 더 많다는 것을 알았을 것이라고 하며, 핵 혁명이 일어나지 않았어도 이미 전쟁은 구시대적인 방법이라고 지적했다. 그러나 이들 연구자들은 모두 진화적 성격의 방법을 명시적으로 적용한 것은 아니었다.

웬트(Wendt 1992; 1999)는 서로 다른 무정부상태에 관한 논의에 대해 국제정치시스템 차원에서 진정한 진화적 성격의 해석이라고 말한 바 있다. 웬트가 여러 유형의 무정부상태를 강조하는 것은 시스템의 변화가능성을 시사한다(Ruggie 1983 참조). 그는 정체성의 형성과 전환, 구조적 변화에 대한 '문화적 진화'의 해석 방법을 바탕으로 이러한 종류의 변환의 동력을 선별했으며, 나아가 문화진화의 선택과 사회화에 대해서도 논의했다. 다만, 그는 그 이전의 애들러와 마찬가지로 관념적인 역량에 방점을 찍고 물리적 환경을 경시한다.[51] 웬트는 반복적으로 '국가가 놓인 가

---

51 팔란(Palan 2000, 589~590)이 지적했듯이 웬트(Wendt 1999)는 자신의 극단적인 관념주의 지위를 지지하기 위해, 비밀리에 관점을 변화시켰다. 그는 "객관적 현실은 본질적으로 제도현실에 우선한다"(Wendt 1999, 11)고 인정했지만, 이후 "관념이 물질 범주에 속하는 것처럼 보이는 원인을 만들었다"(Wendt 1999, 94, 원서에서 힘을 주어 강조함)고 말했고, 마침내 "국제정치의 가장 본질적인 요소는 국제시스템에서의 '관념의 분배'"라고 주장하며 극단적 관념주의로 나아갔다. 이 때문에, 웬트는 우위(priority)와 가중치(weight)라는 두 가지 개념을 혼동했다. 구체적인 세부 사항은 Tang 2013을 참조.

장 중요한 구조는 물질적인 것보다는 관념적으로 구성된다(Wendt 1999, 309; 웬트의 관념주의에 관한 비판은 Palan 2000; Copeland 2000b; 191~192)'고 했으며, 이에 이러한 무정부주의의 사상적 분류(홉스식, 로크식, 칸트식)들이 어떻게 그리고 왜 생겨났고 퍼졌는지 설명할 수 없다(더욱 심층적인 비판은 본 책 2장과 5장 참조).

재레드 다이아몬드(Jared Diamond)의 『총, 균, 쇠(Guns, Germs, and Steel)』(1997)는 기원전 11,000년부터 현재까지의 인류의 역사에 대한 거시적 설명을 제공하고 있으며, 국제시스템의 변천에 관한 내용도 포함하고 있다. 그는 물질적 역량(예: 지리, 인구, 박테리아)과 관념적 역량(농경, 산업혁명에 구현된 관념들)을 강조하면서 사회진화의 방식을 채택했다. 다만, 국제정치의 변천과정을 직접적으로 탐구하지 않았고, 그의 핵심적인 가정과 서술원리를 명시적으로 설명하지 않았다는 점에서 한계를 가진다.

인류역사에서 전쟁의 기원

사회생물학을 바탕으로 타이어(Thayer 2004)와 개트(Gat 2006)는 전쟁의 역사적 기원과 확산에 관한 두 가지 비슷한 이론을 내놓았다. 두 학자 모두 대다수의 국제정치이론이 전쟁의 기원을 단순히 전쟁의 원인으로 평가(Blainey 1988; Van Evera 1999; Copeland 2000b)하는 것을 지적했으며, 나아가 진화적 성격의 관점만이 전쟁의 기원을 정확하게 밝힐 수 있다고 강조했다. 다만, 모두 사회생물학 진영에 속해 있는 학자이기 때문에 인류 역사에서 전쟁의 기원과 확산에 대한 완전한 설명은 불가능하다(구체적인 비판은 본 책 2장 참조). 더욱이 그들은 사회진화와 사회진화 패러다임에 대한 정의를 내리지 않았다.

소결

본 장에서는 사회진화와 사회진화 패러다임에 대한 일관적이고 체계적인 논의를 개략적으로 설명했는데, 이는 향후 연구(Tang, 미발표 원고)에 자세히 설명될 것이다. 사회진화 패러다임은 사회과학의 다른 열 가지 패러다임을 유기적으로 통합하고 있기 때문에 사회진화하에서 인간의 역사와 인류사회를 이해하는 것은 중요한 수단이다. 동시에, 인류사회의 미시적, 중간 수준의 메커니즘을 이해하는 데 도움을 주는 이론들이 사회진화 패러다임에 통합되고 흡수될 수 있다. 따라서 사회진화 패러다임은 사회과학의 궁극적인 패러다임이다.

다음 장에서 사회진화 패러다임을 이용하여 국제정치시스템의 진화를 이해하고 주류 국제정치학파의 거시사회학을 알아보고자 한다. 사회진화 패러다임은 국제시스템의 시공간적 변천에 대해 내생적인 설명을 하고 있으며, 이는 오직 진정한 의미의 진화적 성격의 접근만이 내생적 설명을 할 수 있다는 앞선 지적을 뒷받침할 것이다.(Boland 1979, 968; Knudsen 2001, 125). 더욱이 국제정치시스템의 변천을 주도하는 핵심 메커니즘은 대체 불가능하다.[52] 마지막으로, 사회진화 패러다임은 생존경쟁, 이성적(전략적)행위, 선택, 학습, (관념의 확산에 의한) 사회화, 기술, 시스템적 방법과 제도 등의 2차적 메커니즘도 통합할 수 있기 때문에, 국제

---

52 그래서 필자는 필자의 이론을 비평하는 사람들에게 도전하고자 한다. 그들은 이 책의 근본적인 메커니즘을 빌리지 않고는 국제정치의 시스템 변형을 설명할 수는 없다.

정치 현상을 이해하는 데 도움을 줄 것이다.[53]

53 본서의 틀에서 보면, 군사기술의 진화는 국가 간 경쟁의 자연스러운 결과, 곧 공격에 대
    한 방어 수요로 말미암아 추동되었다(본서 2장 참조, Diamond; 1997; Thayer 2004, 제4장도
    참조). 이와 유사하게, 본서의 분석틀은 영토주권의 유래도 적절하게 설명하고 있다 (본
    서 제3장 참조, Spruyt 1994b도 참조할 수 있음).

파라다이스에서 패러다임으로: 공세적 현실주의 세계의 탄생

서론

이 장에서는 공세적 현실주의 세계(홉스, 미어샤이머의 세계)의 탄생에 대해 하나의 사회진화론적인 해석을 내렸다. 이를 바탕으로 공세적 현실주의의 사회진화에 대한 지식사회학을 제시하여 어떤 이유로 긴 시간 동안 국제정치학의 지배적인 학설이 될 수 있었는지 설명하고자 한다. 이전 장에서 자세히 논의된 사회진화 패러다임이 적용되면 국제정치의 궁극적인 문제를 해결할 수 있다는 사실을 보여줄 수 있다. 이는 많은 이들이 당연하게 여기는 공세적 현실주의 세계가 애초에 어떻게 만들어졌는가에 대한 궁금증을 해소해 줄 수 있을 것이다.

인간의 세계는 약 기원전 8000년 거의 '파라다이스(paradise)'에 가까웠다. 파라다이스가 만들어질 수 있었던 가장 중요한 이유는 인류가 서로 싸우지 않았기 때문이다. 그 중에서도 전체 인구의 수가 적고, 천연자원(특히 식량과 토지)이 풍부하고 쉽게 구할 수 있었던 것이 가장 중요한 이유이다. 그러나 인구가 증가하고 천연자원이 감소함에 따라 토지의 핵심적인 생태능력(key eco-capacities)에 대한 상대적인 인구 압력이 점차 증가하였다.[1] 궁극적으로 인간은 점점 부족한 자원을 얻기 위해 경쟁해

---

1   결과의 차이가 발생하는 이유는 육지의 핵심 생태수용력이 감당할 수 있는 상대적인 인구 압력(Keeley1988, 1996,118~120; Ferguson 1989) 때문이며, 절대적인 인구밀도 때문이 아니다. 따라서 절대적인 인구밀도와 전쟁을 연결했던 초기 연구의 결과가 확정되지 않은 것은 이상한 일이 아니다.

야 했고 갈등이 뒤따를 수밖에 없었다. 하위시스템에서 집단을 기반으로 한 폭력적인 분쟁(전쟁)이 첫 번째로 발생했을 때, (하위)시스템을 공세적 현실주의 세계로 변형시키는 과정이 촉발되었다.[2] 이러한 시스템 전환의 이면에는 두 가지 핵심적인 동기가 있다. 첫 번째는 실존과 가상의 존재에 대한 공포의 보급과 보존이며, 다른 하나는 하위시스템에서 살아남은 모든 개체에 의해 창조, 전파, 유지되는 전쟁 문화이다. 이러한 핵심 동기는 스스로 강화되기 때문에 공세적 현실주의 세계는 약 1만 년 동안 지속되며, 관념상의 잔재로 남아 아직도 국가의 안보 추구 행위에 강한 영향을 미치고 있다.

다음 부분으로 넘어가기에 앞서, 몇 가지 중요한 설명이 필요하다.

첫째, 반 데르 데넨(van der Dennen 1995, 69~94), 켈리(Kelly 2000, 1~11)가 강조했듯이, 전쟁은 다른 형태의 폭력(즉, 물리적 공격), 특히 집단 내 폭력(즉, 싸움, 사형, 결투, 불화 등)과 구별할 필요가 있다. 가장 중요한 것은 폭력은 사람과 사람 사이(동일한 집단에 속하든, 아니면 두 개의 다른 집단에 속하든)에서 발생할 수도 있고 집단 사이에서 발생할 수 있지만, 전쟁은 엄밀한 의미에서 집단 사이에서 나타나는 현상이다. 사형은 집단이 집단 내의 특정 개인에게 부과하는 제재나 폭력을 말한다(Kelly 2000, 7~10). 원

---

2   시스템은 시스템 내의 모든 개체와 집단(예: 부족, 국가), 시스템의 구조(만약 존재한다면)와 물리적 환경을 포함하는 체계를 의미한다. 상당히 긴 인류 역사에서, 지리는 지구를 지역 국제시스템 혹은 하위시스템으로 분할했다. 이 하위시스템들은 부잔(Buzan 1986)이 말한 '지역 안보 복합체'(regional security complexes)와 거의 같은 개념이다. 그러나 지역 안보 복합체라는 표현은 너무 명확해서, 그 자체를 안보 문제에 국한시킨다. 지리적으로 국경을 접하지 않는 정치행위자(예: 로마 제국과 한 국가)라 할지라도, 그것들이 어떤 연계만 있으면 하나의 시스템을 형성할 수 있다.

한은 같은 집단 내에서 또는 두 개의 다른 집단 내 각기 다른 두 개인(또는 가족) 사이에 발생한다. 원한을 갖는 것은 결코 집단의 승인을 수반하거나, 집단의 다른 구성원들의 참여가 필요하지 않는다. 반면 전쟁은 (넓은 의미에서의 폭력보다는)치명적인 위해를 가하는 것을 목적으로 하는 두 집단 사이의 조직적 폭력으로, 집단 승인과 참여를 수반한다[Mead(1940) 1964, van der Denenen 1995, 92. 94, Kelly 2000, 1~11, Otterbein 2004, 9-10]. 따라서 개인의 폭력과 전쟁 사이에는 본질적인 연관성이 없다(Kelly 2000, 2장; Fabbro 1978). 그러므로 많은 사회생물학자들이 개체 간의 폭력을 확장한 형태로 전쟁을 해석하는 것은 이치에 맞지 않는다(본 장의 2절 참조). 마지막으로 많은 학자들의 견해와 달리, '원시'적인 전쟁이라고 해도 결코 게임이나 의식이 아니다. 비록 전쟁이 많은 의식적이거나 종교적인 요소를 포함하고 있지만, 이른바 '의식적인 전쟁(ritual war)'이란 존재하지 않는다(Keeley 1996; Otterbein 1989, 33; 2004, 34, 38, 부록 I 참조).[3]

둘째로, 전쟁이 처음에는 존재하지 않았지만, 이후에 점차 발생했다는 관점은 전혀 새로운 것이 아니다. 대부분의 인류학자들과 고고학자들도 그러한 관점을 사실로 받아들였지만, 일부 강경한 사회생물학자들은 여전히 그러한 관점에 반대했다. 인류학자나 고고학자들은 본 장의 핵심 쟁점인 국제시스템의 전환에 있어 전쟁의 역할에 대해서는 거의 관심이 없다. 본 책은 국제시스템의 변혁에 가장 방점을 두고, 이 관점을 뒷받침하기 위해 주로 최근의 고고학적 혹은 인류학적 발견에 의존하지만, 여

---

3   이것은 명백히 전쟁에는 강한 문화적 요소가 들어있다는 것을 의미한다(본 장 5절 참고).

기서 더 나아가 구체적인 세부사항에 대해서는 다루지 않을 것이다.[4] 즉,
본 장은 전쟁에 대한 비교연구가 아니다. 전쟁에 관한 고고학적 혹은 인
류학적 이종문화연구에 관심이 있는 독자들은 멜빈 엠버와 캐롤 엠버(M.
Ember and C. R. Ember 1994), 레이나와 다운스(Reyna and Downs 1994), 킬
리(Keeley 1996), 마틴과 프레이어(Martin and Frayer 1998), 치오피 레빌라
(Cioffi-Revilla 2000), 켈리(Kelly 2000), 브래드포드(Bradford 2001), 오터바인
(Otterbein 1989, 2004), 퍼거슨(Ferguson 1998, 2006), 질란과 자미트(Guilaine
and Zammit 2005), 아쿠시와 앨런(Arkush and Allen2006), 그리고 햄블린
(Hamblin 2006)의 저서를 참조하면 된다. 또한, 필자는 주로 하위시스템
내의 제1차 조직화된 전쟁의 발발과 그 결과에 관심을 갖고 있기 때문에
전쟁의 역사적 단계의 구분, 조직화 정도, 사용된 무기기술, 참혹함의 정
도를 다루지 않을 것이다.[5] 그러므로 본 장은 전쟁의 역사나 군사기술의
역사가 아니다. 전쟁이나 군사기술에 관심이 있는 독자들은 페릴(Ferrill
1985), 오코넬(O'Connell 1989), 키건(Keegan 1993), 햄블린(Hamblin 2006)의
책을 참조하면 된다.

셋째, 본 장에서는 생물진화에 의해 결정된 일부 인간의 본성을 전
쟁의 기원을 포함한 사회적 사실들을 논의하는 출발점으로 인식하고 있

---

4   최근 조사결과를 더 선호하는데, 이는 이전 조사보다 더 신뢰도가 높기 때문이다. 더 최
     근에 조사된 것일수록 더 많은 유적지의 고고학적 발견을 모을 수 있어 사용하는 데이
     터가 더 신뢰도가 높다. 오래된 문헌들은 주로 신뢰도가 낮은 증거나 추정을 근거로 한
     것이다.
5   아래에서 더 자세히 설명하겠지만, 첫 번째 전쟁이 발발한 이후, 전쟁은 더욱 조직적·기
     술적으로 끊임없이 정교해지고 참혹해졌지만, 이는 자연스러운 결과이다.

다. 이유는 단순하다. 이러한 일부 인간의 본성은 전쟁을 포함한 사회성을 뒷받침하고 있기 때문이다. 따라서 인간의 본성이 '하얀 칠판'이라는 견해에 반대한다(Pinker 2002; Tang 2011b). 그러나 이러한 인간의 본성이 보편적으로 논의되고 있기 때문에, 이에 대해 자세히 설명하지 않을 것이다. 다음 글에서 제시될 이론에서 필수적인 요소라는 것을 인정할 뿐, 그것만으로는 전쟁을 일으키기에 충분하지는 않다.

넷째, 전쟁이 정치단위(예를 들어, 공식적인 제도, 수탈기관, 교육기관 등)의 내부 발전에 미치는 광범위한 영향에 대해서도 구체적으로 다루지 않을 것이다. 전쟁의 발발은 인류사회의 내부 진화에 광범위하고도 깊은 영향을 미친다. 많은 이견에도 불구하고, 인류학자와 사회학자들은 대체로 공감대를 형성하고 있다. 찰스 틸리(Tilly 1985)는 "전쟁은 먼저 국가를 만들고, 국가는 더 많은 전쟁을 만든다(Spencer 1873, 194; Ferrill 1985, 34; Carneiro 1970; 1994; Spruyt 1994a; 1994b; Diamond 1997; Johnson and Earle 2000; Spencer 2003; Spencer and Redmond 2001; 2004; Redmond and Spencer 2006; 2012)"[6]는 말을 남겼다. 따라서 본 장에서는 사회의 다른 내부적 차원이 전쟁에 의해 깊이 형성되어 왔으며 전쟁 문화의 확산에 필수적이라는 점을 단순히 인정하면서도, 정권 내 그리고 정권 간 전쟁 문화의 확산 문제에 더욱 초점을 맞추고자 한다. 전쟁의 기억과 정권 간 전쟁 문화의 확산이 고대 에덴동산과 같은 파라다이스를 공세적 현실주의 세계로

---

6   이런 의미에서 보자면, 퍼거슨(Ferguson 1994)의 관점과 달리 전쟁은 인류사회의 진화에 있어 가장 중요한 동력 중 하나이다. 반 데 덴넨(Van der Dennen 1995, 59)의 지적과 같이, 정복전쟁은 국가의 관념을 창조했다. 이는 이븐 할둔(Ibn-Khaldum)의 「역사서론」(Muqaddimah, 1377)으로 거슬러 올라갈 수 있다.

탈바꿈시킨 직접적인 원인이라는 점을 강조하고자 한다. 이러한 견해를 증명하기 위해 주로 고대 문헌과 2차 자료(『상군서(商君書)』; Kautilya B. C. 317~293 ; 『한비자(韓非子)』; Kelly 2000; Lebow 2008)를 사용하나, 각각의 구체적인 내용에 초점을 맞추지는 않을 것이다.

다섯째, 비록 인류 역사에서 오랜 기간 동안 선혈이 낭자했다는 일반적인 주장은 반박할 수 없지만, 역사기간에 평화적인 일부 집단이 있을지도 모른다는 가정을 부인하지는 않을 것이다. 그러나 이러한 평화적인 집단이 예외여야 한다는 것을 강조하고 싶다. 역사의 과정에서 평화적인 집단은 기본적으로 제거되거나 호전적인 상태로 변모했다. 이 부분에서 짚고 넘어가야 할 부분은 집단 내 평화가 집단 간 평화를 의미하지 않는다는 것이다. 사실상 스펜서(Spencer 1873, 8장; 1892~1893, 1권, 118), 섬너[Sumner(1906) 1959], 심멜(Simmel 1964), 코저(Coser 1956)가 인정한 바와 같이 집단 내 평화는 집단 간 충돌의 필연적 산물이다.

마지막으로, 공세적 현실주의 국가와 방어적 현실주의 국가 간의 보다 엄격한 이분법을 채택하여 국제시스템 내의 두 가지 기본적인 형태를 언급하고자 한다. 현상유지(status-quo) 국가와 수정주의 국가, 권력 추구국가와 안보 추구국가, 만족국가와 불만족국가 등 일반적으로 국제정치학에서 채택하지만, 엄격하지 않고 오해의 소지가 있는 이분법들을 거부한다(Tang 2010b, 2장). 간단히 말해, 공세적 현실주의 국가들은 모든 국가가 본질적으로 공세적이며, 공격성은 그들 자신의 능력에 제한된다고 믿는다. 그러므로 안보를 실현하기 위한 유일한 방법은 기회가 왔을 때 예방전을 통해 확장하고 정복하는 것이다. 이와는 대조적으로, 방어적 현실주의 국가들(그리고 다른 비(非)공세적 현실주의 국가들)은 모든 국가들이 본질적으로 공세적이라는 가정을 거부한다. 이렇게 되면 같은 생각을 가진 방어적 현실주의 국가 사이의 안보협력은 실행 가능하다(Tang 2008a, 2010b, 4장).

본 장의 나머지 부분은 다음과 같이 계속된다. 제1절은 공세적 현실주의 세계의 탄생에 대한 기존의 설명을 비판한다. 제2절은 에덴동산과 같은 파라다이스가 공세적 현실주의 세계로 변모했다는 사실을 진화의 관점으로 해석한다. 제3절은 사회진화라는 새로운 이론에 대한 일반적 증거를 제공한다. 제4절은 고대의 여러 국제 하위시스템 또한 동일한 발전의 길을 따랐음을 보다 구체적인 증거를 통해 보여준다. 제5절에서는 전쟁이 정치체의 내부발전에 영향을 미치는 핵심적 차원을 강조한다. 이는 공세적 현실주의가 하나의 지배적인 국가의 실천방식이자 국가 간의 문화로 만들어지고 유지되는 데 중요하다. 이를 통해 공세적 현실주의 시스템의 본질이 유지되는 것이다. 제6절에서는 서로 다른 시스템에서 공세적 현실주의가 국제정치의 지배적인 학설(혹은 이론)로 나타날 수 있다는 증거를 제공한다.

1. 기존 전쟁 기원 이론에 대한 비판

예로부터 전쟁은 사회탐구의 핵심으로 자리 잡아 왔다. 왜냐하면 인간은 문자가 발명되기 훨씬 전부터 전쟁에 대한 직·간접적인 지식을 많이 가지고 있었기 때문이다.[7] 그러나 절대다수가 아니더라도 많은 역사학자, 정치 이론가, 국제관계 이론가들은 위험하고 야만적인 홉스적 세계를 인간 생활의 '자연 상태'로 간주하기 때문에, 그들은 구체적인 전쟁 발발의 직접적이거나 뿌리 깊은 원인들을 탐구하는 데 대부분의 에너지를 쏟았다[예를 들어 Thucydides 1954; Wright(1942) 1983; Blainey 1988; van Evera 1999; Copeland 2000a; Mearsheimer 2001; Lebow 2008; 2010; Levy 1998; Levy and Thompson 2010 등을 참조].[8] 이 잔혹하고 위험하며 야만적인 공세적 현실주의 세계가 애초에 어떻게 시작되었는지 탐구하려는 시도는 많지 않다.

대조적으로 비록 일부 인류학자들과 고고학자들은 전쟁을 병적으로 간주하고 사회적 사실로 연구하기를 거부하지만(Carneiro 1994, 3-6, Keeley 1996, 13), 1970년대 이후 대부분의 인류학자들과 고고학자들은 전쟁이 인류 역사를 움직이는 핵심적인 동력이라는 것을 깨달으며 이에 대해 과학적으로 접근하려 시도했다. 따라서 고고학과 인류학에서는 전쟁의 기원이 '자연 상태'라는 생각을 완전히 부정하였다.

사실 전쟁의 기원은 고고학과 인류학에서 국가의 기원에 버금가는 오래된 문제였다[Service(1962) 1971; 1975; Wright 1977; 1984; Ember and Ember 1992; Carneiro 1970; 1994; Ferguson 1990; 1994; 1998; 2006; Otterbein 2004; Keeley 1996; Flannery 1999; Flannery and Marcus 2003; Kelly 2000; 2005;

---

7 폭넓은 전쟁 기원에 대한 문헌 심층 연구는 반 데르 데넨(Van der Dennen 1995)을 참조.

8 이 두 가지 난제를 구분하는 것은 매우 중요하다. 구체적인 특정 전쟁은 여러 가지 원인이 있을 수 있겠으나, 서로 다른 시스템 내에서 발생하는 첫 번째 전쟁의 원인은 몇 가지 특정 요인들과 메커니즘의 조합일 수 있다. 그러나 첫 번째 전쟁이 일어나고 사회화된 후에는, 전쟁이 여러 변수들의 서로 다른 조합으로 인해 일어날 수 있다. 이렇게 보면, 전쟁 원인에 관한 광의의 이론을 발전시키려고 하는 것은 비현실적이다(Van Evera 1999; Betts 1999).

Spencer2003; Spencer and Redmond 2001; 2004; Redmond and Spencer 2006; 2012].[9] 안타깝게도 인류학자나 고고학자 모두 전쟁이 국제시스템에 미치는 영향에는 관심이 없었다. 이는 중대한 실책으로 아래 내용에서 서술하겠지만, 전쟁은 평화로운 파라다이스였던 시스템에서 공세적 현실주의 세계로 변화하게 한 핵심적인 동인 중 하나이며, 또한 이러한 전환은 인류 역사의 핵심적인 동인이기도 하다.

본 절에서는 전쟁의 기원에 대한 초기 이론을 간략하게 비판하며 전쟁의 기원과 확산, 공세적 현실주의 세계의 탄생에 대한 보다 적절한 이론의 바탕을 만들고자 한다.[10]

(1) 초기의 추측: 홉스(Hobbes)와 루소(Rousseau)

리바이어던은 전쟁의 기원과 원인에 관한 최초의 이론이며 국제관계학의 정치현실주의의 기반을 닦았다(Dawson 1996a, 3~14; Keeley 1996, 5~8; Kelly 2000, 121; Gat 2006, 제2장). 그러나 홉스는 실제로 집단(혹은 공동체) 간의 조직적이고 치명적인 충돌보다는 집단 내에서의 충돌을 탐구하였다. 투키디데스가 인간 본성의 '세 가지 요소'에 대해 논의한 것 외에,[11]

---

9   본 장 5절에서 상세히 논의하겠지만, 이 두 가지 간에는 서로 내적 연관성이 있다. 무엇보다도 전쟁이 없다면 국가는 존재하지 않았을 것이다.

10 이러한 시도는 사실 시스템 내 첫 번째 전쟁의 요인과 메커니즘의 조합 방식은 독특하지만, 여러 가지 (서로 독립적인)하위시스템의 기원은 매우 유사성이 크다는 것을 암시한다. 따라서 전쟁 기원에 관한 광의의 이론은 존재 가능하다.

11 홉스부터 시작해 어느 학파의 전쟁 기원 이론이든 최소한 무정부상태(간단히 정의하자면 정치 행위체 간의 중앙집권이 없는 상태를 의미)가 전쟁 기원의 충분(혹은 필요)조건이라고 인정한다. 이를 인정함으로 자세히 설명하지 않겠다.

홉스는 무정부상태(즉, 주권의 결여)가 공동체 내 갈등의 중요한 원인이라고 지적했다. 홉스는 공동체 내의 '자연 상태'는 주권자가 부재한 공동체이며, 자연 상태하의 삶은 마치 인간의 본성처럼 '고독하고, 가난하고, 위험하고, 야만적이며, 덧없이 짧다'고 했다. 이러한 이유로 홉스는 공동체 내의 개체들이 평화롭게 지낼 수 있는 것만으로도 리바이어던의 필요성을 주장한 것이다.

이러한 의미에서 홉스는 실제로 전쟁의 기원이나 원인이 아닌 공동체 내 사회질서 이론을 내세웠다(Bull 1977, 24~27, 46~51; Beitz 1979, 27~34; Heller 1980; Hanson 1984; Boucher 1990; Williams 1996). 실제로 집단 간 관계(국왕, 최고 권위자)가 '자연 상태'에 가까울 수도 있고 무정부상태의 '자연 상태'가 개인 간에는 존재하지 않을 수도 있다는 지적[Hobbes(1651), 13장, 187-188]과는 별도로, 홉스는 전쟁의 기원과 원인, 그리고 집단 간 평화 정착의 조건을 모두 상세하게 말하지 않고 있다.[12] 홉스가 전쟁의 기원에 대해 가장 근접하게 탐구한 것은 집단 내 인구 압력이 갈등과 관련되어 있다는 추측뿐이다. 그는 '세계가 과밀해지면, 최후의 해결책은 전쟁이고, 모든 사람에게 전쟁의 결과는 승리 아니면 죽음뿐이다'라고 말했다(Hobbes(1651) 1985, 13장, 387).

루소[Rousseau(1762)1993]는 집단 내 평화와 질서에 관한 홉스의 이론을 부정한다. 그에게 '자연 상태'(즉 주권자가 없는 사람들의 공동체)는 평화이다. 왜냐하면 인간의 본성이 평화롭기 때문이다(즉 평화로운 야만인). 개

---

12 물론, 이것이 홉스가 국제관계에 있어 어떠한 참고 가치도 없다는 것을 의미하지는 않는다.

인이 악에 물들 때에만 서로를 해치는데, 이런 종류의 악은 사적재산으로부터 비롯되었다. 사적재산에 대한 보호와 이 과정에서 발생하는 충돌 때문이다[Rousseau (1762) 1993, 81~84]. 그러나 홉스와 마찬가지로 루소는 사회 간 전쟁의 원인에 대해 상세하게 언급하지 않았고, 전쟁의 기원에 대해서는 일절 언급하지 않았다.

전반적으로 홉스와 루소가 전쟁의 기원에 대해 많이 논의하지 않았는데도 불구하고 홉스의 주장이 사회 이론가들에게 널리 받아들여졌다. 이는 아마도 유럽중심주의와 영합했기 때문이다. 유럽인들만이 평화를 사랑하는 문명진취적이며, 다른 집단들은 야만적이고 호전적이라는 것이다(Ferguson 1765[1995]. 74~105). 사실 집단 내에서의 충돌이 원인이라고 할지라도, 홉스와 루소는 부분적으로만 옳을 뿐(즉 물질적 경쟁으로 인한 갈등)[13], 완벽하게 정확한 것은 아니었다. 그들의 견해는 기본적으로 억측에 불과했다. 제2차 세계대전이 끝난 뒤에야 경험적 뒷받침을 통해 전쟁의 기원에 대한 진정한 과학적 이론이 나타나기 시작한 것이다.

(2) 현대 이론 I: 인간의 본성에서 사회생리학으로, 다시 진화심리학까지

전쟁이 인간의 본성에 뿌리를 두고 있다는 홉스의 견해는 현대의 사회생물학(sociobiology)에 의해 확고히 받아들여진 반면, 사회생물학에서 보다 정교하게 파생된 진화심리학(evolutionary psychology, EP)에서는 이

---

13 홉스의 관점은 보다 명확하다. 홉스는 두 집단 모두 같은 것을 원할 때, 그것을 동시에 얻을 수는 없다고 주장했다(Hobbes(1651) 1985, 제13장, 184 참조). 루쥔(盧俊)이 사용한 것도 바로 이 가난이다.

를 덜 수용하고 있다.[14] 코날드 로렌츠(Konard Lorenz, 1966) 이후, 몇몇의 저명한 사회생물학자들, 특히 에드워드 윌슨(Edward O. Wilson, [1997] 2000)과 리차드 알렉산더(Richard Alexander 1979)는 생물학적 진화가 반드시 인간 집단들 간의 싸움으로 이어진다는 생각을 발전시켰다. 즉 공격성은 인간의 유전자에 뿌리를 두고 있다는 것이다(그것은 '인간성'의 일부분이다).[15] 사회학자 반 덴 베르헤(Van Den Berghe 1974) 역시 공격성에 관한 사회생물학적 이론을 발전시켜 인류 전쟁 분야까지 확장시켰다. 그는 인간의 본성은 영토와 위계질서를 포함하고 있으며 자원 경쟁은 전쟁의 도화선이라고 강조했다. 반 데르 데넨(Van der Dennan 1995)은 전쟁이 "조건부 번식 전략(a facultative male-conditional reproductive strategy)"에 뿌리를 두고 있다고 주장했다. 랭햄과 피터슨(Wrangham and Petersen 1996), 랭햄(1999)의 연구에서는 왜 전쟁이 불가피한지에 대한 강력한 증거를 제공했다. 인간의 친척인 침팬지들을 예로 삼아 영토의식을 발달시켰고 집

---

14   사회생물학은 몇 차례 비판을 받은 뒤(비판의 질이 들쭉날쭉하다. Kitcher 1985, Buller 2005a 2005b Richardson 2007) 진화심리학으로 바뀌었다. 몇몇(van der Dennen 1995, 제4장, Dawson 1996, 8~11)은 맬서스(Malthus (1798) 1951)를 2세대 스펜서주의 이론가, 혹은 1세대 사회생물학자로 분류한다. 사실 이는 일종의 오해인데, 그들이 전쟁이 초래할 수 있는 (예상치 못한)결과(전쟁의 기능)만을 논의하기 때문이다. 집단경쟁을 바탕으로 한 적자생존이 가장 대표적이다. 그들은 더 적자생존이 전쟁의 원인이라고 생각하지 않는다. 이에 반면, 사회생물학자들은 전쟁이 어떤 기능(아래 글 참고)을 갖추었기 때문에 일어난다고 생각한다. 전쟁의 기원과 진화에 대한 사회생물학의 분석에 관한 좋은 연구로는 van der Dennen 1995, 제4장 참조.

15   인간의 본성(人性)은 정의가 느슨한 용어이다. 인간의 본성은 다음 세 가지 부분을 포함한다고 생각한다. 생물진화에 의해 결정된 부분, 사회화에 의해 결정된 부분, 그리고 반사회화라고 불리는 부분(Tang 2011b)이다. 사회생물학은 인간의 본성 가운데 첫 번째 부분에 중점을 두는 반면, 대다수 사회학자(와 인류학자)는 두 번째 부분에 초점을 맞춘다. 그들 모두 인간의 본성에 관한 모든 것을 이해하지는 못한다.

단적 폭력을 이용해 영토를 방어할 의지와 기술을 가지고 있다는 것을 보여주고 있다. 따라서 전쟁은 유전자의 경향에 바탕을 둔 적응 결과이다(Wrangham 1999, 19). 사회생물학과 진화심리를 결합한 개트(Gat 2000a, 2000b, 2006, 2009)의 연구는 전쟁을 포함한 모든 형태의 공격이 오직 "완전한 인간 동기의 복합체"에 의해서만 설명될 수 있다고 주장한다.[16] 진화심리학 지지자인 스미스는 최근 전쟁을 진화심리에 연계시켰다(Simith 2007, 관련 비판은 Fergerson 2008 참조). 국제관계 이론가들 사이에서 세이어(Thayer 2004)는 사회생물학에 근거한 전쟁의 기원 이론을 제안하였고, 공세적 현실주의는 한 국가가 안보를 추구하기 위한 지도이론으로 간주되어야 한다고 주장했다(Shaw and Wong 1987, Kitcher 1985, Goldstein 1987, Bell et al. 2001 참조).

퍼거슨(Fergerson 2010)이 지적한 바와 같이, 전쟁의 기원에 대한 사회생물학 기반 이론의 표준 모델은 대략적으로 다음과 같다. 먼저 이러한 이론들은 인간의 가까운 친척인 침팬지를 포함한 사회적 동물의 폭력적(혹은 공세적) 활동에 대한 몇 가지 증거를 제공하고, 이후 인간이 원래부터 공격성을 지닌 채 삶을 살고 있다고 주장한다. 인간을 생물학적인 측면에서 보면 그렇게 된다는 것이다. 물론 생물학적 원인으로 인간이 본질적으로 공세적이라고 생각하면 전쟁은 매우 설명하기 쉽다. 자원에 대한 경쟁이 치열한 경향이 있을 때, 인간의 본질적인 침략성은 필연적으로 전쟁으로 이어질 수밖에 없게 된다. 즉, 인간 전쟁의 근본 원인은

16　가트의 초기 작품(Gat 2000a; 2000b)에 대한 비평은 퍼거슨(Ferguson 2000)을 참조. 이후 작품(Gat 2006)에 대한 신랄한 비판은 반 데르 덴넨(van der Dennen 2007, 77~81)을 참조.

그 생물성이나 유전자(즉 "인간성")에 있다는 것이다. 서로 다른 집단이 싸우는 이유는, 전쟁은 개인이나 집단의 적응적 가치, 특히 번식의 성공을 증대하는 반면, 자원은 번식의 성공에만 사용되기 때문이다.

그러나 전쟁의 기원을 사회생물학적 사고로 설명하는 방법은 사실 잘못된 것이다. 이와 관련해 이미 다른 책에서 사회생물학과 진화심리학에 대해 더욱 심오한 비판을 해왔기 때문에 본 책에서는 관련 비판의 핵심 내용을 간단히 요약하고자 한다. 간단히 말해, 전쟁의 기원에 대한 사회생물학적, 진화심리학적 해석은 근본적으로 세 가지 서로 관련된 결함이 있다. 첫째, 그들은 종종 동일한 집단 내의 다양한 개체 간 폭력(혹은 침략, 예를 들면 증오나 살인)과 전쟁이라는 집단 간의 조직적인 폭력을 구분하지 못하고 있다(van den Berghe 1974, Thayer 2004, Gat 2006, Smith 2007).[17] 개체 간 폭력과 전쟁은 결코 똑같은 일이 아니다. 전쟁의 기원에 대한 많은 이른바 사회생물학적 이론들은 단지 개체 간 폭력의 이론일 뿐이다. 침팬지 사이의 공동 살인은 기껏해야 고립된 침팬지 개체에 대한 다른 침팬지 집단의 매복이기 때문에 전쟁이라고 볼 수 없다. 이것은 인간의 가장 낮은 형태의 '일차적' 전쟁으로, 즉 야간과 새벽녘에 진행하는 돌발적 기습과는 비교할 수 없다.[18] 야간/새벽 습격은 다른 집단이 잠에 취한 가장 취약한 시간에 전사들을 배치하여 그들의 진영을 공격하는 것

---

17   예를 들어, 바스(Buss 2008)는 자신이 저술한 진화심리학 교재의 공격에 대한 장을 통해 전쟁을 간략하게 논의했다. 역설적이게도, 반 데르 덴넨(van der Dennen 1995, 68-94)이라는 걸출한 사회생물학자는 이 용어들을 구분해야 한다고 주장했다. 관련 내용은 van der Dennen 2007, 77~81을 참조.

18   기습은 원시 집단이 선호하는 전술이다(Chagnon (1968) 1997).

을 말한다(Gat 1999). 용기와 전술적 교활함을 필요로 하는 것이다. 즉 공동 살인은 결코 기습에 필요한 수준에 도달하지 못한다(Wrangham 1999, Wilson and Wrangham 2003).[19]

둘째, 모든 사회생물학적 이론은 집단을 위해 싸우는 개인의 충동을 설명하기 위해 '확장된 적응력' 또는 다른 개인적 이득의 계산에 의존하여 개체가 집단을 위해 싸우려는 의지를 해석하고자 한다(그래서 생물학적 측면에서는 전쟁이 가능해질 뿐만 아니라 불가피해졌다). 세이어(Thayer, 2004, 3장)는 인간이 싸우는 이유는 전쟁이 지능, 힘(생리적 적응성)을 향상시키고 적응력을 확장하기 때문이라고 거듭 강조한다. 그러나 그의 이러한 이해는 해당 능력이 전투(보통 집단이 승리할 때)에서 살아남아야만 향상될 수 있다는 중요한 사실을 무시하고 있다.[20] 전쟁은 전사에게 잠재적으로 치명적이기 때문에 한 집단이 승리하더라도 이는 개인의 체력과는 무관한 결과를 가져오며, 전투에서 생명을 잃는 것 역시 개인이 자손을 낳을

---

19 랭햄(Wrangham 1999, 13)은 '곰베(Gombe)지역이나 다른 동부지역에서 관찰된 높은 빈도수의 격렬한 공격성은 침팬지들의 전체 개체 있어 정상적인 징후는 아니다.'라고 말했다. 이는 인류의 전쟁이 침팬지의 공동 살인과 밀접하게 연관되어 있다고 생각하는 그의 관점을 강화하지 않았다. 뿐만 아니라 '힘의 불균형(imbalance of power)'에 기반을 둔 그의 침팬지 폭력 이론은 적대적 태도와 힘의 불균형이라는 두 핵심 부분으로 이루어져 있다. 따라서 그는 적대적 태도가 어떻게 나타나는지 먼저 설명해야 한다. 그렇지 않으면 이 이론은 완전히 동어반복이나 다름없다. 흥미롭게도 윌슨과 랭햄(Wilson and Wrangham 2003, 특히 382~387)은 더 이상 전쟁의 기원에 대한 사회생물학적 해석을 강력하게 주장하지 않는다. 물론 이것이 그들이 생각의 변화를 의미하는지는 알 수 없다.

20 사실 다윈(Darwin (1871) 1874, 138)은 이에 대해 멋진 사고를 했다. 그는 인간 집단 간 충돌이 자연선택 이론으로 설명하기 어려운 까다로운 문제 -인간은 왜 다른 집단과 충돌하고 서로를 죽이는가?(Alexander 1979, 377~378)-라는 것을 인식하고 있었다. '총괄적합도'는 '집단 선택' 문제를 부분적으로만 해결했다. 관련 내용에 대한 검토는 반 데르 덴넨(van der Dennen 2007)을 참조.

기회를 잃는 것을 말한다(Ferguson 2008, Collins 2012).[21] 대조적으로, 집단 간 협력은 잠재적 손실을 줄이는 동시에 개인의 건강과 생식능력을 촉진시킬 수 있다(Kelly 2005, 15297). 그러므로 민족학과 사회학의 증거를 통해 인간이 전쟁을 좋아하지 않는다고 한 주장은 놀라운 일이 아니며, 사실 인간은 일반적으로 전쟁을 혐오한다(Keeley 1996, 143. 147; Collins 2012).

마지막으로 가장 근본적인 점은, 전쟁의 기원에 대한 사회생물학적 설명이 모두 생물학적 수준, 또는 기껏해야 물질적 수준(즉 자원 경쟁)에 속하며, 사회적 수준의 내용(따라서 문화적인 수준도 없게 된다)은 포함하지 않는다는 사실이다. 사회생물학 자체는 비사회적이고 개인주의적인 이론이다. 따라서 세이어(Thayer 2004, 5장)는 집단 정체성을 지지하거나 통합하는 민족주의(집단 동질의식을 지원하거나 삽입될 경우), 군중주의, 외국인에 대한 배척 모두 생물진화의 산물임을 암시한다(Shaw and Wong 1987 참조).

그러나 이러한 입장은 근거가 빈약하다. 섬너(Sumner [1906] 1959), 르 빈(LeVine)과 캠벨(Campbell, 1972)로부터 민족주의가 단순한 생물진화가 아니라 사회진화의 산물이라는 것을 이해할 수 있다.[22] 집단은 집단

---

21 콜린스(Collins 2012)는 잠재적 충돌(의 소식)은 흥분이 아닌 공포를 일으킨다고 지적한다. 여성을 쟁탈하기 위해 서로 습격한 야노마미인도 그랬다(Chagnon(1968) 1997, 제6장). 세이어(Thayer 2004, 100~101)는 심지어 자원(강제로 혼인한 여성들은 예외일지도 모른다) 경쟁을 전쟁 기원의 가장 부차적인 요인으로 보았다. 비록 그는 반복적으로 말을 바꾸기는 했다(van den Berghe 1974와 아래 글 참고).

22 전쟁을 집단 내의 폭력과 혼동한다는 것은 사회생물학자가 집단을 그저 개인의 합에 불과하다고 생각한다는 것을 보여준다. 다른 작품(Tang 2011b; 2013)에서 이러한 입장이

내 공감대를 통해 유지되는데, 이 공감대는 생물진화의 독립적인 산물이 아니라 사회진화의 산물이다. 의심할 여지없이, 집단을 동원하여 전쟁을 하기 위해 전쟁의 '확장된 적응력'을 증대하는 것만으로는 충분하지 않다[Darwin(1871) 1874, 140; Horowitz 1985; Kelly 2000, 4; Shaw and Wong 1987; Thayer 2004 참조].

다른 사회적 동물과 인간 사이에는 거대한 차이가 존재한다. 그러나 사회생물학자들은 두 종 사이의 큰 차이를 무시하고 불리한 증거를 외면하면서 전자의 습관을 인간에게 옮길 수 있다고 자신하고 있다. 예를 들어, 사회생물학자들은 침팬지가 수컷에 의해 지배되고 있기 때문에 인간도 남성에 의해 지배되고 있다고 생각하며, 인류가 이러한 생물학적 숙명을 벗어날 수 없다고 생각한다. 그러나 침팬지 집단에서는 수컷이 지배하는 반면, 평등한 수렵 및 채집 사회에서는 의도적으로나 집단적으로 남성지배에 저항한다(Boehm 1999; Knauft 1991, 398~402 참조).

전쟁은 단순히 생물진화의 산물이 아니라 인간 종의 생물진화를 수반한 사회진화의 산물이다. 이에 어떠한 (사회)생물학적 연구나 설명은 전쟁의 기원에 대한 중요한 아이디어를 제공할 수는 있지만, 이는 제한적일 수밖에 없으며, 결코 적절한 설명을 할 수 없다. 생물학은 전쟁을 가능하게 할 수는 있어도, 필연적이지는 않다(UNESCO 1986).

전쟁의 기원을 이해하기 위해서는 순수한 생물진화보다는 사회진화적 방법을 사용해야 한다. 여기서 사회생물학자들의 연구는 도움

본체론의 우선성을 본체론의 비중과 혼동하는 오류를 범하고 있다는 것을 보여주었다.

이 되지 않는다. 그들은 사회적(인류학자에게 있어 문화) 요인의 역할을 부인하거나 생물학적, 사회적 요인의 통합에 대한 실마리를 갖지 못한다(Wrangham 1999, 23~24).

이 절의 마지막에서 필자가 강조하고 싶은 점은, 일부 인류학자나 사회학자와 달리 인간 자체의 생물학적 기초를 거부하지 않는다는 것이다. 즉 전쟁의 기원을 포함한 모든 사회적 사실을 이해하기 위해서는 생물학적 기초에 대한 이해가 필수적이다. 이런 점에서 사회생물학(또는 넓은 의미에서의 생물학적 방법)은 전쟁의 기원을 이해하는 부분적인 근거를 제공한다. 즉 우리 현대인, 호모 사피엔스가 생물학적인 수준에서 전쟁을 수행할 수 있는 능력을 가지고 있다는 것을 보여준다. 우리 인간의 본성은 생물진화에서 결정되었고, 이는 존재론적으로 본성의 다른 부분들에 비해 우선한다(Tang 2011b, 2013).[23] 생물학은 관계없었던 적이 없으며, 이는 킬리의 이론과는 정반대이다(Keely 1996, 157~159).

(3) 현대 이론 2: 고고 인류학

근대 인류학과 고고학의 창시자인 말리노우스키(Malinowski 1941)와 차일드(Childe 1941)는 전쟁의 기원과 영향을 독자적으로 연구해 왔다. 단순한 우연이 아닌 것 같다. 그들은 같은 결론에 도달했다. 전쟁은 생물학적 현상이라기보다는 문화적 현상(더 구체적으로는 사회적 현상)이다. 불행하게

---

23   인류의 조상은 전쟁에 참여하기 위한 땅을 다스리고 수렵하며(랭햄과 그의 동료들이 말하는 '연합 모살'), 원시 집단의 정체성과 연합 등 핵심 능력을 갖추도록 이미 진화했을 가능성이 있다.

도 1950년대 이전에 일부 인류학자들은 "평화로운 야만인"이라는 신화를 설파해 왔다(가령, Rousseau)[24] 킬리(Keeley 1996)의 설명에 의하면, 일부 인류학자들은 '과거를 보기 좋게 포장하고 있다.(Carneiro 1994; Kelly 2000; Ferguson 2006, 470~476 참조).' 터니 하이[Turney High(1949)1971]는 원시 인류가 기본적인 평화 속에서 살았다는 신화를 비난했다. 차그논 [Chagnon(1968)1997], 로스(Ross 1985), 오터바인(Otterbein 1989, 2004), 킬리 (Keeley 1996), 퍼거슨(Ferguson 1998, 2000), 켈리(Kelly 2000)가 그 뒤를 이었다. 그들은 원시인들이 평화롭게 공존해왔다는 견해를 강하게 거부한다(Keeley 1996, 8~24; Kelly 2000; Otterbein 2004, 22~34 참조).

다음으로 넘어가기 전에 여기서 긴 설명을 하고자 한다. 인류학은 대략적으로 형질인류학과 문화인류학의 두 분야로 나눌 수 있다. 그러나 문화인류학의 일부에는 여전히 강력한 문화 상대주의(또는 반과학적 현실주의)가 존재한다(Keeley 1996, 10장; Flannery 1999, 4장 참조). 본 책에서는 인류학의 이런 관점을 참고하지 않을 것이다.

형질인류학은 고고 인류학과 민족지학(ethnography)으로 나눌 수 있다. 이 두 하위 분야는 전쟁의 기원에 관심이 있고 심지어 진화론(Flannery 1999; Kelly 2000; 2005; Carneiro 2003)을 선호하지만, 엄연히 다르다. 고고학적 인류학은 본질적으로 고고학의 한 분야로, 고대 국가들의 기원에 더 많은 관심을 기울이기 때문에 전쟁의 기원을 연구할 필요가 자연스럽게

---

24   루쿼(盧俊)의 관점에는 한 가지 특별한 점이 있다. 그것은 원시인류가 '진짜' 전쟁이 아니라 '의식(儀式)으로서의 전쟁'을 벌였다고 주장한 점이다(관련 비평은 Otterbein 2004, 34~38을 참조).

생기게 된다.[25] 본서에서는 이러한 부분의 연구들에 주목했다.

오늘날의 민족지학[Chagnon(1968), 1997; Otterbein 1989; Keeley 1996; Kelly 2000; 2005]은 원시부족(즉 서구인이 오기 전의 신세계 또는 다른 하위시스템)에 많은 관심을 기울인다. 현시대의 원시부족들 사이에 전쟁이 만연해 있는가에 대한 연구가 고대 시스템의 전쟁과 국가의 기원에 대한 의문을 불러일으켰지만, 이는 역사적 전쟁의 기원에 대한 몇 가지 간접적이고 모호한 증거만을 제공할 수밖에 없었다. 원시부족이 아무리 세계로부터 고립되어 있다고 해도 고대의 하위시스템에 있는 집단과는 비교할 수 없기 때문이다. 가장 중요한 것은 이들 원시부족에 대한 민족적 조사는 대개 서양 식민지 개척자들과 접촉한 후에 완료되었다. 더 나쁜 점은 서구의 식민지 개척자들이 도착하기 전부터 이 원시부족들은 우리가 알지 못했을 다른 외부집단들과 접촉했을지도 모른다.[26] 퍼거슨(Ferguson 2006, 476~479)이 심도 있게 지적했듯이, 일단 외부의 집단과 접촉하게 되면, 토착집단과 해당 하위시스템의 발전 궤도를 바꿀 수밖에 없다[Ferguson 1994; 1995; 2008; Abler 1991; Knauft 1990a; Rodseth 1991;

---

25 다시 말해, 고고 인류학은 전쟁의 기원보다 국가의 기원에 더 많은 관심을 갖는다. 이에 반해 전쟁과 국가의 탄생이 내적으로는 관계가 있다고 생각하지만, 국가의 탄생 자체에는 관심이 없고, 시스템 내의 전쟁 기원 및 시스템 변형에만 관심이 있다(국가는 단지 결과물 중 하나일 뿐이다).

26 예를 들어, 레이나(Reyna 1994)는 19세기 초 차드 분지의 두 국가 또는 제국(바기미와 와다이) 사이의 전쟁에 대해 논의했다. 두 국가는 당시 이슬람국가(따라서 우리는 그들이 종교적 원칙 때문에 교전을 벌였는지 알 수 없다)였다. 비슷하게, 폴리네시아 제도의 사람들은 전쟁과 평화를 겪었을 지도 모르지만, 그들이 정말 아시아 대륙으로 이동했다면, 그들이 섬에 정착하기 전에 전쟁을 이미 알고 있었는지 확신할 수 없다(Diamond 1997). 켈리가 모를 수도 있지만 같은 논리가 안다만섬 사람들(Kelly 2000, 78)에도 적용될 수 있다.

Chagnon(1968, 1997 참조).[27] 이런 식으로 원시부족에 대한 전반적인 조사로부터 얻은 증거는 제도 내 전쟁의 기원에 확실한 도움을 주지 못한다. 간혹 예외적인 연구가 있기는 하지만 이런 종류의 문헌을 언급하지 않을 것이다.

그러나 나는 또한 인류학 문헌이 이 책의 이론에 대한 많은 증거를 제공한다는 것을 강조하고 싶다(요약 내용은 부록 1 참조).

첫째, 모든 원시인이 전쟁을 좋아한 것은 아니다. (전쟁은 항상 인류와 함께 했지만)전쟁은 그 기원을 가지고 있다. 둘째, 전쟁의 높은 사망률과 동원된 인구의 비율을 보면 원시적인 전쟁이 현대의 전쟁보다 더 잔인하고, 전면전에 더 가깝다는 것을 알 수 있다(Keeley 1996, 33~36, 88~94). 셋째, 현대 전쟁과 마찬가지로 원시 전쟁도 일련의 유사한 동기를 가지고 있었는데, 즉 공포, 이익(토지, 동물, 기타 식량원)과 명예(Keeley 1996, 6장 및 7장; Kelly 2000, 4장)가 그것이다. 넷째, 세르비아 성명에서, 인류학자들은 올바른 결론에 도달했다. "인간이 동물의 조상으로부터 전쟁의 본질을 물려받았다고 말하는 것은 과학적으로 잘못된 것이다. ……시간이 흐르면서 전쟁이 근본적으로 변했다는 사실은 그것이 사실 문화의 산물이라는 것을 보여준다. 인간생물학은 전쟁을 가능하게 하지만 피할 수 없는 것은 아니다."(UNESCO 1986)

고고 인류학에서는 국가가 전쟁을 시작했는가 아니면 전쟁이 국가를 창조했는가 하는 논쟁이 이어졌다. 초기 단계에서 전쟁이 인류와 함

---

27 퍼거슨(Ferguson 1995)이 지적했듯이, 야노마미인들의 몇몇 전쟁의 핵심 원인은 서양 기술과 물품을 쟁탈하기 위한 것일 수 있다.

께 해왔다고 믿었던 학자들은 전쟁이 먼저 국가를 만들었고, 국가가 전쟁을 개시했다고 암묵적으로 시인하고 있다(예: Keeley 1996; LeBlanc and Register 2003; Guilaine and Zammit 2005).

이 점을 부정하는 학자들은 두 진영으로 나뉘는데, 그 중 하나는 전쟁이 국가를 만든다고 믿고 있고(Carneiro 1970; Ferguson 1998), 다른 하나는 두 진영이 때로는 겹치지만(Otterbein 2004) (원시)국가가 전쟁을 발동한다고 믿고 있다.[28] 다행스럽게도 전쟁과 국가의 문제에 대해 고고 인류학계 내에서 처음부터 전쟁이 존재하지 않았음에 대한 공감대를 이루고 있다는 것이다. 비위계적인 집단은 조직화된 전쟁(습격과 매복전술을 제외한 두 개의 조직화된 군대가 전쟁터에서 만나는 것)을 일으키지 않으며, 습격과 매복전술 이외에 조직화의 정도가 높은 전쟁은 위계적인 집단이나 더 큰 정치적 실체로부터 시작되었다(Keeley 1996; 4장; Kelly 2000; 2005; Spencer and Redmond 2001; Carneiro 2003). 그리고 전쟁이 먼저 국가를 만들고, 그 다음에 국가가 전쟁을 일으킨다는 이론에 대해 아래에서 더욱 자세하게 설명하겠다.

고고 인류학은 본서에서 구축한 이론에 대한 많은 증거를 제공하지

---

28 예를 들어, 오터바인(Otterbein 2004)은 초기 연구를 종합하면서 전쟁의 기원에 두 가지 길이 있다고 주장했다. 하나는 사냥에 기초하고, 하나는 채집과 정착 농업에 기초한다. 그는 전쟁이 원시국가 형성의 원인일 수 없다고 지적하면서, 국가가 정착 농업의 직접적, 평화적 산물(Otterbein 2004, 10~15, 42~43, 177~180)이라고 주장했다. 사냥의 관점에서, 전쟁의 빈도는 (물소 같은) 대형 사냥감이 사라진 후에 급격하게 감소했는데, 국가가 출현한 이후에 다시 원래 수준으로 돌아왔다. 이에 오터바인은 물론 전쟁이 수렵사회에서 여전히 중요하지만, 대다수 정착사회에서 '대형 연방'(또는 복합연방)이 전쟁보다 우선한다고 생각했다. 오터바인이 인과관계를 잘못 생각했을 가능성이 가장 높다. 전쟁이 연방(혹은 국가)을 만들었고, 후에 국가가 전쟁을 일으켰을 것이다(Ferguson 2006, 473).

만, 이 책이 관심을 가진 문제로 고찰해 보면 이들 문헌에는 세 가지 핵심적 결함이 있다.

첫째, 일부 고고 인류학자들은 인간의 본성에 기초한 전쟁의 설명에 매우 저항적이며, 때로는 전쟁의 기원이 어떤 생물학적 근거를 가지고 있다는 사실마저 부정한다(Wrangham 1999, 21). 이러한 입장은 근거가 빈약하다. 전쟁의 기원에 대한 어떤 이론도 문화적 요소와 마찬가지로 생물학적 요인 없이 성립되지 않는다. 인류의 물종에 관한 생물학적 기초가 없으면 문화가 존재할 수 없다(Tang 2011b).

둘째, 위에서 언급한 바와 같이 정치조직, 사회조직, 군사조직이 전쟁 발발을 주도한다고 주장하는 학자들은 인과적 방향을 잘못 알고 있다(Reyna 1994; Otterbein 2004). 사실, 진정한 인과관계는 정반대이다. 첫 번째 전쟁은 정치조직, 사회조직뿐만 아니라 군사조직의 진화를 이끈다. 물론, 규모가 더 크고, 더 계층적인 정치조직들은 더 자주, 그리고 효과적으로 전쟁을 시작할 것이다. 전쟁의 시작과 국가의 형성 사이에는 강한 피드백 경로가 있지만(본 장 5절 참조), 큰 정권이 전쟁을 일으키는 데 앞장섰다고 생각하는 것은 잘못된 것이다.

마지막으로, 고고학자들과 인류학자들은 전쟁에 의해 야기된 국제시스템의 변화에 거의 주의를 기울이지 않는다. 그러므로 그들 대부분은 첫 번째 전쟁이 발발한 후 지역 하위시스템이 새로운 동력을 창출할 것이라는 것을 인정하지 않는다. 즉 시스템의 첫 번째 전쟁은 '분수령과 같은 사건'이자 '인간 역사의 전환점'이다(Kelly 2000, 3).

(4) 정체성의 바닥까지: 웬트(Wendt 1992)와 머서(Mercer 1995)

고고학자나 인류학자들에 비해 전쟁의 기원과 공세적 현실주의 세계의 탄생에 대한 국제관계학자들의 논의는 매우 실망스러운 일이다. 두 차례 세계대전을 겪은 국제관계의 영향을 받아 오랜 기간 동안 많은 국제관계 이론가들은 전쟁을 인류사회의 정상적인 상태라고 믿었다. 놀랄 것도 없이 대부분의 국제관계 이론가(및 역사가)는 특정 전쟁의 직접적이고 깊은 원인에 더욱 치중하고 있다(Wright(1942) 1983; Blainey 1988; Waltz 1988; van Evera 1999; Copeland 2000a; Mearsheimer 2001; Lebow 2008; 2010; Levy 1998; Levy and Thompson 2010). 국제관계 이론가들이 전쟁의 기원과 공세적 현실주의 세계의 탄생에 주목하기 시작한 것은 웬트(1992)가 획기적인 글을 발표한 뒤였다.

웬트(1992년)는 인류 역사상 오랜 기간 존재했고 당연하게 여겨졌던 '경쟁적 자조(competitive self-help)'의 무정부상태가 실제로는 '무정부상태의 구성적 특징'이라기보다는 오히려 '제도'[29], 더 정확하게는 사회진화의 산물이라는 사실을 밝히는 데 근본적인 공헌을 했다(Wendt 1992, 394~396, 399, 401~403, 407; Wendt 1999, 6장; Cox 1981; Ruggie 1983; Waltz 1979; Mearsheimer 2001). 홉스의 무정부상태는 인위적으로 생성되기 때문

---

[29]   웬트는 넓은 의미의 제도를 사용한다. 글레이서(Glaser 1994-95)가 협력이 자급자족의 중요한 수단이라는 것을 납득시켰음에도 불구하고, 웬트는 자급자족을 경쟁(Wendt 1992, 400; 1999)과 동일시하는 공세적 현실주의 입장을 채택했다. 이렇게 보면, 웬트는 여러 종류의 자급자족식 무정부상태가 있을 수 있다는 점을 명확히 설명하지 않았다. 적어도 홉스식 무정부상태와 로크식 무정부상태, 두 가지 자급자족식 무정부상태가 있다. 혼란을 방지하기 위해 홉스식 무정부상태를 웬트가 말하는 '자급자족식 무정부상태'로 지칭한다. 개트(Gat 2006; 2009)는 웬트와 머서에 대해 언급하지 않았다.

에 인류사회 내의 상호작용으로 생성되거나 구성되어야 하며, 무정부상태 자체가 보조적 역할만 한다(Wendt 1992). 이런 식으로 우리는 홉스의 무정부상태를 현실주의자들이 그러하듯이 무정부주의의 본질적인 특징으로 볼 수 없다. 홉스의 무정부상태는 설명해야 할 사회적 결과물이다.

웬트는 홉스식 무정부상태에 대해 해석이 필요하다는 것을 인식하고 있었음에도 불구하고 진화적 방법의 운용은 수박 겉핥기식으로 진행되었다. 더 정확히 말하면, 웬트의 설명은 단지 포식자형 국가의 무작위적인 출현(돌연변이와 같음)이거나 '벼룩 한 마리 잡으려다 초가삼간 태우는' 격이었다(Wendt 1992, 407~410; Wendt 1999, 313~324 참조).[30] 웬트는 포식자형 국가들이 갑자기 나타나 공세적 현실주의 세계로 변화시켰다고 인식했다. 다만, 이 첫 번째 공격적인 국가도 결국 내생적으로 해석되어야 하며, 그렇지 않으면 전체 해석은 여전히 외생적일 수밖에 없다.

웬트가 최초의 공세적 현실주의 국가의 도래와 공세적 현실주의 세계의 탄생에 대해 내생적인 설명을 하지 못한 핵심적인 이유는 그가 거의 전적으로 관념적 힘에 의존하여 한 유형에서 다른 유형으로의 무정부주의의 변혁을 설명했기 때문이다. 웬트는 다음과 같이 선언했다. '국가가 놓여 있는 가장 중요한 구조는 물질적인 힘보다는 관념으로 이루어져 있다.'(Wendt 1999, 309; Wendt 1999, 41, 157) 이는 '객관적 현실이 존재론적으로 제도적 현실보다 우선한다'는 설레(Searle)의 견해와 모순된

---

30 사실상 웬트(Wendt 1999, 264)는 홉스식 무정부상태를 위해 서로 적대시하는 국가가 필요하다는 입장이다. 포식자형 국가와 그 기억이 시스템의 안전 딜레마에 미치는 역할에 관한 기타 검토는 스웰러(Schweller 1996)를 참조.

다(Wendt 1999, 110; Searle 1995, 55~56에서 인용). 물질적 힘이 관념적 힘보다 존재론적으로 우선하기 때문에 웬트의 순수관념에 대한 해석은 유효하지도, 내생적일 수 없다(Tang 2011b, 2013).[31] 아래에서는 인간의 본성 이외에도 자원의 희소성 등 물질적 힘이 첫 번째 공세적 현실주의 국가의 탄생 및 파라다이스와 같은 무정부상태가 공세적 현실주의 세계로 변모하는 데 어떠한 핵심적인 역할을 했는지를 자세히 논하고자 한다.

웬트의 이론을 비판한 후, 머서(Mercer 1995)는 그것보다 조금 더 나은 설명을 했다. 사회정체성 이론을 바탕으로 머서는 집단 구성원들이 내집단 편향/선호를 가질 수밖에 없을 것이라고 정확하게 지적하고 있다. 만약 자신이 속한 집단과 외부집단 사이에 물질적 또는 상징적인 보상이 있다면, 집단의 구성원들은 그들 자신의 집단을 선호할 것이다. '외부집단을 이기는 것은 단순히 이익 자체보다 더 중요한 것이다(Mercer 1995, 239~240).' 머서에 따르면, 이러한 자기 집단에 대한 편향성은 필연적으로 원시 형태의 민족주의로 이해될 수 있으며, 이는 상대적 이익에 대한 관심을 갖게 하는데, 국가 간 협력에 대한 현실주의 담론에 의해 적절히 포착되고 있다. 따라서 "만약 두 국가가 있다면, 상대편이 무엇을 하든 그들과 경쟁하려고 할 것이라고 가정할 수 있다. 경쟁은 경제 및 안

---

31 웬트는 그가 물질적 힘을 좁은 의미에서 사용했음을 인정하며, 최근에는 물질적 힘에 더 많은 비중을 부여했다(Wendt 2004; 2006년 2월 진행된 필자와 웬트 간의 대화). 웬트는 경쟁적 자급자족식 무정부상태의 탄생이 국제관계이론에 매우 중요하다는 것을 일찌감치 인정했지만, '3000년 전 홉스식 정체성의 출현을 해석하는 것'이 '오늘날의 국가 정체성을 해석하는 데에서는 아주 작은 역할밖에 할 수밖에 없다'고 말했다. 이로부터 그가 경쟁적 자급자족식 무정부상태의 형성을 설명할 수 없음을 알 수 있다. 스나이더(Snyder 2002, 19)는 웬트의 문화적 이론과 사회정체성 이론의 공존 가능성에 의문을 제기했다.

보 문제에 의해 촉발될 필요가 없다. 반대로, 경쟁은 구별, 비교 및 긍정적인 자아 확인의 필요성에서 비롯된다(Mercer 1995, 243~246)."[32] 머서의 해석은 전적으로 심리적인 수준, 즉 관념적인 수준에 기초하고 있는 것이 분명하다. 그는 어떤 물질적 힘이 홉스식 무정부상태의 탄생에 어떤 역할을 할 수 있다는 것을 암묵적으로 부인했다.

그러나 웬트(Wendt 1999, 322)가 옳게 지적했듯이, 머서는 '집단 내 정체성(결속력과 편향성)을 집단 간 공격성과 동일시하지 않으며' 스스로 혼란에 빠졌다(Struch and Schwartz 1989; Brewer 1999 참조). 집단 내 정체성은 집단들 사이에서만 가능하며, 이를 자발적으로 공세적으로 이끌 수 없다.[33] 사실상 집단 내 정체성이 심지어 더 커다란 집단 정체성을 형성할 가능성조차 배제할 수 없다(Gaertner 등 1993; 2000).

집단 내 편향성만으로는 국가 간 상호작용을 홉스식 무정부상태로 바꿀 수 없다면, 집단 내 편향성과 무정부상태 외에 본질적으로 사회적 진화에 존재하는 다른 요소와 메커니즘이 있어야 한다. 그러나 웬트와 머서는 이들을 무시해 왔으며 이러한 요인과 메커니즘은 웬트와 머서의 설명에서 찾아볼 수 없다.

---

32 머서는 모든 사회정체성 이론의 집단정체성 실험에는 숨겨진 자원을 분배하는 것에 대한 순서가 항상 포함된다는 점을 잊은 듯하다. 머서는 경쟁적 자급자족식 무정부상태를 정말 설득력 있게 설명할 뻔했으나, 이 부분을 간과하면서 결국 이론에 흠을 남기게 되었다. 사실 집단 내에서 일어나는 정체성 형성이라 할지라도 반드시 물질적인 기초가 있어야 한다(아래 글 참고).

33 미중관계에 관해, 그리스(Gries 2005)도 무정부상태하의 경쟁과 협력이 머서가 제시한 조건보다 더 복잡하다고 생각한다. 국가 간 경쟁과 협력은 단순히 무정부상태와 집단 내부의 지지만으로 결정될 수 없다.

모든 사회정체성 이론의 실험을 보면, 처음에는 물질적 그리고 상징적 보상이 명시적으로 또는 암묵적으로 분배절차에 포함되어 있다. 집단 구성원들은 상징적인 인센티브나 진짜 금과 은 같은 보상을 분배해 주기를 요구한다. 이러한 분배 단계가 결여되면 집단 간 경쟁이 발생하기 어려울 수 있다. 실제 세계를 들여다보면, 경쟁이 발생하기 위해서는 자원 부족이라는 요소를 갖춰야만 한다. 자원이 풍부하면 집단이 자원을 놓고 경쟁할 필요가 없고, 전쟁(충돌)은 필요치 않기 때문에 피할 수 있다. 그러나 자원이 제한되거나 부족할 경우 전쟁이 발발할 가능성이 있다(Keeley 1996, 138~141). 그러나 실제로 가뭄 등 자연재해를 경험한 뒤 자원이 부족해질 것을 예상하고 더 많은 갈등을 일으킬 것이다(Ember and Ember 1992).[34]

사회생물학자들에 비해 웬트와 머서는 모두 전쟁이 집단에 기반을 두고 있기 때문에 사회 현상이라고 올바르게 인식했다. 생물학만으로는 전쟁의 기원을 설명할 수 없지만, 웬트와 머서의 순수한 정체성에 기초한 해석 또한 설득력이 없기는 마찬가지이다. '자연이 과정보다 낫다(Mercer 1995, 236)' 혹은 '객관적 현실이 존재론적으로 제도적 현실보다 우선한다(Wendt 1999, 110; Searle 1995, 55~56 인용)'며 명시적으로 인정하고 있기는 하지만, 그들의 설명은 상당히, 심지어 완전히 관념적이거나

---

34 캐롤 엠버와 멜빈 엠버(C. R. Ember and M. Ember 1992)는 집단의 정체성과 관련이 깊은 집단 간 불신 요소가 자원부족에 비해 전쟁을 설명하는 데 부차적인 요소라는 사실을 발견했다. 본서는 집단 정체성을 전쟁의 필요불충분조건으로 보는데, 이는 이들의 발견과 서로 말하지도 않았는데 일치한다(구체적인 세부 사항은 본 장 제2절 참조). 하지만 캐롤 엠버와 멜빈 엠버가 갈등, 싸움과 전쟁의 개념을 혼동하는 걸 주의해야 한다. 관련 비평은 반 데르 덴넨(van der Dennen 2007, 86)을 참조.

심리적인 측면이 강하다. 그들의 해석에서 물질적 힘(생물학적 힘 포함)은 거의 미미하다. 그러나 물질적 힘이 존재론적으로 관념적 힘(집단 정체성 등)보다 우선하기 때문에, 사회적 사실에 대한 순수심리학적, 관념적 설명은 유효할 수 없다(Tang 2011b, 2013).

2. 에덴동산과 그 전복: 하나의 새로운 이론

인류를 전쟁으로 이끄는 것은 도대체 생물학적 본성, 물질적 조건, 그리고 문화 중 어느 것인가? 사실 이러한 논쟁은 무의미하고 심지어 방해가 되기도 한다. 완전한 의미의 전쟁 기원 이론은 반드시 이들을 유기적으로 통합해야 하며, 인정해야 할 부분은 역사상 고급문화의 출현이 전쟁보다 훨씬 늦어졌다는 것이다(이와 관련해 본 장의 5절에서 자세히 다룰 것이다). 본 절에서는 공세적 현실주의 세계의 탄생에 관한 사회진화이론을 개략적으로 기술하였다. 전쟁의 기원과 전쟁 시스템의 전환에 대한 영향에 초점을 맞춘 우리의 이론은 전쟁의 기원뿐만 아니라 전쟁 이후의 국제제도의 전환에 있어서 완벽하고도 궁극적인 해석을 제시하고 있다(그림 2.1 참조).

(1) 에덴동산의 필연적 자멸 : 핵심기제

인류역사 초기(기원전 10000-기원전 8000년 이전), 인구는 적고 넓은 육지에 분포하여 살아왔다. 상호 거리가 멀다는 지리적 제약으로 인해 인류의 집단들은 서로 일상적인 상호작용이 어려웠다. 상호작용의 형태가 협력이든 충돌이든 매우 드물게 이루어졌다.[35] 뿐만 아니라 지구상의 적은 인구와 쉽게 획득할 수 있었던 식량자원(처음에는 과일, 견과류, 사냥감 그리고 야생작물)으로 인해 충돌은 불필요하였다(van der Denenen 1995, 14~15). 다른 집단과 마주쳤을 때에는 오히려 다른 지역으로 이주를 하면 그만이었다. 루소[Rousseau (1762) 1993, 81]가 '내가 한 나무에서 쫓겨난다면 나는 다른 나무로 올라갈 수 있다'라고 말한 바와 같이, 당시 인류사회는 파라다이스였다고 할 수 있다(Chagnon(1968) 1997; Ferguson 1989).

이 두 가지 조건, 즉 매우 적은 인구와 풍부한 식량 공급이 포함된 빈 공간은 낮은 인구 압력을 의미하며, 따라서 최초의 인류사회는 '자조 (self-help)'적 집단의 생존법칙이 있는 무정부상태임에도 불구하고 즐겁고 평화로운 파라다이스였다.

안타깝게도 '낙원은 영원할 수 없다.' 파라다이스였기 때문에, 결국에는 무서운 방식으로 자멸로 치닫게 되었다. 풍부한 식량 공급과 식량을 획득할 수 있는 어느 정도의 능력을 통해, 인류는 느리지만 안정적인 성장을 이루었다. 이후 인류는 지구상에서 살기 좋은 땅 대부분을 차지하게 되었다. 이 과정과 함께 인간 집단의 내외부에서 미래에 결정적인 영향을 미칠 수 있는 두 가지 근본적인 요소가 점차 발전하고 있었다. 이 두 특징은 인류가 종으로서의 생존과 번영을 위해 중요한 보조 작용으로 선택되었다. 이 두 가지 특징은 먼저 집단 내 단결력과 집단의 공동

---

35 심지어 오늘날에도 고립된 집단은 군사조직을 유지하지 않으며 그들이 전쟁을 경험한 적이 거의 없다(Otterbein 1989, 20~21; 2004, 81~82). 왈츠(Waltz 2000, 15)는 서로 다른 배경에서 '상호 의존적인 어떤 것도 존재하지 않는다면, 그곳에는 충돌도, 전쟁도 있을 수 없다'며 이 논리를 간단하게 정리했다.

정체성, 그리고 두 번째로 사냥기술(집단의 사냥, 전술)과 도구이다.[36] 이 두 가지가 에덴동산을 전복시키기 위해 진화한 것은 아니지만(주로 이 시기에는 자연이 인류의 진화에 예상치 못한 결과를 가져왔다), 이를 통해 전쟁의 도래와 에덴동산의 멸망의 기본적인 요소들을 갖추게 되었다.

집단 내부의 결속과 집단의 정체성, 원시적 형태의 집단중심주의는 생존에 있어 필수적이며, 집단(또는 부족) 내 협력은 원시기술로 자연에 대항하는 과정에서 필수적이었다.[37] 비록 집단 내부의 결속이 집단 외부에 대한 적개심으로 발전된다고만은 할 수 없으나(앞서 언급된 웬트와 머서 내용 참조) 상황이 바뀌었을 때 전자는 신속하게 후자로 바뀔 수 있다 [Sumner 1906, (1959); Levine and Campbell 1972; Brewer 1999].

이와 함께, 인류는 초기 현대인(크로마뇽인, Cro-Magnons)의 시대에도 불구하고, 대형 사냥감을 사냥하기 위해 보다 정교한 기술과 도구를 발전시켰다. 이처럼 인류는 증가하는 인구를 감당하기 위해 사냥(그리고 수집) 활동에 의존하게 되었다(Diamond 1997, 38~40; Keegan 1993, 115~126). 중석기 시대와 초기 신석기 시대(약 기원전 12000-기원전 8000년)에는 기존의 막대기, 칼 외에 도끼, 창, 활, 화살, 투석기 등 다섯 가지 핵심 사냥도

---

36 훨씬 더 원시적이기는 하지만, 인간의 친구 침팬지에게도 이 두 가지 특성이 존재한다.

37 인류 대다수의 소형 집단은 하나의 대가족에서 비롯되거나 가까운 친족 구성원들로 이루어져 있기 때문에, 가족관계는 집단 내 정체성 형성에 있어 중요한 요소이다. 따라서 집단 정체성의 역사적 발전 과정은 현대의 사회정체성 이론 실험을 통해 포착할 수 있는 사실들보다 훨씬 더 많을지도 모른다. 또한, 인류사회에서 평등한 사람들 간에는, 다른 구성원에게 공세적인 모습을 보이는 사람들보다 협력할 존재를 선택하는 것이 일반적이다(Bohem 1999). 따라서 비록 공세적인 성향을 가진 존재를 탄생시키는 생물학적 요인이 있기는 하지만(가장 두드러진 것은 1/1000의 비율로 나타나는 XYY 남성), 이 개체들은 많은 후손을 만들기 어렵고 자체 생존에도 어려움이 있다(Miller and Cook 1998, 72~82).

구가 있었으며, 이후 표준적인 군사무기가 되었다(Otterbein 2004, 85~90; Hamblin, 2006, 19~20).[38]

이 시기에는 협동, 은폐/매복, 포위, 추적 등 핵심 사냥 전술이 개발 및 개선되었으며, 이는 이후 표준적인 군사 전술이 되었다(Ferill 1985, 18~19; Otterbein 2004, 4장). 따라서 필요한 집단 충돌이 일어나기 훨씬 전에, '전쟁의 도구들은 이미 갖추어져 있었다. …… 금속으로 만들어진 검, 갑옷, 석궁을 제외하고, 모든 주요 개인 전투용 무기는 사냥과 채집 기간에 발명되었다. …… 사냥은 인간들에게 집단으로 죽이는 기술을 가르쳤다. 또한 죽음의 메커니즘을 낳게 했다(O'Connell 1989, 26~27).' 사실 초기에는 막대기를 제외한 모든 주요 무기는 사냥을 하는 도구와 기술에서 그 기초를 찾을 수 있다(Hamblin 2006, 19~20).

파라다이스를 파괴하기 위한 마지막 공격은 세 가지 상호강화적인 요소들을 조합했을 때다. 앞의 두 요소는 역내 출현하는 인구가 증가하고 상대적으로 '제한적인' 공간에서 자연적으로나 사회적으로 자원(비옥하고 경작 가능한 토지, 사냥터, 야생 열매, 잡기 쉬운 사냥감)이 고갈되는 것을 말한다(Carneiro 1970; Chagnon [1968] 1997, 75; Dickson 1987).[39] 세 번째 요인은 더 많은 집단이 정착하여 농업의 형태로 활동 범위를 정하는 경향이

---

38 나중에 늑대 이빨 몽둥이, 검 그리고 복합적인 활과 같은 더 정교한 무기들이 등장했다.

39 인구 증가와 현존 자원의 고갈은 일치하지는 않지만, 종종 밀접하게 연결되어 있다. 어떤 한 구역은 하류, 산맥, 사막, 동토와 같이 물리적(혹은 자연적)으로 격리될 수 있기도 하지만 인간 활동(Dickson 1987에서 지적된 바와 같이, 정착 농업에 필수적인 관개시설)과 출산 상황에 의해 사회적으로 격리될 수 있다.

있다는 것이다(Kelly 2000).[40] 즉 이 세 가지 요소가 함께 하위시스템 내에서 전쟁이 발발하는 길을 터준다. 모든 것이 준비되면 전쟁은 하나의 도화선만으로도 발생하게 된다(대부분 생태적 재앙일 가능성이 크다).

상대적으로 고정된 지역의 인구 증가는 식량자원의 고갈을 초래하여 비옥한(그리고 그 후에 경작 가능한) 토지에 대한 압력을 증가시킬 수 있다. 무엇보다도 이에 인간은 다른 새로운 공간(아마도 비옥하고 경작하기 쉬운)으로 이주한다. 그러나 이주는 점차 필연적으로 집단 간 완충지대의 감소로 이어질 것이며,[41] 이로 인해 인류의 상호 접촉과 충돌 가능성을 높이게 된다. 이뿐만 아니라, 기본적으로 모든 지역이 점령되어 새로운 공간으로의 이동을 점차 어렵게 되고 이후에는 불가능하게 된다. 그러나 인구의 증가속도는 늦춰지지 않고 지속될 것이며, 비록 새로운 영토에 대한 확장이나 식민지화가 쉽지 않더라도, 예전과 마찬가지로 집단은 더 많은 경작지와 비옥한 토지로의 이동압력을 겪게 된다. 따라서 생존을 위해서는 현재 대부분 점유하고 있는 경작지 및 비옥한 토지(및 기타 부족한 자원)에 대한 경쟁이 치명적일 만큼 격렬하지는 않을지라도 필요하고 불가피하게 된다.

인구의 증가가 최소한 부분적으로는 정착 농경생활을 가능하게 하고 필요하게 만들어왔기 때문에, 농업은 주요한 기술적인 도약에 해당한다(제1차 경제혁명). 인구의 증가와 기술의 혁신은 정비례 관계에 있는데,

---

40 농업의 기원은 여전히 인류학의 핵심 문제이다. 최근 연구는 2011년의 『현대인류학』 제52권 제4기의 '농업의 기원: 새로운 데이터, 새로운 관점'을 참조.

41 킬리(Keeley 1996, 표 7.2)는 인구밀도와 집단 간 완충지대의 관계를 다루었다.

혁신의 수요 측면과 공급 측면을 충당하는 역할을 한다.[42] 따라서 정착 농경이 사냥과 채집보다 더 고된 일이기는 하지만, 궁극적으로는 식량 생산을 증가시켜 인구를 증가시킬 수 있다.

더욱 중요한 것은 정착 농경의 등장은 추가적으로 몇 가지 긍정적 순환고리구조를 가져왔다(Ferill 1985, 2장; Otterbein 2004, V장; Guilaine and Zammit 2005, 2장).[43] 특히, 자연적 또는 인위적 방애(즉 다른 집단들)로 인한 제한성 때문에 정착 농경은 비옥하고 경작 가능한 토지를 궁극적으로 희소한 자원으로 만든다. 집단이 생존할 수 있는 방법은 (필요하다면 무력을 사용하여) 비옥하고 경작 가능한 토지를 보호하는 것이다(Carneiro 1970; Ferguson 1989, 81). 따라서 경작지 경쟁은 불가피하며 시간의 경과에 따라 격렬해지는 경향이 있다(Keeley 1996, 106~112; Guilaine and Zammit 2005, 2장).[44] 더욱 나쁜 상황은 노동과 자원이 투자된 경작 가능한 토지가 쉽게 이전될 수 없기 때문에, '잉여 생산물을 보호하기 위해 사람들을 하나의 사회적 감옥(social cage)에 가두는 것이다(Mann 1986, 80).'[45]

뿐만 아니라, 특히 정착 농경으로 인해 활동범위가 고정되면서 이

42　이는 경제학에서 내적 성장 이론의 핵심 결론(Jones 2005)이다. 이 배후의 핵심기제에는 인구가 증가함에 따라 기술 진보율도 높아진다는 생각이 담겨 있다.

43　지금의 시리아의 아부 후레이라 지역은 최초의 마을 중 하나로, 약 기원전 9500년으로 거슬러 올라가야 한다.

44　이에 반해, 오늘날까지도 비옥하고 경작 가능한 땅을 많이 가지고 있는 아마존 평원은 산발적인 전쟁만 있을 뿐이며, 이마저도 타인의 토지를 정복하기 위한 것이 아니다(Carneiro 1970; Ferguson 1989).

45　주목할 점은, 정착 농경은 대개 광범위하고 복잡한 관개 시스템이 필요하며, 이는 많은 투자가 있어야 건설될 수 있다는 것이다.

에 대한 방어 능력이 필요하게 된다. 비축한 식량은 흉년이 들었을 때 식량 공급의 주요 공급원이 된다(Keeley 1988). 사실 정착 농경은 방어를 집단의 최우선 과제로 삼고 있는데, 일부 집단(뉴질랜드의 마오리족 등)은 자립하는 것보다 다른 집단의 노동 결실을 빼앗아오면서 자력으로 생산하는 것보다 오히려 더 많은 이득을 취하고 있다. 즉, 이것이 훨씬 비용 효율적이라고 생각하기 때문이다(Keegan 1993, 103~106; Van der Den 1995; 359~362; Miller and Cook 1998, 84). 이는 더 나아가 집단들이 다른 사람들을 죽이고 방어하기 위해 더 나은 무기와 전술을 발명하도록 강요한다. 또한 정착 농경의 확대는 다른 집단이 사냥하고 채집하는 지역을 침범할 것이며, 이러한 침범은 잠재적인 충돌의 원인이 된다(Guilaine and Zammit 2005, 2장).

마지막으로, 활동범위의 고정은 사람들의 영토에 대한 인식을 강화(혹은 재촉진)하고, (실제적인 혹은 가상의)방어 필요성을 더욱 증대하며, 집단을 정착(농경) 공동체로 더욱 공고화시킨다.[46] 규모가 공격과 방위에 중요하기 때문에 정착 농경은 더 큰 집단의 형성 필요성을 증가시킨다. 그리고 주거 농업은 더 많은 식량 생산량을 제공할 뿐만 아니라 집단 구성원들 간의 일상적인 상호작용을 촉진하여 집단을 더 가깝게 해주기 때문에 더 큰 집단을 형성하는 것도 가능하게 한다(Knauft 1991, 393~395; Knauft 1990b 참조). 정착을 통해 인간의 생식활동이 안정화되어 더 많은 인구 성장으로 이어졌다. 따라서 정착은 종종 더 조직화된 정치체로 이

---

46   영토의식, 정착, 방어 이 세 가지 개념 간의 관계에 대한 간단한 검토는 반 데르 덴넨(van der Dennen 1995, 46~49)을 참조.

그림 2.1 공세적 현실주의 세계의 출현

파라다이스: 풍족한 식량 공급,
충분한 공간, 적은 인구.
사냥과 채집을 통해 행복하게 생활.

활동 범위의 고착화  인구의 증가,
(예: 정착 농경 등): 도구(무기)와 기술의 발전,
방어의 필요성이 제기 집단 정체성의 공고화

높은 인구밀도,
집단 간 완충지대(buffer zone)의 감소,
자원 부족,
발전된 무기와 조직의 출현

돌연변이: 한 국가가
공세적 현실주의 국가로
전환하기로 결심

아수라장:
시스템 내 첫 번째 전쟁 발발.
관련 소식이 빠르게 전파

수평적 유전: 전쟁 발발에 대한
공포와 지식 확산

수직적 유전: 전쟁의 기억, 정복의
영광, 전사 정신의 주입 등으로 국가
선택: 공세적 현실주의 국가만이 형성. 군사 조직과 군사 문화를
시스템에서 생존 가능 가진 보다 중앙집권적인 거대한
정치체제가 등장

시스템이 물리적으로, 관념적으로
온전히 공세적 현실주의 세계로 전환,
시스템 내에서 실행 가능한 방어는 공격,
공세적 현실주의 문화가 시스템 장악

어지고, 이는 다시 전쟁에 이용 가능한 인적 자원을 증가시켰다.

이 무렵, 에덴동산을 홉스식 무정부상태로 바꾼 물질적인 힘과 관념적인 힘이 합쳐진 부정적인 혼합체가 자리를 잡아가고 있었다. 자리를 잡아가고 있는 상태에서 기근을 일으키는 자연재해(가뭄과 홍수), 인간 활동에 따른 생태계에 대한 부정적 영향의 축적(농업을 위한 삼림 벌채 등), 또는 이 둘의 결합 등 전쟁이 일어날 계기가 필요할 뿐이었다. 이러한 재난 상황이 일어나면, 각 집단들은 부족한 자원을 차지하기 위해 조직적인 폭력을 행사하는 등의 경쟁을 할 수밖에 없게 되거나, 일부 집단은 약탈(방향성이 있는 돌연변이라 할 수 있음)에 의존할 수밖에 없게 된다.[47]

(2) 전쟁의 자체적 추진: 보조 메커니즘

일단 여러 집단이 있는 지역에서 두 집단의 첫 번째 전쟁이 발발하면, 시스템은 공세적 현실주의 세계로 변화하기 위한 자체적인 추진력을 생성할 수 있다. 즉 전쟁이 스스로 진전될 수 있다. 정복과 학습 외에도 (Otterbein 2004, 177~178), 이 자체적인 추진력의 또 다른 핵심 메커니즘은 공포의 확산이다.

하위시스템에서 첫 번째 전쟁이 발발한 뒤, 어떤 결과가 나오든 충돌이 일어났다는 소식이 시스템 내에서 급속히 확산되고, 상당히 심화된

---

47 캐롤 엠버와 멜빈 엠버(Ember and Ember 1992)는 자원의 예측 불가능성이 종종 이웃 집단 간의 폭력적인 충돌을 유발한다는 점을 지적했다. 승자가 보통 패자들을 약탈했다는 사실은 자원에 대한 집단의 관심을 부분적으로 반영한다(M. Ember and C. R. Ember 1994, 190~194; Keeley 199, 10~108). 랭햄(Wrangham 1999, 3~14)도 탄자니아 침팬지의 집단 침략은 '음식을 얻어야 하는 악조건'이 핵심 원인일 수 있다고 지적했다. 본 장 제3절도 참조.

공포도 함께 확산된다. 심화된 공포의 확산과 현실 전쟁의 확산은 점진적일지 모르지만 낙원과 같은 시스템을 공세적 현실주의 세계로 빠르게 변화시켰다(Ferguson 2008, 35).[48]

두 집단의 전쟁이 무승부로 끝나면 다시 전열을 정비하여 싸울 수도 있다. 더 중요한 것은, 시스템 내 다른 집단들도 곧 그들 스스로 전쟁에 대비해야 한다는 것을 알게 된다는 점이다. 그래서 전 지역은 빠르게 공세적 현실주의 세계로 변모하게 된다(Thayer 2004, 111).

만약 갈등이 한 측의 확실한 승리로 끝난다면 그 영향은 더 심오할 수도 있다. 한편, 패배한 집단은 종종 다른 지역(하위시스템이 아니라면)으로 이주해야 하고, 분쟁 소식은 지역 전체에 퍼지게 된다. 뿐만 아니라 패한 집단은 복수를 갈망할 것이다. 이런 식이면, 그것은 과거의 경험을 통해 반드시 강해져야 하고, 타인을 정복하는 것이 유일한 방법은 아니더라도 가장 쉬운 방법이라는 것을 배웠기 때문에 다른 지역에서 또 다른 침략자가 될 수 있다.[49] 한편, 승리를 이룬 집단은 패배한 집단의 보복 가능성에 대비해, 승리의 결실을 방어해야 할 뿐만 아니라 이전의 성공 경험을 따르는 다른 집단에 대해서도 방어해야 한다. 마찬가지로, 이 목표를 달성하는 가장 쉬운 방법이자 유일한 방법은, 모든 잠재적 적(즉 지

48 　다시 설명하지만, 시스템 내 전쟁의 기원을 (첫 번째 전쟁의 원인과 첫 번째 전쟁 이후의) 전쟁의 원인과 구분하는 것은 지극히 중요하다. 오터바인(Otterbein 2004, 제7장)은 공포의 확산이 전쟁 확산의 강력한 동력이라는 점을 지적하지 못했다. 개트(Gat 2006, 138~139)도 직전의 충돌이 경쟁을 촉진하고 충돌 발발하는 새로운 이유가 될 수 있다는 사실 정도만 지적했다.

49 　고대 중국의 예를 들자면, 흉노족은 이란이나 시베리아에서 쫓겨난 후, 중국의 중원을 차지한 왕국과 거의 400년 동안 전쟁을 벌였다(Barfield 1989; Di Cosmo 2004).

역의 모든 집단)에 비해 자신의 힘을 증대하는 것이다. 이는 더 많은 정복을 시도하는 것으로 귀결된다. 마지막으로 초기에는 인구 규모가 작았기 때문에 작은 실수(보초병을 늦잠 자는 등)만으로도 집단을 파괴하고 비교적 쉽게 정복할 수 있었다. 이 사실은 집단들 사이의 두려움을 증폭시킬 뿐만 아니라 이전의 평화적인 집단을 방저적 전쟁을 위한 포식자로 변화시킬 수 있다.

요약하자면, 공세적 현실주의의 핵심 사상이 첫 번째 전쟁에서 등장하게 된다. 즉 안보를 확보하는 유일한 방법은 정복을 통해 다른 집단과 비교하여 자신의 힘을 극대화하는 것이다. '최고의 방어는 성공적인 공격이다'(Mearsheimer 2001, 34~36; Mearsheimer 1994-1995, 9~12). 일단 이 개념이 등장하면서 '벼룩 한 마리 잡으려다 초가삼간 태우는(Wendt 1992)' 상황에서 벗어나기 어렵게 되었다.[50]

깊이 들어가 보면, 하위시스템에서 첫 번째 전쟁의 영향은 상상 그 이상이다. 허버트 스펜서(Herbert Spencer 1873, 8장), 조지 심멜(George Simmel 1964) 이후의 사회학자들이 인식한 바와 같이, 전쟁 발발 가능성은 집단의 사회구조를 근본적으로 변화시켰다(Coser 1956; LeVine and Campbell 1972; Collins 2012; 이러한 변화의 고고학적인 조사는 Hamblin 2006, 5장과 6장을 참조) 간단히 말해, 전쟁은 국가, 사회, 그리고 우리 모두를 만들었고, 반대로 국가, 사회, 그리고 우리는 더 많은, 더 큰 전쟁을 일으킨 셈이다. 전쟁으로 인해 사악하고 강력한 자기강화의 동력이 생겼고, 이로

---

50   그리고 웬트는 가장 첫 번째 과제라고 할 수 있는 포식자형 국가의 형성과정을 설명하지 않았다. 본서의 이론은 바로 이 점에 주목하고자 한다.

인해 시스템은 오랜 동안 전쟁의 그림자에 둘러싸여 왔다.

먼저, 전쟁은 거대한 정치단위의 생성을 야기했다. 이는 초기의 군장국가부터 최종적으로 원시국가를 말한다. 전쟁은 국가를 만들어내고 국가는 더 많은 전쟁을 일으켰다.(Spencer 1873, 194; Carneiro 1970; 2000, 129~130; Diamond 1997, 291; Keegan 1993, 91).[51] 정권 규모와 복잡성의 점진적인 증가는 두 가지 광범위한 효과를 가져왔다. 첫째, 더 많은 자원이 전쟁 무기에 투자된다. 궁극적으로 국가는 거의 지속적인 정비, 훈련, 그리고 유지보수를 필요로 하는 상비군을 갖추었다. 국가는 무기 제조와 전략 개발을 담당하는 구체적인 직업도 개발했는데, 이는 결국 더욱 정교한 무기, 전술, 조직 혁신으로 이어졌다(예를 들어, 순자[荀子]). 전쟁과 전쟁 무기에 점점 더 많은 자원을 소비해야 하기 때문에, 국가들은 더 많은 자원을 통제하고 다른 집단이 이 자원을 사용하는 것을 막기 위해 계속해서 확장해야 한다. 이는 다시 한 번 '최고의 방어는 성공적인 공격'이라는 말을 증명한다. 실제로 군장국가와 이후 나타난 복잡한 형태의 군장국가 시기에 전쟁의 가장 중요한 목적은 영토를 확장하고 인구를 증대하여 정치경제를 확대하는 것이었다(Keeley 1996, 106~112; Johnson & Earle 2000, 249). 결국 전쟁 무기를 유지하기 위해 국가는 지속적으로 팽창해야 한다.

둘째로, 관념적 지원을 통해서만 전쟁이 지속될 수 있다. 개인은 전쟁에 참여하도록 설득되고 강요당한다(Collins 2012). 따라서 모든 국가는

---

51   이해를 돕기 위해 간단히 설명하자면, 본서에서 '국가'를 언급할 때는 일체의 독립적인 정치행위체를 의미한다(연방, 국가, 제국, 군벌 포함).

표 2.1 공세적 현실주의 시스템의 핵심 지표

표 2.1a. 사회에 대한 전쟁의 영향: 물질적 징후

상비군: 군대의 징집, 훈련, 유지
추출 기구: 관료제, 폭력도구
전쟁을 위한 특수한 직업: 무기제조, 전략연구, 간첩
더욱 전문적이고 정교한 전술

표 2.1b. 사회에 대한 전쟁의 영향: 관념적 징후

공세적 현실주의 학설 ('이론')	공세적 현실주의 문화 ('실천')
(평화주의자로서의) 방어적 현실주의 반대: 집단을 위험에 처하게 하기 때문에 이러한 이론은 어리석다고 인식(예: 상앙, 한비자, 카우틸랴, 마키아벨리)	1. 영광스러운 정복과 확장: 집단 내 가장 뛰어난 정복자는 집단의 구원자가 됨. 영웅에 대한 존경과 겁쟁이에 대한 경멸. 2. 군국주의의 설파: 권위와 규율에 대한 복종을 고취시키고 집단을 위한 희생을 영광스럽게 생각함. 전쟁터에서 비겁한 자에 대해 엄벌을 처함(일반적으로 사형 집행).
공세적 현실주의 학설: 장기적으로 안전할 수 있는 유일한 방법은 다른 집단에 비해 자신의 실력을 극대화하는 것. 정복과 확장이 생존의 유일한 방법. 확장하여 생존하거나, 병합되어 소멸. 유리한 형세가 일단 나타나면, 가장 좋은 방어는 공격. 예방 전쟁(preventive war)에 관한 학설: 예방 전쟁은 필요하며, 그러므로 정의로움.	3. 평화주의에 대한 경고: 개인의 영혼을 부식시키며, 국가를 약하게 만들고, 위험에 처하게 함. 4. 냉혹한 군사교습과 훈련. 남성 지배 5. 영웅을 기리고 전쟁터로 사람을 보내는 조직화된 (종교적)의식. 간혹 인간제물(포로)이 동원됨. 6. 극단적 민족중심주의(예: 애국주의, 민족주의, 인종차별주의, 외국인 혐오) 7. 정의롭고 신성하며 종교적인 전쟁에 관한 학설

전쟁을 위해 공식 교리와 이념, 문화, 종교 의식과 관련된 선전을 실시했다. 여기에서 핵심은 대중을 군사주의적으로 교화하는 것이다. 이러한 교리에는 정복과 확장을 유일한 생존 방법(원초적 혹은 투박한 방법)으로 여기는 공세적 현실주의 이데올로기(Mearsheimer 2001)가 포함된다. 문화적으로, 사상의 주입은 정복과 확장에 대한 찬미, 전투에서 도망친 자에 대

한 엄벌(보통 처형), 전장으로 떠나기 전의 의식, (살아있거나 죽은)영웅을 기리는 의식 등을 포함한다. 나아가, 권위와 규율에 대한 복종, 집단을 위한 희생의 불멸과 영광이 포함되기도 한다. 마지막으로, 원시 종교의 기원이 전쟁보다 앞설 수도 있지만, 조직화된 종교는 거의 불가피하게 전쟁을 지지할 수밖에 없는데, 이는 종교가 개인을 영웅이나 전설이 되도록 하거나 신을 섬길 수 있는 희망 속에서 집단을 위해 희생하도록 한다. 따라서 전쟁은 개인 심리학, 집단정신, 그리고 더 큰 사회구조(국가, 종교, 교육 훈련 및 내재화)에 스며들게 되었다. 즉, 전쟁은 사회의 (거의)모든 것을 집어삼켰다.

3. 공세적 현실주의 세계의 탄생: 일반적 증거

이 절에서는 앞서 언급된 공세적 현실주의 세계의 탄생에 대한 사회진화적 설명의 일반적인 근거를 제시한다. 우선 인류는 초기에는 느리지만 꾸준한 인구 성장을 이루었다. 더 중요한 사실은, 이 시기에는 전쟁이 극히 드물었기 때문에, 홉스식 '자연 상태'로서의 세계는 존재하지 않았다는 점이다. 둘째로, 기원전 6000년경부터 기원전 4000년경에 전쟁이 핵심적인 초기 시스템에 이르렀고, 급속히 확산되며 잔인해졌다. 궁극적으로, 전쟁과 전쟁의 개념은 지구의 모든 주요 하위시스템을 지배하게 되었다. 이를 통해 완전히 공세적 현실주의 세계로 변모하게 된다. 마지막으로 필자는 고대 세계에서는 대개 정복이 성공했다는 점을 보여주고 싶으며, 이 또한 다음 장의 내용과 관련이 있다.

요컨대, 이 이론을 뒷받침하는 증거는 아프리카, 아시아, 유럽, 북아메리카와 남아메리카의 모든 주요 문명(또는 하위시스템)에서 나온다(Cioffi-Revilla 1996; 2000; Carneiro 1994; M. Ember and C. R. Ember 1994; Ember and Ember 1998; Lambert 1998; Maschner 1998; Ferguson 1998; idem, 2006; Smith 1998; Hamblin 2006; Bradford 2001; Otterbein 2004; Raaflaub 2007). 이러한 증거들은 모든 주요한 하위시스템들이 서로 다른 자연환경과 시간대에서 유사한 형태의 진화적 경로를 거쳤다는 것을 보여준다.[52]

본서에서는 네 가지 종류의 전쟁에 대한 증거를 제시하고자 한다. 먼저, 법의학적 증거이다. 즉 조직화된 폭력의 증거로 특히 묘지에서 발굴된 각종 포탄과 탄환, 화살, 날카로운 무기로 공격당해 뼈가 부러지게 되어 죽음에 이른 사례들이다. 사망 과정에서 여러 손상을 입은 흔적이 있다(예를 들어, 과잉치사, 사지가 훼손된 시체, 식인의 흔적). 둘째, 무기와 갑옷 유형의 증거이다. 특히 무덤에 많은 무기가 함께 묻혀 있다(단순히 무기와 도구가 묻혀 있는 것은 설득력이 떨어진다).[53] 셋째, 건축유형의 증거이다. 울타리, 성벽(전망대, 방호벽, 흙벽 포함), 요새화, 제방의 특징이 있는 건축시설(참호 방, 격벽, 경비실), 울타리가 쳐진 땅과 지붕주택(예를 들어, 차탈 휘이크,

---

52 확실히 이 사실은 공세적 현실주의 세계의 탄생에 대한 사회진화론적 해석력을 입증한다.

53 사냥 도구나 무기가 전쟁의 확실한 증거가 될 수 있다는 점에 대해, 특별히 상기시키고 싶은 점이 있다. 많은 무기들이 처음에는 사냥 도구였기 때문에 무기의 존재만으로 직접적인 전쟁의 증거가 될 수는 없다. 그러나 군사전용 무기는 전쟁의 확실한 증거가 될 수 있다. 예를 들어, 도끼, 망치, 창, 투석기, 단검, 검, 공창은 모두 전쟁의 증거가 되는데, 이 도구들은 거의 격투와 처벌 상황에만 사용되기 때문이다. 망치는 머리와 뼈를 부수는 데 사용된다(Hamblin 2006, 20~21). 비수는 동물 살육이 아닌 근접 격투에만 사용된다(Ferrill 1985, 18~26). 동물을 가를 때는 도끼나 작은 칼을 사용할 것이다. 투석기는 야전의 핵심 무기이지만, 더 중요한 목적은 성벽을 공격하는 것이다.

Catal Huyuk)이 이에 포함된다. 넷째, 그림 및 명문(銘文) 유형의 증거이다. 동굴, 석암, 그릇, 묘지에 그려진 회화, 돌기둥, 기념비, 청동기 및 문헌상의 작전 및 전투준비에 관한 그림이 이에 포함된다.[54]

일반적으로 몇몇 중요한 예외(예를 들어, '117호 유적', 아래 참조)가 있다고 할지라도, 같은 종 내의 폭력이 이미 그 이전에 일어났음에도 불구하고(Rope 1975; Ferguson 2006, 470~474), 구석기 후기나 기원전 8000년 이전까지 전쟁은 극히 드물었다(Kelly 2000, 125~133; Keeley 1996, 32~39; Leblanc 2003, 7~8 참조)[55] 어떠한 수단으로 평가를 하든, 그 전에는 분명히 광범위한 대규모 전쟁이 존재하지 않았다(Otterbein 2004, 71).

많은 증거들을 통해 기원전 6000년에서 기원전 5000년 사이에 전체 인구 규모가 매우 적었다는 사실을 알 수 있다. 추정치에 따르면 기원전 25만 년에서 기원전 5000년 사이에 총인구는 300만에서 500만 사이를 맴돌았다(Kremer 1993, 683). 이렇게 인구가 적고 넓은 공간을 가진 호

---

54 무엇이 전쟁의 증거가 될 수 있는지에 대한 초보적인 검토는 Maschner 1998; Keeley 1998; Ferguson 1998(모두 Martin and Frayer 1998에서 찾을 수 있음); Keeley 1996, 제3장; 2004; Cioffi-Revilla 2000, 64~70 등을 참조. 전쟁, 승리, 정부와 영웅에 관한 전기소설은 모두 제외했다. 왜냐하면 그것들은 거의 모든 집단에 존재하고 널리 퍼져 있기 때문이다. 킬리(Keeley 2004, 110)도 필자와 비슷한 연구 자료를 사용했다. 치오피 레빌라(Cioffi-Revilla 2000)는 여섯 종류의 증거를 나열했는데, 여기에는 유골, 위치, 건축, 수제품(즉 무기), 그림 그리고 명문(銘文)이 포함된다. 첫 번째 증거유형은 그의 '유골'에, 두 번째 증거유형은 '수공품'에, 세 번째 증거유형은 '건축'에, 네 번째 증거유형은 그림과 명문에 각각 대응했다. 본서에서 이와 관련해 '위치'를 제외시켰는데, 치오피 레빌라 역시 위치는 증거능력이 불충분하다고 언급한 바 있다. 또, 유골과 건축은 그림이나 명문보다 1000여 년, 심지어는 그보다 앞서 등장한 전쟁 증거라는 점도 유의해야 한다. 모든 하위시스템에는 그림 증거가 나타나는데, 일부 하위시스템(페루와 멕시코)은 문자(명문 증거)가 존재하지 않기 때문이다.

55 침팬지는 이미 종족 내의 자체 살육이 일어나고 있다.

모 에렉투스와 호모 사피엔스가 출현한 이후, 인류의 조상들은 아프리카에서 서로를 죽이는 대신 아프리카의 광활한 공터에서 이주하고 사냥하는 데 바빴다(Diamond 1997, 37, 그림 1.1; Keegan 1993, 125). 중석기 시대에 무기를 던져 부상을 당하는 사람도 있었지만, 이러한 상황은 상당히 드물었다(Guilaine and Zammit 2005, 75~77).

구석기 시대 말기부터 중석기 시대까지 유럽 남부의 동굴이나 암벽화(기원전 35000년에서 기원전 12000년으로 거슬러 올라감)에서 무기(주로 활과 화살)로 무장한 사람들의 모습을 보여주었으나, 이것들은 모두 전투 장면보다는 사냥에 관한 것이었다(Ferill 1985, 17~18).[56] 같은 기간 메소포타미아에서 나온 증거도 전쟁이 없었다는 사실을 잘 보여준다(Lamberg-Karolvsky and Sabloff 1995, 49~55; Hamblin 2006, 33~34). 기원전 7000년에서 기원전 6500년으로 거슬러 올라가면 사냥(의식)은 차탈 후요크(Catal Huyuk) 벽화의 주된 소재였다(Guilaine and Zammit 2005, 102). 신석기 시대(약 기원전 6000-기원전 4000년)에 이르러서야 전투 장면이 동굴이나 바위에 그려지며 명확히 제시되었다(Ferrill 1985, 2장; Kelly 2000, 152~156; 이 책의 표 2.2와 부록 2 참조).

사실 구석기 시대(약 기원전 35000-기원전 10000년)에는 누비아/북수단(제벨 사하바, Jebel Sahaba)의 유명한 '117호 유적(약 기원전 12000-기원전 10000년으로 추정)', 오늘날 우크라이나의 바실레프카(Vasilevka, 기원전

---

56   이베리아반도의 동굴/바위에 관한 보다 구체적이고 포괄적인 설명을 보고 싶다면 비초 등(Bicho et al. 2007)을 참조. 이 예술품들의 시대를 구분하는 작업은 쉽지 않다. 관련된 종합적인 설명은 페티트와 피케(Petitt and Pike 2007)를 참조.

9000-기원전 8000년), 그리고 다른 몇몇 유적을 제외하고는 기본적으로 전쟁의 명확한 증거가 거의 없다('117호 유적'과 그 함의는 Kelly 2000, 146~161; Guilaine and Zammit 2005, 67~75; 바실레브카와 다른 유적에 관한 정보는 Guilaine 및 Zammit 2005, 75~81 참조).[57]

비교적 평화로운 이 파라다이스 시대는 적은 수의 인구와 상대적으로 낮은 인구 압력이 있었지만 이후 인류는 서서히 느리지만 꾸준하게 증가했다(Kremer 1993). 꾸준한 인구 증가는 결국 상당한 인구폭발, 이른 바 신석기적 인구 전환(Bocquet-Appel and Bar-Yosef 2008)으로 이어졌다.

핵심 하위시스템의 증거도 이러한 해석을 명확하게 뒷받침한다.[58] 고대 메소포타미아의 나투피아 시대(Natufian period, 약 기원전 13000년에서 기원전 11000년)에 인구는 꾸준히 증가했다. 기원전 8000년까지 메소포타미아에는 수많은 작은 공동체가 생겨났다. 우바이스 시대(Ubais period, 기원전 5000년에서 기원전 4000년경)와 우루크 시대(Uruk period, 기원전 3500년에서 기원전 3100년경)에는 메소포타미아의 정착지 수와 인구밀도가 크게 증가했다(Pollock 1999, 56~58, 그림 3.9; Adams 1981, 그림 9, 12, 13). 같은 기간 고대 이집트의 인구 증가 경향도 뚜렷하다(Wenke 2009, 69~71).[59]

---

57 불행하게도 '117호 유적지'는 인류에게 다가올 공포의 세계를 엿보게 해주었다. '그곳('117호 유적지'를 가리킴)에서는 59구의 시신이 발견됐으며 이 중 24구(40.7%)가 무기로 죽었다는 증거가 있다'(Otterbein 2004, 74; Hamblin 2006, 32-33 참조).

58 다른 하위시스템의 인구 증가와 관련된 더 많은 증거는 Bocquet-Appel and Bar-Yosef 2008을 참조.

59 흥미롭게도, 웬케(Wenke)의 추산에 따르면, 이집트 인구는 기원전 2500년 전에 안정적으로 증가하다가 감소한 후, 다시 증가 추세로 돌아섰다. 이는 아마 전쟁이 확산되었기 때문일 것이다. 필자의 연구팀이 진행한 인구 증가와 정복에 대한 대리인 기반 모델링(Agent-based modeling) 연구에 따르면, 전쟁이 하위시스템을 휩쓸기 시작하면서 인구

고대 중국 시스템도 비슷한 발전 경로를 따랐다. 초기 신석기 시대부터 후기 신석기 시대까지, 시스템 내부의 인구는 꾸준히 증가하고 있었다. 기원전 7000년 이전에는 약 10개의 고고학적 유적만이 발견되었으나(Zhu Naicung 2010, 99). 기원전 7000년(신석기 초기)에 이르러서는 (큰 규모의 마을은 일부지만)지금까지 1000여 개에 이르는 비슷한 유적지가 발견되었다. 기원전 5000년(신석기 중기)에 이르러 비록 정착지 사이의 거리는 매우 멀었지만(부분적 원인은 바로 각 집단이 지배하는 영토가 작았기 때문) 더 많은 지역으로 정착지가 확산되었다. 기원전 3000년(신석기 말기)까지 인간은 더 많은 곳을 차지하게 되었다. 많은 지역이 발견되었는데, 각 집단이 차지하는 면적이 커지며 서로 다른 집단 사이의 평균 거리가 크게 감축되었다(Chang 1986, 234~242, 특히 p.235의 그림 197; 보다 자세한 증거는 Liu 2004, 24-28; 鄭傑祥 2005; 朱乃誠 2010을 참조) 따라서 집단 간 상호작용이 불가피하게 더 집약적으로 변했고, 결국 치명적인 경쟁으로 이어지게 되었다.

논리적으로 보면, 제한된 지역의 인구 증가는 필연적으로 기존 식량자원의 고갈로 이어지지만, 직접적인 고고학적 증거를 제시하기는 어렵다. 그럼에도 불구하고 인류가 폴리네시아 제도, 마다가스카르, 북/남미 등지에서 이주하고 확산할 때, 그들의 거대한 사냥감(특히 잡기 쉬운 사냥감)도 단기간 내에 급격하게 멸종했다는 증거가 수없이 존재하고 있다

감소가 나타났다(Tang et al., n.d).

표 2.2. 기원전 1000년 이전의 인간, 인간사회, 전쟁의 진화

고고학적 시기 (도구수준 기준)	근동[60]의 추정날짜와 핵심 기술의 발전	전쟁의 증거
철기 시대	B.C.1200년부터 철기 제련기술 발달	매우 많음: 대다수 문명에서 전쟁 만연. (그리스, 인도, 페르시아, 로마) 전쟁기록물 있음.
동기 시대 (초기, 중기, 말기)	B.C.1600-B.C.1200(말기) B.C.2000-B.C.1600(중기) B.C.3300-B.C.2000(초기) 청동기 제련기술 발달 문자 발명과 성숙	매우 많음: 고대 문명에서 전쟁 만연. (이집트, 수메르, 아시리아, 바빌론, 중국 등) 전쟁이 잘 기록되어 있으며 요새화 역시 보편화됨. (나메르의 팔레트, 기념비, 동굴벽화, 수기기록 등)
금석병용기 시대 (金石倂用期)	B.C.4500-B.C.3000 동기(구리)의 등장	많음: 이 시기 후반부에 메소포타미아, 이집트, 중국, 스페인 레반테(Levante)에서 전쟁 만연. 증거: 매장문화, 무기, 무기에 의한 부상, 처형, 석조 조각, 암벽화(스페인 레반테와 남부 프랑스), 일부 요새.
도자기 신석기 시대 (PN-A와 PN-B)	B.C.6000-B.C.4500 토기의 발명 농경정착의 일반화	일부 있음: 이 시기 후반부에 인구가 많은 일부 지역(메소포타미아, 이집트)에서 전쟁 나타남. 증거: 무기, 무기에 의한 부상, 처형
도자기 이전 신석기 시대 (PPN-A와 PPN-B)	B.C.8500-B.C.6000 농경정착 출현 관개기술 개발 정착지 증가	매우 적음: 새로운 무기(가령, 활과 화살)와 무기전술이 발명 폭력에 의한 죽음이 일부 매장지에서 발견
중석기 시대 혹은 구석기 말기 시대	B.C.10000-B.C.8000/6000 동물의 가축화 식물재배 반(半)정착지 등장	매우 적음: 발전된 사냥무기의 발명, 전술의 발달, 집단 정체성의 공고화 예: 우크라이나 바실레프카 (Vasilevka), B.C.9000-B.C.8000 수단 117호 유적지 B.C.12000-B.C.10000
구석기 말기 시대: 호모사피엔스만 살아남음	현재로부터 2.4만 년 전부터 현재로부터 1.2만 년 전	없음

구석기 초기 시대: 현대 인류의 시작 (호모 사피엔스 사피엔스, 호모 네안데르탈렌시스)	현재로부터 7만 년 전부터 현재로부터 2.4만 년 전 새로운 사냥 도구 등장[61]	없음[62]
호모 에렉투스	현재로부터 7만 년 전부터 현재로부터 45만 년 전 불의 사용 시작, 막대기, 작은 칼과 창 발명	없음
호모 하빌리스	현재로부터 250만 년 전부터 현재로부터 45만 년 전 원시적 사냥도구 추정	없음
오스트랄로피테쿠스 아프리카누스	현재로부터 500만 년 전부터 현재로부터 250만 년 전 원시적 사냥도구 추정	없음

주: 고고학적 증거를 찾는 것은 괴로운 도전이다. 작성자와 출처에 따라 다른 데이터를 사용하기 때문이다. 사실, 같은 고대 문명이나 하위시스템을 연구하는 학자들조차도 구분 짓는 시기를 서로 다르게 사용한다. 이로 인해 각기 다른 시기의 시간은 정확하게 상호 일치하지 않지만 거시적인 발전 흐름은 매우 명확하다. 이 표는 Otterbein 2004, 3장 및 4장; Hamblin 2006, 4-5; van de Mieroop 2007, 10-16; Wenke 2009, 24, 153-166; Trigger 2003을 참조했고, 중석기 시대 이후의 연대는 고대 근동(Hamblin 2006, 5)에서 사용된 가장 빠른 연대부터 채택했다.

(Diamond 1997, 42~47; Otterbein 2004, 12~13, 66~68).

제한된 지역의 인구 증가는 필연적으로 절대적인 인구밀도와 상대적인 인구 압력이 동시에 증가하는 상황을 초래하고, 이는 사람들이 서로 접촉할 수 있는 기회는 물론, 갈등의 발생 기회와 필연성을 증가시켰

---

60 아시아 서남부 및 아프리카 동북부

61 독일의 한 동굴에서 40만 년 전 나무로 만든 창이 발견되었다. 50만 년에서 35만 년 전의 북경 유인원(호모 에렉투스)의 음식을 통해 초기 인류가 창과 다른 사냥도구를 숙달했다는 사실이 꽤 확실하게 증명되고 있다(Kelly 2005).

62 호모 사피엔스와 네안데르탈인의 갈등은 기원전 약 2만년까지 지속되었는데, 이것이 최초의 '전쟁'이 될지도 모른다. 결국 전자는 후자를 거의 완전히 없앴다. 안타깝게도, 지금까지 몇 가지 확실한 증거만 발견되었을 뿐이다.

다. 물론 이에 대한 직접적인 고고학적 증거를 제시하기는 어렵다. 다행히도, 원시 인류에 대한 몇 가지 심층적인 조사는 상대적인 인구 압력과 전쟁 사이의 연관성을 잘 보여준다. 상대적인 인구 압력이 낮을 때, 살인이나 폭행과 같은 때때로 폭력적인 형태의 자원 경쟁에도 불구하고, 전쟁은 상대적으로 드물었다[Chagnon (1968) 1997; Keeley 1988; Knauft 1991; Kelly 2000, 135~147, 3장 참조].[63]

자연재해가 전쟁을 직간접적으로 유발했다는 고고학적 증거도 찾기 어렵다. 따라서 이 점에 대한 증거는 주로 추론에 근거를 두고 있다. 최근의 증거는 기원전 8200년경에 터키 남부의 극심한 가뭄으로 인해 파시디아(Pasidia) 지역이 전쟁 상태로 내몰렸을지도 모른다는 것을 암시한다. 사실 터키 전쟁 초기 네 개의 유적, 즉 하실라르(Hacilar)와 쿠루카이 후유크(KurucayHuyuk), 후이체크 후유크(Huyucek Huyuk), 바데마가치 후유크(Bademagaci Huyuk)가 모두 이 지역에 위치해 있다(Clare et al. 2008).

마찬가지로, 고대 중국 중부지역의 폭력적인 경쟁은 아마도 기원전 9000년에서 기원전 3000년 사이 (남중국해로부터 오는)동아시아의 계절풍이 약화되며 남쪽의 낮은 위도로 후퇴하면서 일련의 기후 악화가 촉발되었을 것이다. 기원전 4000년경에는 중국 북서부 지역의 많은 비옥한 땅에 가뭄이 들면서 보다 남쪽에 위치하고 더 비옥한 황하 유역과 양쯔

---

63 또 다른 증거는 아마도 '비옥한 초승달 지대(Fertile Crescent, 나일강과 티그리스강과 페르시아만을 연결하는 고대농업지대, 사실 부적절한 명칭임―필자)'의 토양이 그렇게 비옥하지 않다는 점이다. 이 건조하고 자주 황량해지는 토지는 늘어나는 인구를 먹여 살릴 힘이 없었다(Dickson 1987). 이는 왜 전쟁이 이 지역에서 먼저 발발했는지를 부분적으로 설명해준다.

강 유역(Liu 2004, 2장)으로 이주할 수밖에 없었다.[64]

핵가족이나 대가족 외의 집단정체성이 있어야만 전쟁이 발생할 수 있다는 관점에 대해 이론적으로 반박할 수 없지만 우리는 여전히 간접적인 증거를 찾아야 한다. 스페인의 레반테 암벽화는 다양한 스타일과 행동, 의상을 갖춘 전사들을 묘사하고 있다. 이는 인간이 전쟁을 위해 필수적인 물질적, 관념적 집단정체성을 매우 일찍부터 발달시켰음을 강하게 시사한다(Guilaine and Zmit 2005, 103~119). 한편 켈리(Kelly 2000, 제2장)가 수집한 인상적인 인류학적 증거도 핵가족이나 대가족 이외의 집단정체성이 없다면 집단 내에서는 개인 간 폭력이 빈번하게 발생하겠지만 집단 간 전쟁은 없을 것임을 시사하고 있다.

궁극적으로 기원전 6000년경부터 기원전 4000년, 신석기 시대가 끝나기 직전까지 여러 개의 주요 하위시스템에서 전쟁이 발생했고, 기원전 3000년부터 기원전 2000년까지 이러한 시스템에 의해 세상이 지배되었다. 그 이후로 이러한 체계적인 내전은 거의 매년 계속되어 향후 3000-4000년 동안 상승 추세를 유지했다(Ferrill 1985, 2장; Cioffi-Revilla 1996; 2000; Guilaine and Zammit 2005; Hamblin 2006; 자세한 내용은 본 장의 4절을 참조).[65] 전쟁이 발발한 후 모든 하위시스템이 국가에 나타났다는 사

---

64 또 다른 더 잘 알려진 사례는 이스터섬의 몰락인데, 그것은 유럽인들과의 접촉에서 비롯된 것이지, 단순히 생태 악화가 원인이라고 보기 어렵다(Hunt 2006; Hunt and Lipo 2009; Diamond 2005; Flenley and Bahn 2002 참조).

65 치오피 레빌라(Cioffi-Revilla 1996, 11)는 고대 전쟁이 근대(서기 1495년 이후)보다 덜 빈번하게 일어났다고 설명했다. 그러나 이러한 설명은 부정확하고, 심지어 잘못된 것이다. 모든 전쟁이 인간에 의해 기록되는 것은 아니며, 많은 전쟁들이 그렇게 많은 흔적을 남기지 못했다. 더 현실적으로 보면, 오터바인(Otterbein 2004, 11, 그림 1.1)이 주장한 바와

실은 그리 놀라운 일이 아니다(Cioffi-Revilla 2000, 71, 85~88; Flannery and Marcus 2003; Spencer 2003; Spencer and Redmond 2001; 2004; Redmond and Spencer 2006; 2012 참조).

고대 세계에서의 전쟁이 실제로 클라우제비츠(Clausewitz) 시대보다 더 철저한 전쟁이었다는 증거는 많다. 군인이든 민간인이든 일단 전쟁포로가 되면 처형이 원칙이다. 고대 이집트에서는 전범들의 머리나 손을 잘라서 신체적으로 불구가 되게 한 다음 마차에 태워 행진하게 했다. '행운'이 있다면 이 사람들은 노예로 전락하여 살아남게 되었다(Hershey 1911, 905~907). 로마 공화국과 로마 제국은 포로를 살해하고 여성은 강간하며 재산은 약탈했다(Roth 2009). 2차 포에니 전쟁(Punic war) 중 로마는 기원전 146년에 카르타고를 완전히 멸망시켰다. 심지어 더 '문명화된' 고대 그리스인들도 이들과 다르지 않았다. 펠로폰네소스 전쟁(기원전 431-404년) 당시 아테네인들은 반항적인 미틸리니 남성(기원전 420)을 모두 학살했고, 스파르타도 코르키라(Corcyra, 기원전 416)를 처리하는 동안 중립국인 밀로스의 모든 남성들을 도륙했다(Thucydides 1954). 고대 중국에서 기원전 293년에 발발한 유명한 전쟁에서 진(秦)은 한(韓)과 위(魏)의 24만 병력을 학살했고, 40만 명의 조(趙)의 병사들을 생매장했다(楊寬 2003, 444, 129; Hui 2005, 62~ 63, 86~87 참조).

더 중요한 것은, 이러한 시스템에서 정복은 종종 성공한다는 점이다. 역사적으로 시간이 지나면서 독립정권의 수가 급격하게 감소했다는

같이, 공세적 현실주의 세계로 전환한 이후 고대 시스템에서 전쟁은 오랜 기간 동안 기승을 부렸다(아래 글 참고).

사실이 이를 증명한다(Carneiro 1978, 본서의 3장 참조). 고대 메소포타미아에서는, 우루크 문화 말기부터 엠뎃 나스르(Jemdet Nasr) 문화와 초기 왕조까지, 작은 공동체가 점차 사라지고 이를 성벽으로 감싸진 도시와 같은 대규모 정착지가 대체했다(Pollock 1999, 67~77). 그리고 이러한 변화의 이면에는 적어도 부분적으로는 성공적인 정복과 강제적 복종이 있었다.

다른 하위시스템의 상황도 비슷하다. 고대 아나톨리아의 히티제국(Hittie Empire) 시대에는 성공적인 정복들이 이루어졌다. 기원전 1402년에서 기원전 221년까지 고대 중국의 독립정권의 수는 100개에서 1개로 급격히 감소했다. 기원전 500년부터 기원전 100년까지 몬테 알뱅(Monte Alban)은 오악사카(Oaxaca)계곡 전체를 정복한 다음 그 외부로 확장하였다. 페루의 북동쪽 해안에서 발생한 차빈(Chavin) 문명은 기원전 200년에 주변 지역을 정복했고 결국 또 다른 신흥국가인 모체와 충돌했다. 근대 이전의 유럽시스템에서는 1450년부터 1648년까지 199년 사이에 321개 이상의 국가가 사라졌고, 100년당 평균 161개의 국가가 소멸되었다(이 책의 3장 참조). 마지막으로, 기원전 500년까지 인도의 하위시스템에서, 국가의 수는 15개로 감소했다.

비교적 손쉬운 정복의 시대는 1648년, 심지어 1945년까지 계속되었다(본서의 3장 참조). 이 사실과 '정복이 통상적으로 성공한다'는 개념은 평화적인 파라다이스를 공세적 현실주의 세계로 탈바꿈시킨 후 후자를 유지시키기 위한 핵심 요소인 것이다.[66]

---

66 정복이 어려울 때만 시스템이 방어적 현실주의 세계로 바뀐다는 점을 3장에서 보여줄 것이다.

위에서 강조한 동력들은 간단한 결과, 다시 말해 역사적으로 전쟁이 꽤 오랫동안 빈번하게 발생했다는 결과를 초래했다. 고대 중국에 대한 통계, 예를 들어 『좌전(左傳)』은 불과 259년의 과도기 동안 540여 차례의 국가 간 전쟁과 130여 차례 이상의 대규모 내전이 발생했다고 기록되어 있다(Lewis 1990, 36). 전쟁 기간 동안, 쉬텐보(Hui 2005)는 기원전 656년에서 기원전 435년 사이에 256건의 대국 간 전쟁이 있었다고 결론지었다(최소한 하나의 대국이 전쟁에 휘말린 것이다). 다른 지역에서의 전쟁도 똑같이 끔찍하다. 고대 그리스와 로마에서는 거의 해마다 전쟁이 계속되었다(본서의 부록 3 참조). 1495년부터 1815년까지 근대 이전의 유럽에서는 89번의 대국 간 전쟁이 발생했다. 다시 말해 3.65년마다 대국 간 전쟁이 일어난 것이다(Levy 1983, 88~91).

4. 공세적 현실주의 세계의 탄생: 하위시스템의 증거

본 절은 고대 메소포타미아, 고대 이집트, 고대 중국, 페루의 북동부 해안, 멕시코의 오악사카계곡, 아나톨리아의 초기 등 여섯 개 하위시스템에 관한 증거를 제시하고자 한다.[67] 이들 여섯 개 시스템은 제한된 시스

---

67 본문을 더 쉽게 이해하기 위해, 본 절의 보충자료를 부록 2에 정리해 놓았다. 부록에 기록된 상위 다섯 개 시스템은 이미 전형적인 초기 시스템(Cioffi-Revella 1996; 2000; Trigger 2003)으로 널리 인정받고 있다. 오터바인(Otterbein 2004)이 이집트를 제외한 것은 시스템 내 국가의 내생적 기원에 주목했기 때문이다. 고대 아나톨리아도 아마도 전쟁 기원의 초기 시스템(Meyers 1997, 122; Hamblin 2006, 285~286)일 것이라는 유력한 (그러나 불충분한) 증거가 있기 때문에, 초기 시스템으로 분류했다. 현대인들이 경쟁과 폭력으로 네

템이었으며, 이에 전쟁의 기원이 내생적으로 나타날 가능성이 높았다.[68] 본서의 이론을 더욱 뒷받침하기 위해, 네 개의 다른 2차 시스템(다른 초기 시스템으로부터 전쟁이 이 2차 시스템으로 확산됨, 본서 부록3 참조)도 간략히 살펴보았다.

전체적으로 이런 시스템들을 구축한 역사에 허점이 있기 마련이지만,[69] 기존의 증거는 반박의 여지없이 하나의 결론을 도출했다. 이 여섯 개의 시스템 모두 무에서 유를 창조하는 전쟁을 겪었고, 이후 사방에 피비린내가 가득한 과정을 겪었다는 것이다. 비록 오악사카계곡과 페루의 북동해안은 다른 시스템들에 비해 충돌 규모면에서 뒤떨어지지만, 이는 이 두 가지 하위시스템의 총 인구수가 많지 않기 때문이다.[70]

(1) 고대 메소포타미아 (부록 2, 표 S2.1)

메소포타미아는 대근동(大近東)의 두 강, 즉 티그리스강과 유프라테스강

안데르탈인을 대체했다는 가설이 사실이라면, 최초의 진정한 의미의 전쟁은 이 두 종족 사이에서 발발했을지도 모른다. 그리고 만약 이 전쟁이 구석기 말기(13만 년 전부터 5~3만 년 전)에 발생한 것이라면, 레반트도 전쟁 기원의 초기 시스템으로 분류되어야 한다. 유감스럽게도, 일부 경쟁과 대체가 일어났을 수 있으나(Shea 2001; 2003), 아직까지 확실한 증거는 존재하지 않는다. 그래서 레반트와 가나안을 2차 시스템에 포함시켰다(본서 부록 3 참고).

68 상술한 바와 같이, 자연과 사회의 '경계'를 갖는 것은 정복과 강제를 통한 지역 내 국가 탄생의 전제 조건이다(Carneiro 1970; Chagnon (1968) 1997, 75; Dickson 1987).

69 고대 근동의 역사를 복구하는 데 겪는 어려움에 대해서, Khurt 1995, 서론; van de Mieroop 2007, 서론; Wenke 2009, 제3장; Maisew 1993; Matthews 2003 등을 참조.

70 마르쿠스와 플라네리(Marcus and Flannery 1996, 12~13)에 따르면 스페인이 와하카계곡을 정복했을 때 사포텍 문명의 인구 상한선은 35만에서 50만에 불과했다.

사이에 놓여 있다.[71] 자그로스(Zagros)산맥 동쪽, 시리아사막 북서쪽, 아랍사막 서쪽, 타우루스(Taurus)산맥 북쪽, 페르시아만 남쪽에 해당한다.[72] 이 땅은 수메르(Sumer), 아카드(Akkad), 아시리아(Assyria), 바빌로니아(Babylonia), 엘람(Elam, Susiana), 히타이트(Hittites), 미타니(Mitanni) 등 잘 알려진 제국 문명을 낳았다. 그들은 모두 정복과 확장을 통해 그들만의 시간을 써내려갔다.[73]

기원전 3500년 이전에는 메소포타미아에서 전쟁의 흔적이 거의 없었다. 기원전 3500년(후기 우루크 문화)과 그보다 더 이른 시기에 전쟁의 증거는 더욱 말할 수 없다.(Hamblin 2006, 2장; McIntosh 2005, 185). 초기 왕조(기원전 2900년경-기원전 2300년경)에는 전쟁이 더욱 격렬했다(Hamblin

---

71 광의적 의미의 근동에는 메소포타미아(아시리아, 바빌로니아, 엘람), 이집트, 아나톨리아, 레반트(Kuhrt 1995; Hamblin 2006 참고), 심지어 아라비아반도까지 포함된다(Sasson et al. 1995 참조). 본서에서는 협의적 의미의 근동 개념을 사용하여, 아라비아반도, 이집트, 레반트(van de Mieroop 2007 참고)까지 배제했다.

72 정착농경이 출현하기 전, 메소포타미아의 주요 생태환경 변화 중 하나는 해수면의 점진적 상승이다. 이 현상은 약 기원전 14000년부터 기원전 5000-기원전 4000년경까지 지속되었다. 약 기원전 2900년경에 이 지역에 대홍수가 발생했는데, 이는 성경 속 대홍수의 유래로 짐작된다. 이 시간들은 이곳의 진화 과정에 영향을 주었다. 이에 관해서는 McIntosh 2005, 제1장, 제2장을 참조.

73 알가제(Algaze (1993) 2005)는 약 기원전 3800-기원전 3100년에 메소포타미아 남부의 우르크가 시리아-메소포타미아 지역으로 확장한 것이 확실하다고 주장했다. 그러나 그가 우르크의 중심부에 축방(築防)된 관문(오늘날의 시리아의 하브마카빌라)의 보호 아래 있다는 사실을 알고 있었음에도 불구하고(Algaze (1993) 200, 53~57) 우르크의 확장에 있어 전쟁의 역할에 대해서는 논의하지 않았다. 가장 가능성이 높은 가설은, 후기 우루크의 확장(약 기원전 3500년-전 3100년)이 최소한 부분적으로라도 군사적 수단과 전쟁에 의존했으며(Hamblin 2006, 40~42), 우르크의 패망도 전쟁 때문일 것이라는 주장이다(Hamblin 2006, 40~42). 현재는 알가제도 우르크 확장에서 전쟁의 역할을 소홀히 한 점을 중대한 부주의로 인정하고 있는 상황이다. 필자와 알가제 간의 2011년 11월 19일의 개인 통신 기록과 Algaze 2008를 참조.

2006, 44). 기원전 1600-기원전 1500년부터 기원전 1200-기원전 1050년까지 대근동의 주요 강국들(즉, 바빌론, 아시리아, 이란, 히티, 미타니, 이집트) 간 전쟁은 거의 해마다 계속되었다(Kuhrt 1995, 제1권, 제2권; McIntosh 2005, 4; Hamblin 2006; van de Mieroop 2007, 7장).

무기와 유해(법의학적 증거)

고대 메소포타미아에서 발굴된 가장 오래된 구리로 만든 창은 기원전 4000년 초로 거슬러 올라간다. 대략 같은 시기의 그릇에서는 양손에 활과 방망이를 들고 있는 병사를 묘사한 최초의 그림이 나타났다(Hamblin 2006, 34). 이후 고대 메소포타미아는 전차(기원전 2550년경), 기계식 활(기원전 3천년 말부터 기원전 2천년 초까지, Hamblin 2006, 89~95; McIntosh 2005, 188)[74], 낫칼(기원전 2000년 이후, Hamblin 2006년 66~71; 특히 5장과 6장), 그리고 마차(기원전 1500년경, Hamblin 2006, 5장; Van de Mieroop 2007, 122, 125 참조) 등 중요한 비화기 무기들을 많이 개발했다. 고대 메소포타미아는 또한 기원전 2550년경에 원시적인 전투 형태인 사각형 배열(방진형)을 개발하였다.

　전통적으로 고고학자들은 주로 남부 메소포타미아에 초점을 맞췄다. 그러나 최근 메소포타미아의 북부에 해당하는 시리아 북동부 텔브라크(Tell Brak)에서 메소포타미아 시대의 집단 묘지가 발견되면서 전쟁의 기원이 기원전 3800-기원전 3600년으로 늘어났다. 이 발견은 메소포타

---

74 청동 재질의 화살촉과 기계식 활(compound bow)은 투사 무기의 사정거리와 관통력을 크게 강화시켰다.

미아 북부가 메소포타미아 남부보다 더 일찍 전면전쟁의 잔혹한 상태에 들어갔을 수도 있다는 사실을 암시한다(McMahon et al. 2008).[75] 이후의 증거는 고대 메소포타미아에서 전쟁이 종종 잔인하고 전면적인 전쟁으로 이어졌다는 것을 암시한다. 아카디아인과 아시리아인은 전투에서 야만적인 것으로 알려졌으나, 기원전 612년 바빌로니아인과 메대인이 아시리아를 격파하자 더욱 잔혹하게 보복했다. 칼후(Kalhu)에 위치한 아시리아 궁전의 우물에서는 서로 묶여 있는 아시리아 병사들의 시체 180구가 발견되었고, 바빌로니아인과 메대족은 아시리아인의 영광과 힘을 상징하는 니네베(Ninevah)시를 약탈했다(McIntosh 2005, 195).

건축

우바이드 말기(기원전 5000-기원전 4000년경) 최대 도시인 에리두(Eridu)조차도 요새화되지 않았을 가능성이 있다(Hamblin 2006, 34). 우루크 문화(또는 기원전 3500-기원전 3100년경)가 끝날 무렵 메소포타미아의 모든 대도시들은 방어를 강화하기 위해 커다란 흙벽돌로 벽을 쌓았다. 처음에는 흙을 다져 벽을 쌓아올렸지만 이후에는 햇볕에 말리고 구운 벽돌로 대체했다(Hamblin 2006, 37~39). 기원전 2천년이 되자 참호, 성벽, 탑으로 이루어진 전체적인 방어시설이 더욱 눈에 띄게 증가했다(McIntosh 2005,

---

75 이를 근거로 추정해보면, 메소포타미아 북부의 도시 출현은 남부보다는 늦지 않을 것으로 추정되며, 심지어는 더 이른 시기(Oates et al., 2007)에 나타났을 수도 있다. 물론 메소포타미아 남부에서 더 오래된 전쟁 증거는 발견되지 않았는데, 고고학 발견의 우연성을 고려하지 않는다면, 이러한 미(未)발견은 남부 지역이 더 많은 홍수를 겪었기 때문일 가능성이 있다.

188~ 189). 도성과 같은 대도시에 많은 비용이 투자되면서 방어가 강화된 요새가 나타났다. 바빌론(바빌로니아 왕국의 수도)과 니네베(아시리아 요새)가 대표적인 사례이다(McIntosh 2005,191~192). 많은 요새와 보루는 왕조나 그 창시자의 이름에 따라 명명되었다. 예를 들어, '더르 리무시(Dur-Rimush)'는 리무시의 요새를 뜻하며, '더르 아카드(Dur-Akkade)'는 아카드의 보루를 뜻한다(Kuhrt 1995, Vol. I, 54).

그림 및 명문

많은 문서를 통해 문명의 요람으로 알려진 이 땅에서 발발한 전쟁이 전면전으로 가지 않더라도 충분히 잔인했다는 사실을 알 수 있다. 우루크 문화에서 신왕의 이미지는 군사 예술작품의 전형적인 주제였는데, 용맹하고 호전적인 왕의 모습과 위대한 업적을 반영했다(Hamblin 2006, 37~39). 기원전 3000년경 요새가 나타난 직후, 조각품과 원주형 도장에는 성(城)을 공격하는 장면이 묘사되기 시작했다(Hamblin 2006, 37~39, 특히 8장). 또한 후기 우루크 문화의 예술작품에는 죄수의 처형 장면이 묘사되기도 했다(Matthews 2003, 108~126; Hamblin 2006, 34~44; McMahon et al. 2008).

기원전 2550년부터 기원전 2250년까지 수메리아 시스템에서 키시(Kish), 라가시(Lagash), 옴마(Umma), 우르(Ur)와 같은 강력한 도시국가(왕국)들이 거의 매년 간 전쟁을 치렀다는 사실도 그리 놀랄만한 일이 아니다. 수메르왕 리스트(Sumerian King List)에 '수메르 시스템의 왕권 승계 메커니즘이 전쟁'이라고 주장하는 것은 이러한 이유 때문이다(Hamblin 2006, 42) 사르곤(Sargon)과 나람신(Naram-Sin)이 아카드(Akkad)를 이끌고 남부 메소포타미아를 통일했을 때에 이르러서야 그들의 영토에서 전쟁이 중단되었다(Hamblin 2006, 2~3장; van de Mieroop 2007, 3~4장).

따라서 기원전 2500년경 모든 미술작품에는 수메르 시대부터 아시리아 시대까지 전사, 군대, 전투를 묘사하고 있다(Hamblin 2006, 2장, 3장). 그림의 증거 가운데 가장 유명한 것은 '우르의 깃발(Standard of Ur)', '독수리 석판(Stele of the Vultures)', '나람신 승리석(victory stele of Naram-Sin)' 등이다.

'우르의 깃발(Standard of Ur, 기원전 2550년경)'은 전쟁을 사실적으로 묘사한 것이 아니라 우르왕의 승리 장면을 그린 그림이다. '우르의 깃발'에서 도끼, 막대, 칼, 창, 전차 등뿐만 아니라 우르의 전사들이 손에 무기를 들고 포로를 웨어싸며 전리품을 노획하는 모습 등을 볼 수 있다(Hamblin 2006, 49~50).

'독수리 석판(Stele of the Vultures, 기원전 2425년경)'은 움마(Umma)의 에나칼레(Enakalek)와 라가시(Lagash)의 에난툰(Enantum) 사이에 발생한 전투에서 에난툰왕의 승리를 그린 메소포타미아의 가장 유명한 전쟁 그림으로 인정받고 있다. 움마왕조와 라가시왕조 간의 전투는 아마 사상 최초의 영토전투일 지도 모른다. 이 대립은 150년 정도 지속되었다(기원전 2500-기원전 2350경, Van de Mieroop 2007, 48~49 참조).

'나람신 승리석(victory stele of Naram-Sin)'은 남부 메소포타미아(기원전 2254-기원전 2218년)를 통일한 아카디아제국의 네 번째 통치자 나람신 왕의 모습을 그리고 있다. 이 석판은 왕과 그의 군대가 자그로(Zagros)산맥의 룰루부(Lullubu)산악지방 사람들을 정복한 사실을 기록하고 있다. 또 다른 비문에는 '나람신이 그들을 물리치고 시체를 언덕에 쌓아 올렸다.(…)승리의 신에게 바친다.'라는 기록이 남아 있다(Hamblin 2006, 86~87; Van de Mieroop 2007, 64~73).

기원전 3천년 말, 전쟁은 때로 과장되기도 했지만 광범위하게 기록되었다. 아카드(Akkade)제국의 두 번째 통치자인 리무시(Rimush, 기원전 2778-기원전 2770년 재위)에 의해 남부 도시에 사는 수만명의 사람들이 처형되거나 고향을 잃게 되었다는 기록이 있다(Hamblin 2006, 78~80; Van de Mieroop 2007, 69). 아카드제국의 네 번째 통치자인 나람신은 반란을 진압하는 과정에서 13만 7,400명을 참살하고 포로로 잡았다며 자신을 치켜세웠다(McIntosh 2005, 78; Hamblin 2006, 81~84).

기원전 2천년까지 메소포타미아 시스템에는 여러 개의 크고 작은 국가들이 존재했다. 이들 국가들, 특히 강대국들은 서로 사활을 건 투쟁을 벌여왔고 그 사이 잔인한 전쟁은 해마다 계속되었다. 그들은 또한 정기적으로 서로의 수도를 약탈했으며[예를 들어, 기원전 1595년에 히타이트의 머실리(Mursili)왕이 바빌론을 약탈했다, van de Mieroop 2007, 5장, 6장, 7장, 8장, 9장, 10장], 기원전 14세기에 고대 근동의 통치자들이 쓴 아마르나의 편지(Amarna Letters)는 근동의 국제정치가 매우 경쟁적이라는 사실을 명확히 보여주고 있다(Cohen and Westbrook 2002).

기원전 1천년의 고대 근동은 여전히 이러한 모델을 따르고 있었다. 기원전 701년 센나케립(Sennacherib, 기원전 704-기원전 681년 재위)은 아시리아군을 이끌고 유다의 라키시왕국을 침범하여 현지인들을 잔인하게 죽이거나 노예로 만들고 도시를 파괴했다(Liverani 2005, 143~148; McIntosh 2005, 180). 기원전 612년 아시리아 제국이 멸망하자 반대파는 니네베를 약탈하고 붙잡힌 아시리아 병사들을 대거 학살했다(McIntosh 2005, 195).[76]

(2) 고대 이집트(부록 II, 표 S2.1)

시나이사막과 홍해는 고대 이집트를 레반트/가나안, 메소포타미아와 차단시켰다. 발굴된 유적이나 유해가 불충분하기 때문에 고대 이집트 전쟁의 정도가 덜 공포스러웠을 것이라고 생각할 수도 있으나 이는 고대 이집트가 평화로웠다기 보다는 아마도 유적이 깊은 곳에 매장되어 있기 때문일 것이다(발굴하기가 상당히 어려우며 심지어 불가능하다). 분명한 점은 첫 번째 왕조의 파라오인 나르메르(Narmer, 기원전 3100-기원전 3000년경)도 전쟁과 정복의 과정을 거치지 않고 이집트의 상류이집트(남쪽 계곡)와 하류이집트(북부 삼각주)를 통합할 수 없었다는 것이다(Kemp 1989, 2장; Kuhrt 1995, 125~134; Wilkinson 1999, 2장).

무기 및 유해(법의학적 증거)

무기로서 방망이가 처음 등장한 것은 나카다(Naqada) 문화의 첫 단계(나카다 1세, 이른바 '전(前)왕조 시대' 기원전 4000-기원전 3500년경)였다. 나카다 문화의 두 번째 단계(기원전 3500년경-기원전 3150년경)[77]에 이르자 '방망이는 왕권과 권력의 전형적인 상징이 되었다'. 적을 물리치는 그림은 '향후 3000년 동안 이집트 왕실의 군사그림의 일반적 형태'가 되었다. 방망이 외에도 부싯돌 칼, 부싯돌 표창, 구리 작살 등의 무기가 무덤에서 출토되

---

76 기원전 2세기에 이르러 문자가 점점 완성되자, 전쟁이 기록되기 시작했다(van de Mieroop 2007, 제5, 6, 7, 8, 9, 10장; Hamblin 2006, 제6장). 메소포타미아는 고대 왕조 말기, 곧 아카데 제국과 우르/수메르 제3왕조 사이인 약 기원전 2500-기원전 2100년에 문자를 발명했다(McIntosh 2005, 191~195).

77 나카다 문화 2, 3단계, 혹은 고대 왕조 중기, 말기라고 한다.

었다(Hamblin 2006, 특히 313~315). 나카다 문화의 두 번째 단계에서는 방망이 외에 창, 도끼, 쌍두도끼, 활, 던지기 등의 무기들이 '도색된 무덤'에서 발굴되었다(Wilkinson 1999, 31~34; Hamblin 2006, 315).

방어공사

나카다 문화의 두 번째 단계(기원전 3500-기원전 3150년경)까지 히에라콘폴리스(Hierakonpolis)는 진흙으로 만든 대규모 벽으로 보호되었고(Hamblin 2006, 312~313; Wenke 2009, 216~225) 나카다의 수도(Kemp 1989, 35~46)도 이러한 형태로 보호되었다. 이것은 놀랄 일이 아니다. 왜냐하면 나카다 문화의 두 번째 단계와 세 번째 단계에서 상류이집트의 세 국가인 히에라콘폴리스, 나카다, 티니스(This)가 모두 치열하게 경쟁하고 있었기 때문이다(Kemp 1989, 2장; Wilkinson 1999, 2장; Hamblin 2006, 317~319; Wenke 2009, 202~229).

기원전 3050년부터 기원전 3000년경까지 히에라콘폴리스, 나카다, 티니스 간의 경쟁은 결국 파라오 나르메르에 의해 통일되면서 초기 왕조의 첫 번째 왕조(기원전 3000년경-기원전 2686년경)가 시작되었다. 나르메르는 통일된 이집트의 수도, 멤피스(Memphis)를 건설했는데, 멤피스는 문자 그대로 '백색 요새'를 의미한다(Hamblin 2006, 319). 초기 왕조 동안 이집트인들은 누비안 변경의 엘레판티네(Elephantine)섬을 따라 그 일대에 대규모 요새를 건설했다. 이 요새는 '크고 두꺼운 진흙벽과 반원형의 투사(投射)진지, 방어가 강화된 문, 성 모서리마다 건설한 사각탑'으로 이뤄졌다(Hamblin 2006, 325; Wilkinson 1999, 175~182년).

고대 왕국 시대(기원전 2687-기원전 2181년)에는 많은 마을이 무거운

벽돌담의 보호 아래 있었다(Kemp 1989, 138-141). 결국 이집트인들이 중기 왕국(기원전 약 2061-기원전 1786) 시기에 누비아를 다시 정복했고, 누비아를 영원히 통제하기 위해 새로운 요새를 건설했다. 센우스레트 1세(Senwosret I, 기원전 1971-기원전 1928) 시기, 부헨(Buhen)에 세워진 요새는 매우 웅장했다(Kemp 1989, 166~178; Hamblin 2006, 443~445).

그림 및 명문

고대 이집트 역시 전쟁과 정복에 관한 많은 유명한 그림들을 만들었다. 두 번째 나카다 시대에 그려진 고대 이집트 가장 초기의 전쟁그림은 히에라콘폴리스(기원전 3400-기원전 3300년경)의 '도색된 무덤'이다. 이 작품은 한 왕실 귀족이 방망이를 들고 배 위에 서 있는 장면 이외에도 몇 개의 다른 전투 장면들이 있다(Kemp 1989, 40; Wilkinson 1999, 31~34). 나카다 문화의 두 번째 단계나 전(前)왕조 후기(기원전 3500-기원전 3150년경)에 그려진 다른 유명한 전쟁미술작품으로는 게벨-엘-아라크(Gebel-el-Araq)의 칼 손잡이와 '독수리 팔레트(Vultures Palette, 또는 Battlefield Palette)'가 있다. 전자는 두 군단의 전투 장면을 보여줄 뿐만 아니라 해전(海戰)을 했다는 첫 번째 증거다. 후자는 전쟁터로 끌려가는 벌거벗은 전쟁 포로들은 물론, 독수리와 사자들이 적의 시체를 집어삼키는 장면이 묘사되어 있다(Hamblin 2006, 314~315; Shaw 2000, 316 참조). 전(前)왕조 시기에 죄수들을 제례의식의 목적으로 희생시키는 것은 일반적인 형태는 아니었지만 분명히 존재했던 것들이었다(Wilkinson 1999, 265~267; Wenke 2009, 249~251).

나르메르 팔레트(기원전 3040년경)는 가장 유명한 팔레트로 알려져 있는데, 아마도 기원전 3050년에서 기원전 3010년 사이 나르메르의 이집트 통일을 기념하기 위해 제작되었을 것으로 추정된다. 나르메르 팔레트에 묘사된 장면은 고대 이집트의 전쟁신이 독수리의 머리를 가진 호루스(Horus)였다는 점을 제외하고는 메소포타미아의 독수리 석판(vulture slate)과 상당히 흡사하다. 팔레트의 한쪽 면에서는 이집트의 파라오가 적국의 군주를 때리는 모습이 그려져 있고 다른 한쪽 면에서는 이집트의 파라오가 '두 줄로 묶여 참수된 죄수'를 검사하고 있는 모습이 그려져 있다(Kemp 1989, 42; Hamblin 2006, 318~320; Wenke 181~188). 또한 기원전 3100년경 '도시 팔레트(Cities Palette)' 또는 '리비안 팔레트(the Libyan Palette)'라고 알려진 '테헤누 팔레트(the Tjehenu Palette)'는 나르메르의 지휘하에서 도시가 정복되는 장면을 묘사했는데, 이집트에서 전쟁의 신을 상징하는 동물(사자, 전갈, 매)들이 그려져 있다(Kemp 1989, 50; Shaw 2000, 4; Hamblin 2006, 319).

또한 기원전 2950년경으로 추정되는 상아 장식이 있는데, 이 장식은 나르메르의 후손인 파라오 덴(Den)에 의해 '첫 동방정벌'이라고 명명되었다(Kemp 1989, 42; Wenke 2009, 243~244; Hamblin 2006, 320~321) 초기 왕조 시기(약 기원전 2687-기원전 2171년)에 남부 팔레스타인, 북부 누비아 부족 및 국가들과의 전쟁은 이집트 군사예술의 일반적인 주제였다(Wilkinson 1999, 151~182; Hamblin 2006, 13장, 14장). 신(新)왕국 시기(약 기원전 1539-기원전 1075년)의 이집트 전쟁은 기본적으로 사료에 기록되어 있다(Spalinger 2005; Liverani 2005, 10~17, 101~103; Hamblin 2006, 16장, 17장).

(3) 고대 중국(부록 II, 표 S2.2)

황하 유역을 중심으로 한 고대 중국 역시 폐쇄적인 시스템이었다. 고대 중국은 서쪽으로 티베트고원과 히말라야산맥에 이르고 동쪽으로는 황해에 접하며, 북쪽으로는 건원초원과 고비사막에, 남쪽으로는 양쯔강 유역에 이르는 광활한 영토를 소유했다. 많은 고고학적 증거들은 고대 중국에서 전쟁이 기원전 3000-기원전 2700년까지 널리 성행하였음을 입증한다(관련 요약은 표 S2.2; Sawyer 2011 참조).

무기 및 유해

롱산(龍山) 문화 말기(기원전 3000-기원전 2200년경)의 황하유역에는 반박할 수 없는 전쟁의 증거들이 나타났다. 젠거우(澗溝)의 몇몇 버려진 우물들은 집단 묘지로, 머리가 으깨지고, 팔다리가 잘려서 매몰된 희생자로 가득 차 있었다(Chang 1986, 270~271; Chang 2005; 鄭傑祥 2005). 양쯔강 삼각주의 량저(良渚) 문화(기원전 3000년경)에서도 유사한 증거를 발견할 수 있다(周膺, 吳晶 2004, 112~119).

전쟁의 도래와 확산은 고대 중국이 더욱 새롭고 전문화된 살상 무기를 생산하는 계기가 되었다. 기원전 3000년경 량저 문화의 한 묘지에서는 전형적인 부장품이 발견되었다. 그것은 근접격투가 가능한 돌로 만들어진 월(鉞)이었다(周膺, 吳晶 2004, 112~119).[78] 이후 중국은 불화살, 단도, 창과 같은 더 정교한 무기를 발명했다(Yates 1999, 9~10). 하(夏)왕조

---

78 월(鉞)의 구조는 돌도끼와 유사하지만 규격은 돌도끼보다 크다. 중요한 것은 월(鉞)이 연마도구가 아니라 살상도구라는 점이다. 하(夏)왕조에 이르러서는 구리가 정치권력의 상징이 되었다(鄭傑祥 2005, 424~426).

후기(기원전 2200-1700년경)에는 가볍고 정교한 청동무기와 전차가 나타났다(楊升南 1991; 林沄 1990). 고대 중국의 독특한 청동무기이자 최초의 장병기(長兵器)인 극(戈)은 기원전 2000년경에 등장하여 그 후 널리 사용되었다(石曉霆, 陶威娜 2003; 鄭傑祥 2005, 426~427).

롱산 문화 후기부터 신자이(新砦) 문화까지, 그리고 다시 하(夏)왕조 말기에서 상(商)왕조 초기의 이리두(二里頭) 문화까지, 처음에는 부장품들의 수량이 적고 단일한 형태였지만 이후 수량이 많아지고 종류도 더욱 다양해졌다(石曉霆, 陶威娜 2003; 杜金鵬 2007, 18~19; 唐際根 2010, 246~261). 롱산 문화 말기부터 주(周)나라에 이르기까지 당시 사람을 희생해 제사를 지내는 풍속은 매우 광범위하게 존재했다(Liu 2004, 44~46, 55~57, 105; 唐際根 2010, 244).

방어공사

페이리강(裴李岗) 문화(기원전 7000-기원전 5000년경)만 하더라도 마을이 눈에 보이는 성벽으로 보호되지 않았다. 기원전 4000년 앙소(仰韶) 문화 후기 또는 롱산 문화 초기에 이르러서야 일부 마을이 깊은 참호나 진흙을 쌓아 만든 흙벽으로 보호되었다. 롱산 문화 말기(기원전 3세대 이전)와 하(夏)왕조 초기(기원전 3000-기원전 2200년경)부터 많은 마을이 흙벽과 깊은 참호로 보호되었다(Chang 1986, 248; Liu 2004, 4장; Shao 2005; 鄭傑祥 2005, 198~209, 295~305; 張國碩 2008). 기원전 2200년 이후에는 거의 모든 도시와 마을이 더욱 정교한 성벽으로 보호되었다(楊寬2003; Liu 2004; 張國碩 2008).[79]

그림 및 명문

기원전 2000년경에 고대 중국은 문자를 발명했다. 그 후 갑골문과 청동기의 명문에 최초로 전쟁이 기록되었다. 사실 상(商)왕조(기원전 1700-기원전 1046)의 수많은 갑골문자는 점을 쳐서 전쟁의 길흉을 알아보는 것이었고, 상과 서주(西周)의 수많은 청동기 명문은 군왕이 이룩한 대업을 축하하기 위한 것이었다. 기원전 300년경, 사람들은 죽간을 사용해 전쟁을 광범위하게 기록했다. 『좌전(左傳)』, 『노씨춘추(魯氏春秋)』, 『전국책(戰國策)』, 『사기(史記)』 등 고서(古書)가 고대 중국이 전쟁을 했다는 광범위한 증거로 남아있다. 치오피 레빌라와 라이(Cioffi-Revilla and Lai, 1995), 쉬텐보(Hui 2005) 등은 이들 고서를 종합적으로 정리하고 검토했다.

간단히 말해, 『좌전』은 춘추전국 시대 이후 483개의 전쟁을 기록한 사서이다.(Yates 1999, 19인용) 또 다른 통계에 따르면 『좌전』에는 불과 259년의 기간 동안 540개의 국가 전쟁과 130개 이상의 대규모 내전이 기록되어 있다(Lewis 1990, 36). 쉬텐보(Hui 2005)는 기원전 656년부터 기원전 221년까지 435년 동안 256건의 강대국 간 전쟁(적어도 하나의 대국이 참여한 전쟁)이 있었다고 결론지었다. 요컨대 전설적인 황제 시대(요, 순, 우)부터 하, 상, 서주, 동주에 이르기까지 전쟁의 발발 빈도는 증가했다(Cioffi-Revilla and Lai 1995, 480~486, 특히 표 2). 기원전 576년, 어린 왕이었던 류강공(刘康公)조차 '국가의 큰일이 제사와 형벌에 있다'(『좌전』, 성공(成公) 13

---

79 한 추산에 따르면, 하(夏)왕조 당시 중국 중원의 인구밀도는 600가구/㎢였다(宋鎭豪 1991). 2472.1가구/㎢(Cioffi-Revillla and Lai 1995, 472)라는 추산도 있다. 이 수치는 믿을 수 없을 정도로 높다.

년)는 진리를 알고 있는 등 전쟁은 지속적으로 증가했다.

전쟁의 참화는 또 다른 관점, 예를 들어 시간의 경과에 따라 멸망한 국가(정치체계)의 수를 통해 확인할 수 있다. 통계에 따르면 기원전 1045년부터 기원전 221년까지 800개 이상의 국가가 멸망했다. 평균적으로 한 세기마다 97개의 국가가 멸망한 셈이다(이 책의 제3장 참조). 더욱 이른 추정에 따르면 중국 시스템에 있는 국가의 수가 더 극적으로 감소했다는 사실을 알 수 있다. 1600년경 구주위(毆祖禹)는 하우(夏禹)가 각 방(邦)의 수령을 소집할 때 약 1만 개의 국가가 있었다는 사실에 주목했다. 성탕(成湯)이 하늘의 명을 받아 상(商)왕조를 세울 때, 국가의 수가 3000개까지 감소했고, 주(周)왕조 무(武)왕이 대회합을 위해 제후들을 불러 모았을 때에는 1800개까지 감소했다(Chang 1986, 307; Cioffi-Revilla and Lai 1995, 472~473참조). 우리가 어떻게 보든 간에 고대 중국의 전쟁은 보편적이고 잔인했으며 전면적이었던 셈이다.

(4) 페루 북부 해안(부록 II, 표 S2.3)

도자기 이전 신석기 시대의 초기(기원전 4500-3000년경), 페루의 북부 해안에서는 전쟁이 일어나지 않았다. 그러나 도자기 이전 신석기 시대의 후기(기원전 3000/2500-기원전 2000년/1800년)에는 전쟁이 시스템적으로 일어났고, 전쟁 초기(기원전 2100-기원전 900년)에는 잔인한 전면전이 발발하였다. 이 시기 많은 전쟁 증거로 무기(상어 이빨을 단 방망이, 날카로운 창과 짜임새 있는 투석기), 두개골이 없는 해골, 절단된 해골, 그리고 인간의 머리(장신구로 사용된 머리)로 만든 전리품) 등이 있다(Pozorski 1987, 27~28; Burger 1995, 36~37; Stanish 2001, 57~58). 초기(Early Horizon, 기원전 900-기원전 200

년경)까지 카스마계곡에서는 적어도 첫 번째 정복이 나타났을 것이다
(Pozorski 1987, 27~28).

기원전 3000년경, 샐리나스 드 산타(신성한 소금호수, Salinas de Santa)
에 최초의 방어 요새가 건설되었다. 초기에 방어 요새가 도처에 건설
되었고(Pozorski 1987, 27~28; Daggett 1987, 특히 77~78), 중기 초기(기원전
200년-서기 600년)까지 이런 추세가 유지되었다(Topic and Topic 1987, 50;
Wilson 1987, 66~68).

최초의 전쟁그림은 초기에 출현했다. 세친산(Cero Sechin)에 기원전
1519년경에 만들어진 수많은 조각품들이 출토되었다. '불쌍한 전사들과
부상당한 희생자들', '배에서부터 나오는 신체의 고통으로 인해 일그러
진 얼굴을 하고 있는 희생자들', 그리고 '패배한 몇몇 지도자들의 머리와
아직도 피가 뚝뚝 떨어지는 머리로 장식한 승리한 전사들'이 그려져 있
다.(Burger 1995, 77~79).[80]

이 모든 것은 적어도 초기에 페루의 북부 해안에서 잔혹한 전면전
이 벌어졌음을 강력히 시사해주는 증거인 셈이다.

(5) 멕시코 오악사카계곡(부록 II, 표 S2.3)

멕시코 중심부에 있는 오악사카계곡은 다른 초기 시스템과 같은 발전
의 길을 따라왔다. 전쟁이 처음에는 없었으나 발발한 이후부터는 잔인

---

80 놀랍게도, 버거(Burger 1995, 78)는 이 조각들이 '소규모의 습격'만을 나타낸다고 생각했
다. 버거는 일관되게 차빈 문명의 탄생에서 전쟁의 역할을 과소평가했는데, 이는 그가
이 전쟁을 실제 전쟁이 아닌 의례적인 것으로 간주했기 때문이다.

함과 광기가 더해졌다. 기원전 8050-기원전 2050년경(지금으로부터 약 10000-4000년 전), 오악사카계곡에는 전쟁이 존재하지 않았다(Flannery and Marcus 2003, 11801).[81] 정착농경 촌락은 대략 기원전 1650년(지금으로부터 3600년 전)에 나타났으며, 기원전 1310-기원전 1210년(지금으로부터 3260-3160년 전) 직후 요새가 건설되기 시작했다. 기원전 1150-기원전 850년 사이(지금으로부터 3100-2800년, 산호세 시기, San Jose phase) 마을들은 서로를 공격하기 시작했다. 기원전 850-기원전 500년(지금으로부터 2800-2450년 전, 과달루페와 로사리오 시기, Guadalupe and Rosario phase)이 되자 공격은 더욱 거세졌다. 그 후 기원전 500-기원전 300년경(지금으로부터 2450-2250년, 몬테 알반 상(上) 시기, Monte Alban Ia phase)에는 시스템 전체에 잔혹한 전쟁이 시작되었다(Flannery and Marcus 2003, 11801~ 11803).[82]

최초의 요새는 기원전 850년경부터 기원전 500년까지 오악사카계곡에 나타났다(Marcus and Flannery 1996, 124). 티아라스 라고스(Tierras Largas)에서 로사리오에 이르는 최대의 정착지인 산호세 모고테(San Jose Mogote) 마을은 결국 지속적인 정복을 거쳐 사포텍(Zapotec state)으로 확대되었다(Spencer and Redmond 2003). 그러나 그 이전에 산호세 모고트 마을은 더욱 방어가 어려운 곳으로 이주하여 중앙아메리카 최초의 도시인 몬테 알반(Monte Alban)을 형성하였다. 이 전략적인 전환, 즉 고대 그리스 폴리스의 말을 인용해보면 '마을을 폴리스로 통합(Synoikism)'하는

---

81 이 지역의 연대는 Marcus and Flannery 1996, 25, 표3을 참조.

82 마르쿠스와 플래너리(Marcus and Flannery 1996, 130)가 지적했듯이, 군대와 군량미의 양을 지속적으로 기록하는 것이 중요하기 때문에 문자가 발명되었을 가능성이 높다.

것은 다른 정권의 위협에 대처하기 위해 고안된 방어적인 전략임에 틀림없었다(Marcus and Flannery 1996, 11장, Spencer and Redmond 2001). 몬테 알반 시대의 첫 번째 단계(기원전 약 500-기원전 150년/100년)가 끝날 무렵, '계곡에 거주하는 3분의 1 이상의 사람들이 방어가 쉽고 공격하기 어려운 언덕꼭대기로 이동했다.'(Marcus and Flannery 1996, 150~154 인용; Flannery and Marcus 2003, 11804도 참조). 결국 서기 500년경에 115,000명의 사람들 중 64%가 다른 강대국의 심각한 위협에 대처하기 위해 방어가 쉽고 공격이 어려운 38개 지역에서 살아야 했다(Marcus and Flannery 1996, 228, 243~244).

전쟁그림의 증거는 로사리오 시대에 처음 나타났다. 산호세 모고트 마을의 기념비는 기원전 630-기원전 560년(지금으로부터 2580-2510년 전)까지 거슬러 올라간다. 기념비에는 심장을 도려낸 포로의 시체를 그려져 있다(Marcus and Flannery 1996, 128~130; Flannery and Marcus 2003, 11802~11803). 더욱 끔찍한 것은 몬테 알반 시대(기원전 500-기원전 300년경)의 가장 오래된 기념비 가운데 300개가 넘는 기념비에 도살되거나 희생된 적들이 묘사되어 있다는 사실이다. 이는 산호세 모고테(San Jose Mogote)에서 보았던 것과 상당히 유사하다(Marcus and Flannery 1996, 150~154). 이곳에서는 제사의 증거도 발견되었다(Marcus and Flannery 1996, 183~184).

오악사카계곡에서 통치를 공고히 한 후, 몬테 알반은 정복과 식민화를 통해 바깥으로 확장하기 시작했다(Spencer and Redmond 2001). 몬테 알반 시대의 두 번째 단계(Monte Alban Ⅱpahse, 기원전 150년 – 기원후 200년)까지 사포텍은 수많은 계곡과 식민지를 정복한 것을 기념하기 위해 알바니아산맥의 광장에 '정복 기념 석판(Conquest slabs)'을 세웠다(Marcus and Flannery 1996, 195~199). 라 코요테라(La Coyotera) 마을에서는 사포텍에 정복당한 61명의 두개골을 나무판(yagabetoo)에 매달아 놓았다(기원전 10년; Flannery and Marcus 2003, 11805; Marcus and Flannery 1996, 203~206 참조). 계곡의 북쪽 입구를 지키기 위해 사포텍도 쿠이카틀란 카나다 (Cuicatlan Canada) 근처에 전략적 요새를 세웠다.[83] 서기 200년부터 서기 500년(몬테 알반 시대의 IIIa, IIIb단계) 사포텍은 다른 유사한 팽창세력(예를 들어, Mixtecs, Teotihuacan)과 마주쳤고, 상대를 무찌르기 위해 서로의 전략과 전술을 배우기 시작했다(Marcus and Flannery 1996, 229~235; Joyce 2010, 173~177).

(6) 아나톨리아: 가능한 초기 시스템?(부록 II, 표 S2.4)

고고학적으로 말하자면 아나톨리아는 오늘날 터키 영토의 많은 부분을 차지하고 있다. 국가 형성의 관점에서 아나톨리아는 일반적으로 초기 시스템으로는 간주되지 않는다(예를 들어, Cioffi-Revilla 2000; Otterbein 2004).[84] 그러나 전쟁의 기원이라는 관점에서 볼 때, 비록 추가적인 증거가 필요하지만 기원전 5000년 또는 그보다 더 이른 시기에 전쟁에 발

---

83 조이스(Joyce)는 몬테 알반(Monte Alban)이 쿠이카틀란 카나다(Cuicatlan Canada)를 정복한 것이 아니냐고 의문을 제기했지만, 그는 해골걸이가 전쟁의 징표라고 부정하지는 않았다(Joyce 2010, 151~154).

84 아나톨리아는 구 헤르티야 제국과 신 헤르티야 제국(약 기원전 2000년) 모두를 탄생시켰지만, 고대 메소포타미아와 고대 이집트에 비해 한참 늦은 시점이었다. 아나톨리아가 국가를 일찍 형성하지 못한 이유는 지역의 험한 지형이 권력의 공고화를 저해했기 때문일 것이다(Macqueen 1995, 1085).

을 들여 놓기 시작했을 것으로 추정된다(Ferguson 2006, 483; Hamblin 2006, 24~27).

신석기 시대 아나톨리아(기원전 7000/6500-기원전 6000/5500)의 차탈 후요크(Catal Huyuk) 지역 촌락에 요새를 건설했는데, 아마도 이것은 세계 최초일 것이다. 그러나 그 시대의 벽화는 기본적으로 사냥을 주제로 했다(Guilaine and Zammit 2005, 102; Sagona and Zimansky 2009, 88~99). 그러나 후에 벽화는 목이 잘린 시체, 머리가 없는 시체 위를 맴도는 독수리들, 그리고 아마도 다른 사람들의 목을 베는 장면을 묘사하기 시작했다. 이후에는 돌검, 창두, 화살, 늑대 이빨과 돌던지기(Mellaart 1967, 68~69; 207~209; Ferrill 1985, 24~25)가 나타났다. 이러한 증거들 중 결정적인 것은 없지만, 고대 아나톨리아에서 전쟁이 일어났음을 강력히 시사한다(Ferguson 2006, 483; Hamblin 2006, 24~26).

차탈 후요크에서 멀지 않은 하실라르(Hacilar, 기원전 5700-기원전 4800년경)의 유적은 비교적 전자보다 조금 늦게 나타났다. 그러나 그곳의 벽화는 아나톨리아가 전쟁을 경험했음을 분명히 보여준다. '기원전 5500년경에는 처음에는 성벽이 없는 마을이 파괴되었고, 그 다음에는 두께 1.5-3m의 성벽이 건설되었다. 그러나 기원전 5250년에 그들은 다시 파괴되었고 더 강한 요새화된 건물을 지어야 했다. 기원전 4800년에 여전히 불운하였고 결국 완전하게 폐허가 되었다.'(Hamblin 2006, 26) 비슷한 유적지들이 몇 군데 더 있었지만 그 중 한 곳(쿠루카이 후요크, Kurucay Hoyuk, 기원전 6000-기원전 5500년경)에는 '반원형 투영탑이 설치된 석벽'이 있었다(Hamblin 2006, 25; Ferguson 2006, 483~484).

금석병용시대(기원전 5500-기원전 3000년경)까지는 아마도 일부 외부 세력(즉, 카난과 레반트를 통과한 메소포타미아와 이집트)의 투입으로 아나톨리아는 완전히 공세적 현실주의 세계로 변모했다. 기원전 4500-기원전 4300년까지 요새는 매우 정교하게 발달했고, 이 시기에 청동창과 단검이 탄생했다. 기원전 3500-기원전 3000년 무렵에는 병사들도 등장하기 시작했다(Hamblin 2006, 285~286). 터키 남동부 티트리시 후요크(Titrish Huyuk)에서 발굴된 집단묘지는 청동기 시대 초기(기원전 3000-기원전 2700년경) 대학살이 일어났고 아나톨리아의 일부가 전쟁으로 인해 황폐화되었다는 증거이다(Erdal 2012). 기원전 2000년, 아나톨리아의 많은 왕국들과 제국은 고대 메소포타미아의 강대국에 대항하여 수년간 싸웠으며 우라르투(Urartu)는 많은 아시리아 문헌에 기록되어 있는 바와 같이 아나톨리아의 히타이트왕국을 가리킨다(Kuhrt 1995, 547~561; Macqueen 1995, Zimansky 1995; Sagona and Zimansky 2009, 9장; Hamblin 2006; van de Mieroop 2007). 따라서 대략적으로 이 시기에 아나톨리아가 대근동의 국제시스템으로 편입되었다고 볼 수 있다(Macqueen 1995, 1087).

5. 전쟁은 '국가/사회/우리'를 만들었고, '국가/사회/우리'는 전쟁을 촉발했다.

전쟁이 도처에서 격렬해지고 잔인해졌기 때문에, 시공간과 멀리 떨어져 있는 많은 사회와 문명들이 전쟁에 의해 매우 유사한 형태로 형성되었다는 것은 놀라운 일은 아니다. 거의 모든 문명에서 전쟁은 하나의 실체가 되었다.[85] 카네이루(Carneiro 2000, 129)가 스파르타에 대해 언급했듯,

사회생활의 거의 모든 면은 전쟁의 대상이 되었다. '전쟁이 국가/사회/우리를 만드는' 과정은 주로 두 가지 핵심 차원을 따르는데, 이는 국가/사회를 거대한 전쟁기계로 조직하는 것이며, 둘째로 세대를 걸쳐 전쟁기계를 지지하기 위해 전쟁문화를 사람들에게 주입하는 것으로 나타난다.

(1) 전쟁기계로서의 국가/사회

전쟁이 국가/사회를 창조하는 일차적인 징후는 전쟁에 의해 국가/사회가 완전히 조직된다는 것이다. 이들은 기본적으로 전쟁기계가 되었다. 물론 이것은 놀랄 일이 아니다. 오직 그러한 국가/사회만이 살아남을 수 있었기 때문이다. 공세적 현실주의 시스템 하에서 이러한 선택압력은 심지어 숨이 막힐 정도로 강렬하였다.

전쟁기계인 국가의 기둥은 상비군이었다. 실제로, 오랜 시간 동안 한 국가의 버팀목은 상비군이었다.

인류 역사의 초기에는 물론 상비군이 존재하지 않았다. 사실, 전쟁이 꽤 빈번할 때에도 상비군은 그리 흔하지 않은 제도였다. 대부분의 사회에서 건강한 남자는 전업농부(또는 수렵·채집가)이자 전사였던 셈이었다. (분쟁이 일어날 때) 상비군을 조직하려면 최소한 2000~2500명 이상의 개인으로 이루어진 군장국가의 규모가 달성되어야 했고, 이보다 더 많은

---

85 모든 초기 시스템과 간접 시스템에서 증거가 나왔기 때문에, 구체적인 인용은 하지 않으려 한다. 서로 다른 문명의 특정한 전쟁 증거에 관심이 있는 독자는 본 장 제4절에 인용된 문헌을 참고하기 바란다. 고대 메소포타미아, 페르시아, 그리스, 이집트와 중국 및 다른 문명과 집단이 일으킨 전쟁과 정부에 대한 종합적인 논의는 O'Connell 1989; Keegan 1993; Hamblin 2006을 참조.

숫자도 물론 존재했다(Carneiro 1987, 124; Earle 1987, 288; Kosse 1990, 295).[86]

오늘날까지도 아마존 일대의 부족(보통 200명 미만)은 상비군조차 없다. 건강한 모든 남성은 모두 전사와 전문 수렵·채집가를 겸하였다. 그들은 평상시에는 산발적으로 훈련을 받았다[Chagnon(1968)1997]. 이러한 부족의 인구와 경제력을 고려해보면 그 규모가 너무 작아 상비군의 규모를 감당할 수 없었던 셈이다.

초창기 상비군은 정예전사와 왕실장교로만 구성되었다. 고대 사포텍(Zapotec archaic state)과 고대 모체(Moche archaic state)도 이와 같았다(Hassig 1992; Marcus and Flannery 1996; Otterbein 2004, 128, 139~141, 179~182). 상비군의 다음 단계는 정예전사와 징집병이다. 전자는 지휘관, 후자는 하급 전투원으로 혼합된 것이다. 중세의 고대 이집트(Hamblin 2006, 418~422)와 중국의 하왕조(楊升南 1991)도 이에 해당되는 것으로 보인다. 하왕조에서는 모든 큰 부족과 국가들이 규모는 비교적 제한되었지만 상비군을 갖추고 규모에 따라 여러 개의 편성군을 조직했다. 서주(西周)왕조(기원전 1046-기원전 771년)의 군사는 정예군(호분(虎賁))과 상비군(갑사(甲士))으로 명확하게 분류되었다(『사기(史記)·주본기(周本記)』, 822).

메소포타미아, 이집트, 중국, 유럽 등 비교적 큰 국제시스템에서는 국가 간 경쟁이 너무 치열해서 지휘관들이 대개 엘리트였다고 하더라도 정예전사와 징집병으로 구성된 상비군만으로는 충분하지 않았다(의심할 것 없이, 이들 시스템에서의 인구는 근본적으로 징집병으로 구성된 상비군을 지원할

---

86 복합연방의 인구 한도는 10,000명에 이를 수 있다(Earle 1987, 288). 카네이루(Carneiro 1987)는 마을의 인구 상한이 대략 2,000명이라고 언급했다.

만큼 충분한 규모였다). 가장 중요한 것은 이러한 비교적 큰 시스템 내에서 상비군은 사회적 이동이 없는 비교적 폐쇄적인 상태에서 각기 다른 개방 수준의 사회적 이동이 가능한 상태로 빠르게 변했다는 점이다. 말단 전투원도 전투영웅주의에 의해 그가 얻을 수 없는 것들을 얻을 수 있었다.

실제로 사회적 이동이 개방된 징집병으로 구성된 군대가 일찍부터 나타났다. 그러한 최초의 군대는 사르곤 치하의 아카드제국에 나타났을 지도 모를 일이다(Kuhrt 1995, 55; Hamblin 2006, 95~99). 이후 신왕국(기원전 약 1552/1550-기원전 1069; Kuhrt 1995, 217~219) 시기보다 늦지 않은 이집트, 상앙의 제도개혁 이후의 진(秦)왕조(Yates 1999, 26~27; Hui 2005, 80~84), 스파르타/마케도니아(Carneiro 2000), 페르시아, 로마 제국(로마 공화국의 정도보다는 약함. Roth 2009, 4장 참조)에 이르기까지 이러한 형태의 군대가 나타났다.

실제로 진왕조의 철저한 개혁 중, 상앙은 전쟁영웅을 유일한 사회적 이동 통로로 바꾸어 놓았다. '대상(壹賞)자는 관직과 작위에 따라 녹봉을 주고 병권을 소개하는데 이것을 실시하지 않을 이유가 없다(『商君書·賞刑第十七』)'. 로마 공화국과 로마 제국에서도 특히 아우구스투스의 통치 기간에 비슷한 법이 나타났다(Rosenstein 1999; Campbell 1999; Eckstein 2007; Roth 2009, 4장). 중국과 로마 공화국은 지리적으로 멀리 떨어져 있지만, 그들은 모두 전쟁영웅을 사회적 이동을 위한 중요한, 심지어 유일한 통로로 설정했다.

상비군에 관해 마지막으로 강조하고 싶은 점은 전쟁의 확대에 따라 상비군의 규모도 점차 확대되었다는 것이다. 고대 메소포타미아에서 아카드의 사르곤왕(기원전 2350년경)은 약 5400명의 상비군을 거느리고 있었다(Kuhrt 1995, 53~55; McIntosh 2005, 188). 기원전 1천년 무렵에는 살마네세르 3세(Shalmaneser Ⅲ, 기원전 9세기) 휘하의 상비군이 4만 4천 명에 이르렀고, 티글라트-필레세르 3세(Tiglath-Pileser Ⅲ, 기원전 8세기)는 7만 3천 명, 40년 후에 센나케립은 20만 8천 명(McIntosh 2005, 191, 투트모세 3세(ThutmoseⅢ, 기원전 1479-기원전 1425)와 라메세스 2세(RamessesⅡ, 기원전 1290-기원전 1224)가 통치하는 이집트왕국은 정교한 무기를 가지고 엄정한 전술 및 전투 훈련(Ferill 1985, 2장)을 마친 2만-2만5000명의 상비군을 유지했다. 춘추전국 시대 말, 진왕조의 군대는 20만 명에서 50만 명에 이르렀다(Hui 2005, 89~90).[87] 자신의 군대가 부족하다는 사실이 증명되면 고대 강국(이집트, 그리스, 페르시아)들은 용병을 고용하는 전통적인 방법을 사용했는데, 이는 명백히 전쟁의 산물이다(Keegan 1993, 221~234; Hamblin 2006, 381).

상비군을 제외하고 모든 국가는 전쟁기계의 운영을 직접적으로 지원하는 세 개의 기관을 가지고 있었다. 첫 번째는 보다 정교한 약탈기계로서, 중앙집권 국가의 운영을 상징하고 지원하는 관료 시스템이다[楊升南 1991; 林沄 1990; Kuhrt 1995, 53~55; McIntosh 2005, 173~183; Elias(1939) 1994]. 두 번째는 전략 연구자, 외교관, 스파이 등 세 가지 특수 직종의 부흥이었다. 고대 중국의 춘추전국 시대에는 손무(孫武), 오기(吳起), 손빈(孫臏) 등이 모두 전쟁의 전략적이고 전술적인 측면에 관한 고전적인 문

---

[87] 이에 반해, 제2차 세계대전 이후 비로소 전원 자원입대자들로 구성된 군대나 무장 군력의 규모가 축소되는 현상이 나타났다. 이는 정부 간 전쟁이 거의 사라진 비공세적 현실주의에서나 가능한 일이다. 본서의 제3장을 참조.

헌을 저술했다(Sawyer 1993).[88] 고대 인도의 코르넬리에가 집필한 『아다 사스트라(Arthasastra, 기원전 300년경)』에는 주로 내정과 외교, 스파이, 전략과 군사 전술이 쓰여 있다. 고대 메소포타미아, 중국, 인도에서는 스파이와 외교관이 동분서주하며 국가의 생존에 중요한 역할을 해왔다. 외교관은 동전의 양면처럼 종횡으로 정복과 모사 활동을 하느라 매우 분주했다(Sawyer 1998).[89] 세 번째는 고도로 전문화되고 가치가 높은 무기제조기관이다. 모든 국가는 거대한 자원을 활용해 치명적인 무기를 개발했다. 이러한 시대적 의의가 담겨 있는 기술혁신, 연구개발 동력은 순수하게 더욱 정교한 무기를 만들기 위함이었고, 청동, 철, 강철, 총, 탱크, 원자폭탄 등이 전형적인 사례이다.

(2) 전쟁문화

전쟁이 인류사회의 개념(또는 '문화')에 미친 영향은 한 문장으로 요약할 수 있다. 그것은 공세적 현실주의 시스템으로의 전환 이후 모든 사회/국가는 광범위하고 심오하게 군사화되었으며, 대부분의 사회/국가는 오늘날에도 여전히 그러한 길을 가고 있다. 비록 시간과 공간의 거리가 멀지만, 모든 국가는 고대부터 현재까지 남성을 전사로 훈련시키는 거친 공세적인 현실주의 이론/문화를 독자적으로 발전시켜 왔다.

이런 점에서 기본적으로 '개화된' 문명과 '야만적인' 문명 간에는 차

---

88 저명한 『무경칠서(武經七書)』는 중국의 (군사) 전략에 관한 고전 논저를 수집했다. 고대 이집트와 고대 메소포타미아 모두 전략에 관한 책을 탄생시키지 못했다는 점이 오히려 의외다.

89 순자와 코르티에 모두 간첩과 첩보활동의 가치를 강조했다.

이가 없다. 고대/원시적 국가/사회와 현대/문명화된 국가/사회 사이의 유일한 차이점은 계몽의 매개물이다. 고대사회에서 전쟁을 한다는 생각은 의식, 상징, 이야기들에 의해 전파되었다. 고대사회가 이러한 전통적인 통로를 보존하고 완성하였다고 한다면 현대 사회는 전쟁이라는 개념을 전파하기 위해 주로 교육과 대중문화(문학, 영화, 텔레비전)에 의존한다. 그 결과, 살아남은(대다수는 멸망) 모든 사회/국가들은 대중의 마음속에 전쟁을 일으키기 위한 관념의 그물을 짠다. 이와 관련된 개념들은 그들의 집단 기억의 일부, 혹은 단순하게 '문화'로 나타난다.[90]

이 방대한 전쟁문화 네트워크 속에서 우리는 두 가지 핵심적인 이념만을 선택할 수 있다. 하나는 전쟁에 대한 찬양에서 '정의로운/신성한/종교적인 전쟁'으로 이어진 이념이고 다른 하나는 조직화된 종교와 우주관[91]에서 '정의로운/신성한/종교적인 전쟁'으로 이어진 이념이다.

그러나 토론에 앞서 비록 이 점이 심각하게 간과되어 왔지만, 우리의 언어가 전쟁이 문화에서 성행했다는 것을 증명하는 유력한 증거라는 점을 강조하고자 한다. 오늘날 남아 있는 주요 언어에는 과거의 영웅들을 찬양하는 수많은 단어와 구절이 있으며, 또한 용기, 승리, 고통스러운 실패와 고난, 비겁함과 배신을 경멸하는 내용 등 전쟁과 관련된 언어들

---

90 하나의 유력한 증거는 존스턴(Johnston 1995)이 중국에 (공세적) 현실주의와 다른 전략문화가 있을 수 있다는 것을 증명하려 했으나, 결국 중국의 전략문화는 언제라도 전쟁을 준비하는 현실주의라는 결론을 내렸다는 사실이다(Wang 2011 참고). 일단 공세적 현실주의 시스템에서의 생존 문제를 다루게 되면, 문화적 차이는 큰 의미가 없어진다.

91 여기서 '우주관'이라는 표현의 영어 원어는 Cosmology이다. Cosmology는 과학적 의미의 우주학(예: 빅뱅 이론)을 가리킬 수도 있다. 그러나 여기서 Cosmology는 철학과 종교적 의미의 '우주관'을 말한다.(중문판 역자 주)

이 포함되어 있다.

1. 전쟁을 일으키기 위한 찬양

일반적으로 전쟁을 찬양하는 사상은 용사인 국왕에 대한 찬양, 전사와 영웅에 대한 찬양, 민족중심주의 등 세 가지로 분류할 수 있다. 이들은 정의로운/신성한/종교적인 전쟁이라는 이념으로 진화했고, 개인에게 집단을 위한 자기희생을 주입했다. 이러한 관념은 서사시, 교육, 유행문화 등을 통해 세대를 걸쳐 우리에게 횡적으로 전해져 왔다.

고대 메소포타미아에서 길가메시(Gilgamesh, 기원전 2700-기원전 2680년 재위)는 키쉬의 국왕인 아가(Agga 혹은 Akka)를 전복시키고 우르크를 패권 통치한 위대하고 용맹스러운 국왕으로 인식되고 있다. 그래서 기원전 2700년경부터 메소포타미아의 서사시에서 가장 위대한 영웅이자 전쟁의 왕으로 간주되고 있다(Hamblin 2006, 45~48). 마찬가지로 아카디아 제국의 사르곤왕은 일찍이 이상적인 전쟁의 왕으로 묘사되었다(Hamblin 2006, 77~78). 아시리아의 아슈르나시르팔 2세(Ashurnasirpal II)의 정복과 만행도 전례에 없을 정도로 찬양되었다.(Kaufman and Wohlforth 2007, 27)

고대 이집트에서는 아무리 늦어도 나카다 문화 2단계(기원전 3500년경)부터 '전설적인 파라오를 매의 머리를 가진 전쟁의 신 호루스와 결부하여 선하고 영웅적인 전쟁을 부각하기 시작했다. 호루스는 적과 싸워 적을 사로잡으며 적의 목을 베었다(Hamblin 2006, 312~321, 313 인용).' 이집트의 통치자들은 항상 적을 힘으로 격퇴하는 행위와 연계했다. 비록 그러한 현상이 의례화된 것일지는 모르지만 모든 새로운 통치자는 전쟁을 통해 자신의 통치시대를 열어왔다(Gnirs 1999, 73).[92] 초기 왕조(기원전

2650-기원전 2150년경)보다 늦지 않게 전쟁은 '이집트 영토를 확장하는' 정당한 수단이 되었고, 외교는 적을 억압하고 '적을 공격'하는 수단으로 변모했다(Gnirs 1999, 71~73).

중국에서는 황제(黃帝)와 그의 강력한 적인 치우(蚩尤) 사이의 서사적 전쟁이 항상 고대 중국의 근본적 신화가 되었다(Lewis 1990, 5장). 로마 공화국에서는 정복하고 돌아온 개선장군(imperator)[93]들에게 성 내에서 개선의식(triumph)을 개최했다(Roth 2009, 66~67; Rosenstein 1999; Eckstein 2006, 6장 참고). 이러한 상황은 율리우스 카이사르(Julius Caesar)의 유명한 좌우명인 '왔노라, 보았노라, 이겼노라'에도 생생하게 반영하고 있다.

물론 통치자들이 역사에 이름을 남기기 위해 반드시 적을 공격하고 영토를 확장해야 한다는 생각을 심어주면 '지도자의 야심'은 쉽게 전쟁 확대의 원동력이 될 수 있다(Ferguson 2008, 44~46). 중국의 첫 고대국가는 복잡한 족장사회였지만 그 경쟁정도가 치열하지 않았던 산둥성 동북지역보다, 오히려 간단한 족장사회이지만 지리적으로 폐쇄적이지 않아 생존경쟁이 치열한 중원지역(예를 들어, 허난성 중부의 이리두(二里頭))에서 탄생했다. 이를 고려해보면, 야심 있는 지도자들이 정치적 발전에 매우 중요한 촉진제 역할을 했다는 것을 뒷받침 해준다(Liu 2004, 8,9장). 현대에서 나타난, 하와이 제도의 통일과 줄루 제국의 탄생도 야심 있는 지도자

---

92 닐스(Gnirs)가 지적한 바와 같이, 이 방법은 아즈텍과 놀라울 정도로 유사하다(Hassig 1999 참조).

93 이 책의 영문판에서 이 표현의 원어는 imperium(절대권, 통치권)이다. 하지만 이는 틀렸다. 정확한 용어는 imperator(개선장군)이어야 한다. 저자와 역자는 드포대학교(DePauw University) 류진위(劉津瑜) 교수의 조언에 감사를 드린다.(중문판 역자 주)

의 진취적인 결과물인 셈이다(Marcus and Flannery 1996, 155~158; Keegan 1993).

남자들은 그들이 용감하고 싸움을 잘한다는 사실을 입증해야 했고, 이 과정에서 불가피하게 군인들이 사회에서 두드러지는 계급/계층이 되었다.[94] 고대에는 무수한 돌기둥에 다양한 무기(검, 활, 화살, 도끼)를 들고 다니는 병사들을 새겼으며, 무기는 매우 일찍부터 전사들의 무덤에 함께 묻히는 부장품이 되었다(Guilaine and Zammit 2005, 4장). 이러한 개념은 최종적으로 페리클레스가 아테네에서 죽은 병사들의 장례식에서 보여준 것처럼 '영웅'이라는 개념의 출현으로 이어졌다(Guilaine and Zammit 2005, 5장, 특히 217~228). 영웅의 이미지는 흔히 석조미술품(돌기둥, 기념물 등)에 새겨져 있으며 전설과 역사 문헌으로 기억되며 기록되었다.

마지막으로, 그리고 가장 두드러지게는, 고대 이후, 민족중심주의로 나타나는 정치주체의 계몽은 민족주의/애국주의로 표현되는데 그것은 바로 누가 누구를 논하는지 결정하는 것이 국가 교육의 핵심 내용 중 하나였다.[95] (많은 팽창주의 국가에서) 이런 종류의 국가 교육에 내재된 암묵적·노골적인 목적은 대중들에게 집단을 위한 전쟁 참여와 희생에 관한 인식을 심어주기 위함이다. 실제로 상앙, 카우틸랴, 한비자 등 고대 정치인들은 협박과 중벌 외에 교육수단을 통해 희생해야 하는 대중이 느낄 거부감 문제를 어떻게 극복할 것인가에 대해 초점을 맞췄다. 물론 전

---

94 남성의 용맹하고 싸움을 잘하는 성향도 집단 내 개인 간 충돌을 강화했다(C.R. Ember and M. Ember 1994; Ferguson 2008).

95 그래서 우리의 군사훈련은 어린 나이부터 시작된다. 사실, 문자가 없는 많은 문명 중, 최초의 공식적인 교육은 독서나 글자 교육이 아니라 싸움이었다.

쟁은 공짜가 아니라는 점을 알면서도 이들은 다른 사람들이 기꺼이 싸우도록 만드는 방법을 찾아야 했다(Carneiro 1994; Ferguson 1994; Gat 2006; Lebow 2008).

전쟁을 해야한다는 생각은 오늘날 모든 사회에 예외 없이 스며들었다. 위에서 언급한 고대 문명과 국가 외에도, 같은 특성을 가진 다른 고대 또는 전근대 문명과 국가로는 아즈텍(Hassig 1992; 1999), 고대 그리스(Raaflaub 1999), 잉카(Burger and Salazar 2004), 일본(Farris 1999), 마야(Webster 1999), 파사(Briant 1999) 등이 이에 해당한다. 현대 국가에서는 제1차 세계대전 이전의 거의 모든 주요 유럽 국가들이 그러했고, 제2차 세계대전 중의 나치 독일, 일본 제국과 파시스트 이탈리아 등 국가들은 호전정신이 절정에 달했다(Schweller 2006; Lebow 2008). 오늘날에도 거의 모든 국가들이 다양한 수준의 강력한 전쟁문화를 유지하고 있다.

2. 조직화된 종교와 보편주의: 정의로운/신성한/종교적인 전쟁을 향해

종교의 기원은 전쟁보다 앞선다. 종교 자체가 전쟁을 야기하는 주요한 독립적인 이유가 아닐 수도 있지만, 모든 사회는 예외 없이 오랫동안 종교를 전쟁을 위한 정신적 무기로 사용해 왔다.

전쟁의 신에 대한 숭배는 매우 일찍 시작되었는데(Hamblin 2006, 23~24), 메소포타미아와 이집트에서 중국, 인도, 페루, 오악사카의 외딴 계곡에 이르기까지 신왕/제사왕은 오랫동안 원시 숭배와 조직 종교의 중심을 차지해 왔다(Kemp 1989; Lewis 1990; Wilkinson 1999; McIntosh 2005; Hamblin 2006; Avari 2007, 88~90, 157~158). 이것은 군주의 신성함을 나타내는 중요한 표현 중 하나였으며 심지어 유일한 상징이었고, 군주의 용맹한 선한 전쟁과 혁혁한 전공 또한 예외가 아닐 수 없었다. 이 모든 초기 문명들은 무력에서 큰 성공을 거둔 왕을 신성한 왕으로 여겼고, 군주가 전쟁에서 보여준 잔인함과 잔혹함은 후대에 의해 영원히 칭송되었다.

하늘에서 내려왔다는 수메르왕의 주장은 군주가 정치와 종교를 통합한 지도자임을 분명히 보여주는 예이다(Hamblin 2006, 37~39; van de Mieroop 2007, 42~51). 예로부터 중국 황제는 '하늘의 아들'로 불리며 신성한 (군사)권력을 부여받았다고 주장했다. 모든 고대 시스템에서, 전부는 아니지만 사람들은 대부분의 군사전쟁을 시작하기 전에 신의 허락을 구했다. '하나님은 당신과 함께 하신다.'는 성경구절을 통해 이를 짐작할 수 있다(성경 신명기 20:1, Lewis 1990; Liverani 2005, 116, 286~287 참조).

로마인들은 종교의식과 전쟁을 결합했다. 군대가 집결하는 전쟁신의 광장에서 마르스의 이름을 빌어 명령을 내렸고, 진군과 전투 전에는 항상 종교의식을 치렀다. 만약 로마군대가 5,000명의 적군을 죽일 경우, 개선장군이 로마로 돌아올 때 로마의 가장 유명한 의식 중 하나인 승전식을 개최해 환영을 받았다. 개선장군은 쥬피터(Jupiter)신의 복장을 하고 마차에 앉아 이동했고, 행군의 뒤에는 사형을 받을 전쟁포로들과 약탈한 금은보화를 실은 마차가 뒤따랐다(Roth 2009, 61~62, 66~67). 우주관적으로 보면, '전쟁을 중심으로 한 주요 사건들이 로마사회 전체를 조직했다'(Roth 2009, 60). 마찬가지로 이스라엘 국가의 우주와 윤리는 그들이 경험하고 이해한 전쟁에 의해 형성되었다(Liverani 2005; Crouch 2009).

일신교(一神敎)의 등장은 결국 '비신자들'에게 '정의로운/신성한/종교적인 전쟁'을 포교하는 바탕이 되었다. 이것은 '우리/그들'의 집단 정체성과 경쟁을 강화하는 것 외에도, 음식, 영토, 여성, 위신, 권력 등 불명

예스러운 목표를 추구하는 것을 위장하는 행위에 지나지 않는다. '정의로운 전쟁을 해야 한다는 의무는 많은 고대 종교에서 그 모습을 드러냈는데 ……새로운 보편적 종교이념에서는 신자들 간의 전쟁이 금지되고, 정의로운 전쟁에 의무가 부여되고 강화된다 ……일부 새롭고도 보편적인 종교 이데올로기와 강력한 선교 열정이 합해져 자신들의 신을 믿지 않는 비신도들에 대한 성전이 펼쳐지는 것이다(Gat 2006, 435).[96] 마지막으로 메소포타미아(Hamblin 2006, 73~101), 이집트(Hamblin 2006, 353~354), 아나톨리아(Hamblin 2006, 302), 레반트(Hamblin 2006, 237~284), 중국(Lewis 1990)과 유럽(Keegan 1993) 등 모든 주요 국가, 사회와 문명에서 '정의로운/신성한/종교적인 전쟁'의 개념이 다양한 수준으로 발전되었다. 이븐 칼둔[Ibn-Khaldun (1377) 1967, 224]에게 있어 종교가 설파한 '성전(聖戰)'은 '신성한 정의'였고, 잉카에게 있어 전쟁은 우주의 질서 유지에 필요한 도구였다. 잉카인들은 그들의 신들(태양, 달 및 다른 신들)이 주변 국가와 사회를 정복할 것을 요구했다고 주장했다(Salazar 2004, 33).

(3) 소결

"전쟁은 만물의 아버지"라고 주장하는 헤라클레이토스(Heraclitus)는 역사를 만드는 전쟁의 능력을 과대평가했을지 모르지만, 전쟁과 국가/사회/우리 사이의 관계에 있어 전쟁에 대한 그의 평가는 완벽하게 옳았다. 전쟁이 없는 국가는 존재할 수 없다(Wright 1984; Marcus and Flannery

---

96 전쟁은 원시종교 형성의 열쇠가 될 수 있기 때문에, 전쟁과 (문화의 일부인) 조직화된 종교 사이에는 피드백 관계가 있다.

1996, 157; Spencer 2003; Spencer and Redmond 2004; Ferguson 2008, 39~40; Redmond and Spencer 2006; 2012). 시스템 내에 한 국가를 만들기 충분한 인구가 존재한다면 전쟁 발발은 시간문제이다. 만약 인구규모가 하한선 보다 낮은 집단이 공격에 저항할 수 없을 만큼 무력한 모습을 보인다면 말할 필요도 없이 침략을 받는다.[97] "그러므로 전쟁은 언제나 인류사회 와 함께 해왔으며, 규모가 복잡하고 방대해진 국가와 제국으로 전환하는 중요한 수단이자 방법이었다. 전쟁은 중앙집권적 정권을 구조적으로 복 잡하게 만드는데, 이는 전쟁이 '집합효과(aggregative effects)'를 가지고 있 기 때문이다"(Carneiro 1994, 18).[98]

만약 국가가 명백하게 지속적인 전쟁의 산물이라고 가정한다면, 국 가/사회가 전쟁에 의해 형성되었다는 사실은 놀랄 일이 아니다. 국가/ 사회가 일으킨 전쟁은 또 역으로 우리 개개인을 만들어냈다. 물질적으 로 고도로 완벽한 전쟁기계 및 심리적으로나 문화적으로 전쟁에 참여하 는 대중의 양성을 통해 전쟁, 전쟁을 일으키는 능력, 침략의 사회화 사이 에는 강력한 피드백 메커니즘이 존재한다(C. R. Ember and M. Ember 1994; Ross 1998, 138~139; Lebow 2008). 전쟁은 국가/사회/우리를 만들고, 국가/ 사회/우리는 전쟁을 일으킨다[Tilly 1985, Elias(1939) 1994 참조].[99]

---

97 따라서 소형 집단은 상대적으로 평화로운 아마존 지역에만 존재한다(Ferguson 1989, 186).

98 게오르그 짐멜(Simmel 1964)은 충돌이 집단 응집력을 키운다는 관점을 가지고 있는데, 사 실 이 관점의 변이라고 할 수 있다(Coser 1956; 더 최근의 종합 자료는 Collins 2012 참조). 충 돌은 군내 결속을 유지하고 강화할 수 있는 도구와 수요를 낳았다(Spencer 1873, 제8장).

99 다시 말해, 대중이 전쟁문화에 의해 사회화되는 것은 전쟁의 산물이지 전쟁의 최초 원 인이 아니다. 물론 사회화되면 그것이 확실히 전쟁의 시작에 다시 영향을 줄 수 있기는

즉 전쟁은 나타난 순간부터 나름대로의 생명을 가졌으며, 최근에야 그 생명력이 한풀 꺾였다. 전쟁은 비록 스스로 영생할 수는 없지만, 항상 스스로를 강화하는 경향을 보인다(Ferguson 1994, 87; 본서의 3장 참조). 왜냐하면 일단 이 제도가 공세적 현실주의 시스템으로 전환되면 전쟁은 그 시스템 안에 있는 국가들에게 팽창과 생존, 혹은 합병과 소멸 중 어느 하나를 선택하는 강력한 힘이 되기 때문이다. 제도 속에서 살아남기 위해 제도권 국가들이 스스로 모방하고 혁신하며 경쟁해야 했다. 고대 수메리아의 사르곤왕에 의한 아카드의 개혁, 전국시대 진왕조의 상앙의 변법 개혁이 대표적이었다(Hamblin 2006, 3장; Hui 2005, 81~84). '이웃 부족 간의 생존 투쟁은 여러 가지 능력을 양성하는 데 중요한 역할을 했다'(Spencer 1873, 193; Spencer 1873, 8장 참조).

6. 패러다임의 획득: 공세적 현실주의 탄생

모든 주요 문명은 정복과 팽창의 산물(이자 희생자)이다. 전쟁은 인류역사를 형성하는 가장 강력한 힘 중 하나이다(Keegan 1993; Diamond 1997; Trigger 2003; Otterbein 2004; Hamblin 2006). 따라서 이러한 국가들 중 일부가 공세적 현실주의의 특성을 갖는 것은 놀랄 일이 아니다. 결국 인간의

하다(C. R. Ember and M. mber 1994). 사회화로 인해 전사에 대한 수요도 집단 내 개인 간 폭력을 조장했다(C. R. Ember and M. Ember 1994, 492). 따라서, 집단 내 개인 간 폭력은 전쟁의 가능한 원인이 아니라 (집단 간)전쟁이 가져온 결과에 가깝다.

마음은 자신이 살고 있는 세계로부터 완전히 고립될 수 없다(Marx and Engels 1846). 본 절에서는 공세적 현실주의 이론의 출현과 우리(특히 정치인)가 공세적 현실주의자가 되는 사회화 과정에 대해 서술하고자 한다(표 2.1 참조).

(1) 중국, 인도, 유럽 및 근동의 고전 문헌

3대 문명인 중국, 인도, 유럽은 공세적 현실주의를 통치 이념으로 한 문헌들을 전승해 왔다(Tang 2008a; 2010b 6장 참조). 진(秦)왕조 혜왕(惠王)의 핵심 고문인 상앙(商鞅, 기원전 390-기원전 339년)은 먼저 『상군서(商君書)』에서 공세적 현실주의 사상을 설명했다. 상앙은 국가의 본질은 공세적이며, 공세성은 오로지 능력에 의해서만 제한된다고 믿었다. '오늘날 세계에서 강대국은 합병하려 하고, 약소국은 힘을 다해 방어한다 ……그러므로 만량의 전차를 가진 국가들 중 싸우지 않는 국가가 없고 천량의 전차를 가진 국가들 중 방어하지 않는 국가가 없다(『商君書·開塞第七』).' 이런 세상에서 살아남는 유일한 방법은 정복전쟁이다. '국가의 부흥과 힘은 농업과 전쟁에 있다(『商君書·農戰第三』).' 따라서 공세적 현실주의의 상징인 예방전쟁(preventive war)은 바람직하고도 정의로운 선택이라고 했으며, 다음과 같이 전쟁을 정의하고 있다. '살상으로 살상을 없앨 수 있다면 살생을 해도 된다(『商君書·畫策第十八』).' 이러한 글귀들은 명확하게 공세적 현실주의의 특성을 반영하고 있다(Tang 2008a, 2010b, 8장).

　　고대 인도에서도 상앙보다 늦게 『아다사스트라(Arthasastra)』을 완성했다. 카우틸랴(Kautilya)는 그의 정치이론(기원전 300년경)에서 공세적 현실주의를 주장했다. 카우틸랴는 상대의 최악의 의도를 상상하지 않는 것은 자신의 무덤을 파는 것과 마찬가지라고 지적하며 '내 이웃은 나의 적이고, 내 이웃의 이웃은 나의 친구(Boesche 2003, 18~19)'라는 만달라(Mandala)의 격언을 인용했다. 일단 다른 국가의 본성이 악랄하다고 판단되면 모든 수단을 사용하여 그들을 약화시켜 물리쳐야 한다. 따라서 독약, 미인계, 간첩, 심지어 사제까지 동원하여 땅을 정복하고 수어하는 일들은 놀라운 일이 아니다. 고대 인도의 또 다른 문헌인 『마누스미티(Manusmriti, 서기 100-200년경)』도 비슷한 생각을 전파했다. '왕은 아직 갖지 못한 것을 획득해야 하며, 이미 얻은 것은 지켜야 한다(Brenner 2007, 99에서 인용).'

고대 그리스와 로마에서 유래한 유럽문명도 공세적 현실주의의 특징을 지닌 문헌을 남겼다. 아리스토텔레스(Aristotle 1998, 1권)가 제안한 '자연 노예(natural slavery)'의 개념은 공세적 현실주의의 색채를 구현할 수도 있지만, 그 빛나는 예술적·철학적 업적에 비하면 고대 그리스와 로마는 전쟁에 대해 별로 논의하지 않았다. 마키아벨리의 『군주론』을 통해 유럽에서는 비로소 공세적 현실주의에 관한 분명한 이론이 나타났다. 마키아벨리[Machiavelli(1532)2005, 18장, 62]는 군주가 정복하고 정복을 유지하는 한, '그가 취하는 수단은 언제나 영광으로 여겨지고 모든 사람에게 칭송될 것이다'고 지적했다. 또한 마키아벨리는 선하고 자애로운 것을 그리는 황제들에게 경고했다. '우리 시대에는 인색하다고 여겨지는 사람만이 위대한 일을 성취하는 반면, 나머지 사람들은 모두 실패한다[Machiavelli (1532) 2005, 16장, 55].'

위대한 고대 근동문명(아시리아, 바빌로니아, 이집트, 페르시아)이 공세적 현실주의에 관한 문헌을 남기지 않은 것은 큰 미스터리다. 그러나 그들은 여전히 공세적 현실주의 이론을 반영한 몇 구절을 남겼다. 가장 주목할 만한 것은 모세(Moses)부터 다윗(David), 솔로몬(Solomon)에 이르기까지 구약성서는 신을 기쁘게 하는 전쟁을 거듭 찬양했다. 하나님은 모세에게 금송아지를 숭배하는 자들을 도살하기 위해 레위 사람을 불러들이라고 명하셨다(출애굽기 32:26~28). 신은 또 모세에게 "너보다 강한 일곱 부족을 정복하고 완전히 멸망시켜라. 그들과 화해할 수도, 동정하고 용서할 수도 없다. 그들의 제단을 파괴하고, 기둥을 부수고, 조각상을 불태워라(신명기기 7:1~5)"라고 명했고, 사울(Saul)에게는 "아말렉(Amalek) 사람을 공격해 그들의 모든 것을 멸망시켜라. 남자, 여자, 젖먹이는 물론, 소와 양, 낙타와 나귀를 모두 함께 죽여라"고 명했다. 사울은 하나님이 명령한 잔학행위의 대부분을 수행했으나 아말렉왕 아각(Agag)과 가장 좋은 가축들에게 살길을 내어 주었을 때, 하나님은 그가 이스라엘의 왕이 된 것을 후회했다(사무엘 15:1~3; 사무엘 13:2; 사무엘 12:31 참조). 성경 전반에 걸쳐 하나님의 추종자들은 도살과 훼손을 하나님의 걸작으로 찬양한다. 선혈, 유혈, 살인, 파괴, 그리고 '검, 기근, 전염병으로 인한 징벌/보복'과 같은 단어와 구절이 성경 어디에나 기록되어 있다. 유대 국가가 있던 고대근동 지역이 항상 잔혹한(공세적 현실주의) 세계였다는 것은 놀랄 일이 아니다.

(2) 정치가와 우리들 중의 공세적 현실주의자들

역사에서 오랫동안 공세적 현실주의는 정치인들의 지도 이념이었다. 정치인이 공세적 현실주의자가 되어 공세적 현실주의 국가로 전환하지 않았다면 그 국가는 오래 살아남지 못했을 것이다. 기원전 1000년에는 지구상에 약 10만 개의 정권이 존재했는데, 그 대부분이 현대까지 살아남을 수 없게 되었다(약 1500년).

아시리아 왕 아슈르 나시르파 2세(Ashurnasirpal II, 기원전 883-기원전 859년)는 '반군 지도자들을 물리치고, 사로잡힌 남녀를 산 채로 불태우며, 패배한 도시 주변에서 시체를 전시하고, 목을 베고, 살을 두들겨 패는' 잔혹함을 돌에 새겨 생생하게 묘사했다(Kaufman and Wohlforth 2007, 27).[100] 782년 어느 날 오후, 색슨족과의 전쟁 중에 샤를마뉴(Charlemagne)는 '무장을 해제한 색슨족 4,500명을 참수했다.' 그는 또한 여성과 어린이를 포함해 수천 명을 학살한 아바스 대학살을 기념하기 위한 행복의 시를 남겼다(Lebow 2008, 231). 칭기스칸은 '사람의 가장 큰 부(富)는 자신들의 적을 이겨 모든 재산을 수탈하고 그들의 처첩을 통곡에 빠지게 하며, 그 여인들을 자신의 침대와 베개로 삼는 것(Sanderson 2001, 318인용)'이라고 말했다. 예카테리나 2세(Catherine the Great)는 '확장을 멈추면 위축되기 시작한다'고 말했다. 1799년 프랑스는 "군사적 공격만이 국가가 방어라는 정치적 목표를 실현할 수 있다"고 인식했다(Jervis 1978, 185~186에서 인용).

19세기부터 20세기에 이르기까지 공세적 현실주의 이론은 종종 지정학과 사회다원주의에서 영감을 받은 인종차별주의로 변모했다. 제1차 세계대전을 전후로 정치 지도자들은 이러한 이론을 과학적이라고 믿어

---

100 카우프만과 올포스(Kaufman and Wohlforth 2007, 27)가 말한 것처럼, "이런 끔찍한 상황들은 인접국 지도자들이 아시리아의 확장 앞에서 자신이 직면한 선택을 명확하게 알게 했다".

의심치 않았다(van Evera 1984; Schweller 1996). 제2차 세계대전 당시 나치 독일, 파시스트 이탈리아, 일본은 전형적인 공세적 현실주의 국가로, 지정학과 인종주의 면모가 나타난 공세적 현실주의 학설(Lebow 2008, 8장)을 받아들였다. 마지막으로 맥아더 장군(Douglas MacArthur)은 "국가의 호전정신을 스스로 창조하고 계몽하는 능력은 국방과 국가불멸을 위해 절대적으로 필요하다 ……이 세상에 태어난 사람이면 누구나 어릴 때부터 미합중국에서 군 복무를 하는 것을 가장 큰 영광이라고 가르쳐야 한다. 그리고 이 생각을 평생 간직할 수 있도록 만들어야 한다. 개인적인 희생으로 국가가 유지되고 사명을 완수하게 된다면, 그것은 헛된 죽음이 아니다(Sanderson 2001, 318인용)."고 말한 바 있다.

인류역사에서 오랫동안 공세적 현실주의가 번영한 것과 대조적으로, 방어적 현실주의는 일반적으로 정치인들(그리고 그 국가들)의 관심 밖으로 벗어났고 '평화주의(平和主義)' 교리는 더더욱 언급할 가치가 없어졌다. 춘추전국 시대에 유교와 맹자의 평화주의 집단이 있었지만, 상앙과 한비자가 내세우는 무자비한 권력투쟁을 중심으로 한 법치주의(공세적 현실주의)가 많은 왕들의 호감을 얻었다. 맹자는 "덕으로 사람을 복종시킬 수 있으나 힘으로 사람을 복종시킬 수 없다"는 사상을 전파하며 위(魏)왕조 양왕(襄王)에게 '사람을 죽이지 않는 자가 능히 통일할 수 있다'는 견해를 피력했으나(『孟子·卷一·梁惠王上』), 일언지하 거절당했다. 춘추전국 시대에 공자와 맹자의 학설을 따르는 자가 없었다(Hui 2005).[101] 이

---

101 진왕조가 최초로 중국을 통일하고 한왕조에 의해 공고해진 이후, 수정된 공자·맹자 사상이 비로소 통일된 중국 제국의 공식적인 사상이 되었다. 그러나 그것은 기본적으로

와 마찬가지로 브로디(Brodie 1973, 6장)는 로마 제국의 스토아학과 철학자들(예를 들어 키케로(Cicero))들이(비록 정복과 전쟁을 미화한 고대 그리스의 호머, 소크라테스, 플라톤 등의 문화보다 훨씬 늦게)반전사상을 제시했지만 서양의 역사에서 이러한 반전사상이 실제 국가의 행위에 영향을 미친 예는 너무 미미했다(Mueller 1989, 17~52; Lebow 2008 참조). 실제로 이른바 반전사상은 세계 제국[로마치세, 교회치세, 헨리 4세의 '그랜드 디자인(Grand Design)'[102] 등]의 사상을 옹호했는데, 이는 공세적 현실주의 중 예방 전쟁을 충분히 반영한 것이다.

보다 중요한 것은 앞서 언급한 바와 같이 고대 공세적 현실주의 시스템의 국가들이 '최고의 방어는 공격'이라는 핵심 교리를 실행했다는 점이다. 초기 왕조(기원전 3200-기원전 2575년경) 동안 이집트는 "주변 이웃 국가들을 정기적으로 침략하여, 그들을 불안정하게 만들고 적의 회합을 분산시켰기 때문에 멸망하지 않을 수 있었다(Wenke 2009, 243)". 이와 마찬가지로, 춘추전국 시대 중국의 주요 강대국들은 오랫동안 패권 다툼을 벌여 왔다(Hui 2005, 2장).

역사가 기록된 이후 오랫동안 인류사회에는 공세적 현실주의 세계가 만연했고, 공세적 현실주의 이론은 인류의 문화유산에 깊이 뿌리내렸

국가의 내정에 한정되어 있다. 엘리아스 (Elias (1993) 1994)가 중국을 관찰한 내용처럼, 사실 공맹사상은 사실 통치권을 유지하기 위해 (주민들에게) 시행된 규칙이다.

102 헨리 4세의 신하였던 쉴리 공작 막시밀리앙 드 베튄(Maximilien de Bethune)은 엇비슷한 크기의 유럽 15개국으로 '기독교공화국'을 구성하고, '유럽기독교위원회'의 지도에 따라 분쟁을 해결하고 공용군대를 창설하는 구상을 계획했다. 이 유토피아적 구상은 유럽연합의 원시적 계획 중 하나였다고 평가받고 있다.(중문판 역자 주)

다. 이를 통해 왜 현대의 국제관계학자들이 홉스세계를 인류의 조상들이 창조한 결과가 아닌 무정부상태의 내재적(자연적) 특성으로 간주하는지에 대한 수수께끼가 풀렸다(Waltz 1979, 66; Mearsheimer 2001, 2; Wendt 1992 참조). 홉스의 무정부상태가 호머, 손자, 투키디데스, 상앙, 카틸리야보다 훨씬 일찍 형성되었다면, 우리는 후대의 국제관계학자들이 역사의 거대한 그림자로 나아가길 바랄 수 없었으며 이 규율의 창시자들의 권위 있는 통찰력을 무시했을 것이다. 초기 현실주의 이론가들, 마키아벨리의 야망에서 쿠신(Cousin)과 헤더(Herder)의 '유기적 국가', 하우스호퍼(Karl Haushofer)의 지정학과 사회다원주의에 이르기까지 이들은 본질적으로 공세적 현실주의자였다. 두 번의 세계대전 전에 공세적 현실주의가 모든 현실주의학파를 지배했다(Schweller 1996, 92~101).

마지막으로 한마디를 덧붙이고자 한다. 문화유산의 일부로, 전쟁의 기억은 우리가 국제관계를 논할 때 '순진(naive)하고 거친(folk) (공세적)현실주의자'가 되도록 사회화시켰다(Ross and Ward 1995; Robinson et al. 1995; Drezner 2008; Kertzer and McGraw 2012). 우리 중 많은 사람들이 (공세적) 현실주의자라는 사실은 자연스러운 것이다!

요약 및 소결

사회생물학과 진화심리학의 추종자(van der Dennen 1995; Thayer 2004; Gat 2006; Smith 2007)들에게 있어, 전쟁은 '인간의 본성'에서 비롯된다. 즉 인간은 태어날 때부터 침략성을 가지고 태어났고, 그렇기 때문에 생물학적 진화에서도 침략성을 지니게 되었다. 자원 경쟁이 치열해지면 자연히 전쟁이 발발한다. 그러나 생물학적 진화에 의해 결정되는 인간의 일부 본성은 전쟁을 일으키기 위한 필요조건이자 불충분조건이다. 자원에 대한 경쟁이 꼭 반드시 전쟁으로 이어지는 것은 아니다. 전쟁은 필수적인 사회적(또는 문화적) 요소를 가지고 있기 때문에 생물학적 또는 물질적 요인만으로 설명할 수 없다.[103] 동시에 고고 인류학자들은 전쟁의 기원에 대한 방대한 증거를 제시했음에도 불구하고, 전쟁이 국제시스템을 공세적 현실주의 시스템(그리고 시스템 내의 단위들의 변화)으로 전환시켰다는 사실에는 거의 관심을 기울이지 않았다. 마지막으로 전쟁의 기원을 탐구한 국제관계학자들이 제시한 해석은 거의 모두 관념적 차원에서 이해되고 있기 때문에(Wendt 1992; Mercer 1995) 기반이 취약하다. 왜냐하면 물질적 힘은 관념적 힘보다 존재론적으로 우선성을 가지기 때문이다(Tang 2011b; 2013).

기존의 이론들은 모두 일부를 포착할 뿐, 전제 그림을 보지 못했다. 사회진화의 핵심 메커니즘(인위적인 변이-선택-유전)을 통해, 유기적으로

---

103 다시 말해, 생물학적 요인으로 결정되는 인간의 일부 본성과 자원의 경쟁만으로는 전쟁의 기원을 충분히 설명할 수 없다.

물질적 힘과 관념적 힘을 결합시켰기 때문에 본서의 이론은 공세적 현실주의 국가와 전쟁의 기원 및 그 이후의 시스템이 공세적 현실주의 세계로 전환하는 사실에 대한 하나의 진정한 내생적(따라서 완전한) 관점을 제공한다. 동시에, 해당 이론은 현실주의 전체와 한 분파로서의 공세적 현실주의 간의 차이에 대한 하나의 내생적 지식사회학을 제공한다.

간단히 말해 상대적인 인구 압력이 일정한 문턱을 넘기기 훨씬 전에 인간은 이미 전쟁의 도구와 기술을 가지고 있었다. 상대적 인구 압력(또는 희소성)이 높아짐에 따라, 어떠한 집단은 위기를 느꼈고, 자신의 생존을 위해 공세적 현실주의 전략(즉 공격, 약탈 또는 정복)을 사용하는 것을 고려해야 했다. 이로써 그들은 (돌연변이처럼) 공세적 현실주의 국가가 되었고, 하위시스템 내에서 첫 번째 전쟁이 발발하게 된 것이다.

하위시스템에서 첫 번째 전쟁은 분수령이 된다. 이후 집단과 개인(특히 집단 리더)의 수준에서 선택은 더욱 활발하게 진행되었다. 이전의 비공세적 현실주의 국가들은 공세적 현실주의 국가가 되는 것을 배우게 되었다. 즉 전자는 그들이 후자의 다음 목표가 될 것을 두려워했고, 만약 그들이 다른 국가들을 합병하지 않으면, 그들은 다른 국가들에 의해 합병된다는 사실을 알게 되었다. 동시에, 승리한 정복자는 그의 공세적 현실주의와 문화를 정복한 대중들에게 강요했다. 이러한 두 수직적인 유전적 메커니즘은 시스템을 공세적 현실주의 시스템으로 변형시키는 힘을 강화시켰다. 더 중요한 것은 비공세적 현실주의 국가들이 결국 없어지고, 공세적 현실주의 국가들만이 살아남을 수 있었다는 점이다. 궁극적으로 공세적 현실주의 이론을 채택하고 내실화한 집단(및 지도자들)만이 시스템 속에서 살아남을 수 있었다. 그리고 (수직적 유전인) 사회화는 대대로 국가와 개인(특히 지도자)에게 공세적 현실주의를 심어주고 그것을 행동강령으로 간주하게 했다. 공세적 현실주의의 확산과 함께 전체 시스템은 확실히 공세적 현실주의의 세계가 되게 되었다. 이 두 가지 계층(즉, 개인과 모집단)의 선택과 유전은 상호 강화성을 띠게 되었다.

궁극적으로 전체 시스템은 철저하게 공세적 현실주의 국가로 사회화되거나 다른 공세적 현실주의 국가에 의해 병합되며 공세적 현실주의 시스템으로 전환되게 된다. 장기적으로 볼 때, 이러한 시스템에서 유일하게 실행 가능한 방어 수단은 지속적이고 성공적인 공격이며, 정권은 이웃 국가들과 같거나 훨씬 더 효과적인 전쟁 기계를 가지고 있어야만 살아남을 수 있다(Otterbein 2004, 179). 그런 제도에서는 비공세적 현실주의 국가가 존재하더라도 그 수는 확실히 손에 꼽는 정도이다. 이런 식으로 인간 공동체 간의 상호 작용은 경쟁의 틀로 철저하게 고정되었다. 그 이후 국제정치의 본질은 철저하게 갈등을 유지해왔으며, 이는 최근에서야 변화하기 시작했다(본서의 3장 참조). 왜냐하면 모든 주요 국가들과 문명들이 전쟁에 사로잡혀 있을 뿐만 아니라 군사력과 전쟁에 의해 지탱되고 있기 때문이다(Ferill 1985, 34; Tilly 1985; Carneiro 1970; 1994; Diamond 1997). 우리 모두, 특히 정치인들은 완전히 사회화가 된 (공세적) 현실주의자가 된다.

부족한 자원에 대한 경쟁의 객관적 가능성과 필요성이 없다면, 집단 정체성이나 살해목적의 도구/기술, 심지어 둘의 조합만으로 전쟁이 필요하거나(그리고 불가피하게) 발생하기에 충분하지 않다. 다른 세 가지 조건이 동시에 맞춰질 때(빈번한 상호작용, 자원의 고갈, 방어의 필요성), 집단 정체성과 살해목적의 도구/기술은 비로소 경쟁을 객관적으로 가능하고,

객관적으로나 논리적으로나 필요하게 만들 수 있다.

전쟁의 필수조건으로 생물학적으로 결정된 인간의 본성과 영토성을 인정하지만, 본서의 이론은 사회생물학에서 말하는 해석보다 더 낫다고 할 수 있다(예를 들어, Van de Berghe 1974; Wrangham 1999). 공세적 현실주의 세계가 탄생한 것은 인간의 유전자나 생물학적 진화 때문만은 아니다. 오히려 이는 사회진화의 산물이기도 한데, 물질적 힘과 관념적 힘 모두 전쟁의 출현, 그에 따른 파라다이스가 공세적 현실주의 세계로 변모하는 데 중요한 역할을 했다. 따라서 생물학적인 요소가 전쟁 기원 이론의 일부여야지만 사회진화적 방법을 적용하여 인류사회를 바라볼 때, '이타적' 희생을 포괄 적응도(inclusive fitness)로 설명할 필요가 없다(Tayer 2004; Gat 2006 참조).

본서의 이론은 행위자, 행위, 구조를 의미하는 사회진화의 핵심 메커니즘을 강조하는 절차지향의 신진화론(process-oriented neo-evolutionism, Flannery 1999)을 포괄하고 있다(본서 5장 참조). 해당 이론은 심리학과 문화의 해석도 개선했다. 웬트가 포식자의 특성을 가진 국가가 초기 평화로운 시스템을 홉스식 세계로 변화시킬 수 있다고 정확하게 지적했지만, 그는 포식자형 국가의 기원에 대해서는 설명하지 않았다.[104] 르보우(Lebow 2008)은 전사들이 열정[105](또는 명예)에 의해 의욕적으로 행

---

104 웬트는 첫 번째 공세적 현실주의 국가(포식자형 국가)가 출현한 이후에 발생한 시스템 변형에 대해서 설명하지 않았다. 그의 이론은 불완전하고 외생적이다.

105 이 단어의 영어 원문 표현은 spirit으로, 현재 '열정'(르보우 『국가는 왜 싸우는가』, 상하이 인민출판사 2014년판)과 '정신'(르보우 『국제관계의 문화이론』, 상하이사회과학대)이라는 두 가지 해석이 가능하다. 사실 이 단어는 개인이나 집단의 자존감에 대한 추구를 의미하는 고

동하게 되면서 폭력적인 경향이 쉽게 나타난다고 지적했다. 그러나 그는 전사 계급의 기원에 대해서는 설명하지 않았다. 본서의 이론은 전사와 전사 계급이 사회진화의 산물이라는 것을 증명하고 있기 때문에, 이에 르보우의 이론보다 한 발 깊이 들어간 것이라 할 수 있다. 마지막으로 이 책의 이론은 이전에 아무도 하지 않았던 것으로 왜 (모든 사람들이 그렇지는 않지만) 대다수의 사람들이 (공세적) 현실주의자가 되었는지를 설명한다.

종합하자면, 본서에서는 사회진화 패러다임을 통해 파라다이스와 같았던 시스템이 공세적 현실주의의 더럽고 야만적인 세계(즉, 홉스의 세계)로 탈바꿈했다는 사실을 내생적으로 설명했다. 동시에 대부분의 국가, 심지어 모든 국가들이 상비군을 갖추어 공세적 현실주의를 실천하고 믿는 이유를 쉽게 설명했다. 마지막으로 공세적 현실주의가 오랫동안 국제관계의 규율을 지배해 온 이유도 쉽게 설명했다.

흥미롭게도 전쟁의 사회진화에 대한 이해가 인류사회를 '비관적으로' 판정 짓는 것은 아니다. 국제시스템(인간사회의 일부로서)은 이전의 에덴동산과 같은 파라다이스처럼 항상 진화하는 시스템으로 되어 있기 때문에, 공세적 현실주의 세계도 영원히 지속될 수 없다. 궁극적으로 지구상에서 전쟁은 결코 근절될 수 없지만 전쟁이 덜 만연(그리고 제약되지 않는)한 시스템으로 변모하게 된다. 이와 관련된 내용은 다음 장에서 논의하겠다.

대 그리스어의 thomos에서 유래한 것으로, 르보우도 어쩔 수 없이 spirit이라는 단어를 사용했을 것이다.(중문판 역자 주)

제3장

미어샤이머(Mearsheimer)에서
저비스(Jervis)까지 [1]

서론

국제정치이론의 논쟁 과정에서 현실주의 진영에 중요한 갈래가 나타났다.[2] 비록 공세적 현실주의와 방어적 현실주의가 동일한 가설에서 시작되었지만 국제정치의 성격에 대해서는 전혀 다른 결론을 도출했다(Glaser 1994-1995; Mearsheimer 2001; Taliaferro 2000-2001; Tang 2008a; 2010b).

본 장에서 이 두 가지 현실주의 사이의 이견(異見)을 논리적 추론으로 해결할 수 없는 이유를 밝히고자 한다. 이 둘의 차이는 사회진화 패러다임을 통해, 혹은 시간 차원을 도입해야 해결할 수 있다. 공세적 현실주의 세계(즉 미어샤이머의 세계)는 파라다이스 같은 세계이자 자멸의 시스템으로, 시간이 지나면서 불가피하고 돌이킬 수 없게 방어적 현실주의 세계(즉 저비스의 세계)로 전환된다. 이는 바로 공세적 현실주의 세계가 국가

---

1   본 장의 번역문은 리장춘(李江春)의 번역본을 바탕으로 수정되었다. 본 장의 좀 더 이른 영문판은 *European Journal of International Relations*에, 중문판은 『當代亞太』에 발표되었다.(중문판 저자 주)

2   브룩스(Brooks 1997)는 처음으로 이 두 현실주의 사이의 근본적인 차이를 분명하게 했고, 이후 탈리아페로(Taliaferro 2000-2001)는 이러한 근본적인 견해 차이를 더욱 체계적으로 기술하려고 시도했다. 하지만, 이 두 저자 모두 약간의 실수를 범했다. 이 두 현실주의에 대한 일관적이고 체계적인 구분에 대해서는 Tang 2008a; 2010b를 참조. 이 두 현실주의에 관한 유용한 논의는 Snyder 1991; Glasser 1994-1995; Zakaria 1998, chap. 2; Jervis 1999; G. Snyder 2002를 참조.

에게 부여한 행위준칙 때문이다.[3] 공세적 현실주의 세계에서 국가는 정복하거나 정복당한다. 정복을 통해 얻은 안전한 핵심 메커니즘은 다른 세 가지 보조 메커니즘과 함께 작용하여 공세적 현실주의 세계를 방어적 현실주의 세계로 전환시킨다.

국제시스템의 전환이기 때문에 공세적 현실주의와 방어적 현실주의가 같은 한 세계를 대상으로 적용되는 것이 아니라, 서로 다른 특성의 세계에 적용될 수밖에 없다. 다시 말해, 이 두 가지 이론은 인류 역사의 한 시대를 설명할 수 있지만, 인류 역사 전체를 설명할 수 없다. 서로 다른 국제정치 이론은 국제정치에서 서로 다른 시대에 적용되며, 서로 다른 국제정치 시대에는 사실상 다른 국제정치의 이론이 필요하다(더 자세한 논의는, 본서의 결론을 참고하길 바란다.).

다음 논의로 넘어가기에 앞서 다음 두 가지를 짚고자 한다.

첫째, 비록 이 부분에서 미어샤이머 세계인 공세적 현실주의에서 저비스의 세계인 방어적 현실주의로의 전환을 다루고 있지만, 그렇다고 해서 현실주의 논의를 옹호하기 위한 것은 아니다. 핵심 목표는 다시 한 번 반복하자면, 사회진화 패러다임 혹은 국제정치에 대한 사회진화 패러

---

3   공세적 현실주의 세계와 방어적 현실주의 세계는 서로 다른 두 역사적 시기를 묘사하기 위한 발견적(heuristic) 표시다. 이 두 세계는 웬트(Wendt 1999)의 '홉스식 무정부상태(Hobbesian Anarchy)'와 '로크식 무정부상태(Lockeian Anarchy)'에 대응한다. '불가피하게도(inevitably)'라는 표현은 모든 조건이 정해져 있는 상태에서는 이런 전환을 피할 수 없다는 뜻이다. '돌이킬 수 없게도(irreversibly)'라는 표현은 어떤 행위자가 시대에 뒤떨어진 생각과 행위를 남겨놓을 수 있기는 하지만, 전체 시스템이 원래 상태인 공세적 현실주의 세계로 돌아갈 가능성이 크지 않다는 것을 의미한다.

다임을 제시하는 것이다.[4] 이론적 차원에서 보면 공세적 현실주의 혹은 방어적 현실주의를 변호하는 것이 아니라 두 개의 현실주의 간 논의에서 해결책을 제시하는 것이다.

둘째, 국제정치가 공세적 현실주의 세계에서 방어적 현실주의 세계로 진화했다는 것이 방어적 현실주의 세계에 공세적 현실주의 국가(예를 들어 사담 후세인 치하의 이라크, 조지 W. 부시 치하의 미국)가 없다는 의미는 아니다. 단순히 말해 국제시스템이 근본적으로 변했고, 되돌아갈 수 없다는 것을 의미한다.

본 장의 나머지 내용은 다음과 같이 전개될 것이다. 제1절에서 공세적 현실주의와 방어적 현실주의 간의 논쟁을 간단하게 소개한다. 특히 해당 논쟁이 이전에 해결될 수 없었던 이유를 국제정치에서의 암묵적 가설, 즉 국제정치의 근본적인 성격이 변화하지 않는다는 것을 근거로 설명한다. 제2절과 제3절은 국제정치가 공세적 현실주의 세계부터 방어적 현실주의 세계로 진화한다는 것을 제시한다. 제2절에서 공세적 현실주의 세계의 국가 행위 준칙 즉 '정복하거나 정복당하는 것'이 이 전환의 근본적 메커니즘이라는 것을 강조한다. 제3절에서는 공세적 현실주의 국가의 불리한 선택, '정복이 어렵다는 것'에 대한 부정적인 지식, 그리고 주권과 민족주의의 발흥이 이 전환의 세 가지 보조적인 메커니즘이라는 것을 강조한다. 마지막은 간단한 결론이다.

---

4   다른 책(Tang 2008a; 2010b)에서도 밝혔지만, 두 종류의 현실주의가 완벽하지 않기 때문에, 보다 더 연속적이고 일관된 설명이 필요하다고 생각한다.

1. 공세적 현실주의-방어적 현실주의의 논쟁

공세적 현실주의와 방어적 현실주의 간의 근본적인 차이는 '방어적 현실주의 국가가 존재하는가, 다시 말해 국제정치는 얼마나 대립적인가'에서 발생한다.(Tang 2008a; 2010b, 특히 제1장과 제4장)[5]

공세적 현실주의는 국제정치가 언제나 공세적 현실주의 세계, 즉 공세적 현실주의 국가로 구성된 무정부상태였다고 믿는다. 공세적 현실주의에 있어 방어적 현실주의 국가, 착한 국가는 거의 존재하지 않는다.(Mearsheimer 2001, 29, 34).[6] 공세적 현실주의 국가는 의도적으로 타국의 안보를 약화시키며 자국의 안보를 추구한다. 국제정치는 근본적으로

---

5 다른 저서(Tang 2008a; 2010b)에서, 두 현실주의의 근본적인 차이점은 다른 국가의 의도에 대한 불확실성, 그리고 이 불확실성에서 비롯되는 두려움에 대응하는 방식이 다르다는데 있다고 밝혔다. 국제정치에서 (공동의 적국 때문에 만들어진 일시적인 동맹을 제외하고) 진정한 협력이 가능한가? 필자는 공세적 현실주의 국가들의 방어적 현실주의 국가들에 대한 이분법적 태도를 선호하는데, 이는 다른 종류의 상용되는 이분법보다 훨씬 탄탄하기 때문이다(예: 수정주의 국가 대 현상유지 국가, 권력을 추구하는 국가 대 안보를 추구하는 국가). 또한 방어적 현실주의 국가와 공세적인 현실주의 국가를 구분하는 정확한 기준은 그들의 전략에 대한 선호의 차이지, 결과나 목적에 대한 선호의 차이는 아니라고 생각한다. 다른 글(Tang 2010b)에서 이 두 종류의 국가를 정의하기 위해 바로 이 이분법을 이론적 기초로 하여, 두 현실주의의 차이점을 상세하게 설명한 바 있다. 전략선호와 결과선호로 구분하던 초기 구분법은 Powell(1994)을 참고하기 바란다. 오해의 소지가 있기는 하지만 이 두 현실주의의 차이를 일찍부터 다루기 시작한 연구로는 Brooks(1997), Taliaferro (2000-2001), Rathbun(2007) 등을 참조.

6 여기서 주목할 점은 미어샤이머가 모든 국가를 공세적 현실주의 국가로 정의하게 되자, 한 국가가 다른 국가의 의도에 대해 가지고 있는 불확실성을 완전히 제거하는 결과를 낳았는데, 이 불확실성은 그가 이론을 세울 때 제시한 기초적인 다섯 가지 가설 중 하나였다. 따라서 공세적 현실주의 세계 속에서, 다른 국가의 의도의 불확실성은 존재하지 않는다. 유일한 불확실성은 전쟁이 언제 발발할 것인가 하는 점이다. 나아가 또 유의할 것은, 국가가 침략적 의도가 없을 수도 있다는 불확실성이 오히려 공세적 현실주의의 논리를 강화했다는 점이다. 더 자세한 논의는 Tang(2008a)를 참조.

갈등적이다.

반면, 방어적 현실주의는 국제정치가 이미 방어적 현실주의 세계가 되었다고 주장한다. 즉 국제정치는 방어적 현실주의 국가 위주로 구성된 무정부상태이다. 방어적 현실주의자들은 공세적 현실주의 국가의 존재를 부인하지 않는다(Jervis 1999, 49; Waltz 1979, 118, 126; Wolfers 1952, 49).[7] 하지만 그들은 보다 확실히, 심지어 적지 않은 진정한 방어적 현실주의 국가가 존재하는 이유는 어느 국가가 타국의 안보를 약화시키며 자신의 안보를 추구하지 않기 때문이라고 인식한다(비록 의도하지 않게 나선형 혹은 안보딜레마와 같이 타국의 안보를 약화시키기도 한다). 따라서 방어적 현실주의 세계에서는 국제정치가 근본적으로 갈등적이지만, 그 갈등이 완전한 것이 아니라고 이야기한다.

이 두 가지 현실주의는 동일한 기본 가설에서 유래되지만 국제정치의 성격에 대해 전혀 다른 결론에 이르기 때문에 이 차이를 발생시키는 보조 가설이 있을 법하다(그 내용은 확실치 않음. Brooks 1997, 455~463; Taliaferro 2000-2001, 134~143) 두 가지 현실주의의 차이가 다른 가설에서 유래되기 때문에 이런 차이가 '실증적인 경쟁'으로 해결될 수 있지만, 논리적 추리로 해결될 수 없다. '실증적인 경쟁'은 어느 이론의 가설이 실제 증거(즉 역사)에 더 잘 맞는지 결정할 수 있다. 즉 역사가 공세적 현실주의의 가설에 부합하는가, 방어적 현실주의의 가설에 부합하는가 하는

---

7   이 방어적 현실주의 국가와 공세적 현실주의 국가의 가설은 방어적 현실주의의 틀 안에서 서로의 의도에 대한 불확실성을 유지하는 데 중요하다. 이 불확실성이 없다면, 안보딜레마도 없을 것이며, 방어적 현실주의의 논리도 이에 따라 붕괴될 수밖에 없다(Tang 2008a; 2010b; Schweller 1996; Kydd 1997, 126~127 참조).

것이다(Brooks 1997, 473).

　　양자 간의 차이가 서로 다른 가설에서 비롯되고 실증만으로 해결될 수 있다는 사실을 인지한 후 공세적 현실주의자와 방어적 현실주의자는 각각 자신의 이론이 더 나은 것임을 실증적으로 증명하기 위해 노력하고 있다. 이왕 한 판의 '대결'을 벌인다면 공평하게 대결해야 한다고 양측 모두 인식하고 있다. 즉 동일한 역사 시기에 대결할 것이다. 따라서 공세적 현실주의자와 방어적 현실주의자들은 거의 현대의 대국 시대에만 집중해 실증적인 증거를 찾으며 자신의 이론을 뒷받침한다. 다른 역사 시기는 간혹 언급할 뿐이다.[8] 국제정치의 서로 다른 이론은 동일한 역사 시기를 살펴보며 서로의 갈등을 해결할 수 있다는 것을 분명히 가정하고 있다.

　　이 두 가지 현실주의 진영은 국제정치의 대이론이 같은 역사 시기를 고찰하는 것으로만 그들의 논쟁을 해소할 수 있다고 생각하면서 역사 속에서 국제정치의 근본적 성격이 크게 변하지 않다고 전제하고 있다. 따라서 두 진영은 국제정치가 단일하고 우월한 대이론(그들이 나름대로 선호하는 대이론)에 의해 해결될 수 있다고 믿고 있다. 두 현실주의 간의 논쟁이 해결될 수 없는 최종적인 원인은 바로 이 잘못된 가설에서 기인한다.[9]

8　　Levy(1983)가 현대의 '대국 시대' 개념을 제시한 것은 1495년부터다.

9　　현대 대국시대의 역사적 사실은 기본적으로 방어적 현실주의의 역사 해석을 지지한다 (G. Snyder 2002). 본 장에서는 왜 방어적 현실주의가 공세적 현실주의보다 현대 대국시대를 해석하기에 더 적합한지를 밝힐 것이다. 방어적 현실주의에 대한 고찰은 역사적 시기에 적합하지만, 공세적 현실주의는 역사적 시기에 적합하지 않다. 본서의 결론도 참

다음 부분에서는 이 두 가지 현실주의 간의 논쟁에 사회진화라는 해결방안을 제공할 것이다. 이 두 가지 현실주의는 서로 다른 역사 시기나 서로 다른 세계에 적용할 수 있는 대이론이다. 왜냐하면 국제정치가 이미 공세적 현실주의의 세계에서 방어적 현실주의의 세계로 진화되었기 때문이다.

2. 근본적 메커니즘

공세적 현실주의 세계 속에서 대다수 국가는 공세적 현실주의 국가이다. 한 국가가 다른 국가의 안보 능력을 약화시킴으로써 자국의 안보를 지킨다. 즉 국내 발전과 스스로의 무장을 제외하고, 국가는 확장과 정복을 통해 자국의 안보를 지킨다(Mearsheimer 2001, 2장). 공세적 현실주의 세계에서 '정복하거나 정복당한다'는 논리는 공세적 현실주의 세계가 방어적 현실주의 세계로 전환하는 근본적 메커니즘이다. 이 메커니즘은 공세적 현실주의 세계에 있는 모든 국가의 행동 근거이며 대체될 수 없는 것이다. 또한 이 전환 과정은 내부로부터 작동한다.[10]

한 국가가 정복을 추구하고 정복이 성공에 가까워질 때는, 다음과 같은 상호 연관성이 결과들이 나타난다. 국가의 수가 줄어드는 반면 국

고하기 바란다.

10　이 자기변화 과정은 비현실주의자들이 강조하는 이 세상을 더 평화롭게 만드는 세 가지 메커니즘(민주평화, 상호의존, 국제 조직과 제도)에 의존하지 않는다. 이 세 가지 비현실주의 메커니즘에 대한 현실주의적 비판은 Waltz(2000)를 참조.

가의 평균 규모(토지, 인구, 물질적 재화)는 확장된다.[11] 시스템에서 살아남은 국가는 이 두 가지 서로 연관되는 결과에 의해 토지, 인구, 물질적 재산을 포함해 더 많은 자원을 확보한다[Elias (1939) 1994, 269~270].[12] 왜냐하면 더 넓은 땅은 심층적인 방어가 가능하다는 의미하고, 더 많은 인구는 전쟁터에 투입할 더 군사가 많다는 의미이며, 더 많은 물질적 재산은 곧 향상된 군사장비의 수준, 필요시에 동맹국을 매수할 가능성이 높다는 것을 의미한다. 이 세 가지 요소가 증가되면 한 국가의 방어 능력을 향상시킬 수 있다. 공격보다 방어가 더 쉽기 때문에 정복 자체가 더 어려워진다. 더 강한 국가가 다른 국가를 정복하는 것에 더 열중할 가능성이 있음에도 불구하고, 이 결과가 여전히 성립된다. 정복자들은 더 강한 경쟁자를 상대하지 않을 수 없기 때문이다.[13]

이와 같이 공세적 현실주의의 중심 논리에 따라 국가가 행동한다면 (즉 정복으로 안보를 지킴) 그들의 행동은 불가피하게 공세적 현실주의의 중심 논리를 점차 더 어렵게 만든다.

국제정치의 역사를 간략하게 살펴보면 국가의 수는 대폭 감소하는 반면에 국가의 규모는 대폭 확장된다는 사실을 쉽게 발견할 수 있다. 기원전 1000년에는 세계적으로 60만 개의 독립된 정치체가 있었으나 현

---

11 세더맨(Cederman)과 그의 동료들은 대리인 기반 모델(agent-based modeling, ABM)에 기초해 유사한 시뮬레이션 결과를 제시했다(예: Cederman and Gleditsch 2004; Cederman and Girardin 2010).

12 엘리아스(Elias)도 동일한 결과를 발견했지만, 그는 이 결과를 국제정치 전환의 의미에 주목하지 않고, 도리어 이 결과가 국내에 미칠 영향에 주목했다.

13 정복이 더 어려워진다고 해서 정복이 불가능해진 것은 분명히 아니다.

재는 200개(Carneiro 1978, 213)정도로 추정된다. 인구는 기원전 100만년 100만 명에서 기원전 1000년에 5000만 명으로 늘었고 1900년에 16억 명(Kremer 1993, 683)까지 늘어난 것으로 추정된다. 지구의 육지 면적은 빙하시대 이후 기본적으로 변하지 않았기 때문에, 같은 면적에서 국가의 수가 감소했다는 사실은 영토의 면적이 확대되고 인구가 증가했음을 의미한다. 무엇보다 국가의 수가 감소되고 규모가 증가되는 결과를 초래하는 메커니즘은 오랫동안 중단되지 않은 정복의 결과이다.(Carneiro 1978; Tilly 1990; Diamond 1997).

중심 논리를 더욱 강화하기 위해 국제 하위시스템인 고대 중국과 포스트 로마 시대의 유럽을 더 섬세하게 고찰하고자 한다.[14] 즉 이 두 시스템이 정복으로 인해 국가의 수가 줄어드는 반면 국가의 규모가 대폭 확대되었다는 사실을 설명하고자 한다. 결과적으로 두 개의 시스템에서 국가의 소멸률이 대폭 하락했다는 사실은 정복이 어려워진다는 것을 증

---

14 이 두 시스템을 선택한 것은 그 역사적 기록이 상대적으로 완성도가 높기 때문이다. 이 두 시스템의 차이에 대한 더 이른 연구 자료는 Hui(2005)와 Kang(2005)을 참고하기 바란다. 후이(Hui)의 발견은 필자와 차이가 있는데, 이는 부분적으로는 그녀가 비교적 짧은 역사적 시기를 고찰했고, 또 '대국'에 중점을 두고 있기 때문이다. 본문에 제시된 동력은 세계의 다른 곳에도 적용할 수 있다(아프리카, 남/북아메리카, 남아시아 아대륙). 이들의 진화가 유럽 식민주의에 의해 중단되지 않았다면, 이 지역들은 본문에서 다룬 두 시스템의 진화를 동일하게 경험했을 것이다. 긴 역사적 시기(기원전 900-1600년)동안 세계 단위로 진행된 힘의 균형에 대한 비교연구는 간접적으로 필자의 관점을 뒷받침한다(Wohlforth,et al., 2007). 이 연구는 대다수의 고대 국제 하위시스템에서 제국과 패권은 존재 가능했을 뿐만 아니라 보통 안정적인 상태를 유지할 수 있었기 때문에, 정복이 상대적으로 쉬웠다는 것을 보여준다. 이 연구는 또한 국가 간 사실상의 힘의 균형(de facto balance-of-power)은 서기 1600년이 지나서야 안정을 찾았다는 사실을 밝혔다. 이 연구 결과는 방어적 현실주의 세계가 최근(17-18세기 이후)에야 유럽 시스템에 처음으로 존재하기 시작했다는 필자의 주장과 일치한다.

명한다. [15]

고대 중국(기원전 1046-기원전 1759년)

기록에 나와 있는 고대 중국의 역사는 독특한 특징이 있다. 그것은 바로
수차례의 '분구필합(分久必合, 분열 후의 통일)'이 반복적으로 나타났다는
점이다. 따라서 고대 중국 역사를 다섯 개의 주요한 국가 소멸 시기로 분
류할 수 있다.(〈표 3.1〉 참조)

첫 번째 시기는 기원전 1046-1044년부터 기원전 221년까지였다.[16]
기원전 1046-1044년에 상(商)왕조의 중요한 부족인 주(周)가 800여 개
부족을 연합해 상왕조를 공격했다.(司馬遷 1997, 기원전 91-기원전 87년, 82)[17]

---

15 최근 국제시스템에서의 국가 소멸에 관한 여러 연구는 정량적 방법에 기초한다(예:
　　Adams 2003; Fazal 2004; Zacher 2001). 이러한 연구들은 필자의 연구와 연관되어 있다(특
　　히 Fazal과 Zacher의 연구는 국제시스템의 진화와 국가 소멸율의 변화를 연계시키려고 시도했다).
　　그들의 연구와 필자의 연구는 두 가지 중요한 차이점이 있다. 우선 그들은 상대적으로
　　짧은 역사적 시기 하나만 연구했다. 다음으로, 국가 소멸율 변화에 대한 그들의 해석은
　　관념의 변화(Zacher 2001)에 의존하거나, 물질적 요인(Adams 2003; Fazal 2004)에 의존하
　　는데, 두 요인을 함께 고려하지는 않았다. 파잘(Fazal 2004, 339-341)은 물질적 차원과 관
　　념적 차원을 간략히 논의했지만 그것들을 통합하지는 않았다. 필자의 사회진화 모델은
　　이와는 분명히 다르게 물질적 힘과 관념적 힘을 유기적으로 통합하려고 시도했다. 따라
　　서 필자는 관념의 힘이 어떻게 왔는지를 설명했다. 단순히 관념을 해석하는 것은 이 관
　　념이 어떻게 유래되었는지에 대해 여전히 설명하지 않기 때문이다.

16 국가의 소멸은 사실 더 일찍 시작되었다. 필자가 기원전 1046-기원전 1044년까지를 분
　　석의 출발점으로 택한 것은 상왕조와 주왕조 사이의 전쟁이 명확한 역사적 기록이 있고
　　그 구체적인 연대가 최근 고고학 연구에 의해 확인되었기 때문이다(Shaughnessy 1985-
　　1987; Jiang and Niu 1999).

17 상왕조와 주왕조 간의 전쟁 이후, 춘추전국 시대(기원전 770-기원전 476년)에는 180여 개
　　의 다른 부족이 사료에 등장한다. 따라서 주왕조가 시작할 때 800여 개의 부족이 존재
　　했다는 사마천의 기록은 믿을 만하다. 상왕조에 충성했던 그 부족들까지 계산해보면 이
　　시기 소멸된 국가의 수와 소멸 속도는 더 높을 수밖에 없다(이는 필자의 논리를 더욱 뒷받

이후 기원전 221년 진(秦)왕조가 시스템 내 모든 국가를 없애고 중국 역사상 최초로 통일된 제국을 창건했다. 825년 동안 800여 개의 독립된 정치체가 소멸되었다. 한 세기당 국가의 평균 소멸률은 97개가 넘었다.

진왕조가 20년 동안 유지된 이후 한(漢)왕조로 교체됐다. (동)한왕조는 서기 190년에 내란이 발생하며 제2차 국가 소멸기에 들어섰다. 이 무렵 25개가 넘는 대군벌이 있었다(陳壽,『삼국지(三國志)』). 서기 280년 (쿠데타로 위(魏)왕조로 교체) 진왕조가 시스템 내 남아 있던 경쟁자인 오(吳)왕조를 멸망시키고 다시 중국을 통일했다. 91년 동안 24개 넘는 국가를 소멸하는 등 국가의 소멸률은 한 세기 동안 26.7개국이었다. 서기 316년 흉노의 침공을 받은 중원은 다시 분열되었고, 서기 589년에 수(隋)왕조가 되어서야 중원을 다시 통일할 수 있었다. 그러나 수왕조도 단명한 왕조였다. (서기581년-618년) 서기 668년 당(唐)왕조가 되어서야 중국은 다시 안정된 통일을 이루었다. 353년 동안에 28개국이 소멸하는 등 100년 동안 국가의 소멸률은 7.9개국이었다.[18]

침한다). 또 다른 고대 역사서인 『여씨춘추』는 상왕조의 부족(국가)을 3,000개, 주왕조 초기의 부족(국가)을 1,800개로 추정한다. 이에 대한 초기 연구는 Cioffi-Revella and Lai(1995)를 참조.

18 이 시기부터 등장하는 시스템 상의 국가 수는 탄치샹(譚其驤)이 편집장으로 있는 『간명 중국역사지도집』(중국지도출판사 1991년판)에서 계산한 결과물이다. 지면상의 제약으로 구체적인 국가(또는 군벌) 이름은 밝히지 않았다.

표 3.1. 고대 중국에서의 국가 소멸, 기원전 1045년~1759년[19]

역사적 시기	서주 - 진왕조	동한(東漢) 말 - 서진(西秦)	동진(東秦) - 당왕조	오대십국 - 원왕조	명왕조 말 - 청왕조
기간	B.C.1045 - B.C.221	A.D.190 -A.D.280	A.D.316 - A.D.668	A.D.907 - A.D.1276	A.D.1583 - A.D.1759
초기 등장한 국가의 수	>800	>25	29[20]	21[21]	8[22]
시스템 내의 모든 다른 국가의 소멸 기간 (단위: 년)	825	91	353	370	177
국가 소멸률 (100년 당 소멸한 국가 수)	>97	>26.7	7.9	5.4	3.9
한 국가가 소멸하는 평균시간 (단위: 년)	약 1.03	약 3.79	약 12.6	약 18.5	약 25.3

당(唐)왕조는 서기 875년부터 884년까지 내란이 일어나 서기 907년에 멸망했다. 이때 중국은 네 번째 국가 소멸 시기에 들어섰다. 이 시기는 서기 1276년 칭기즈 칸의 군대가 중국을 정복할 때까지 계속되었다. 370년 동안에 총 20개국이 소멸하는 등 국가의 소멸률은 100년 동안 5.4개국이었다.

원(元)왕조가 1368년에 명(明)왕조로 교체되었다. 1583년, 청(淸)왕조를 세운 만주는 중국을 정복하는 긴 여정을 시작했고 1759년에 시스템에 있는 다른 국가들을 소멸시켰다. 177년 동안에 7개국이 소멸되었

19 상세한 계산과정을 제공할 수 있다. 표 3.1과 표 3.2의 데이터 또한 다른 결과를 얻기 위해 사용될 수 있다(가령, 다른 시기에 대한 국가 소멸률 계산). 그러나 다른 계산에서 얻은 결과들이 국가소멸률이 점차 낮아진다는 이 중심주장을 약화시키지는 않는다.

고, 이는 100년 동안 평균 3.9개국이 소멸한 것이다.[23]

포스트 신성 로마 제국 시대의 유럽(서기1450년-1995년)

편의상 해양국가(예: 영국, 아일랜드, 아이슬란드, 코르시카, 키프로스 등)를 제외하고 유럽의 대륙만을 대상으로 한다.[24] 여기서 유럽의 국제시스템은 서

20　중국 역사에서 서진(西晉) 이후의 시대는 흔히 '오호십육국(五胡十六國)'으로 불린다. 그러나 이 16개국을 제외하고도 8개국이 더 있었다. 당왕조는 수왕조의 기초 위에 세워졌고 서로 다른 다섯 개의 유목국가를 통합했다. 수왕조까지의 통일된 화하(華夏)의 핵심지역만을 계산한다면 100년 동안 8.4개의 국가가 소멸했다.

21　당왕조가 몰락한 이후 시대를 흔히 '오대십국(五代十國)'이라고 부른다. 시스템 내에 모두 12개의 독립된 정치체가 있었다. 화하(華夏)의 핵심지역의 당시 있던 10개국 이외에도 오늘날의 윈난과 구이저우 일대에 위치한 두 개의 부족국가, 대리(大理)과 장가(牂牁)가 있었다. 송(宋)왕조(북송과 남송, 960-1276)는 시스템 내 다른 11개국을 없애고 세워졌다. 송왕조를 제외하고, 나머지 9개의 독립국가는 서하(西夏, 1038-1227), 요(遼, 916-1125, 1125년에 금(金)에 패배한 후 '서요(西遼)'로 불림), 금(金, 1125-1234, 몽고(蒙古, 1206년 국가건설), 토번(吐蕃, 서기 618년에 세워졌고, 오늘날의 신장 동부, 간쑤와 칭하이 일대에 위치), 대리(大理, 서기 937년에 세워졌는데, 지금의 윈난과 구이저우, 쓰촨 일대에 위치), 위구르(回鶻, 오늘날 위구르, 신장 동부, 간쑤와 칭하이 일대에 위치), 서주 위구르(西州回鶻, 오늘날 신장 서부에 위치), 흑한(黑汗, 오늘날 칭하이 서부, 신장 동부와 동아시아나 일부에 위치)이 있다. 서기 1276년에 몽고는 시스템 내 마지막 독립국인 남송을 멸망시켰다.

22　1584년에는 청(淸, 만주족)을 제외한 5개 국가가 있다. 네 개의 유목국가(오늘날 중국 서부인 신장과 간쑤에 위치)와 명(明)왕조가 그것이다. 명왕조는 리즈청(李自成)에 의해 전복되었다. 이 밖에는 다른 반군이 오늘날의 쓰촨을 차지했다. 명왕조에 충성한 정청궁(鄭成功)은 타이완을 점령했다. 따라서 전체 역사과정에 만주족은 시스템 내에 있는 7개국(정치적 실체)을 멸망시켰다.

23　7개의 소멸 국가에는 1644년 봉기에 의해 전복된 명왕조가 포함된다.

24　사르데냐(섬)와 시칠리아(섬)를 포함시켰는데, 이는 이들이 결국 현대 이탈리아에 귀속되기 때문이다. 유럽 대륙에서 시스템에서 변화가 없는 유럽 소국(예: 모나코)은 제외했다. 필자가 시스템 내 국가 수를 계산할 때 사용하는 출처는 주로 세 곳이다: Barraclough(1978), The Times of World History (TTWH); Braubach et al.(1978), Gebhardt Handbuch der Deutschen (Gebhardt Handbook of German History, GHGH), 그리고 Euratlas (www.euratlas.com). 다른 자료도 사용해 이 계산에 도움을 얻었는데,

쪽에 영국해협부터 시작되며 동쪽에 우랄산맥까지, 남쪽의 이베리아반
도부터 북쪽의 노르웨이까지의 지역을 가리킨다. 유럽 대륙의 작은 국가
(모나코, 바티칸)들도 제외시켰다. 대륙 국가들의 엄청난 크기 때문에, 도
서 국가와 군소 국가들을 제외하고도 결론에는 영향이 거의 없다.

서기 1450년을 시작점으로 삼는 이유는 다음과 같다. 첫째, 신성 로
마 제국은 15세기에 이미 분열되기 시작되었고, 진정한 의미의 무정부
상태가 나타나기 시작했다. 둘째, 15세기 중반에 근대 베버식 또는 국제
관계 분야에서 의미가 있는 국가들이 나타나기 시작했고, 전쟁으로 인한
국가적 소멸은 유럽 정치를 만드는 데 중요한 역할을 했다.[25]

1450년부터 1995년까지는 다섯 단계 즉, 1450-1648년, 1648-1815
년, 1815-1919년, 1919-1945년 1945-1995년으로 분류할 수 있다. 제5
단계를 제외한, 각 단계는 적어도 한 차례 많은 국가의 소멸을 초래한 큰
전쟁이 기록되고 있다.(표 3.2 참조)

포스트 신성 로마 제국 시대 유럽국가 소멸의 첫 번째 시기는 1450
년에서 1648년까지 지속되었다. 이 시기 초에 581개가 독립된 정치체
가 존재했다. 이 시기에는 프랑스와 네덜란드의 통일, 스웨덴과 오스트
리아-헝가리 제국의 확장, 오스만 제국의 유럽 동남쪽으로의 확장, 그리

자세한 내용은 표 3.2를 참조.

25 따라서 잭 레비(Jack S. Levy, 1983)는 유럽의 근현대 대국시대(Great Power Era)가 1495
    년에 시작되었다고 생각한다. 만약 우리가 서기 900년에서 1495년까지 역사적 시야를
    넓힌다면, 우리는 서부 프랑크제국(the Western Frankish Empire)에, 유사한 동역학이 존
    재함을 발견할 것이다. 초기 사회진화에 대한 논의는 Elias[(1939) 1994, part III, esp. pp.
    263~264, 269~271,289], Tilly 1990 등을 참조.

표 3.2 포스트 로마 시기 유럽 국가의 소멸, 서기 1450-1995년

시기 (시간 범위)	1450 -1648	1648 -1815	1815 -1919	1919 -1945	1945 -1995
각 시기 초기와 말기의 국가 수	약 581[26] 약 260[27]	약 260 약 63[28]	약63 30[29]	30 25[30]	25 35[31]
해당 시기의 기간 (단위: 년)	199	168	105	27	51
시기 내 소멸된 국가 수	약 321	약 197	33	5	4[32]
국가소멸률(100년당 국가 소멸의 수)	약 161	약 117	약 31	약 19	데이터 없음
한 국가가 소멸하는 평균시간 (단위: 년)	약 0.62	약 0.85	약 3.18	5.4	데이터 없음

고 30년 전쟁은 이 시기 국가 소멸의 주요 원인이었다. 30년 전쟁이 끝난 후(1648년) 시스템 내 국가 수는 260개로 줄었다. 이 시기 199년 동안 321개 정치체가 소멸되었고 시기 국가의 소멸률은 한 세기 동안 161개였다.

두 번째 시기는 1648-1815년이다. 나폴레옹 전쟁, 프로이센의 확

---

26 1450년 이후의 국가 수에 대한 계산 결과는 다음과 같다. 오늘날 스페인에는 아라곤 (Aragon), 카스티야(Castile, 1479년에 아라곤과 병합), 그라나다(Granada, 1492년 아라곤-카스티야에 의해 정복됨), 루시용(Roussillon, 1493년 아라곤-카스티야에 의해 정복됨), 나바르(Navarre , 1512년에 아라곤-카스티야에 의해 정복됨) 등 5개 국가가 있었다. 동일 시기에 오늘날 프랑스에는 약 30개의 독립과 반 독립 정치체가 있었다.(AWH , 151, http:// historymedren.about.com/library/atlas/blatmapfrance1453.htm 참조) 약 31개의 독립적이거나 준독립적인 정치체들이 지대가 낮은 곳에 있었다. 오늘날 이탈리아에는 대략 100개의 독립된 정치체가 있었다(TAWH , 150). 1450년에는 오늘날 독일에 389개 정치체가 있었다(GHDG/GHGH , 769-770). 그리고 시스템 내 다른 26개국이 있었다. 오스트리아, 보헤미아, 보스니아, 불가리아, 비잔틴, 몰다비아, 모라비아, 모자비아, 노르웨이, 폴란드, 포르투갈, 포스코브, 러시아, 세르비아, 슬로베니아, 스웨덴, 타타르, 트랜실베니아, 스위스, 왈라치아(자료 출처: www.euroaltas.com) 덴마크, 핀란드, 노르웨이 그리고 스웨덴은 1397-1523년에 칼마르 동맹(Kalmar Union)을 결성했다.

장, 오스트리아의 확장으로 인해 이 시기의 국가들이 소멸되었다. 168년 동안 시스템 내 국가 수는 260개에서 63개로 줄어들었고, 국가 소멸률은 한 세기 동안 약 117개 국가다.

세 번째 시기는 1815-1919년이다. 이 시기 국가 소멸의 주요 원인은 이탈리아와 독일의 통일 및 제1차 세계대전이었다. 105년 동안, 이 시

---

27 1648년, 스페인왕조 치하에 있는 국가들은 시간이 지나자 다시금 독립국가 혹은 준독립국가가 되었다. 오늘날 독일에는 자유도시들을 제외하면 약 234개의(TAWH, p.191) 혹은 약 243개의 독립적인 정치체(GHDG/GHGH에 의한 계산)가 있었다. 숫자에 차이가 있으나, 더 큰 숫자로 국가소멸률을 계산해도 결과는 바뀌지 않으며, 본 글에서는 약 234개를 기준으로 계산했다. 오늘날 이탈리아에는 14개 독립적인 정치체가 있었다(http://www.lib.utexas.edu/maps/historical/ward_1912/europe_1648.jpg). 이 밖에도 시스템 내 다른 행위자인 12개국(오스트리아-보헤미아, 덴마크, 프랑스, 네덜란드, 폴란드, 포르투갈, 오스만 제국, 러시아, 스페인 왕국, 스웨덴, 스위스, 타타리아)이 있다.

28 1815년 국가의 수는 63개로 추정된다. 오늘날 독일에는 독립적인 정치체의 수가 41개로 줄었고(Fulbrook 1997, p.2;Gooch 1970 , p.64), 이탈리아에서 독립적인 정치체는 9개로 줄었다(Clough and Saladino 1968 , p.29). 이밖에도 시스템 내의 다른 행위자인 13개국(오스트리아, 덴마크, 프랑스, 네덜란드, 몰다비아, 오스만 제국, 포르투갈, 러시아, 세르비아, 스페인, 스웨덴, 스위스, 왈라키아)이 있었다.

29 1919년, 30개국(알바니아, 오스트리아, 바스크, 벨라루스, 벨기에, 불가리아, 카탈로니아, 체코슬로바키아, 덴마크, 에스토니아, 핀란드, 프랑스, 독일, 그리스, 네덜란드, 헝가리, 이탈리아, 라트비아, 리투아니아, 룩셈부르크, 노르웨이, 폴란드, 포르투갈, 루마니아, 소련, 스페인, 스웨덴, 스위스, 터키, 유고슬라비아)이 있었다.

30 1945년, 25개국(알바니아, 오스트리아, 벨기에, 불가리아, 체코슬로바키아, 덴마크, 동독, 핀란드, 프랑스, 그리스, 네덜란드, 헝가리, 이탈리아, 룩셈부르크, 노르웨이, 폴란드, 포르투갈, 루마니아, 소련, 스페인, 스웨덴, 스위스, 터키, 서독, 유고슬라비아)이 있었다.

31 2005년, 35개국(알바니아, 오스트리아, 벨라루스, 벨기에, 보스니아, 불가리아, 크로아티아, 체코, 덴마크, 에스토니아, 핀란드, 프랑스, 독일, 그리스, 네덜란드, 헝가리, 이탈리아, 라트비아, 리투아니아, 룩셈부르크, 마케도니아, 몰도바, 노르웨이, 폴란드, 포르투갈, 루마니아, 러시아, 세르비아, 슬로바키아, 슬로베니아, 스페인, 스웨덴, 스위스, 터키, 우크라이나)이 있었다.

32 이들 국가의 소멸은 사실상 시스템에서 국가 수의 증가를 초래하였다. 따라서 이 시기의 국가 소멸률을 계산하는 것은 큰 의미가 없다.

스템 내 국가 수는 63개에서 30개로 줄어들었고, 국가의 소멸률은 한 세기 동안 약 31개이다.

네 번째 시기는 1919-1945년이다. 이 시기 국가 소멸의 주요 원인은, 제2차 세계대전 이후 소련이 동유럽 국가를 합병한 것이다. 27년 동안, 이 시스템 내 국가 수는 30개에서 25개로 줄었고, 국가의 소멸률은 한 세기 동안 약 19개 국가다.

다섯 번째 시기는 1945-1995년이다. 이 시기 국가 소멸의 주요 원인은 독일의 재통일, 소련의 붕괴, 옛 유고슬라비아 연합과 체코슬로바키아의 해체였다. 그러나 독일 통일을 제외하고, 이 시기 국가의 소멸은 실제로 많은 새로운 국가를 (재)탄생시켰다. 더욱이 이 네 개 국가들은 정복과 확장으로 인해 소멸된 것이 아니었다. 이 시스템에서 국가의 수는 25개에서 35개로 증가하였다.

소결: 국가의 소멸과 국제시스템의 진화

비록 두 개의 국제 하위시스템이 서로 다른 시대에서 진화했지만 비슷한 진화 과정을 거쳤다.[33] 이 두 시스템에서 국가 수는 대폭으로 감소했고 국가의 평균 규모는 뚜렷하게 확대되었다.[34] 이는 두 시스템 모두가

---

33   따라서, 시스템마다 진화의 공간적, 시간적 차이가 있다. 시간은 사회진화의 실행에 필수불가결한 요소이다. 아프리카와 미주(북미, 남미)가 서구 강대국에 의해 식민화되지 않았다면(즉 이들의 '자연' 진화가 중단되지 않았다면) 이 두 시스템도 대략 비슷한 진화 과정을 거쳤을 것이다. 제2장의 논의를 참조.

34   두 시스템의 진화가 선형적(국가의 숫자는 꾸준히 하락하고, 국가의 평균 규모가 꾸준히 확대되는 추세)이라고 생각하지 않는다. 실제로, 두 시스템 모두 반복 기간을 경험했다(어떤 시기에는, 국가의 수가 현저하게 증가했다). 유럽 시스템에서 최근 한 차례 국가 수가 증가했는

공세적 현실주의의 논리에 따라 행동하고 있기 때문이다(즉 정복과 확장을 통해 안보를 지킨다). 따라서 결국 두 시스템 모두 같은 결말에 이르게 되었다. (가끔 성공하기도 하지만) 정복은 대체로 더 어려워졌고, 그 결과는 국가의 소멸률이 모두 안정적으로 떨어졌다. 최근의 역사적 근거도 이 결론을 뒷받침하고 있다. 미어샤이머(Mearsheimer 2001, 41)는 베스트팔렌 체제 이후 유럽 대륙에 제국을 세우려는 시도는 단 한 번도 성공하지 못했다는 사실을 발견했다. 나폴레옹과 히틀러 모두 성공하는 듯했지만, 강력한 저항세력 때문에 결국 성공하지 못했다. 현대의 대국시대(Great Power Era)에 이르러 정복을 통해 지역패권을 획득하려는 시도는 단 한 차례 성공했는데, 바로 미대륙의 확장이다.[35] 이는 순전히 미국의 유리한 지리적 위치 때문인데, 미국의 공격적인 행동에 저항할만한 세력이 없었기 때문이다(Elman 2004).

정리하자면, 공세적 현실주의 국가들이 공세적 현실주의 시스템의 규칙에 따를 때, 오히려 공세적 현실주의의 주요 논리가 점차 불가능하게 변했다. 즉 공세적 현실주의 세계는 자멸의 시스템이다. 국가가 공세적 현실주의 세계의 논리에 따라 움직이기 때문에 세상이 변한 것이다. 공세적 현실주의의 내생적 메커니즘은 결국 그 시스템을 약화시키고 시

데 이는 사실상 국제시스템이 공세적 현실주의 세계에서 방어적 현실주의 세계로 진화했다는 관점을 뒷받침한다(아래 글 참조).

35   미어샤이머(2001)는 지역 패권을 시도했던 5개국을 열거했다. 이에는 일본 제국, 나폴레옹 시기의 프랑스, 빌헬름 시기의 독일, 나치 독일, 미국이 포함된다. 유럽 대륙 정복에 실패한 다른 시도에는 필립 2세의 스페인과 루이 14세의 프랑스가 있다.

스템의 소멸에 이르게 한다.[36]

3. 세 가지 보조 메커니즘

이전 장에서는, 국가가 공세적 현실주의 세계의 논리에 따라 정복과 확장을 추구하는 것이 공세적 현실주의 시스템을 방어적 현실주의 시스템으로 전환하는 근본적 메커니즘이라고 강조하였다. 이어 국제시스템을 방어적 현실주의 시스템으로 고착시키는 세 가지 보조 메커니즘에 대해 논의할 것이다. 이 세 가지 보조 메커니즘은 모두 앞서 언급한 근본적 메커니즘이 초래하는 결과에 의해 세워졌다.[37]

---

36 상당히 부정적인 평가다. 인류 초기 역사에서 우리의 최근 역사까지를 대상으로 하며, 자세한 내용은 Jervis(1997)를 참조. "무정부상태의 논리가 그 자멸을 초래할 것"이라는 주장에 대해서는 Wendt(2003, 494)를 참조.

37 제3의 보조 메커니즘(주권 관념과 민족주의, 예: Ruggie 1983)을 주장한 사람도 있었지만, 이는 전체 해석의 일부분으로서 언급된 것이 아니다. 더 중요한 것은 이들 주장이 주권 관념과 민족주의가 대두한 객관적 기반에 대해 언급하지 않았다는 점이다(아래 글 참고). 본서에서 이 세 가지 메커니즘을 보조 메커니즘으로 선정한 이유는 그들이 중요하지 않거나 부차적이라고 말하는 것이 아니라, 근본적인 메커니즘이 작용하지 않는 한 이 세 가지 메커니즘이 기능할 수 없다는 것을 강조하기 위함이다. 우리는 사회적 변화 과정에서 작용하는 다른 메커니즘(예: 군사 기술)을 추가로 열거할 수 있지만, 이러한 메커니즘은 부차적이며 사회진화라는 틀 안에 이미 포함된다. 예를 들어, 군사기술은 인류사회의 전쟁 진화의 결과 중 하나로 볼 수 있다. 학살에 대한 수요가 학살 기술의 진화를 촉진시킨 것이다. 따라서 이 시스템 진화에 관한 해석은 순수하게 기술에 기초한 하나의 해석을 포함하고 있으며, 더 오랜 시간의 인류사를 설명할 수 있다.

공세적 현실주의 국가의 불리한 선택

공세적 현실주의 세계의 초기에는, 시스템에도 다른 유형의 국가들이 있을 수 있다(예를 들어, 방어적 현실주의 국가). 그러나 시스템이 진화하면서 다른 국가를 정복하는 공세적 현실주의 국가가 살아남을 수 있었다. 다른 유형의 국가들은 빠르게 사라지거나, 혹은 빠르게 공세적 현실주의 국가로 변해야 했고, 따라서 대부분의 역사 시기에 공세적 현실주의 국가만이 공세적 현실주의 시스템에서 살아남을 수 있었다.

그러나 공세적 현실주의 시스템 말기, 즉 국가 수가 감소하고 국가의 규모가 현저히 확대되었을 때, 일부 국가들은 잠재적 공격자에 대한 방어력을 충분히 가지게 되었다. 이들 국가가 방어 전략을 택하면 그들도 살아남을 수 있었다. 이들 국가가 이 전략을 선택하면서 새로운 국가 유형인 방어적 현실주의 국가가 공세적 현실주의 시스템에서 생겨났다.[38] 국제정치시스템에 두 가지 유형의 국가인 공세적 현실주의 국가와 방어적 현실주의 국가가 존재하면서 새로운 선택과정이 시스템 내에서 생겨날 수 있었다.

공세적 현실주의 세계의 후기 단계에서 대다수 국가가 국가 스스로에게 의지하거나 동맹을 통해 이미 더 강한 방어력을 가지게 되면서 정복은 점차 어렵게 되었다. 더욱이 만약 국가가 확장을 추구한 것이 실패하게 되면 승리자에 의해 엄중하게 처벌받는다.[39] 결과적으로 공세적 현

---

38 이러한 방어적 현실주의 국가를 생물적 의미의 돌연변이체로 볼 수 있다. 공세적 현실주의 세계 말기에 일부 국가는 방어적 현실주의 국가로 선택할 수 있었다(아래 글 참고).

39 루이 14세와 나폴레옹의 통치 하에 있던 확장주의의 프랑스, 나치 독일, 파시즘의 이탈리아, 그리고 일본 제국은 각자의 정복이 실패한 뒤 엄격한 처벌에 직면했다. 이들은 상

실주의 국가들은 패배로 인해 벌을 받을 가능성이 더 높으며(보상을 받는 것 아니라), 때로는 가혹한 처벌을 받기도 한다.

반면, 방어적 현실주의 국가들은 침공에 저항할 필요가 없을 수도 있지만, 결국 상대편에 비해 유리할 가능성이 더 높다. 그들 스스로가 더 성공적으로 자신을 보호할 수 있기 때문이며, 뿐만 아니라 정복의 실패에 따른 처벌도 받을 필요가 없기 때문이다. 이에, 공세적 현실주의 세계가 진화하면서 그 시스템이 공격적 현실주의 국가에 점차 불리해지며, 방어적 현실주의 국가에 점차 유리해지게 되었다. 이와 같은 선택 경향의 기반은 국가의 소멸과 국가 규모의 확대를 바탕으로 한다.

관념의 확산: 정복의 어려움

국가가 전략적 행위자라면 학습할 수밖에 없다. 장기적으로 국가는 자신들에게 유리하다고 생각하는 관념을 배우고 채택하며, 반대로 자신들에게 불리하게 작용할 관념들을 거부하게 된다.[40]

공세적 현실주의 세계의 후반기에 들어서며 정복은 상당히 어려워졌고, 확장을 추구하는 국가들은 보상을 받기보다는 불이익을 받을 가능성이 높아졌다. 이로 인해 국가들은 점차 자신이 혹은 다른 국가들이 정

당히 긴 시간 동안 점령당했다. 여기서 (불리한) 선택만이 반드시 행위자의 소멸로 이어지는 것이 아니라, 자연선택에서도 그럴 수 있다는 것을 보여준다.

40 '전략성'은 학습에 의존하는데, 이는 '전략성'이 (행위자가) 정보의 획득과 처리, 재결정이 학습의 과정을 의미하기 때문이다. 국제정치에서 학습과 관련해, 기존 문헌은 상대적으로 짧은 시간 동안 학습한 과정과 결과에 대해 논의하는데 집중되어 있다. 비교적 완벽한 종합적인 논의는 Levy(1994)를 참조.

복을 추구하다가 실패한 경험에서부터 정복이 어려워지고 있다는 인식을 갖게 된다. 공세적 현실주의 국가들의 선택압력과 관련해 대부분의 국가들이 어느 정도는 점점 어려워진다는 인식을 학습하게 되었다고 예상할 수 있다. 비록 그 과정이 느리거나 비선형적이어도 말이다.[41]

따라서 국가가 구성되는 시스템은 다음과 같은 시스템으로 점차 진화할 것이다. 시스템 내 대다수 국가들은 정복이 어렵고 더 이상 이익을 가져오지 않는다는 인식을 받아들이기 때문에 정복을 통해 안전을 찾는 방식을 포기한다. 물론 일부 국가가 공세적 현실주의 논리에 따라 계속 움직일 가능성이나 때로는 새로운 공세적 현실주의 국가가 나올 가능성을 배제할 수 없다. 그러나 이들 공세적 현실주의 국가가 큰 불이익을 받

---

41 이 학습 과정은 실패에서 배우는(negative learning, 또는 '부정적 학습'이라고도 함) 과정이다. 구조주의가 대두하면서 국제관계 문헌에서는 성공으로부터의 학습(positive learning, 또는 '긍정적 학습'이라고도 함)이 널리 주목되어 왔다. 그러나 인간은 타성 때문에 과거에 했던 일을 계속하는 경향이 있으며, 실패에서 배우는 것은 지식 축적 과정에서 성공에서 배우는 것만큼 중요한 역할을 한다. 실패에서 배우고 다시 성공에서 배우는 것 자체가 하나의 사회진화 과정이다[Campbell 1960; 1974a; 1974b; Popper(1939) 1959; 1972, 261~265 참조]. 레비(Levy, 1994, 304)도 개인과 조직이 성공에서 배우는 것보다 실패에서 배우는 것이 더 많다고 지적했다. 레그로(Legro, 2005)는 비록 부정적 학습이라는 용어는 사용하지 않았지만, 낡은 관념의 실패에 기초한 새로운 관념의 공고함과 관념의 변천을 고찰했다. 우리의 틀에서, 선택과 (긍정적) 학습(이성을 포함)은 모두 시스템 진화에 영향을 미친다. 이에 반해, 왈츠(Waltz 1979, 118)는 "누군가가 잘 살기 시작하면, 다른 사람들은 뒤쳐지지 않기 위해 그의 행동을 모방하려고 시도할 것이다"라고 말하긴 했지만, 힘의 균형 행위에 대한 선택은 '이성'이 필요하지 않다고 생각했다. 그러나 모방도 학습의 일종이다. 유사한 논점이 알치안(Alchian 1950)이 경제적 경쟁에서 최적 행위가 어떻게 나타나는지에 대한 논의를 진행할 때 등장했다. 왈츠와 알치안 모두 기대 결과가 나타나기 위해 이성(또는 학습)이 필요하다는 것을 부인하고 있다. 그러나 학습 없이 어떤 특정한 행위나 기술이 좋은지 혹은 최적의 선택인지 등을 누가 알고 그것을 채택할 수 있는가. 따라서 학습과 선택을 구분하는 것은 인류사회를 이해하는 데에 있어 잘못된 출발점이다. 상세한 논의는 제5장을 참조.

기 때문에 이들 국가의 다수도 결국 '정복이 점점 어려워지고 있다'는 관념을 받아들일 것이다.[42]

거듭된 실패로부터 '정복은 더 이상 쉬운 것이 아니다'라는 관념도 확산될 수 있다. 결과적으로 '정복은 쉽고 국가에 이익이 되는 것'이 아니라 '더 이상 쉽지 않고 이익이 되지 않는 것'으로 국가 간의 믿음이 변화할 것이다.

마지막으로, '더 이상 정복은 쉽고 이득이 되는 것이 아니다'는 관념이 국가에 받아들여진 후에, 정복 전략이 아닌 방어 전략을 통해 안전을 찾는다는 관념이 국가 간에 자연스럽게 퍼져나갈 수 있다. 방어적 전략으로 얻는 것이 공세적 전략보다 낫다는 관념의 전파는 국가의 인식 전환을 촉진한다. '정복은 쉽고 이익이 된다, 정복 전략은 안전을 얻는 좋은 방식이다'는 인식에서 '정복은 더 이상 쉽지 않고 이익이 되지 않는다, 방어적 전략이야말로 안전을 찾는 좋은 방식이다'는 인식으로 변화한다.

이러한 관념이 대두되고 전파되는 과정은 결코 순수한 의미의 이데

---

42 많은 대국이 정복 전쟁에서 패배하고 엄중한 처벌을 받은 후에야 방어적 현실주의 국가가 되었다. 나폴레옹 이후의 프랑스, '제2차 세계대전' 이후의 독일, 일본, 이탈리아는 모두 방어적 현실주의 국가가 되었다. 독일과 일본 양국의 안보 정책에 대한 대부분의 문화주의(구성주의)적 해석은 지나치게 (학습된 관념으로서의) (정치)문화를 강조했다 (예: Berger 1998; Duffield 1995; Katzenstein이 1996). 이렇게 순전히 문화(또는 학습)에 기초한 국제 행위의 해석에 대한 중립적인 비평을 알고 싶다면 Sagan(1997)을 참조. 중국도 마오쩌둥(毛澤東) 때인 1950년대−70년대에 일종의 공세적 현실주의 정책을 추진하다가 엄중한 처벌을 받은 뒤 공세적 현실주의 국가에서 방어적 현실주의 국가(Goldstein 2001)로 전환되었다. 미국이 방어적 현실주의 국가로 사회화되지 않은 유일한 대국인 이유는 독특한 지리적 위치 때문이다. 다른 글(Tang and Long 2012)에서 이 논점을 발전시켰다.

올로기적 과정이 아니다. 이 전파 과정은 오히려 객관적 사회 현실에 의해 뒷받침된다. 이 사회현실의 바탕은 정복의 끊임없는 실패와 공세적 현실주의의 불리한 선택에 의해 형성되었다. 이 역시 국가 수의 감소와 국가의 평균규모의 확대에 따른 것이다.[43]

정복이 거듭해서 실패하는 객관적 현실을 통해서만 국가는 정복이 이미 어려워지고 있고, 정복의 대상이 더 커지고 정복하기 어려워지는 세계에서 아무런 보상을 받지 못한다는 것을 깨달을 수 있다. '정복은 쉽다'라는 관념이 계속해서 잘못되었다는 것이 입증될 때(또는 '정복은 어렵다'는 관념이 어느 정도 정확해졌을 때), '정복은 어렵다'라는 관념이 널리 전파될 수 있다.

주권 관념과 민족주의의 성행 및 전파

미어샤이머의 세계에서 저비스의 세계로의 전환, 그 배후에 있는 세 번째 보조 메커니즘은 방어적 현실주의 세계에서의 주권 관념과 민족주의의 성행 및 전파이다.[44]

---

43 이 보조 메커니즘을 지탱하는 한 가지 좋은 지표는 이 두 시스템에서 전쟁 빈도가 시간이 흐름에 따라 어떻게 변화하는지를 보면 된다. 하지만 이 지표를 계산하려면 상당한 투자가 필요하다. 치오피 레빌라(Claudio Cioffi-Revella)와 동료들은 이러한 고대 전쟁에 대한 데이터 모음을 만들려고 시도했으나(Cioffi-Revella 1996; Cioffi-Revella and Lai 1995), 90년대 중반 이후 특별한 진전을 만들지 못했다.

44 우리는 군주(sovereign)와 주권이 사실상 1648년 전, 심지어 프란시스코 비토리아(Francisco Vitoria)와 위고 그로티우스(Hugo Grotius) 때 나타났음을 지적하지 않을 수 없다 (Anghie 2004). 따라서 사실 군주와 주권의 관념이 서로 다른 하위시스템에서 독립적으로 나타날 수 있고, 이런 하위시스템에서는 정복이 점점 더 어려워지고 있다는 가능성을 보여준다. 역사는 확실히 이렇게 진행되어 왔다.

많은 학자들이 지적한 바와 같이 중세 이후 주권 관념의 대두와 전파는 공세적 현실주의를 방어적 현실주의로 전환시키는 과정에 결정적인 역할을 했다(Ruggie 1983, 273~281; Hinsley 1986; Wendt 1992, 412~415; Biersteker and Weber 1996; Krasner 1999; Osiander 2001; Spruyt 2006). 그러나 왜 주권 관념이 발전하고, 중세시기 이후부터 전파되었는지 설명하지 못했다.[45]

주권 관념은 본질적으로 국가 시스템에서 '공동 생존'이라는 준칙에 대한 합법적인 승인이다(Barkin and Cronin 1994, 111). 따라서 공동 생존이라는 준칙을 받아들이는 것이 주권 관념을 향한 첫걸음이다. 그러나 공동 생존이라는 준칙을 수용하는 것은 공동 생존이라는 사실에 의존해야 하며, 이 사실은 정복과 확장의 난이도 증가를 통해서만 얻을 수 있다. 정복하기 비교적 쉬운 세계에서는 '공동 생존'의 준칙이 성행하고 전파될 수 없다. 따라서 많은 국가가 정복은 소용이 없다는 사실을 인식해야만 주권 관념이 성행할 수 있다. 국가 간 정복이 상대적으로 쉬운 상황이라면, 국가들이 서로의 생존을 존중할 리가 없다. 제1차 세계대전 전까지 국제정치에서 유행하는 준칙은 '국가가 정복할 권리를 가진다'는 것이었다. '국가가 정복할 권리를 가진다'는 것은 제2차 세계대전 이후에야 합법성을 상실했고, 다른 국가의 주권을 존중하는 것이 새로운 준

---

45 여기에서 주권 관념이 유럽에서 세계의 다른 곳으로 확산되는 과정에 대해서는 논의하지 않고자 한다. 유럽의 국가형성에 관해, 많은 문헌은 왜 유럽에는 한 가지 종류의 국가체제(주권영토국가)만 남았는가에 초점을 맞추고 있다(예: Tilly 1990; Spruyt 1994a; 1994b). 이들 문헌은 단위체(서로 다른 정치적 실체) 간의 경쟁(예: 전쟁, 내외부의 무역을 통제하고 이익을 얻는 행위)이 진화에서 중요한 역할을 한다는 점을 강조하고 있다. 본서에서는 이 문헌들을 보충했는데, 이는 이 과정이 작동하는 기초를 제시했기 때문이다.

칙으로 자리 잡기 시작했다(Korman 1996, Fazal 2007, 7장).

주권 관념의 성행은 민족주의의 대두와 전파에 객관적인 기반을 제공했는데, 이는 민족주의가 핵심영토에 대한 점령을 기반으로 하기 때문이다(Anderson 1983; Murphy 1996, 92~100).[46] 민족주의의 성행과 전파는 국가 시스템을 방어적 현실주의 시스템으로 바꾸는 것을 더욱 촉진시킬 것이다.

우선 '전망 이론(prospect theory, Levy 1997)'[47]과 같이 국가를 자신의 소중한 재산으로 여기는 국민들은 남의 영토를 빼앗기보다 국가를 지키려는 의지와 결심이 더 강하다. 민족주의는 이를 통해 정복을 애초부터 성공하기 어렵게 만들었다. 정복이 처음에는 성공할지라도 그 이후의 정복은 더 힘들어질 수밖에 없고, 민족주의적 사상을 가진 국민들은 이민족에 굴복하는 것을 싫어했기 때문이다. 결과적으로 민족주의가 많은 전쟁을 초래하였고, 동시에 전쟁의 참혹함을 가중시켰다고 할지라도 정복은 더욱 어려워졌다(Van Evera 1994; Cederman et al. 2011).[48]

---

46 따라서 민족주의 개념은 주권 관념이 등장한 이후에 나타났다. 이 두 관념의 진화에도 불구하고, 주권과 민족주의는 항상 긴장이 존재해왔다(Barkin and Cronin 1994). 민족주의의 기원과 확산, 그리고 그 영향에 관한 문헌은 상당히 풍부하다. 그 중 가장 중요한 문헌으로는 Anderson 1983; Gellner 1983; Smith 1986; Hobsbawm 1990 등이 포함된다.

47 'Project Theory'는 '기망이론', '기대이론', '전망이론' 등 다양한 번역이 있다. 이 세 가지 번역법이 모두 가능하다고 생각한다.

48 사실 민족주의가 전쟁을 더 잔혹하게 만들었다는 사실은 어떤 면에서 보면 우리의 논의를 지지하는 측면이 있다. 왜냐하면 전쟁이 더 가혹해지고 확대되면, 국민들이 결국 전쟁을 더 싫어하게 되고, 그로 인해 국가가 전쟁을 일으킬 수 있는 능력과 의도에 제한을 가하게 되기 때문이다.

둘째, 공세적 동맹(offensive alliances)에서는 잠재적으로 정복한 영토를 어떻게 나눌지에 대한 사전합의가 이루어지지 않아 동맹을 유지하기 어렵게 만든다. 민족주의는 영토의 분할과 교환을 더욱 어렵게 만들었으며(Jervis 1978, 205; Fearon 1995, 389~390), 이에 공세적 연맹의 형성과 지속이 불가능했다. 공세적 현실주의 국가는 동맹국이 부족한 상황에서 정복 전쟁을 벌일 가능성이 적고, 반면 앞서 언급한 민족주의의 작용으로 인해 공세적 동맹 자체가 형성되거나 유지되기 어렵다. 따라서 이전과 달리 정복은 더욱 어려워질 수밖에 없다.

소결

위의 세 가지 보조 메커니즘은 근본적인 메커니즘에 의해 초래된 결과 위에 세워졌고, 공세적 현실주의 세계에서 방어적 현실주의 세계로 전환하는 과정에서 없어서는 안 되는 보조적인 역할을 하고 있다.[49] 그들은 근본적인 메커니즘과 함께 점차적이지만 빈틈없이 공세적 현실주의 세계를 방어적 현실주의 세계로 변화시킨다. 최근 국제정치의 발전과정도 이러한 결론을 뒷받침한다.

제2차 세계대전 이후, 폭력적인 정복으로 인한 국가의 멸망은 거의 없어졌으며, 이는 역사상 전례가 없는 현상이다(Fazal 2007; Zacher 2001). 가장 대표적인 예로, 과거에는 생존의 기회가 적었던 약한 완충국(buffer

---

49 두 개의 세계를 명확하게 구별하기 위해 두 가지 사용 가능한 경계선을 제공하고자 한다. 2차 세계대전(보수적 구분)과 베스트팔렌 회의(낙관적 구분)가 바로 그것이다. 다시 말해, 베스트팔렌은 저비스 세계의 시작을, 제2차 세계대전은 저비스 세계의 성숙을 상징한다.

state, 예를 들어 부탄, 룩셈부르크 그리고 싱가포르 등)들이 오늘날 살아남게 되었다(Jackson 1990; Strang 1991; Fazal 2007). 제2차 세계대전 이후 국가가 법률상으로 독립했고, 국제적으로 이를 인정받으면 그 국가의 영토 보전에 대한 존중은 준칙이 됐다. 다른 국가의 영토(심지어 그 영토의 일부마저도)를 무력으로 합병하려는 것은 이미 국제사회에서 받아들여지지 않고 있다(Zacher 2001). 이 때문에 인도네시아의 동티모르 합병과 이라크의 쿠웨이트 침공은 국제사회로부터 인정받지 못했다. 유일한 예외가 아마 인도가 1975년에 시킴(Sikkim)을 합병한 사례일 것이다.[50] 정복은 더 어려워졌을 뿐만 아니라 국제시스템에서 점점 더 불법화되고 있다.

인간의 역사를 종합해보면 대부분의 전쟁은 정복전쟁이다. 공세적 현실주의 세계에서 방어적 현실주의 세계로 진화한 것은 전쟁의 주요 원인 중 하나인 정복을 제거하면서 많은 전쟁이 사라졌기 때문이다. 존 뮬러(Muller 1989)의 말을 빌리면 정복과 확장의 전쟁은 이미 한물갔다.[51]

---

50 더 자세한 논의는 Korman(1996)을 참조. 본서에서도 왜 현대 인류 역사에서도 작은 완충국가들이 존재할 수 있는지 간단히 설명해준다. 순수한 기술적인 해석으로는 쉽게 설명할 수 없는 현상(Fazal 2007)이다. 웬트(Wendt 1995, 78~79; idem 1999, 323~324)와 존스톤(Johnston 2001, 489~490)은 이러한 국가의 존재가 국제정치를 단순한 물질적 현실주의(2001, 4490)로 해석하는데 큰 도전이 된다는 점을 정확히 지적했다.

51 사실, 1989년 이후로, 국가 간의 전쟁은 몇 번 없었다[데이터 출처: Peace Research Institute Oslo(PRIO)의 무장 충돌에 관한 데이터, www.prio.no 참고]. 뮬러는 큰 전쟁이 이제 구시대적 산물이라고 주장하는데, 이는 본서에서 하고자 하는 주장보다도 큰 주장이다. 왜냐하면 본서에서는 정복 목적의 전쟁만이 구시대적 산물이라고 보기 때문이다. 물론 큰 전쟁이 과거의 산물이 될 가능성을 배제하지는 않는다. 뮬러의 주장은 단순히 순수한 관념적인 주장일 뿐이며, 왜 국가가 현재 전쟁을 '싫어하는지'를 설명하는 기초를 제시하지는 못했다. 큰 전쟁이 점점 줄어들고 있는 변화에 관한 논의는 Vayrynen(2006)을 참고하기 바란다. 본 책에서도 민주국가 간의 평화('민주평화론')가 국제시스템의 평화에 그렇게 크게 기여하지 못할 수 있다는 것을 주장하고자 한다(결론 참고).

이는 국제정치가 미어샤이머의 세계에서 저비스의 세계로 확실히 변모했음을 보여준다. 국가의 생존 문제를 말하자면, 오늘의 세계가 어제의 세계보다 더욱 안전하다.

일부 공세적 현실주의자의 부인에도 불구하고, 제2차 세계대전 이후의 많은 지도자들은 그들이 그렇게 위험하지 않은 세상에서 살고 있다는 사실을 점차 깨닫게 됐다. 따라서 공세적 현실주의 세계에서 국가들이 상비군 규모를 계속 확장하고 있는 반면, 제2차 세계대전 이후에는 두 가지 인상적인 발전이 있었다. 우선 첫째 대부분의 국가(대국 포함)는 현재 지원병으로 구성된 상비군에 의존하고 있다. 둘째, 역사적으로 상비군의 규모는 '제2차 세계대전' 기간에 정점을 찍은 이래로 현저하게 감소되었다. 비록 군사 기술의 발전을 핵심 원인 중 하나로 인정하더라도, 정복 전쟁은 기본적으로 시대에 뒤떨어진다는 것을 인정해야만 이 두 가지 변화를 이해할 수 있다.

결론

본 장에서는 공세적 현실주의 세계에서 방어적인 현실주의 세계로의 전환에 대한 사회진화적 해석을 제시했다. 근본적 메카니즘과 세 개의 보조 메카니즘을 강조했고 국제정치가 과거의 공세적 현실주의 세계에서 오늘의 방어적 현실주의 세계로 전환한다는 것을 주장한다. 이렇게 되면 공세적 현실주의와 방어적 현실주의 간의 논쟁을 해결하게 된다.

국제정치가 본질적인 전환을 부인하고 영원히 공세적 현실주의 세계에 머물 것이라는 가설에 반대한다(Waltz 1979, 66; Mearsheimer 2001, 2). 국제정치는 지속적으로 진화하는 시스템이다. 따라서 이 시스템의 어떤 특징(가령, 무정부성)이 일정하게 유지되는 경우에도 그 본질에서 근본적 전환이 일어날 수 있다. 이것은 공세적 현실주의 세계가 다른 세계로 전환될 것이라는 가설들을 발전시킨 것이다. 일부 주장은 공세적 현실주의 세계가 어떻게 형성되는지에 대해 모색했지만, 다른 세계로 진화할 가능성에 대해 언급하지 않았다(Mercer 1996; Thayer 2004). 다른 쪽에서는 국제정치가 다른 유형의 무정부상태로 전환되었다고 강조했지만, 한 유형의 무정부상태가 어떻게 다른 유형의 무정부상태로 바뀌었는지에 대해서는 충분히 설명하지 않았다(예: Wendt 1992).

마지막으로 한 유형의 무정부상태가 다른 유형의 무정부상태로 바뀌는 것에 대해 부분적인 해석만을 하는 논의를 넘어서고자 한다. 많은 사람들은 국제정치를 구속하는 데에 있어 규칙과 관념의 중요성을 강조하지만 이러한 관념들이 어떻게 생겨나고 어떻게 국제정치에서 주도적 지위를 차지하게 되는 것에 대해 설명하지는 않는다(Kratochwil 1989;

Mueller 1989; Johnston 2001, 489~490; Spruyt 2006).[52] 또 어떤 학자들은 인식의 발생과 전파를 언급했으나 그들의 역사 서술에는 객관적인 물질세계가 포함되어 있지 않기 때문에 인식의 생성과 전파에 대한 내부적인 해석을 제공할 수 없다(Ruggie 1983; Onuf 1989; Buzan 1993, 340~343; Wendt 1992, 419; 1999, chaps.6 & 7; Crawford 2002). 예를 들어, 웬트는 세 종류의 세계 모두 자기 강화의 행위에 의해서만 유지될 수 있다고 주장했고, 세 종류의 세계 사이의 전환은 외생적인 관념과 행위의 변화에 의해서만 이루어질 수 있다고 주장했다. 즉, 웬트에 의하면 이러한 전환은 순수하게 관념적이다(1999, 6장). 웬트에게 홉스적 세계에서 로크적 세계로의 전환의 전제조건은 '새로운 방식으로 자신을 생각하는 이유가 반드시 있어야 한다'는 것이다(1992, 418~422). 그러나 그 역시 외생변수로 설명하는 것 외에 왜 국가가 관념과 행위를 바꾸어야 하는지에 대해서 설명하지 않았다.

대조적으로, 사회진화의 틀에서 국가는 외부의 자극 없이도 자신의 관념과 실천을 변화시킬 수 있다. 관념과 실천의 전환은 내부로부터 작동하기 때문이다. 국가 수의 감소와 규모의 점진적 증가는 앞서 보여준 몇몇 관념의 생성과 전파에 대한 객관적인 기반을 제공했고, 이러한 관념의 생성과 전파는 공세적 현실주의 세계에서 방어적 현실주의 세계로의 시스템 전환을 더욱 촉진시켰다.

---

52 콕스(Cox 1983)는 공세적 현실주의 세계에서 방어적 현실주의 세계로 전환하는 메커니즘을 발견하진 못했지만, 물질적 힘과 관념, 그리고 제도가 함께 역사를 만들었다는 점을 강조했기 때문에 다른 이들보다 더 사실과 가까운 설명을 할 수 있었다.

제4장

보다 더 규칙화된
국제시스템

서론

특정한 규칙을 준수해야 하는 국가의 총 규칙 수와 규칙을 준수하는 일반적 경향으로 미루어 볼 때, 국제시스템이 이전보다 규칙에 기반하고 (또는 제도화되고) 있는 것은 분명하다(Simmons 2000; Guzman 2002; 2008). 이 사실은 '하나의 세계국가(a world state)'와 '하나의 세계사회(a world society)'를 어떻게 정의하든 간에 안보 공동체를 향해 나아가고 있다는 낙관적인 예측을 이끌어냈다(Adler and Barnett 1998 a; Wendt 2003; Bujan 2004; Suganami and Linklater 2006). 그러나 이 낙관론이 과연 일리가 있는지 검토해봐야 한다. 본 장에서는 이데올로기의 차원이 아닌 사회진화의 차원에서 이 문제를 논의하겠다. 비록 인류사회(특히 국제체제)가 전반적으로 더욱 규칙화된 사회로 변했지만 조화롭고 제도화된 '세계국가' 또는 '세계사회'는 존재하지 못한다.[1] 왜냐하면 근본적으로 제도가 권력에 의해 성립 및 유지되는 경우가 많고 '제도'의 개념이 필연적으로 이해의 충돌, 투쟁(항상 폭력적인 것은 아니지만 자주 폭력적인 것)과 권력의 충돌(Tang 2011a)을 수반하기 때문이다. 따라서 국제시스템(및 더 넓은 인류사회)이 더욱 규칙을 기반으로 운용됨에도 불구하고 세계국가는 존재할 수 없다.

---

1   국가와 사회의 이분법적 구분은 어쩌면 성립할 수 없다. 이런 이분법은 권력으로부터의 벗어나고 싶어 하는 우리의 욕구를 반영한다(Tang 2011a, 제5장). 사회는 항상 권력에 의해 만들어지며, 권력이 되는 국가는 사회형성 과정에서 항상 핵심적인 역할을 수행한다 [Elias(1939) 1994; Foucault 1980].

정확하게는 그 용어가 빈껍데기만 남은 상황이다. 본 장에서는 사회진화 패러다임과 사회진화의 관점에서 제시한 제도적 변화에 관한 광의적 범위에서의 일반이론을 이론적 기초로 삼았다.

이 장은 모두 다섯 부분으로 나뉜다. 먼저, 이론적 기반 중 하나로 제도적 변화에 대한 광의적 범위에서의 일반이론을 검토해 평화적인 제도화 과정(특히 지역적 차원)을 이해하고자 한다. 다음으로, 이를 뒷받침하기 위해 지역평화를 제도화한 세 가지 사례를 검토한다. 제3절에서는 새로운 경험적, 이론적 이해를 바탕으로 국제제도에 관한 몇 가지 논쟁을 검토한다. 제4절에서는 국제정치에 대한 제도주의적 접근방식의 방향을 새로이 설정할 것을 주장한다. 제5절에서는 '세계국가' 존재할 수 없는 이유와 이러한 이상향에 대한 동경이 왜 위험한지를 설명하고, 마지막에서는 결론을 논의하겠다.

다음 세 가지 내용을 짚고 넘어가고자 한다. 우선 신자유주의 (Neoliberalism)가 존재론적으로 규칙을 기반으로 한 세계의 일부를 포착하기 때문에 국제정치에서 정당성이 있는 대이론이라 생각하지만, 그렇다고 해서 규칙을 기반으로 한 세계를 '신자유주의 세계'라 명명하고 싶지 않다. 신자유주의는 규칙을 기반으로 한 세계의 극히 제한된 부분만을 포착하기 때문에, 결국 이를 통해서는 세계를 쉽게 오도하게 된다. 국제정치의 탁월한 이론이 되려면 신자유주의 자체가 근본적으로 변해야한다. 국제제도 연구에 대해 근본적으로 변화된 접근방식은 더 이상 '신자유주의'라고 볼 수 없다. 사실 여기에서 제창하는 제도 연구는 '신자유주의'의 몇 가지 핵심 명제를 거부한다. 게다가 제도주의라는 용어는 신자유주의보다 더욱 포괄적이기 때문에 현재 주류 신자유주의(Keohane and Martin 2003)에 의해 지지받고 있다. 예를 들어, 영국학파도 일종의 제도주의적 갈래에 해당한다(Evans and Wilson 1992; Suganami 2003). 둘째로, '세계국가(사회)'의 개념과 관련된 규범적인 의제들을 다루고 있지만, 본 장의 '세계국가'에 대한 대부분의 비판은 국제정치의 진화에 대한 실증적 고찰에 바탕을 두고 있다. 마지막으로 지역평화의 제도화 과정에 관심이 있기 때문에 필요한 경우가 아니라면 또 다른 중요한 문제인 '제도가 행위자들의 행위 및 미래의 제도 변천에 어떻게 형상하는지' 등에 대해서는 논의하지 않을 것이다.

1. 국제제도 연구에 대한 새로운 접근법

제도는 본질적으로 관념의 구현이다. 행위자 사이의 지적 다양성(다시 말해 미래에 어떤 제도가 적합한지에 대해서는 다양한 생각이 있다) 때문에, 제도의 변화 과정은 본질적으로 대중들의 관념 가운데 극히 제한된 일부를 어떻게 제도적으로 변화시킬 것인가에 관한 것이라 할 수 있다. 이와 같이 특정한 제도적 배치에 관한 생각을 유전자로, 제도적 배치를 표현형으로 간주한 다음, 제도적 변화에 사회진화 패러다임을 적용하고자 한다. 이 부분에서 인위적인 변이-선택-유전의 핵심 메커니즘이 작동한다. 이러한 출발점을 바탕으로 필자는 사회진화 패러다임을 기반으로 한 제도 변화에 관한 일반이론으로 발전시켰다(Tang 2011a). 본 절에서는 해당 이론을 소개한 후, 이 이론이 국제제도에 대한 이해에 어떠한 핵심적인 의의를 가지는지를 강조하고자 한다.[2]

제도 변화에 관한 일반이론에는 다음과 같은 핵심적인 측면이 있다.

첫째, 가장 근본적으로는 규칙을 만드는 권력 경쟁이 문제의 핵심이다. 제도들은 종종 권력에 의해 수립되고 (또는 권력의 그늘 아래에서), 공공연하게 혹은 암암리에 유지된다[Elias(1939) 1994; Knight 1992; Solitan 1998 참조]. 즉 대부분 권력과 체제는 불가분의 관계에 있다.

둘째, 제도 변화의 과정은 (1) 특정한 제도에 관한 관념의 출현 (2) 특정한 관념의 지지자들에 의해 시작된 정치적 동원 (3) 특정한 제도적 장치를 설계하고 통제하기 위한 힘의 투쟁(즉 특정한 규칙의 확립) (4) 규칙의 확립 (5) 규칙의 합법화, 안정화 및 복제라는 다섯 가지 단계를 포함한다. 이 다섯 가지 단계는 세 가지 진화 단계에 해당한다. 즉 관념의 출현은 '변이'에, 정치적 동원과 권력 투쟁은 '선택'에, 규칙의 확립, 합법화 및 안정화는 '유전'에 상응한다.

셋째, 제도가 통상적으로 복지 향상을 위한 공공재와 같다는 견해에는 착오가 있다. 이러한 착오는 제도 연구에 관한 조화학파, 전형적인 기능주의(Parsons 1937; 1951), 신고전경제학의 영향을 받은 신제도경제학 등에 기인한다(Coase 1937; North 1981; 1990; Williamson 1975; 1985). 제도는 대개 사적 이익을 추구하는 개인의 것이며, 행위자로 구성된 집단의 복지를 증진시키기 위한 제도는 지속적인 권력 투쟁의 결과물이지, 합리적

---

2   제도에 대해 논의하기 위해서는, 먼저 질서에 대해 논의할 필요가 있다. 그러나 주지하다시피 질서라는 개념은 정의하기 어렵고 측정하기는 더 어렵다. 여기서는 질서를 논하지 않겠지만, (질서에 대한) 다른 글에서 보다 엄밀한 정의와 측정 방법을 제시하겠다 (Tang 2016a). (저자 중국어판 주: 질서의 개념분석에 관한 저자의 글이 발표되었기 때문에 참고문헌에는 이미 발표된 글이 인용되었다.)

인 계산에 따른 즉각적인 만족감이라 볼 수 없다.

넷째, '제도는 중요한 것'인데 왜 제도가 중요한가? 간단하게 말해, 주요한(유일한 것이 아니라면) 원인은 제도가 권력에 의해 수립되거나 유지되기 때문이다(Tang 2011a, 5장). 따라서 제도는 본질적으로 자주적이고 권력으로부터 독립적인 행위자가 아니다. 엘리아스[Elias 1939(1994)]와 푸코(Foucalt 2000)가 밝힌 바와 같이, 행위자에 규칙이 내재화되었기 때문에 제도가 외부의 영향을 받지 않는 것으로 보이지만, 이 내재화 과정 자체는 항상 권력에 의해 뒷받침된다. 제도가 자주적인 행위자일 수 있다는 견해에는 오류가 있으며, 이를 증명하려는 대부분의 노력은 헛될 수밖에 없다.

다섯째, '제도는 중요한 것'인데, 그렇다면 제도가 어떻게 영향력을 발휘하는가? 제도는 일단 만들어지면, 행위자의 행위를 형성한다. 권력에 의해 지탱되는 제도는 능동적이며, 동시에 구속력을 가진다(Giddens 1979; 1984). 행위자의 행위를 만들어내는 동시에, 반대로 사회구조의 진화를 포함한 사회적 결과도 만들어낸다.[3]

위와 같은 일반이론과 사회진화 패러다임으로부터 국제시스템에서의 제도를 이해하는데 중요한 시사점을 도출할 수 있다.

우선 가장 중요한 것은, 국내정치에서 제도가 변화하는 것과 마찬가지로 국제정치에서 제도변화의 핵심은 규칙을 제정하기 위한 권력

---

3   따라서 제도(그리고 전체 사회제도 시스템으로서의 구조)와 행위자는 일종의 이원적(duality) 관계를 갖는다(다시 말해 제도와 행위자가 서로를 구성한다). Tang 2011a, 제5장과 Giddens 1979; 1984를 참조.

의 투쟁이다. 이 과정은 불가피하게 권력을 필요로 한다. 국제정치에서는 대개 국가가(개인이 아닌) 국제제도를 수립하고 국가가 (가장 높은 수준의 조직으로서) 권력을 독점한다. 따라서 처음부터 국제제도는 권모술수의 도구이자 산물이며(Keohane 1984; Mearsheimer 1995; Jervis 1999; Schweller 2001), 권력정치의 산물이기도 하다. 대부분의 국내제도처럼 대다수의 국제제도는 공공연하게 혹은 암암리에 권력에 의해 유지된다(Tang 2011a).

둘째, 권력은 제도(그리고 질서)의 수립과 유지를 위한 중요한 부분이기 때문에, 규칙제정을 위한 권력투쟁에서 이긴 행위자나 집단은 더욱 제도의 본질에 결정적인 영향을 미친다. 지금까지의 국제정치를 보면, 주요한 전쟁이나 분쟁에서 승리한 패권국이나 국가집단이 국제제도와 질서에 보다 더 결정적인 영향을 미쳐왔다(Keohane 1984; Hurd1999; Ikenberry 2000). 큰 전쟁을 겪고 난 후, 평화(Gilpin 1981; Ikenberry 2000), 주권(Spruyt 1994b), 영토완정(Zacher 2001), 비식민화(Spruyt 2000), 무역(Keohane 1984), 노예무역과 해적 금지(Clark 2007, 제2장; de Nevers 2007), 인종평등(Clark 2007, 제4장; Suzuki 2009), 그리고 아마도 전체 국제법 시스템(Anghie 2004)을 논할 때의 실제 상황이 그러했다.

셋째, 사회진화적 관점에서 보자면, 국제정치에서 광범위한 평화의 제도화는 방어적 현실주의 세계에서 평화가 확립된 후에야 가능하다.

넷째, 제도는 성립된 이후에 평화를 강조하고 국제시스템이 보다 더 규칙 중심적으로 변하도록 한다. 그러나 이러한 환류 과정은 다수의 국제관계학 문헌에서 협의적으로 정의된 물질적 권력일지라도, 권력을 통해 운영되었다(Foucault 1980; Diggeser 1992; Tang 2013 참조). 따라서 대부분의 국제제도는 권력으로부터 독립된 자주적 행위자일 수 없으며, 이는 마치 대부분의 국내제도가 본질적으로 권력으로부터 독립된 행위자일 수 없는 것과 비슷하다.

본서의 분석틀은 국제제도에 관한 기존의 이해를 뛰어넘는 설명일 수 있다. 예컨대, 많은 사람들이 이미 현대 국제시스템이 규칙에 기반한 하나의 시스템으로 향하고 있다는 사실을 인정하면서도(Wendt 1999; 2003; Linklater and Suganami 2006), 이 전환이 어떻게 일어나는지에 대해 설명하지 않았다. 마찬가지로, 많은 사람들이 제도가 평화의 기초라고 이야기하지만 이러한 이해가 잘못되었다는 점을 증명하고자 한다. '얕은 평화(shallow peace)'가 제도보다 앞섰기 때문이다(본 장 제2절 참조). 마지막으로 기존의 해석이 '세계국가'의 가능성을 뒷받침할 수 있지만, 이러한 가능성은 거짓되었고 위험한 약속일 수밖에 없음을 증명하고자 한다.

2. 지역평화 제도화의 세 가지 경로

지역평화의 제도화 사례로 라틴아메리카, 서유럽, 동남아시아를 검토하고자 한다.[4] 세 가지 사례 모두 국제시스템의 전환에 대한 사회진화론적

---

4   라틴아메리카를 세 가지 사례 중 첫 번째에 두는 이유는, 부분적으로는 지역주의 문헌에서 EU 중심주의가 성행하는 현상이 건전하지 못하다고 판단하기 때문이다(Solingen 2008, 288; Acharya 2000 참조). 최초의 안보 공동체는 북유럽 국가(Weaver 1998, 72-74)일 수 있다. 많은 사람들이 이미 인식하고 있듯이, 지역(혹은 하위시스템)에 초점을 맞추는 것이 국제사회(그리고 세계사회)를 이론화하기에 더 유리한 경로이다. 예를 들어, Buzan 1991; 2004, 16~18; 2011; Lake and Morgan 1997; Mansfield and Milner

해석과 일치하는데, 이는 (특정 지역 내에서) 방어적 현실주의가 도래한 이후에 평화를 제도화하면서 시스템의 변화가 실현되었기 때문이다.[5] 이와 관련해 다음 세 가지를 강조하고자 한다.

첫째, 국제시스템 전환의 사회진화적 접근과 마찬가지로, 지역평화의 제도화는 전체 시스템이나 비교적 폐쇄적인 하위시스템이 방어적 현실주의 세계로 진화한 후에 시작되는 경우가 많으며, 그 후에야 성공할 수 있다. 다시 말하자면, 평화를 제도화하려는 중요한 시도는 방어적 현실주의(혹은 '얕은 평화')가 성립된 이후에야 가능하다. '얕은 평화'는 취약하기는 하지만 특정한 하위시스템(혹은 어쩌면 전체 국제시스템)에서 주요 국가의 종말을 멈추기 때문이다. 즉 방어적 현실주의는 지역평화의 제도화를 위한 필요불충분 조건이다. 따라서 한 지역에서 이전에 불안정한 평화에서 '얕은 평화'로 전환했던 일이 있었다면, '깊은 평화(deep peace)'로 가는 길은 제도화를 통해서만 가능하다.[6] 주로 주권과 영토 완전성의

1997; Adler and Barnett 1998a; 1998b; Buzan and Weaver 2003; Katzenstein 2005; Acharya 2007 등을 참조.

5   본서에서 주목하는 부분은 차이점이나 독특함이 아니라 세 가지 사례 간의 공통점이다. 사례 간 차이에 초점을 맞춘 연구는 Risse-Kappen 1996; Lake and Morgan 1997; Mansfield and Milner 1997; Hemmer and Katzenstein 2002; Fort and Webber 2006; Acharya 2009; He and Feng 2012 등을 참조. 사례 간 공통점에 초점을 맞춘 초기 연구는 Adler and Barnett 1998; Kacowicz 1998; Kupchan 2010을 참조. 애들러와 바넷(Adler and Barnett 1998, 32~33)은 안보 공동체가 지리적으로 인접하지 않은 국가들 사이에 존재할 수 있다고 지적했지만, 그것은 예외일 뿐이다(예: 서방사회의 일원인 호주, 미국과 이스라엘). 세계화 시대에도 지리는 여전히 중요하다. 물론 지리적 근접성이 반드시 우호적인 관계를 이끌어내는 것은 아니다.

6   이 부분과 관련해 '깊은 평화'가 일단 확립되면 붕괴가능성이 거의 없다. '얕은 평화'와 '깊은 평화' 등의 개념 구분은 Tang 2011c와 인용 부분을 참조.

개념을 수용했기 때문에(제3장 참조), 이 방어적 현실주의의 평화는 1648년 이후에 비로소 성립되었고, 1945년 이후 확립되었다. 지역평화를 제도화하려는 주요 시도가 대부분 1648년 이후, 특히 1945년 이후에 시작되거나 가속화되었기 때문이다.[7]

둘째, 제도적 변화에 대한 사회진화 패러다임과 함께, 지역평화를 위한 이러한 과정들은 대개 평화를 촉진하는 관념과 권력에 의해 좌우될 뿐, 관념이나 권력 둘 중 하나만으로는 작동하지 않는다. 이 과정에서 권력은 내부와 외부 모두에서 형성될 수 있으며, 내부에서 유래한 권력은 이 과정을 촉진시킬 수 있는 강력한 요소이다(Acharya 2004; 2009; Frazier and Stewart Ingersoll 2010). 제도적 변화에 있어 힘의 역할을 경시하는 화합학파(harmony approach, 예: 기능주의, 신자유주의)나 관념의 역할을 경시하는 학파(예: 현실주의)는 지역평화의 실질적인 제도화(또는 제도적 변화의 다른 과정) 과정을 이해하는데 한계가 있다. 이와 대조적으로 제도적 변화에 관한 일반이론은 권력과 관념을 유기적으로 통합함으로써 지역평화의 제도화 과정에 대한 강력한 근거를 제공한다.

---

7   또한 이런 움직임은 1648년 이후에 수많은 '부정적 평화지대(zone of negative peace, Kacowicz의 표현)'가 등장한 이유를 설명해준다. 하지만 이 지대들이 1945년 전에 붕괴됨에 따라 전쟁지대로 바뀌었다[예를 들어, '유럽 협조'(Concert of Europe)가 있다]. 따라서 방어적 현실주의 세계가 형성되기 전에, 평화를 제도화하기 위한 노력이 결과적으로 실패했다는 사실은 우리의 논점이 성립하지 않는다는 것을 증명하지 못하는 게 아니라(예: Kupchan 2010), 도리어 본서의 논점을 강화한다. 이 사실은 전체 시스템 혹은 완전 고립된 하위시스템이 방어적 현실주의 시스템으로 진화한 이후에 비로소 지역평화의 제도화가 진정한 성공을 거둘 수 있다는 것을 보여준다. Kacowicz(1998)의 관점과 달리, 현재 영토 상태를 바탕으로 평화지대를 설명하려고 했던 시도는 만족스러운 결과를 얻지 못했다. 왜 현재 영토 상태를 바탕으로 설명하려고 했는지가 먼저 설명되어야 할 필요가 있기 때문이다.

표 4.1. 지역평화의 제도화 사례

	라틴아메리카	유럽연합	동남아시아
1945 - 1959	- 1947년, 〈미주 상호 원조조약(리우조약, Inter-American Treaty of Reciprocal Assistance)〉 - 1948년,미주기구(Organization of American States, OAS). 미주의 모든 35개국의 참여했으며, 민주, 인권, 안전, 발전의 촉진을 목적으로 함. - 1951년, 〈미주기구헌장 (OAS Charter)〉	- 1951년, 유럽석탄철강공동체 (European Coal and Steel Community, ECSC), 〈로마조약(Treaty of Rome)〉 - 1957년, 유럽경제공동체 (European Economic Community, EEC)	- 1954년, 동남아시아조약기구 (Southeast Asia Treaty Organization, SEATO) 설립 실패
1960 - 1969	- 1959년, 미주개발은행(Inter-American Development Bank)의 설립, 라틴아메리카 자유무역조약(Latin America FTA) 실패 - 1967년,〈중남미비핵지대조약 (Treaty of Tlatelolco)〉	- 1960년, OECD 조약 (파리), 프랑스-독일 우호관계 심화(1963년, 〈프랑스-독일 우호조약, FrancoGerman Treaty〉) - 1965년, 〈합병조약(Merger Treaty, 유럽공동체의 단일 이사회와 단일위원회 설립에 관한 조약, 프랑스 반대)〉	- 1961년, 동남아시아 국가연합(ASA) 실패 - 1967년, ASEAN 설립 〈방콕선언(Bangkok Declaration)〉
1970 - 1979	- 1979년, 아르헨티나-브라질 수교, 수력발전에 대한 삼자합의(Tripartite Agreement, 아르헨티나-브라질-파라과이)	- 1972~79년, 공동체 확대 - 1979년, 유럽화폐제도 (European Monetary System, EMS) 설립	- 1971년, 〈동남아시아 평화·자유·중립지역(Zone of Peace, Freedom, and Neutrality, ZOPFAN)〉 선언 - 1976년, 제1차 ASEAN 회의개최, 〈동남아시아 우호협력조약, Treaty of Amity and Cooperation in Southeast Asia, TAC)〉
1980 - 1989	- 1982년 바하마주의 〈미주상호원조조약(Inter-American Treaty of Reciprocal Assistance)〉 가입 - 1986년 7월, 1988년 11월, 1989년 8월, 아르헨티나와 브라질 양국의 협력을 도모하기 위해 〈경제협력 및 통합프로그램(PICE: Programa de Integración y de Cooperación Económica)〉 개최	- 1985~87년, 〈단일유럽의정서(The Single European Act)〉 - 1988~89년: 냉전종식	

1990 – 1999	- 1990~91년, 아르헨티나와 브라질의 역내 비핵화 - 1991년, 〈아순시온 협약(Mercusor by the Treaty of Asunción)〉 체결, 이후 1994년 〈오루프레투 협약(Treaty of Ouro Preto)〉을 통해 개정, 경제공동체(Mercosur)가 창설됨 - 1991년, 아르헨티나, 브라질, 칠레 3국간의 화학·생물무기에 관한 〈멘도사 선언(Mendonca Declaration)〉 - 1996년 4월, 아르헨티나, 브라질, 파라과이 간의 안보협력 3자협력기구	- 1991~92년, 〈마스리흐트 조약(Maastricht Treaty)〉 - 1997년, 〈암스테르담 조약(Treaty of Amsterdam)〉 - 1999년, 유로화 도입, NATO의 확장	- 1992년, 아세안 FTA 체결, 아세안지역안보포럼(ARF, ASEAN regional forum) 출범, 아세안의 확장(1995년, 베트남, 라오스, 미얀마 참여 / 1997년, 캄보디아 참여) - 1998년, 제1회 아세안+3(APT) 회의 개최, 〈동남아시아 우호협력조약 2차 개정 의정서(Second protocol of Amity and Cooperation in Southeast Asia)〉
2000 – 2010	- 2003년, 국제법과 안보에 관한 〈브라질리아 선언(Brasilia Declaration) - 2004년, 〈쿠스코 선언(Cusco Declaration)〉, 〈남미 국가 연합(the Union of South American Nations (UNASUR)〉 - 2006년, 〈코차밤바 선언(Cochabamba Declaration)〉 - 2008년, 남미국가연합 창설협약(South American Union of Nations Constitutive Treaty) - 2010년, 남미국가연합 민주화에 관한 추가의정서	- 2001년, 〈니스 조약(Treaty of Nice)〉 - 2004년, 〈유럽헌법조약 (Constitutional Treaty of the European Union, TCE)〉 - 유럽연합(EU)의 확장	- 2002년, 〈발리 협약(Bali Concord)〉을 통해 2020년까지 아세안 공동체 출범 추진 - 2002년, 〈남중국해 당사자 행동선언 (Declaration on the conduct of parties in the South China Sea)〉 - 2003년, 〈발리협약II (Bali Concord II)〉, 안보공동체(ASC), 경제공동체(AEC), 사회·문화공동체(ASCC) - 2007년, 〈아세안 헌장 (ASEAN Charter)〉

출처: Nugent(2006), www.sean.org, http://www.oas.org, http://www.mercosur.int

셋째, 평화의 제도화는 종종 그 반대방향이 아닌 경제통합으로 확산된다.[8] 다시 말해 평화의 제도화는 눈앞의 경제적 이익이나 공유한 정체성에 의해서가 아니라, 대부분 안보에 관한 것(혹은 현실주의적 입장에서)

---

8   여기 제시된 세 가지 사례 외에도, 중국, 러시아 및 중앙아시아 5개국 간의 경제 일체화도 비슷한 모델을 따라갔다. 관련된 이전 논의는 Tang 2000을 참조.

에서 추진되었으며, 이를 이해하기는 어렵지 않다. 방어적 현실주의 세계에서 갓 등장한 국가에게도 (지역 내외에서의) 안보가 가장 중요한 관심사가 된다. 따라서 경제적 상호의존성 자체는 평화로운 제도를 만들 수 없다. 그러나 신자유주의 제도주의가 오랫동안 견지해온 것처럼 일단 자리 잡으면 평화로운 제도는 협력을 통해 보다 많은 경제적인 상호의존성을 촉진할 수 있다(Axelrod and Keohane 1985; Russett and Oneal 2001).[9]

여기서 네 가지를 짚고 넘어가고자 한다.

첫째, 지역평화의 제도화 과정이 보통 '지역주의'의 일부로 간주되지만, 본서에서는 지역주의에 대한 문헌은 논의하지 않았다(지역주의에 관한 회고는 Vayrynen 2003, Mansfield and Milner 1999, Review of International Studies 2009년 특집호를 참조). 본서에서는 전통적인 안보 분야에서 평화의 제도화를 위한 조건과 제도화의 실제 프로세스에 관심이 있을 뿐이다. 그러나 지역에 초점을 맞춤으로써, 지리가 질서 형성에 어떠한 영향을 미치는지에 대한 새로운 의견(Solingen 1998, 2008; Buzan and Wæver 2003; Acharya 2007)에 동의한다. 이는 이전의 문명이나 공통 정체성에 대한 민족주의적 강조와는 무관하다(Bull 1977, 15, Bull and Watson 1984).[10]

둘째, 다음 부분에서 이어질 내용은 세 지역에 대한 상세한 경험적

9　　따라서 미어샤이머(Mearsheimer 1990)의 관점과는 달리, 본서에서는 유럽의 프로젝트가 경제 및 재정 위기를 직면하고 있지만, (서)유럽은 '미래로 돌아가지' 않을 것이라고 예측한다.

10　　지금은 분명하지 않지만, 지역 질서의 형성에 있어 공동의 문명 혹은 정체성은 필요조건일수도 충분조건일 수도 있고, 촉진제일 수도 심지어 장애요소일 수도 있다.

개요나 비교사례 연구가 아니다.[11] 이미 많은 연구자들의 출중한 연구가 있다. 본서에서는 세 지역에서 평화의 제도화가 어떤 일반적인 패턴을 따르는지를 보여주고 있으며, 이는 제도변화에 관한 일반이론, 특히 국제제도의 새로운 연구경로와 일치한다. 한 지역 내 국가들이 평화를 제도화하기로 선택했는지에 대한 이유는 이미 많은 학자들이 논의했기 때문에 더 이상 논의하지 않았다(예: Acharya 2001; Adler and Barrett 1998; Hurrell 1998; Solingen 1998, 2008; Kacowicz 1998). 또한 본서는 주로 제도화 과정의 진전에 관심이 있기 때문에 지역평화의 확산에 대해서는 논의하지 않았다. 마지막으로, 국내정치와 국제정치 사이의 상호작용이 이 과정의 주요 원동력일지라도 이에 대해 논의하지 않았다(Solingen 1998; 2008; Waever 1998; Tang 2011c). 이러한 상호작용에 대한 연구는 웨이버(Wæver, 1998, 98)의 연구가 있다. 웨이버는 유럽에 대해 이야기하며 "국가, 민족, 유럽의 의의에 관한 국내 투쟁 사이의 상호작용이 유럽의 발전 방향을 결정한다"고 지적했다. 이는 지역평화의 제도화가 권력에 의해 뒷받침되는 과정이라는 본서의 관점을 보다 강화한다.

셋째, 제도화와 평화, 민주화와 평화 사이의 복잡한 관계를 상세히 논하지 않겠지만, 다음과 같은 부분들을 짚고 넘어가고자 한다. (1) '얕은 평화'는 평화의 제도화를 촉진한다. 나아가 민주국가든, 비민주국가든 간에 평화의 제도화는 반대로 '얕은 평화'를 '깊은 평화'로 고착시킨다(Russett and Oneal 2001; Hasenclever and Weifen 2006). (2) 평화의 제도

---

11 표 4.1은 세 개 지역의 평화 제도화가 정착되는 과정을 간단히 서술한 것이다.

화는 역설적으로 민주화와 민주주의를 강화할 수 있다(Pevehouse 2005; Parish and Peceny 2002). (3) 민주화와 민주주의는 역설적으로 (정부 간 조직을 통해) 더 많은 민주국가 사이의 제도, 평화의 제도화를 촉진한다. 다시 말해, 평화, 평화의 제도화와 민주화 사이에서 하나의 선순환이 존재한다(Hurrell 1998, 240~248; Hasenclever and Weifen 2006, esp. 569~574; Weifen et al. 2011; Russett and Oneal 2001 참조).[12] 그림 4.1에는 이러한 메커니즘이 요약되어 있다.

넷째, 국가 지도자회의나 1트랙, 2트랙에서 어떤 일이 있었는지 등과 같은 미시적 차원에서 지역평화의 제도화 과정에 대해서는 논의하지 않았다. 이러한 과정은 제도의 변화에 관한 일반이론에 내포되어 있으며, 지역평화의 제도화에 관한 보다 심층적인 연구에서 오히려 잘 논의되었다(Kacowicz 1998; Acharya 2001; Oelsner 2005; Checkel 2007). 이에 반해 본서에서는 보다 거시적으로 지역평화의 제도화라는 일반적인 역학관계에 초점을 맞추고 있다.

---

12 안타깝게도 앞서 언급한 몇몇 학자들은 기구(organization)와 제도(즉 규칙)를 혼용했는데, 그들이 제일 많이 언급한 것은 기구이다. 그러나 제도는 기구의 기반이며, 기구가 제도를 수립하고 집행하기 때문에, 앞서 인용한 문헌은 평화 제도화 연구에 있어 확실히 유의미하다. 러셋과 오닐(Russett and Oneal 2001)은 평화의 3대 기둥, 곧 상호의존, 국제기구와 민주화를 강조했다. 애들러와 바넷(Adler and Barnett 1998, 45~46)도 긍정적 피드백(자기강화적 변화)이 안보 공동체를 만드는데 미치는 역할을 강조했다. 성숙한 민주국가가 되는 것이 '깊은 평화'의 형성 및 유지를 위한 필요조건일 수 있는데, 이는 성숙한 민주국가만이 그들의 (비참한) 과거를 직면할 수 있기 때문이다(Tang 2011c).

그림 4.1 방어적현실주의 세계에서 (지역)평화의 제도화

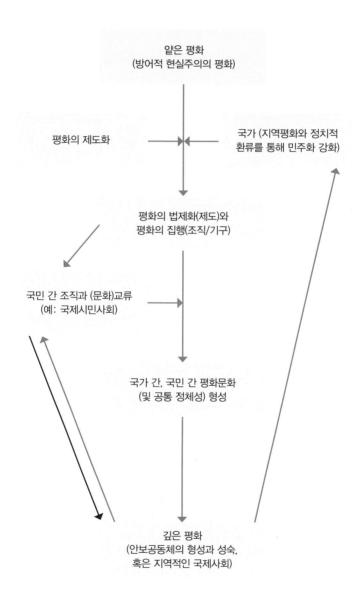

(1) 제도화된 평화의 도래: 남미공동시장(the Southern Cone)[13]

남미공동시장은 중남미 하위시스템에서의 마지막 주요 지역갈등으로, 볼리비아와 파라과이의 차코 전쟁(1932-1935)으로 끝이 난다. 그러나 '얕은 평화(민주주의는 없음)'임에도 불구하고, 남미공동시장은 1980년대까지 적대감, 군비경쟁, 벼랑 끝 전술, 그리고 재발하는 전쟁(Kelly 1997; Hurrell 1998; Centeno 2002; Oelsner 2005)으로 인해 부담을 느꼈다. 오랫동안 이 하위시스템에서 지역평화를 제도화하려는 실질적인 시도는 없었다. 그러나 1977-1981년에 갑자기 전환점이 찾아왔다(Hurrell 1998, 232~240). 파라나강 수력발전과 관련된 이타이프 코퍼스 협정(Itaipú - Corpus)이 아르헨티나와 브라질의 관계 완화의 상징이 되었다. 이후 아르헨티나와 브라질이 지역 리더십 등에서 경쟁하고 마찰을 빚고는 있지만 점차 지역평화를 제도화하기 위해 협력하기 시작했다.[14]

아르헨티나와 브라질의 화해 이후, 지역 내 6개국의 민주화는 군사 통치에서 민간 통치로의 변화를 만들어냈고, 이후 민주주의를 공고히 하는 시간이 이어졌다. 이러한 민주화 물결은 결국 이들 국가의 지역 협정(1991년 산티아고 협정, Santiago Agreement)을 추동했고 회원국들이 다른 회원국들의 민주주의를 보호하기 위해 집단적으로 개입할 수 있도록 했다

---

13 웰스너(Oelsner 2005)는 아르헨티나, 볼리비아, 브라질, 칠레, 파라과이, 우루과이가 메르코수르(MERCOSUR)의 회원국에 포함되지만, 중미와 멕시코는 포함하지 않는다고 언급했다.

14 예를 들어, 브라질과 아르헨티나가 1998년과 2002년 각각 금융위기를 겪고 있을 때, 그들은 "이린위학"(以邻为壑, 근린궁핍화정책, 어려움을 이웃국가에게 전가시키는 정책)의 방법을 사용해, 많은 비관세무역장벽을 새롭게 만들었다.

(Parish and Peceny 2002).

지역평화의 제도화라는 측면에서 아르헨티나와 브라질의 관계 개선은 초기의 화해 이후 가속화되었다. 1986년, 양국은 '경제통합협력사업(Economic Integration and Cooperation Program, PICE)'을 체결한데 이어, 1990년 비핵화 협정을 체결했다(2004년 벨라스케즈, Velázquez). 그리고 1991년 체결된 아순시온 조약(The Treaty of Asuncion)을 통해 1986년 아르헨티나와 브라질 사이에 체결된 PICE를 기반으로 한 남부공동시장(MERCOSUR)이 공식적으로 시작됐다. 1990년대 후반까지 특정한 이슈들에 대한 의견이 달랐지만 최소한 아르헨티나와 브라질 간의 전쟁은 상상할 수 없게 되었다.

남미공동시장과 같은 지역평화의 제도화는 하위시스템에서 가장 강력한 행위자인 아르헨티나와 브라질의 화해에서부터 출발했다(Kelly 1997, 2; Resende-Santos 2002; Oelsner 2005, 7~8). 양국은 1970년대 후반부터 1980년대 초까지 화해를 모색한데 이어, 1990년대에는 지역평화를 제도화하기 위해 협력하기 시작했다(Resende-Santos 2002; Oelsner 2005, 제5장; Solingen 1998; 2008). 아르헨티나와 브라질의 안보협력은 이후 아르헨티나와 칠레 간 협력 과정을 통해 강화됐다(Oelsner 2005, 5장). 이후 아르헨티나-브라질-칠레(the ABC core)간 비핵화지역을 선언했고 1990년에서 1991년까지 완전한 비핵화를 완료하기로 합의했다. 종합적으로, '1991년 메르코수르의 설립은 아르헨티나와 브라질 간 협력의 필연적인 결과이다. 아르헨티나와 브라질의 주도 하에, 아르헨티나와 칠레의 관계가 발전했으며, 이로써 남미공동시장은 부정적인 평화에서 긍정적이고, 안정된 평화로 이동했다(Oelsner 2005, 195).'

남미공동시장의 지역평화 제도화는 상대적으로 외부세력(즉 미국)의 영향을 받지 않았다. 하위시스템에서 중요한 행위자들이 함께 조직하고 협력함으로써, 그들은 스스로 평화를 제도화할 수 있었다. 외부의 (착한 의도를 가진) 제국과 같은 권력이 지역평화의 제도화를 촉진(혹은 방해)할 수 있었지만, 외부세력은 필요하지 않았다. 1970년대와 1980년대 미국은 6개국이 연합하여 대규모의 반란을 공동으로 진압하는 것에 찬성했으나(콘도르 계획, the Condor plan), 사실상 도움이 되지 않았다(Oelsner 2005, 9).

종합하자면, 남미공동시장의 지역평화 제도화 과정은 국제정치의 사회진화 노선과 일치한다. 반면, 제도적 변화에 대한 새로운 제도주의의 기능주의적 노선은 남미공동시장 국가들이 취한 노선을 설명하지 못했다. 예를 들어, 1960년에 시작된 중남미자유무역지역 프로젝트는 유명무실했다. 하위시스템에서 가장 강력한 두 국가인 아르헨티나와 브라질이 적대적인 상황일 때, 이 지역의 평화는 제도화될 수 없었다. 두 국가의 관계가 우호적이어야만 지역평화의 제도화에 진전이 있었다. 평화를 제도화하는 것은 관념만으로 이루어질 수 있는 것이 아니라 (좋은) 관념이 권력에 의해 뒷받침될 때 가능하다.

(2) 제도화된 평화의 도래: 서유럽(Western Europe)

흔히 '유럽 계획(the European Project)'으로 불리는 서유럽의 화해는 의심할 여지없이 지역평화의 제도화와 관련해 가장 주목되는 사례이다(Nugent, 2006). 그럼에도 불구하고 이 사례에서 지역평화의 제도화에 관한 화합학파의 오류로 인해, 현실주의와 유토피아 간 논쟁에서 권력과 관념이 서로 양립할 수 없는 것으로 간주되며 많은 중요한 부분들이 모호해졌다. 여기에서는 '유럽 계획'의 전체 그림에 관한 내용을 다루기보다, 지역평화를 제도화하려는 새로운 접근방식에 대해 강조하고자 한다.

우선 평화의 제도화는 제2차 세계대전 이후 서유럽에서 국가가 더 이상 사라지지 않는 '얕은 평화'가 정착된 이후 이루어졌다. 동시에, '유럽 계획'의 두 가지 핵심적인 배경 역시 다음과 같은 전통적인 안보 우려와 관련된 것이었다. 하나는 소련과 그 공산주의 동맹국들과 대치하고 있는 것이었고, 다른 하나는 유혈 전쟁 후에 서유럽 회원국들이 다시 군사적으로 조우하는 일을 막는 것이었다(Wæver 1998; Ripsman 2005; Kupchan 2010, 201~217).[15]

둘째, 유럽의 지역평화 제도화 과정도 권력의 전폭적인 지지를 받았다. 더 구체적으로 두 가지 동력이 있었다. 처음에는 외부의 선의를 가진 패권국(미국)이 정치력과 자금을 제공했다(마셜 플랜).[16] 그러나 이 제도의 두 핵심국가인 프랑스와 독일연방공화국이 협력하기 시작한 후, '유럽 계획'은 실질적으로 가속화되기 시작했다. 더욱이 유럽에 많은 지역기구가 설립되고 이러한 조직들이 점차 또 다른 힘의 원천이 되었지만, 이들은 스스로 주권권력에 의해 설립되고 유지되었다(Wæver 1998; Ripsman 2005; Kupchan 2010, 5장). 마찬가지로 (얕은) 평화의 확립은 특히

---

15 의심의 여지없이, 두 차례의 세계대전은 각국에게 평화를 소중히 인식하는 충분한 이유가 되었고, 평화 제도화의 동기와 압력을 만들어냈다.

16 많은 사람들이 유럽의 경험을 바탕으로, 평화를 제도화하고 보호하는 과정에서 패권국가의 역할을 강조했는데(예: Gilpin 1981; Ikenberry 2000; Lake 2001), 이는 결코 놀라운 일이 아니다. 고대 동아시아의 경험에서 유사한 관점을 알고 싶다면 Kang 2005를 참조.

독일과 이탈리아에 민주주의가 도입되며 두드러졌지만, 민주주의의 도입 자체는 권력에 의해 뒷받침되는 과정이었다.

셋째, 안보 불안으로 인한 안보 협력은 유럽 경제통합의 핵심 동력이었다. 실제로 1951년 파리조약의 체결에 근거해 설립된 유럽석탄철강공동체(ECSC), 1957년 로마조약에 의거해 설립된 유럽경제공동체(EEC) 등과 같은 경제 분야로 인식되는 일부 시책들은 본질적으로 정치적(및 안보적) 우려에서 추진되었다. '유럽 계획'의 두 핵심 설계자인 모네와 아데나우어 역시 이에 동의한다(Moravcsik 1998, 94; Nugent 2006, 37, 유사한 설명은 Wæver 1998; Ripsman 2005; Kupchan 2010, 201~208; Moravcsik 1998 참조).

마지막으로, 이 과정에서 유럽이라는 공동의 정체성이 매우 늦게 나타났다. 이러한 공동의 정체성(엘리트 사이에 더 많은) 형성은 권력에 의해 뒷받침되는 과정이기도 했다(Ikenberry & Kupchan 1990; Checkel 2007).[17]

따라서 '유럽 계획'의 진정한 길은 대략 정치안보 협력, 경제협력과 통합, 공동 정체성 형성이라는 세 단계로 나눌 수 있다. 첫 번째 단계를 강조하기보다는 두 번째 단계에 관심을 기울이는 신자유주의적 해석은 권력이 첫 번째 단계에서 한 중요한 역할을 경시했다. 주로 지역적 수준에서 세 번째 단계에 초점을 맞춘 '유럽 계획'의 구성주의적 해석은 전체 과정에 비해 지나치게 화합적으로 보이게 했다. 간단히 말해, 제도 변천

---

17 체켈(Checkel)의 문헌을 보면, 대다수의 학자들이 기구와 제도를 구분하지 않았다. 주목할 점은, 심지어 내재화 과정을 발견할 가능성이 가장 높은 EU에서조차 타인을 내재화하는 관념이 극히 제한적이었다는 사실이다(Checkel 2007, viii, 16, 21).

의 화합학파에 이어, '유럽 계획'에 대한 신자유주의와 구성주의의 설명은 후자의 두 단계를 구체화하고 권력의 역할을 소홀히 평가하면서 '우리라는 정체성(we-identity)', 공식적인 제도와 조직, 평화를 지나치게 선형적으로 연결했다(Weaver 1998, 92).

(3) 제도화된 평화의 도래: 동남아시아

탈식민지화를 통해 탄생한 동남아시아국가연합(ASEAN, 이하 'ASEAN')의 창립회원국(인도네시아, 말레이시아, 필리핀, 싱가포르, 태국. 이중 태국만 탈식민지화 과정을 거치지 않음) 가운데 보르네오섬을 둘러싼 인도네시아와 말레이시아의 갈등(1962-1966) 이외에 큰 충돌을 겪지 않았다. 이후 이들 5개국은 취약한 '얕은 평화'에 빠졌다(Acharya 2001).

그러나 많은 신생 독립국들과 마찬가지로 이들 5개국은 국내정치의 취약성(예: 국내 공산주의 운동)과 대외적 위협(예: 역내 상호위협, 식민종주국의 위협, 1949년 이후 중국과 베트남 관계)과 같은 두 가지의 상호 연관된 안보위협에 직면해 있었다. 1954년, 미국은 나토(NATO)와 유사한 조약체계인 동남아시아조약기구(SEATO)의 구성을 시도했다. 1961년, 영국의 막후 조종 하에 말레이시아, 필리핀, 태국이 동남아시아연합(ASA)을 결성했지만, 미국이 베트남에서 철수한 후 붕괴되었다.

5개국 간 역내평화의 제도화는 1967년 미국(과 영국)의 참여 없이 ASEAN을 창설하면서 본격적으로 시작되었다. 이때부터 ASEAN은 동남아시아조약기구와 동남아시아연합을 대체하며 지역평화 제도화를 위한 엔진이 되었다. 1971년, 평화·자유·중립지역 선언(Zone of Peace Freedom, and Neutrality, ZOPFAN)이 발표됐고 1976년 제1차 ASEAN 정상회의에서 동남아시아우호협력조약(Treaty of Amity and Cooperation in Southeast Asia)이 체결되며 평화의 제도화 과정이 점차 가속화되었다. 냉전 종식 직후 동남아에서 벌어진 마지막 주요 국가 간 분쟁(베트남-캄보디아 분쟁, 1979-1989년)이 끝난 후, 아세안은 미얀마, 라오스, 베트남, 캄보디아(동유럽그룹 붕괴 이후 유럽연합의 확장과 유사)를 흡수했다. 지금까지 아세안의 5개 창립 회원국은 '얕은 평화'를 상당히 안정된 형태로 제도화했고, 4개의 신규 회원국들은 아세안의 규칙과 규율(즉, 아세안 방식, the ASEAN Way)을 준수해야만 했다.

즉 이 지역의 전체적인 평화 제도화 과정은 우리의 해석과 일치한다. 우선 지역평화의 제도화는 역내 주요국들 사이에 '얕은 평화'가 정착된 후에야 시작될 수 있으며, 또한 이 지역의 '얕은 평화'는 오랫동안 민주주의와 민주화를 동반하지 않았다.

둘째, 제도화 과정은 권력에 의해 뒷받침된다. 이러한 과정을 촉진함에 있어 외부의 패권국들은 유용한 역할을 하지 못했다. 이들 국가의 탈식민지화 경험은 외부 패권국들이 제시한 이니셔티브들이 제 기능을 하지 못하게 했다. 동남아시아조약기구가 실패한 이유 중 하나는 필리핀과 태국만이 기구에 포함된 것에 대해 인도네시아, 미얀마, 인도 등을 포함한 서구 식미통치로부터 독립한 국가들이 강하게 반대했기 때문이다(Acharya 2009, 3장). 마찬가지로, 동남아시아연합(ASA)도 외부세력의 개입이 드러나며 제동이 걸렸다. 이와 대조적으로 5개국이 손을 잡은 후, 특히 인도네시아의 수카르노(Sukarno) 이후에 평화의 제도화 과정이 점차 탄력을 받게 되었다.

셋째, 안보적, 정치적 우려는 제도화 과정의 원동력이 되었다

(Acharya 2001). 역내 경제통합에 대한 요구는 상대적으로 늦게 관심을 받았다. 사실상 오랫동안 이 국가들의 (미국, 일본, 유럽과의) 대외무역은 지역 내 무역을 축소시켰다.[18] ASEAN이 FTA를 체결하자는 목표를 세운 것은 1992년이 되어서였다.

마지막으로 ASEAN의 공동 정체성이 지도자 수준에서도 아직 형성되지 않았다(Roberts, 미발표 원고). '아세안 방식(the ASEAN Way)'이 ASEAN 정체성의 일부(Acharya 2001)라고 말할 수도 있지만, 이마저도 명분이 아닌 지역평화가 제도화된 결과이다. 게다가 ASEAN의 공동 정체성 형성은 권력이 뒷받침되어야 하는 과정이다.

(4) 요약

위의 세 가지 지역평화의 제도화 사례로부터 앞서 언급한 세 가지 주요 명제들에 대한 확실한 증거를 얻었다. 먼저, 세 지역 모두에서 지역평화의 제도화는 (물론 사례마다의 시차는 있지만) '얕은 평화'가 성립된 이후에 진행되었다. 즉 '얕은 평화'의 성립은 지역평화의 제도화 과정의 필요불충분 조건이다.

둘째, 세 지역에서 지역평화의 실질적인 진전은 권력이 완전히 뒷받침될 때 가능했다. 무정부상태에서도 권력에 의해 시스템이 확립되고

---

18 졸링겐(Solingen)의 자급자족 모델이 수하르토(Suharto)의 수출지향형 성장모델로 대체된 이후, 아세안의 최강국인 인도네시아는 동기와 권력을 갖게 되었고, 이는 아세안이 평화를 정착시키는 조직으로의 변화를 추진하는 동시에, 나아가 평화를 제도화했다. 비슷하게 중요한 사실은, 중동국가와는 달리 동남아국가들은 국내의 정치적 도전에 대응하기 위한 전략의 일부로 수출지향형 경제성장 전략을 사용했다.

유지되기 때문이다. 즉, 지역평화의 제도화는 효과적인 권력(완곡한 표현으로 '리더십')에 의해 가능하며, 이는 지역의 역내 주요국가와 외부세력의 권력으로 나눠지나, 둘 중에서 전자가 더욱 핵심적인 역할을 할 수 있다. 그동안 지역평화의 제도화 과정에서 권력의 역할을 강조했던 것과 달리 이를 보다 구체적으로 설명한 것이다(Solingen 1998; Wæver 1998; Buzan and Wæver 2004; Katzenstein 2005; Tang 2006; Frazier and Stewart-Ingersoll 2010; Acharya 2007; 2009 참조).[19]

셋째, 두 번째 내용과 관련해, 세 지역에서의 지역평화 제도화 과정은 어떠한 관념이 권력의 지원을 받느냐에 관한 것이지 관념과 권력 중 어느 하나에 관한 것은 아니었다.

넷째, 모든 지역기구들이 처음부터 목적을 가지고 있었지만, 그 목적이 경제적 상호의존성을 촉진하거나 관리하기 위한 것은 결코 아니었다(Kacowicz 1998; Adler and Barnett 1998; Ripsman 2005; Solingen 2008, 288~289; Kupchan 2010). 오히려 지역기구들은 역내외의 긴급한 안보 문제를 해결하도록 설계되었다.

이러한 포괄적 의미의 결론을 바탕으로 우리는 중동과 중앙아시아에서 일어날 수 있는 미래를 예측할 수 있다.

중동은 제2차 세계대전 이후, 전쟁으로 가장 피폐해진 지역이다(Solingen 2007). 본서의 이론에 따르면, 이러한 상황의 배후에는 두 가지

---

19 당연히 역내의 잠재적인 중심국가가 지도력을 의도적으로 발휘하지 않을 수도 있다(예를 들면 아세안의 인도네시아, 이에 대해서는 Anwar 2006을 참조). 혹은 잠재적 중심국가는 국내 불안요소로 인해 힘이 분산될 수 있다(예를 들어 서아프리카의 나이지리아, 이에 대해서는 Kacowicz 1998을 참조).

중요한 이유가 있을 수 있다(다른 설명은 Solingen 2008 참조). 먼저, 이 지역 전체는 아직 방어적 현실주의 세계로 진화하지 않았으며, 이 지역의 주요 국가들은 여전히 서로를 적으로 간주하고 있다(이스라엘 vs. 팔레스타인 과 시리아). 둘째, 이 지역의 어떤 주요 국가도 지역평화를 제도화할 만큼 강한 국력을 가지고 있지 않으며, 이러한 과정을 도울만한 외부세력도 없다(Solingen 2007, 2008). 아랍연맹(Arab League), 걸프 협력회의(the Gulf Cooperation Council) 등 지역기구들이 설립되었음에도 불구하고, 중동은 여전히 '깊은 평화'를 구축하는데 한계를 가지고 있다.[20]

이와는 대조적으로 중앙아시아에서는 냉전 이후 새로운 거대한 게임(great game, 중앙아시아에 대한 미·중·러·일의 경쟁)'이 일어났지만, 이 지역은 아주 짧은 시간에 '얕은 평화' 상태에 들어갔다. 중국과 러시아는 우호관계를 구축하고 전략적 동반자 관계를 확립했다. 중앙아시아에는 두 개의 핵심 국가가 있었기 때문에 이러한 불안정한 지역 내에서 협력할 수 있었고, 지역평화의 제도화는 상하이 협력기구(SCO)에서 가장 뚜렷하게 부각되었다. 비록 지역(특히 주요 2개국과 아마도 다른 SCO 회원국)에서 깊은 수준의 민주화가 이루어지지 않았지만, 중국과 러시아 관계가 일정한 수준을 유지하는 한 중앙아시아에서 '얕은 평화'는 유지될 것이다(Tang 2000). 현 단계에서 중국과 러시아를 중심으로 한 중앙아시아 전체의 상황은 아르헨티나-브라질 화해의 시작과 남미공동시장의 형성 사이의 상황과 비슷하다. 남미지역과 달리 중앙아시아에서는 민주화 과정이

---

20   사실상 1945년에 설립된 아랍연맹은 제2차 세계대전 이후에 설립된 최초의 지역기구이다.

없다는 점에서 상하이협력기구가 가까운 미래에 또 다른 남미공동시장이 되지는 않을 것이다.

3. 기존 국제제도에 관한 논쟁의 해결

지난 수십 년 동안 국제제도에 대한 논쟁은 크게 여섯 가지 의제 (Keohane 1984; Mearsheimer 1995; Keohane and Martin 1995; Wendt 1995; Ruggie 1995; Jervis 1999; Johnston 2001)를 중심으로 진행되었다. 앞선 논의를 바탕으로 우리는 이러한 논쟁을 해결할 수 있게 되었다(국제관계학에서의 논쟁과 관련해 학파 간 입장을 정리함, 표 4.2 참조). 아래에서는 (국제)제도의 정확한 노선에 대해 개괄하고자 한다.

(1) 제도의 목적 혹은 제도와 집단의 복지

제도와 제도 변천에 관한 화합학파의 근본적인 오류는 제도가 (이익이 일치할 때) 조정문제(coordination problem)와 (이익이 일치하지 않을 때) 협력문제(cooperation problem)를 해결하는 규칙을 가지고 설계되었다고 인식한다는 점이다. 화합학파에는 신고전주의 경제학과 그에 따른 신제도경제학(NIE), 사회학의 구조적 기능주의, 경제학의 오스트리아학파 등 여러가지 변형들이 있다. 이들 화합학파의 제도에 대한 오류는 기능주의에서 영감을 받은 신자유주의, 유토피아주의에서 영감을 받은 사회구성주의, 그리고 영국학파의 '사회연대주의(solidarist)'의 분류에도 자명한 기준이 된다(Tang 2011a, 1, 2장; Keeley 1990; Sterling-Folker 2000 참조).

표 4.2 국제정치학에서 제도에 관한 논쟁

제도에 관한 문제	방어적 현실주의	신자유주의 / 영국학파의 다원주의 분파	구성주의 / 영국학파의 사회연대주의 분파	국제정치의 사회진화
제도가 집단의 복지를 증대시키는가	꼭 그렇지는 않으나, 아마도 드물게 가능하다.	예	예	꼭 그렇지는 않으나, 아마도 드물게 가능하다. 사회적 선택(social selection)에 의해 가능하다.
제도는 권력정치에서 오는가, 반복된 협력에서 오는가	대부분 권력정치에 의하며, 드물게 반복적 협력에서 온다.	권력정치는 일부 작용하며, 반복된 협력이 더 많은 비중을 차지한다.	대부분 반복적인 협력에서 온다.	대부분 권력정치에 의하며, 드물게 반복적 협력에서 온다.
제도가 자율적인 행위자인가	아니오	어느 정도까지는 그렇다.	대부분 그렇다.	아니오
제도가 전략적 선호를 만들어낼 수 있는가	예	예	예	예
제도가 결과적 선호를 만들어낼 수 있는가	아니오	약한 수준으로 가능하다.	강한 수준으로 가능하다.	때때로 강한 수준으로 가능하지만, 종종 긴 시간을 필요로 한다.
제도가 정체성(이에 따른 이익의 개념화)을 만들어낼 수 있는가	아니오	아니오	예	가능하지만, 긴 시간을 필요로 한다.
집단정체성도 제도를 만들어낼 수 있는가	아니오	애매모호하다.	예	가능하다. 하지만 제도와 권력에서 출발한 집단적인 정체성이어야만 한다.

사실 많은 사람들은 명시적으로 혹은 암묵적으로 제도를 복지 증진을 위해 마련된 것으로 정의한다. 예를 들어 코헤인(Keohane 1984, 79~80)

은 행위자들이 '공통적 또는 보완적'인 '공동의' 이익이 존재한다고 인식하기 때문에 제도가 존재한다고 거듭 강조했다. 마찬가지로, 크래스너(Krasner, 1982, 186)는 '국제적 레짐(이후 제도로 명명됨)'을 '국제관계 문제의 특정 영역에 대한 행위자들의 기대가 수렴되는 암묵적 또는 명시적 원칙, 규범, 규칙 및 의사결정 절차의 집합'으로 정의했다. 이와 유사하게, 로이스-스밋(Reus-Smit 1997, 557~578)은 '기본적인 제도는 무정부상태에서의 공존과 관련된 조정 및 협력 문제를 해결하기 위해 국가가 공식화한 행동의 기본규칙'이라고 정의했다(Hasenclever et al. 2000, 3).[21]

이러한 화합학파에서 영감을 받은 제도에 대한 정의는 제도의 기원이나 변화에 대한 이론적 착오로 이어진다. 제도가 문제 해결을 위해 존재하기 때문에 행위자들의 집단적 복지를 개선할 수 있다는 것이다. 이와 같이 제도와 복지 증진은 본질적으로 연계되어 있으며, 제도적인 변화는 항상 행위자를 '파레토 우위(Pareto superior)', 심지어 가장 이상적인 결과로 향하게 한다는 것이다(자세한 내용은 Tang 2011a, 1장, 2장 참조). 그러나 제도에 대한 화합학파의 정의는 권력의 역할과 제도를 만드는 행위자 사이의 실제적인 갈등(실제의 혹은 인식된 이해의 충돌에 기반한 갈등)을 과소평가한다. 결과적으로, 제도와 사회에 대해 지나치게 아름다운 그림을 그렸다. 다렌돌프(Dahrendorf)는 냉소적으로 '(사회의) 모든 것들은 이미 가장 최선의 방법으로 해결되었다. 어디에 위치하든지, 모든 사람들은 사회에서 자신의 위치에 만족하며, 하나의 공통된 가치체계는 모

---

21 제도의 정의에 대해서는 더필드(Duffield 2007)가 자세하고 비판적인 논의를 진행했다.

든 사람들을 하나의 크고, 행복한 가족으로 연결한다'고 언급한 바 있다 (Dahrendorf 1968, 176~177; Idem, 1958, 173~174; Coser 1967, 164; Collins 1994, 198~200).

화합 패러다임과 비교하면 갈등 패러다임은 존재론적으로나 인식론적으로 우선성을 갖는다. 갈등 패러다임을 생략하기 때문에, 제도 연구(나아가 인류사회 전체에 대한 연구)에서 화합학파는 본질적으로 성립될 수 없다. 이에 국제제도를 연구하는 학자들도 순수한 의미의 화합학파(혹은 순수한 의미의 갈등학파)를 버려야 한다. 오히려, 갈등학파와 화합학파를 유기적으로 통합해 제도와 인류사회를 연구해야 한다(Tang 2011a).

(2) 권력정치 혹은 반복적인 협력

권력정치가 제도를 만들어낼 수 있는지 여부에 대해 신자유주의와 구성주의로 이루어진 진영과 현실주의 진영 간의 차이는 크지 않다. 두 진영 모두 권력정치가 제도를 만들 수 있다는 점, 즉 권력이 규칙을 제정한다는 점을 인정한다(Keohane 1984; Mearshemer 1995; Ikenberry 2000; Jervis 1999; Schweller 2001). 결국 고전으로 여겨지는 신자유주의의 저서들은 제도가 권력에서 나온다는 점을 교묘하게 밝혔다. 비록 그것이 잘못된 믿음이라 할지라도, 설사 권력의 지지가 없어도 제도는 지속될 수 있다 (Keohane 1984, 아래 참조).

그러나 악셀로드(Axelrod 1984)의 유명한 '반복적 죄수의 딜레마' 실험에 많은 영향을 받은 신자유주의자들과 구성주의자들은 많은 (대부분이 아니라면) 국제제도들이 반복적인 협력과 조율의 결과물이며, 이러한 제도의 형성에 있어 권력이 제한적인 역할을 한다고 주장한다.[22] 그러므로 신자유주의자와 구성주의자들에게 있어 제도는 국제협력의 원인이자 결과물이다(Keohane 1984; Martin and Simons 1998, 743; Wendt 1999, 219~220).[23]

이 문제에 대해 공세적 현실주의와 신자유주의 그리고 구성주의 사이에는 극복할 수 없는 차이가 있다. 공세적 현실주의에 따르면 인간의 본성과 무정부상태의 국가는 공세적으로 태어난다(Tang 2008a). 공통의 위협이 없는 한 국가 간 진정한 협력이 있을 수 없다(Mearsheimer 2001). 따라서 공세적 현실주의의 입장에서 보면, 국가 간 반복적인 협력의 가능성이 미미하기 때문에 반복적인 협력을 통한 제도화 가능성 역시 미미하다. 공세적 현실주의 세계에서 만약 제도를 거듭된 협력의 산물로 간주한다면 제도는 분명 드물 것이다.[24]

방어적 현실주의의 입장은 신자유주의와 공세적 현실주의 사이에 위치한다. 방어적 현실주의는 제도가 사회생활의 일부이며 중요한 역할을 할 수도 있다고 인식한다. 사실, 방어적 현실주의는 국가도 결국 다중협력의 고착화를 통해 협력적인 제도를 촉진한다고 강조한다(Jervis 1970; 1982; 1999; Tang 2010b, 5장, 6장). 그러나 방어적 현실주의는 제도가 본질적으로 국가 간 반복적이거나 다중적인 협력이 아니라 권력정치의 산물

---

22 불행한 점은 악셀로드가 언급한 바와 달리, 그의 실험이 사실 많은 국제정치의 현실을 제대로 파악하지 못했다. 더 자세한 비평은 Tang 2008a와 Gowa 1986을 참조.

23 마틴과 시몬스(Martin and Simons 1998, 743)의 원래 표현은 "제도는 원인이자 동시에 결과이다"인데, 이 표현에는 오해의 소지가 있다. 제도가 반드시 먼저 만들어지고, 그 다음에 행위자의 행동을 만들기 때문이다.

24 따라서 국제제도가 거의 존재하지 않는 공세적 현실주의 세계에서는, 국제제도가 국제적 결과를 만들 수 없다는 공세적 현실주의의 입장이 쉽게 지지를 얻는다.

이라고 주장한다.

신자유주의는 국제제도의 기원에 대해 거의 설명하지 않는다. 인류역사의 대부분에서 국제체제는 권력정치의 산물이지, 반복되거나 다중적인 협력의 산물이 아니었다. 게다가 행위자들이 반복되는 협력의 공고화를 통해 협력의 제도를 촉진하고 그들 사이의 상호작용을 규제한다면, 관련 규칙을 제정하는 과정에서 권력이 뒷받침될 수밖에 없다. 따라서 제도가 권력과 무관한, 독립적이고도 자발적인 협력의 산물이라는 주장은 성립되기는 어렵다. 이러한 주장 역시 화합학파의 주장을 바탕으로 한 것으로 일찍이 부정당했어야 할 오류를 갖고 있다.

(3) (물질적)권력과 (관념적)제도

인류사회는 물질적인 힘과 관념적인 힘으로 구성되어 있다. 물질적인 힘이 관념적인 힘보다 모든 사회적 사실을 형성하는데 반드시 더 많은 기여를 하는 것은 아니지만, 전자는 후자에 비해 이론적으로 우위에 있다(Tang 2011b, 2014b). 따라서 모든 사회과학은 반드시 물질주의(materialism)와 관념주의(ideationalism) 모두를 기반으로 해야 한다. 순수한 물질주의는 국제정치를 포함해 어떠한 사회시스템도 충분히 설명할 수 없지만 현대인의 출현 이전의 물리적 세계를 설명할 때 비로소 충분하다. 순수한 관념주의 역시 어떠한 사회시스템도 충분히 설명할 수 없다. 관념이 중요하다고 주장하는 이들도 있다. 물론 확실히 관념은 중요하다. 그러나 관념이 어떻게 그리고 왜 중요한지 설명해야 한다. 무한한 회귀 과정을 받아들일 준비가 되지 않은 상황에서 우리는 물질세계에 대한 고찰을 통해서만 어떠한 관념이 어떻게 형성되고 왜 중요한지를 설명할 수 있다(Searle 1995, 27~39, 34~35, 55~56, 120~125). 따라서 국제정치(혹은 사회시스템의 다른 측면)를 완전하게 이해하기 위해서는 물질주의와 관념주의를 대립시키는 무의미한 시도보다 둘을 통합하는 것이 더욱 효율적이다. 우리에게 주어진 과제는 이 둘의 유기적인 통합을 모색하는 것이다(Tang 2011b).

앞서 소개된 제도의 변천에 관한 일반이론은 일종의 사회진화적 틀을 통해 물질적인 힘과 관념적인 힘을 유기적으로 통합했다. 이 이론은 본질적으로 권력과 제도가 인류사회에서 불가분의 관계에 있다고 주장한다. 제도가 규칙으로 고착화된 관념임에도 불구하고, (부분적으로 물질적인) 권력은 규칙을 만들고 유지하는데 필수적이다. 사실 권력과 제도는 불가분의 관계에 있다(Tang 2011a, 5장). 따라서 인류사회를 형성한 것이 도대체 물질적 권력인지, 아니면 관념적 제도인지에 대한 논쟁은 무의미하다. 왜냐하면 (물리적) 권력과 (관념적) 제도가 양립하는 것처럼 보이지만 실제로는 이 두 가지가 함께 인간사회를 형성하고 있기 때문이다. 국제관계학계에서 권력과 제도를 두 개의 상반된 외교 정책으로 해석하는 경향은 잘못되었다(Wendt 1992, 401; 1995, 74).

또한, 사회시스템에서 특정한 사회적 사실의 형성에 어떤 요소가 더 중요한지를 구별하는 것은 불가능하지는 않더라도 어려운 경우가 많다(Jervis 1997). 서로 다른 요소들이 어떻게 상호작용하여 특정한 사회적 사실을 초래하는지를 이해하는 것이 진정한 도전이다. 이러한 도전에서 앞으로 나아가는 올바른 방법은 어떤 물질적인 힘이나 관념적인 제도가 중요한지, 심지어 둘 중에 어떤 것이 더 중요한지 묻는 것이 아니라 (Glaser 1994-1995; Jervis 1999; Mearsheimer 1994; 2001) 물질적인 힘과 관념적인 힘의 유기적인 결합이다. '(대부분의 경우 불가능하다는 것을 알고 있지만) 제도가 권력으로부터 독립적인 역할을 할 수 있는지', 또는 '(때로는 역할을 하겠지만) 권력으로 유지된 제도가 대항적인 권력에 직면할 때 역할을 하는지'와 같은 질문들보다 '제도가 어떻게 권력과 상호작용하여 결과를 형성하는지'와 같은 질문을 해야 한다. 객관적인 근거와 권력의 뒷받침이 없으면 불가능하지는 않더라도 관념의 보급(제도 형태든 아니든)은 매우 어려워진다. 권력이 없으면 제도가 중요하더라도 그 중요성은 크게 약화된다.

간단히 말해, 우리는 제도를 주의 깊게 연구해야 하지만, 이것은 제도가 물리적인 권력 없이 살아남을 수 있기 때문이 아니다. 이미 이것이 불가능하다는 것을 우리는 알고 있다. 이와 반대로 권력의 지원 아래, 행위자들의 행위를 형성하고 나아가 사회적 결과를 형성하는 제도를 연구해야 한다. 즉 제도가 행위자의 행동과 사회적 결과를 어떻게 형성하는가에 대한 연구는 권력과 관념을 연구하는 것과 같다. 사실, 제도가 권력을 은폐, 촉진, 복제, 미화 및 변화시킬 수 있다는 점을 이해할 수 없다면, 우리는 권력을 온전히 이해할 수 없다(Foucault 1980; 2000; Tang 2013). 따라서 연구해야 하는 문제는 어떤 제도나 권력이 결과를 형성하데 무엇이 보다 결정적으로 작용하는지를 보여주는 것이 아니라, 제도가 어떻게 설정, 유지, 보급되고 어떻게 권력과 상호작용하는지, 그리고 이러한 상호작용이 어떠한 결과로 나아가는지를 보여주어야 한다.[25]

마지막으로, 국제제도를 구축하고 유지하기 위한 힘의 역할에 많은 혼란이 야기되는 이유는 두 가지 핵심적인 관념적 오류의 결과물이라고 지적하고자 한다. 먼저, 대부분의 국제관계학자들은 현실주의자들이나 그 비판자들에 관계없이 오직 힘을 물리적인 힘으로만 규정하는데, 이는 좁고 본질적으로 구시대적인 정의다. 이는 권력에 대한 매우 제한된 관점을 갖게 한다(Baldwin 1978; 1979, 1980). 이 상황은 최근까지 변하지 않았다(Barnett and Duval 2005; Guzzini 1993; 2000; 2005; Nye 2004). 동시에 정치이론에서의 권력 담론 자체가 상당히 혼란스럽다(Tang 2013). 이것은 의심할 여지없이 국제관계 이론가들이 힘의 복잡성을 완전히 파악하지 못하게 한다.

둘째로, 현실주의자들과 그 비판자들은 힘의 목적에 대해 매우 다른 견해를 가지고 있다. 현실주의자들은 갈등 패러다임에서 출발해 힘이 자기 이익에 이용된다고 믿고 있다. 반면에 현실주의의 반대자들(즉 자유주의자, 신자유주의자, 구성주의자)은 힘이 공동체 및 그들의 복지를 실현하는 데 사용된다고 암묵적으로 가정하면서 화합 패러다임에서 출발하고 있다. 사실 권력(힘)은 두 가지 목표를 달성할 수 있다. 즉, 충돌이 자주 지배적인 위상을 갖지만, 권력과 이해의 충돌은 본질적으로 연관되어 있지 않다(Giddens 1979, 88~94; 1984, 256~257). 권력(및 제도)에 대한 이해를 바탕으로 앞으로 더 나아가기 위해서는 권력에 대한 좁고 낡은 정의를 버려야 한다(Tang 2013).

---

25 도이치(Deutsch 1957, 38), 애들러와 바넷(Adler and Barnett 1998, esp. 39~40)은 안보 공동체를 만드는 과정에서 권력의 역할을 강조했다. 아이켄베리와 쿱첸(Ikenberry and Kupchan 1990)도 마찬가지이다.

(4) 자율적 행위자로서의 제도?

그동안 사회학에서 기능주의자와 제도분석학파는 한 나라의 범위 내에서 제도가 (사회) 권력으로부터 이탈한 상태에서 인간의 행동을 형성할 뿐 아니라, 때로는 인간의 행동을 지배한다고 인식했다(Parsons 1937; 1951; Merton 1968). 이에 오랜 기간 동안 '제도는 자신의 생명을 가진다'는 개념이 널리 받아들여졌다[가령, Commons 1934, 635~636; North 1981; 1990; Nye and Keohane 1977(1989) 참조].[26]

그러나 경제학자, 사회학자, 정치학자들이 이미 인식하고 있는 것처럼, 제도가 개인의 행동을 형성하고 심지어 지배하는 가장 핵심적인 이유는 대다수 (전부는 아닐지라도) 제도가 명시적 또는 묵시적 권력에 의해 설립되고 유지되기 때문이다[Tang 2011a; Elias 1939(1994); Foucault 1980 ; 2000; Knight 1992; Soltan 1998; Acemoglu, Johnson and Robinson 2005]. 이런 의미에서 대다수의 제도는 권력으로부터 무관한 자율적인 행위자가 될 수 없다. 게다가 비록 개인이 제도에 관념적으로 내재화된다고 하더라도 (보다 정확하게 말하면, 제도로서의 관념들이 우리의 몸과 마음에 스며드는 것), 이 과정은 항상 권력이 뒷받침되어 진행된 과정이며, 또한 하나의 중요한 권력의 원천이 바로 주권이다[Elias 1939 (1994); Foucault 1980]. 이렇게 되면 엄밀히 말했을 때, 국내정치에서도 제도는 자율적인 행위자가 될 수 없다. 내재화된 제도를 자주적인 행위자로 간주하는 것이 관념의 물체화(reification, 또는 구체화)가 아니라면 이는 하나의 단순화이다.

---

26   당연히, 몇몇 제도가 낳은 효과는 의도하지 않은 결과일 수 있다(Jervis 1997, 81~87; 1999, 53~55).

진정한 주권은 공동의 제도를 실행하고 관철하는 중요한 권력의 원천이다(Lebow 2007, 422~423). 국제정치에서 이런 최고 권력의 부재를 감안할 때 국제제도가 국내제도보다 자율적 행위자로 진화할 기회가 분명히 적다. 일부 신자유주의자들과 구성주의자들은 국제정치에서 일단 제도가 설립되면 자율적인 행위자가 될 것이라고 암시하지만, 이러한 견해는 완전히 틀렸다.

(5) 제도는 무엇을 어떻게 만드는가?

제도가 매우 중요하다는 것에는 의심의 여지가 없으며, 제도는 인간사회에서 무언가를 만들어낸다. 문제는, 그 제도가 정확하게 무엇을 만들어내는가이다. 대부분의 논의에서 이 문제는 명확하게 언급되지 않았다. 이를 명확하게 설명하지 않으면 기존 논의는 매우 혼란스러울 것이다.[27]

어떠한 경로를 통해 제도는 당연히 사회적 결과로서의 역사를 만들어낸다. 우선 제도가 권력을 완화시키고 합법화하며 강화시켰는데, 이는 제도라는 옷을 걸쳤을 때 권력이 비로소 더욱 원활하게 운용되기 때문이다[Elias 1939 (1994); Foucault 1980]. 둘째, '역사의 전달자(carries of history, David 1994)'인 제도는 경로 의존성의 생성에 핵심적인 역할을 한다(Tang 2011a, 4장). 마지막으로, 보다 미시적인 수준에서 제도는 의심할 여지없이 개인의 선호도를 형성하며 사회적인 결과를 형성한다. 이 모든 것이 보편적으로 동의되고 있다.

---

27 이후 논의에서 제도가 행위자의 집단정체성과 행위자 간 공유지식을 형성할 수 있는지를 다룰 것이다.

국제관계 이론가들에게 있어 '제도가 무엇을 만들어내는지'와 관련된 문제에서 가장 중요한 것은 제도가 어떻게 개체의 전략선호, 결과에 대한 선호, 혹은 개체의 자아정체성과 이익의 개념화를 형성하는가에 관한 것이다(Powell 1994, 328~321). 이 질문에 대한 대답으로 방어적 현실주의, 신자유주의와 영국학파의 다원주의 분파, 구성주의와 영국학파의 사회연대주의 분파의 차이를 표4.2로 정리했다.[28]

세 학파 모두 제도가 전략에 대한 개체의 선호도를 형성한다고 인정한다(Mearsheimer, 1994; Glaser 1994-1995, 83~85; Jervis 1999, 53~62; Schweller 2001, 163, 176~183; Schweller and Press 1997; Waltz 2000).[29] 그러나 신자유주의와 구성주의는 제도가 개체의 결과에 대한 선호(예를 들어 상대적 수익에 대한 관심에서 절대적인 수익에 이르기까지 이익과 관련)를 형성할 수 있다고 한다. 마지막으로, 구성주의는 제도도 개인의 자아정체성(개인의 집단정체성뿐만 아니라 개인의 집단정체성, 또한 문화/고유 지식도 반대로 제도를 만들 수 있음)을 형성할 수 있다고 강조하는데, 이는 방어적 현실주의와 신자유주의에 의해 부정되었다.[30]

28　이 문제에 대해 공세적 현실주의의 입장과 신자유주의/구조주의의 입장 차이는 극복하기 어렵다.

29　이 점은 현실주의자의 상대이익에 대한 관점을 바탕으로 이해되어야 한다. 저비스는 세 가지 종류의 제도를 구분했다. 일반 통치술로서의 제도, 창조적 도구로서의 제도, 그리고 결과적 선호변화의 원인이 되는 제도가 바로 그것이다(Jervis 1999, 55~62). 그는 세 번째 유형의 제도만이 방어적 현실주의와 신자유주의를 구분할 수 있다고 지적했는데, 이는 방어적 현실주의가 앞선 두 유형의 제도의 효용을 인정하기 때문이라고 밝혔다(동일 문헌, 55). 앞선 두 유형의 제도는 국가의 통치도구 혹은 수단으로서의 제도의 한 종류로 이해할 수 있다.

30　따라서 신자유주의자들이 만일 제도가 국가정체성을 통해 국가의 결과에 대한 선호를

지금까지 이 논쟁은 많은 성과를 창출하지 못했는데, 그 이유는 중요한 요소인 시간을 간과했기 때문이다. 일단 우리가 제도들이 종종 권력에 의해 설립되고 유지된다는 것을 이해하게 되면, 주어진 시간 동안 제도가 잠재적으로 개인의 정체성과 문화를 형성해 전략적 선호와 결과적 선호를 함께 형성할 수 있다는 사실을 쉽게 알 수 있다[Elias 1939(1994); Foucault 1980]. 비록 사회화가 철저할 수는 없지만 (즉 모든 것이 사회적으로 구성되는 것은 아니지만) 결국 사회화의 주요 수단이 된다. 따라서 진정한 문제는 제도가 이러한 정체성과 선호도를 형성할 수 있는지 여부보다는 어떻게, 언제 그리고 얼마나 오랫동안 제도가 개인의 정체성과 목표와 전략에 대한 선호도를 형성할 수 있는가 하는 것이다.

반진화적인 입장에서 보면, 방어적 현실주의는 장기적으로 보더라도 제도가 많이 변할 것이라는 인식을 근본적으로 부정한다. 이에 비해 더욱 진화적인 (그러나 여전히 반진화적인) 입장에서 신자유주의와 (더 큰 부분에서) 구성주의는 장기적으로는 제도가 많은 것들을 변화시킬 수 있다고 인식한다.

일단 사회시스템의 진화를 인정한다면, 단기적으로는 방어적 현실주의의 위상을 좀처럼 뒤집을 수 없기 때문에 중기적으로는 신자유주의, 장기적으로는 구성주의에 서야 한다. 이런 의미에서 신자유주의와 구성주의는 엘리아스와 푸코를 예로 들며 연구의 시간 범위를 넓혀 방어적 현실주의와의 경쟁에서 우위를 점했다. 그러나 동시에, 모든 것이 사회

바꿀 수 있다고 인정한다면, 이는 이미 구조주의 입장에 더 가까워졌다고 볼 수 있다.

에 의해 구축될 수 있는 것은 아니며, 장기적으로는 제도가 국가의 '협력을 모색하는' 선택을 추진하는 전략에 있어서도 고유한 한계에 직면하고 있음을 기억해야 한다.

또 다른 관련 이슈는 통제적(regulative) 규칙과 구성적(constitutive) 규칙에 대한 국제관계 이론가의 구분이다. 근본적으로 부정하지 않지만 비사회적 구성주의자들은 구성적인 규칙을 배제한다. 왜냐하면 모든 규칙들이 통제적이기 때문이다.

이와는 대조적으로, 화합학파(강력한 유토피아 사상을 가진)에 기초한 기능주의에서 부분적으로 영감을 받은 사회구성주의는 제도의 구성성을 강조한다(Hollis 1988, 137~141; Porpora 1993; Adler and Barnett 1998, 35~36; Wendt 1999; Buzan 2004, 7; Johnston 2001; Duffield 2007). 마찬가지로, 일단 시간이라는 차원이 더해지면, 만약 위험한 것이 아니라면 이러한 구분은 거짓이 된다.

우선, 모든 통제적인 권력/제도가 우리를 통제하지만, 특정한 권력/제도가 우리를 구성하는 것은 불가능하다. 다시 말해 시간이 주어지더라도 모든 권력/제도가 우리의 몸과 영혼 속으로 침투할 수 있는 것은 아니다. 더욱 중요한 것은, 엘리아스[Elias 1939(1994)]와 푸코(Foucault 1980; 2000)의 권력/제도에 관한 사회학에서 권력/제도가 결국 개체를 구성한다는 사실이 이미 증명되었다. 그러나 이러한 구성의 과정, 또는 보다 정확하게는 우리의 몸과 영혼에 침투하는 권력/제도의 과정도 권력에 의해 뒷받침된다. 따라서 통제적 규칙과 구성적 규칙 모두 권력에 의해 뒷받침된다. 이렇게 되면, 어떤 규칙이 우리를 만든다고 해서, 이 규칙들이 반드시 선하다는 것을 의미하지는 않으며, 이 구성 과정이 반드시 정의

롭다고 볼 수 없다. 오히려 정의롭지 못하고 해로우며 심지어 사악한 것일 수 있다. 우리를 구성하는 규칙의 강조를 통해 사회구성주의자들은 규범, 심지어 구성적 규범도 오랫동안 권력에 의해 지탱되어 왔기 때문에 개인을 구성할 수 있다는 사실을 감추는 경향이 있다. 그 결과, 사회 규범에 관한 유토피아주의의 함정에 쉽게 매몰되어 사회 규범에 대한 비판적 경로의 가능성을 배제한다(아래 제4절 참조).

마지막으로, 겉보기에는 간단해 보이는 질문, 즉 제도가 협력을 형성할 수 있느냐 하는 질문이 있다. 이 문제와 관련해 사실 완전히 다르지만 관련된 두 가지를 혼동하기 쉽다. 여기서 두 가지란 사회적 결과로서 선호하는 협력과 전략적 선호로서의 협력을 가리킨다. 기존의 논의는 대개 두 가지를 구분하지 않기 때문에(더 자세한 논의는 Tang 2010a, 4장, 5장 참조) 많은 혼란을 초래한다. 이들은 아래와 같은 기준으로 구분될 수 있다.

첫째, 신자유주의와 구성주의는 비록 국가가 제도들을 만들어내지만 일단 제도가 형성되면 기존의 협력을 안정시키고 미래의 협력을 위한 여건을 조성할 수 있다고 주장한다(Axelord and Keohane 1985; Keohane 1984; 1989). 따라서 신자유주의에서 제도를 만들고 유지하는 전략은 종종 협력의 실현과 지속에 핵심적인 역할을 하는 경우가 많다. 방어적 현실주의는 제도의 구성과 유지가 협력의 달성과 지속에 도움이 된다는 것을 부인하지는 않지만, 협력의 유지와 촉진을 위해 제도가 필수적이라고는 생각하지 않는다. 방어적 현실주의에서 제도는 단지 국가 권력의 도구일 뿐이다. 제도는 국익을 실현하는 수단일 뿐이고, 제도가 유효하다고 믿는 것은 제도가 국가의 이익에 부합한다고 믿기 때문이다(Jervis 1999, 55~62). 따라서 국가들이 상호 협력을 통해 이익을 얻을 수 있다고 판단한다면, 이들은 제도의 여부를 떠나서 협력한다. 반면 국가들이 상호 협력을 통해 이익을 얻을 수 없다고 판단한다면, 제도가 존재하더라도 국가는 협력하지 않는다. 따라서 제도의 존재가 필연적으로 국가의 협력을 구하는 전략적 선호를 낳게 하는 것은 아니다.

둘째, 아마도 더 중요한 것은, 방어적 현실주의는 협력을 촉진하는 제도가 국가들로 하여금 협력을 결과 선호로 볼 수 있게 한다고 인식하지 않는다. 방어적 현실주의에서 협력은 수단일 뿐, 결코 목적이 아니며 수단은 목적을 결정할 수 없다. 대조적으로, 신자유주의와 구성주의는 모두 제도가 국가들로 하여금 협력을 결과 선호로 볼 수 있게 한다고 믿는다.

이 두 가지 점에서 시간은 다시 한 번 고려해야 할 중요한 측면이 되었다. 예를 들어, 공세적 현실주의 세계에서는 단기간의 협력이 수단이 된다. 그러나 방어적 현실주의 세계로 꾸준히 진화함에 따라 각국은 상호 영토 주권에 대한 존중을 전쟁을 회피하기 위한 전략이 아닌 기대하는 결과로 본다(3장 참조). 특히 오늘날 유럽에서는 일부 핵심 EU 회원국들이 원하는 결과가 아니라 또 다른 유혈 전쟁을 피하기 위한 수단으로 EU 전체를 보고 있다고 주장하기는 어렵다. 따라서 시간이 흐르면서 개개인에 의한 협력 증진 체계가 내실화될 수 있으며, 개개인은 상황에 관계없이 점차 협력을 기대되는 결과로 보게 될 것이다. 즉 사회진화 패러다임은 이 논쟁에 대한 해결책을 제공한다.

(6) 공통의 정체성에서 국제시스템으로?

구성주의자들의 또 다른 핵심적인 주장은 흔히 자유주의의 민주평화론과 얽혀 있다. 즉 공통적이거나 집단적인 정체성/문화 또는 공유된 지식이 협력제도의 형성을 유도하거나 적어도 촉진한다(Risse-Kappen 1996; Adler 1998, 119; Lebow 1994, 268~273; Wendt 1994; 1999; Onuf 1998, 59; Checkel 2001; Johnston 2001; Hemmer and Katzenstein 2002)[31] 왈츠의 신현실주의 이론을 "허수아비 때리기(straw man fallacy)"하는 이론가들은 공동의 정체성과 현실주의자나 신자유주의자들의 권력과 이익에 기초한 주장(예: Keohane 1984)을 대립하는 경향이 있다. 이 구성주의 입장은 적어도 두 가지 문제를 가지고 있다.

첫째, 집합적 정체성(또는 '우리의 감각')은 공기 중에서 만들어지는 것이 아니라 힘의 맥락에서 만들어진다. 따라서 권력과 집단정체성은 양립할 수 없다. 사실, 이들은 종종 불가분의 관계에 있다. 이는 한 사회에서만 해당되는 것이 아니며[Elias 1939(1994) ; Foucault 1980], 국제정치에서도 (그 이상은 아닐지라도) 그러하다(Wæver 1998; Acharya 2001; 2009). 반스(Barnes 1988)와 다른 기능주의 학자들이 이전에 권력을 논했듯이(비판을 위해서는 Haugaard 1997, TANG, n.d. b 참조), (전체주의의) 구성주의는 공동의 정체성과 지식을 추구하여 국제정치를 (공유)지식의 문제로 단순화한다(Sárváry 2006, 172~173). 둘 다 현실 세계의 불완전한 그림을 만드는 것이다.

---

31 부인할 수 없이, 일부 구조주의자들은 공동의 신분이나 정체성(또는 다른 문화적 요인)이 반드시 협력을 초래하지는 않는다고 이미 조심스럽게 지적했다(예: Jepperson et al. 1996, 39; Wendt 1999, 160). 본서의 논점은 협력 상황과 충돌 상황 모두에 적용된다는 것이다. 한 발 물러서서 말하자면, 사회적 결과로서의 협력과 충돌을 전적으로 정체성에 의해 해석하는 것은 단편적인 주장이다. 충돌과 협력에 대한 문화주의 이론은 Berger 1998 등 다른 작품들을 참조.

둘째로, 많은 구성주의자들(예: Risse-Kappen 1996)[32]과 달리, 집단정체성은 협력을 시작하기에 필요하지도 충분하지도 않다. 다른 학자들(Checkel 2007; Kupchan 2010, Roberts, n.d.)과 우리의 간단한 사례 연구에서 증명되었듯이, 지역 공동체 사람들 사이의 공동(지역적) 정체성은 종종 평화의 제도화에서 매우 느리게 일어난다(Tang 2011c 참조). 즉, 집단정체성은 원인이라기보다는 기존의 협력(그리고 갈등)의 결과라는 것이다. 따라서 집단정체성을 협력체제로 보는 이유는 인과관계의 역전에 해당한다. 사실, 이것은 구조기능주의자들의 또 다른 오류를 반영하고 있다. 이러한 오류는 개인이 사회적 규범을 내실화(그들은 점차적으로 '집단정체성'을 공유)하고, 이를 기반으로 사회가 정말로 제대로 기능하는 유기체가 되어 사회규범의 내재화가 구체화된다고 주장한다(Parsons 1937; 1951). 이는 완전히 동어반복과 순환논증의 오류이다.

본질적으로, 특정 시스템에서 집단정체성은 주로 규칙과 다른 개념들이 내실화되는 정도에 의해 결정된다. 따라서 시스템 내의 제도화는 어떤 집단정체성의 형성에 중요한 요소가 된다. 권력은 제도화 과정에서 중심적 역할을 하기 때문에 권력/위임과 집단정체성의 대립은 비논리적이다.[33]

---

32   리세 카펜(Risse-Kappen 1996, 398)은 미일동맹이 그의 이론에서 하나의 특이 케이스임을 인정했다. 하지만 미국이 일본에 대해 상대적으로 관용적인 통제를 베풀고 있다는 점에서 사실상 특이한 케이스라고 볼 수 없다.

33   제도화에 대한 우리의 이해는 신자유주의(예: Keohane 1984; Keohane and Martin 1995)가 지금까지 생각했던 것보다 더 광범위하다. 제도화는 정식적인 과정과 더불어 비공식적인 과정(문화적 영향)도 포함한다.

한 마디로, 어떤 정체성이 어떻게 형성되는지에 대해 먼저 논하지 않고, 협력제도 형성의 핵심 원인으로 간주하는 시도는 관념을 물체화하는 것이 아니라면 지나치게 단순화한 것이다. 지금까지 정체성이 어떻게 형성되는지, 그리고 그 이후에 어떻게 미래가 만들어질 수 있는지에 대한 구성주의자들의 논의는 많지 않았다. 그리고 우리가 특정한 사회적 결과를 해석하는 데 있어 다른 정체성보다 이러한 정체성이 더 중요하다는 것을 어떻게 알 수 있을까? 왜 다른 정체성은 완전히 다른 사회적 결과를 초래할 수 없는가? 구성주의자들은 그들이 보고자 하는 사회적 결과를 뒷받침하는 정체성으로 이 사회적 결과를 해석하기를 바라는데, 이들은 '결과에 기초한 사례 선택'이라고 알려진 방법론적 실수를 범하게 된다(Geddes 2003, 3장). 사회적 결과의 이해라는 관점에서, 협력이나 갈등의 열쇠로서 특정한 정체성이나 문화적 특성에 관한 것은 기능주의의 게으름과 무능함을 반영한다. 제프스(Zehfuss 2001)의 말을 빌리자면, 협력이나 갈등의 기성 추진자로 분류될 때, 정체성(또는 문화)은 구성주의뿐만 아니라 국제관계와 사회과학 전반에 걸쳐 위험한 조합이 되게 된다.

4. 국제제도와 국제질서에 관한 연구 방향성

세 번째 부분은 국제제도에 대한 많은 논의들이 크게 오해받고 있다는 사실을 보여주고 있다. 따라서 국제시스템을 보다 잘 이해하기 위해서는 연구방법을 조정할 필요가 있다. 이러한 재정비는 통합적인 국제관계(그리고 보다 광범위한 사회과학)에서 기존의 많은 학과, 패러다임 또는 '주의

(主義)'를 배제하고 우리를 보다 합리적인 제도적 연구의 길로 이끌 것이다.[34] 결정적으로 국제관계(및 국내정치) 분야에서 오랫동안 제도적 연구를 지배해 온 전체주의(holism)와 화합학파의 '신성하지 않은 동맹(unholy alliance)'을 버려야 한다. 반대로 국제 또는 국내시스템을 연구할 때 문제를 바탕으로 보다 비판적인 접근법을 채택해야 한다(Tang 2011a).

(1) 문제에 기초한 제도주의를 지지하고 전체주의를 거부

왈츠의 구조주의 혁명(1979년) 이후, 구조주의 학파는 집단주의의 한 형태로 항상 국제관계에서 지배적인 위치를 차지해 왔다.[35] 국제기구를 논의할 때, 극단적인 형태의 집단주의(Tang 2011b)[36]로서, 전체주의는 항상 지배적인 학파였다(예: Cox 1981; Wendt 1999; 2004). 이는 제도가 구조나 질서와 같은 일반적인 개념의 기초가 되기 때문이다.

그러나 집단주의의 극단적인 형태로서 전체주의는 인류사회 연구에서 지속할 수 없는 방법이다. 개체가 집단보다 존재론적으로 우선하기 때문에, 개체를 소외키거나 최소한 과소평가하는 전체주의는 성립되지 않는다. 전체주의는 인류사회의 왜곡된 그림을 나타낼 수 있을 뿐이다(Tang 2011b; 2013a). 따라서 우리는 (국내 또는 국제)제도와 광범위한 인

---

34 경제학, 사회학과 정치학에서의 제도 연구 과정에 대한 문헌검토는 Tang 2011a, 특히 제2장, 제3장과 그 인용을 참조.

35 왈츠(Waltz 1979)는 당연히 기능주의, 특히 뒤르켐(Emile Durkheim)의 영향을 받았다. 이 점에 대해서는 Goddard and Nexon 2005; Buzan and Albert 2010을 참조.

36 Bunge 1996, 제9장을 참조. 번지(Bunge)는 개체주의와 전체주의의 종합(동일 문헌, 제10장)을 시스템주의(systemism)을 사용해 설명했다. 누만(Neumann 2004)은 유기체주의(organicism)로 전체주의를 나타냈다.

류사회의 연구에서 전체론적(또는 구조주의적) 접근방식을 거부해야 한다. 사회과학에서는 문제에 기초한 제도주의, 즉 특정 시스템의 기원과 영향력을 탐구하는 연구경로만이 이론적이고 도덕적으로 건전할 수 있다(아래 논의 참조).

첫째, 문제에 기초한 제도주의는 제도의 기원과 영향을 연구하기 위한 현실적인 접근법을 필요로 한다. 이는 우리에게 제도의 변천 이면의 권력 투쟁, 그리고 제도의 배후 또는 가운데 숨겨진 권력을 보도록 강요하거나 최소한 허용한다. 단순히 기존 시스템과 규범이 긍정적인 효용성과 규범적 가치를 가지고 있다고 가정할 수 없다. 또한, 제도를 통해 개체(국가 내의 개체를 포함)를 사회화할 수 있다고 해서 사회화(기존 제도 포함)가 반드시 선한 것은 아니다(Foucault 1980) 제도와 사회화를 선(또는 정상)과 동일시하는 오류는 전형적인 화합학파(예: 기능주의)에 해당한다(예: Parsons 1937; 1951; Merton 1968).

더 나쁜 것은, 국제정치에서 민족중심주의가 종종 의도적으로 혹은 의도하지 않게 기능주의자의 오류를 지지한다는 것이다. 우리는 우리 자신의 제도와 가치가 옳고 우월하며, 다른 사람들은 그 제도에 복종해야 한다고 믿는 경향이 있다. 우리의 제도와 가치관에 복종하는 것은 선량하고 현상 유지에 기반한다고 생각하지만 그에 대한 저항은 부당하고 비민주적이며 비문명적이고 수정주의적이라고 생각한다(예를 들어, Bull 1977; Johnston 2001; Johnston 2008; Ikenberry 2008; 이에 대한 비판은 Anghie 2004; Keeley 1990 참조). 사실 여부에 판단을 내리는 유일한 방법은 특정 제도의 기원과 영향을 연구하는 것뿐이다.

둘째, 문제에 기초한 제도주의만이 제도, 질서, 구조와 같은 거시 개

넘[37]의 이상화(그리고 구체화)를 막을 수 있다. 규칙은 특정한 문제에 의해 제정되며 시스템은 서로 다른 부분으로만 구성될 수밖에 없고, 하나의 제도(또는 규칙) 시스템으로서 구조는 오랜 역사적 과정의 산물일 수밖에 없다. 어떤 질서는 부분적으로 구조에 기초하기 때문에, 오랜 역사적 과정의 산물이 될 수밖에 없다. 특정 문제로 인해 제정된 제도와 규칙은 결국 제도적 시스템(즉 구조)을 구성하며, 이는 다시 특정 질서의 기초의 일부를 형성한다. 그러므로 구조기능주의의 견해와는 달리 사회제도나 그 질서는 본질적으로 잘 작동하는 유기체가 아니다. 구조기능주의의 오류는 질서나 구조에서 출발하지만 규칙의 제정 및 구현에서 실제 상황을 탐구하지 않기 때문에 질서와 구조의 이상화와 객관화의 함정에 빠지기 쉽다. 오직 문제에 기초한 제도주의만이 우리가 권력/제도와 가치관에 숨겨져 있을 수 있는 부정, 지배, 패권을 발견할 수 있게 해준다.

마지막으로, 문제에 기초한 제도주의는 더 나은 (항상 불완전하지만) 규칙에 기초한 세계를 실현하는 유일한 올바른 방법이다. 인류사회의 근본적인 도전은 어떤 거창한 설계가 아니라 끊임없이 나타나는 새로운 도전에 대응하는 것이다. 따라서 인류사회의 시각에서 보면, 올바른 제도주의 노선은 이러한 대응 정신에 부합해야 한다. 구성주의든 영국학파든 관계없이, 전체주의(또는 구조주의) 노선은 실증적으로나 도덕적으로 이러한 정신과 일치하지 않는다(Ringmar 1997, 285; Neumann 2004; Checkel

---

37 이 모든 거창한 개념들의 정의가 분명하지 않은 것이 사실이다. 이와 관련하여 필자의 다른 책에서 개념들을 정의하고 개념 간의 관계를 파악할 것이다(Tang 2016a와 본서 제5장 참고).

2007b, 7; 본서 5장). 문제 중심의 제도주의만이 이 정신에 부합한다. 실제로 문제 중심의 제도주의만이 인간의 자유를 보존하는 정신(Tang 2011a, Chapter 5)과 일치하는데, 이러한 제도주의는 제도 및 보다 광범위한 의의에서 인류사회의 사회진화 패러다임에 바탕을 두고 확립되었기 때문이다(Popper(1945) 1967; Hayek 1978).[38]

(2) 푸코식 또는 비판적 제도주의의 필요성

권력과 제도가 불가분의 관계에 있고 권력/제도가 불의(Foucault 1980; Tang 2011a)를 야기할 수 있다는 것을 이해하게 되면, 우리는 분명히 (국제)제도에 대해 보다 비판적인 접근법을 취할 필요가 있다.[39] 조금 과장되게 말하면, 권력, 지식, 제도를 연구할 때 푸코를 마음깊이 새길 필요가 있다. 왜냐하면 권력/제도에 대한 푸코식 접근방식은 일부 명백한 분석과 규범의 함정에서 벗어날 수 있게 하기 때문이다(Keeley 1990, 84).

첫째, 비판적인 접근은 국제제도에 관한 연구를 지배해 온 화합학파를 피할 수 있다. 예를 들어, 신자유주의는 자기본위적인 이들 사이의 반복적인 상호작용이 협력으로 발전하고(Axelrod 1984), 반복적인 상호작용이 국가 간의 (협력적인) 관념, 규범과 행위준칙의 제도화를 도모한다

---

38 물론, 문제에 기초한 제도 연구 과정은 서로 다른 제도 연구 과정의 통합을 배제하지 않는다. 사실, 문제에 기초한 제도 연구 과정만이 이러한 합리적인 통합을 제공할 수 있다.

39 주요 국제관계학파 중 현실주의도 '비판적 성향'을 가지고 있으며(Morgenthau 1970; Schweller 2001; Cozette 2008) '국제관계 비판이론'도 명칭부터 명확히 '비판적 성향'을 띠고 있다(Booth 2005). 그러나 본서의 기준에서 보자면 어떤 국제관계학파도 (소위 '비판이론'도 포함해) 충분히 '비판적 성향'을 띠고 있지 않다고 주저 없이 말할 수 있다.

고 믿는다. 그 결과 화합학파에 뿌리를 두고 있는 신자유주의자들은 종종 제도가 복지를 줄일 수 있다는 점을 암묵적으로 부정한다(Barnett and Finnemore 1999, 701, 726~727 참조). 반대로, 이들은 국제체제와 질서에 '유익하고 자발적이며 협력적이고 이성적인' 측면이 있다고 명시적이거나 암묵적으로 가정한다(Keeley 1990, 85~90).

권력에 의해 제도가 설립되고 유지되는 경우가 많기 때문에 제도가 복지를 저해할 가능성은 현실적이어서 배제할 수 없다(Tang 2011a). 예를 들어 주권 개념은 유럽 역사에서 승리한 동맹의 선호를 반영하고 있으며, 주권 개념의 보급은 처음에는 식민지화, 그 다음에는 탈식민지화(Barkin and Cronin 1994; Hager and Lake 2000; Osinder 2001; Angie 2004)에 의해 촉진되었다. 유사하게, 서구 식민주의는 '국제법' 형성에 핵심적인 역할을 해왔다(Kill 2003; Angie 2004). 마찬가지로 자유무역의 개념은 서로 다른 시대에 선진적인 상업권력에 의해 추진된 권력정치의 산물이다(Polanyi(1944) 2001). 관련 예시는 수도 없이 많다.

안타깝게도, 일부 예외가 있긴 하지만(Angie 2004; Cox 1981; Keyley 1990; Nayak and Malone 2009; Meyer 2008; Said 1993; Shinco 2008; Schweller 2001; Worth 2011), 기존 제도에 대한 대부분의 연구는 명시적이거나 암묵적으로 기존 제도와 질서를 정당화하거나 정당화하려고 노력한다(Ikenberry 2000; Checkel 2001; Johnston 2001; 2008 참조). 그 결과, 국제제도를 연구하는 많은 학자들이 '권세와 이익을 위한 서비스'라는 착오적인 발상을 지속적으로 주장하고 있다. 이는 현실주의 학자들에게 심한 비난을 받고 있다(Carr 1939; Morgenthau 1978, 10~11; Waltz 1979, 201~205; Keeley 1990, 84 참조). 그들은 계속해서 '저열한 위선자'의 역할을 하고 있다(Koskenniemi 2009).

따라서 많은 국제관계 이론가들이 진지한 태도로 비판 정신을 대하고 있지만(Keeley 1990; Jackson and Nexton 2004; SterlingFolker 2004; Mattern 2004; Meyer 2008; Worth 2011), 대부분의 국제관계 이론가들은 여전히 국제관계 이론의 완전한 의미를 비판적으로 파악하지 못하고 있다(Brass 2000 참조).

보다 비판적인 제도적 접근법에 따르면 국제관계학자들의 임무는 기존의 국제질서(Keohane 1984; Ikenberry 2000; Clark 2004, 2007)에서 정의와 정당성을 확인하고 이에 대한 찬송가를 부르지 않는 것이다. 이는 정치인이 (원하면 더 잘 할 것이다)할 일이다. 반대로 일부 제도가 인류의 복지를 향상시킨다는 사실을 부인할 수 없지만 국제관계학자들의 임무는 푸코(Foucault 1980; 2000), 그람시[Gramsci(1926-1937) 1992-1996], 사이드(Said 1978; 1993), 모겐소(Morgenthau 1970)의 정신으로 국제정치의 기존 체제/권력, 질서의 위선, 불공정과 비논리성을 밝히는 것이다. 즉 복지를 감축하는 제도에 집중하고, 이러한 제도가 어떻게 형성되고 지속되는지, 좋은 제도가 어떻게 부패되고 결국 나쁜 제도로 대체되는지 등에 관심을 가져야 한다.

사실상 우리는 더욱 멀리 나아가야 한다. 우리는 패권적 규칙, 가치관, 규범에 맞서는, 때로는 기쁘지만 더 많은 시간이 비극적인 반란과 투쟁을 기록하도록 노력해야 한다. "저항은 현대 세계정치에서 더욱 흥미로운 긴장감을 가지게 하는 축"(Reus-Smit 1997, 568)이라는 말만 할 뿐 더이상 연구하지 않는 것은 저항과 투쟁을 깊이 관찰하고 그 뒤의 논리, 권력, 사상을 이해하는 것만 못하다. 이렇게 해야만 기저의 시각에서 국제시스템/사회 형성 과정에 나타나는 고유하고 충돌이 충만한 과정을 진정으로 이해할 수 있다.

둘째로, 자기중심주의와 민족중심주의 때문에, 우리는 자신의 도덕을 보편적인 것으로 여기는 경향이 있다. 더욱 중요한 것은 자신의 도덕성을 보편화하려는 충동이 있다는 점이다(아래 논의 참조). 그러나 맥킨타이어(MacIntyre 1984, 265~266)가 날카롭게 지적했듯이 "특정 사회에 속하지 않는 도덕은 존재하지 않는다." 이런 식으로, 우리는 그것이 '그들'에서 온 것이든 '우리'에서 온 것이든, 보편성을 주장하는 어떤 도덕적 윤리에 대해 경계해야 한다. 권력과 제도의 연구에 대한 비판적 접근은 우리가 자기중심주의와 민족중심주의를 최소화하는 것을 돕는다. 실제로, 도덕은 우리에게 민족중심적 신념에 기반을 둔 가치규범에 관한 신앙에 대해 지속적으로 자기비판적인 태도를 유지할 것을 요구한다. 우리는 상호작용을 조정하기 위한 규칙이 확실히 필요하지만, 이러한 규칙들은 끊임없이 검토되고 도전받으며 개혁되어야 하고, 필요할 때 뒤집어져야 한다. 시스템을 효과적으로 연구할 수 있어야 비로소 부당한 규칙을 검토하고 도전하며 개혁하고 타도할 수 있다. 이와 비교하면 푸코는 가치 보편화의 가능성에 대한 연구 노선이 위험하다는 점을 예리하게 관찰하며(Paras 2006, 131), 공공연히 또는 암묵적으로 지지하고 있다.

마지막으로, 이러한 비판성을 기반으로, 보다 문제에 기초한 제도 연구 방법이 필요하다는 점을 지적할 필요가 있다. 따라서 비판적이거나 푸코식 제도 연구 방법은 문제에 기초한 제도 연구 방법을 피할 수 없게 한다. 제도 연구에서는 구조나 시스템 등 거시적 개념에 중심을 두고 구체적인 시스템/권력 관계에 깊이 들어가지 않으면 우리는 어떤 것도 발견할 수 없을 뿐만 아니라 교정, 불공정과 불평등 등을 논할 수도 없다. 그러므로 방법론과 규범성에 대해 말하자면, 대략적인 구조에서 비판적인 권력과 제도의 연구방법은 모순된 수사에 불과하다.

사회시스템(또는 질서)에 대해 어떤 규범적인 판단을 하기에 앞서, 숲 전체에 대한 판단을 내리기 전에 먼저 나무를 봐야 하는 것처럼, 즉 특정한 문제 영역을 지배하는 구체적인 제도를 분석해야 한다. 그렇지 않으면, 우리는 관념을 객관화할 수 없다.

(3) 제도 연구를 향한 사회진화의 길

지난 수십 년 동안 국제체제에 대한 연구는 신자유주의, 자유주의적 구성주의, 그리고 영국의 사상학파(문화주의와 사회연대주의)에 의해 지배되어 왔다.[40] 그러나 이러한 논의에서 세 학파 모두가 근본적인 결함이 나타났다.

가장 중요한 것은, 1970년대와 1980년대에 국제제도에 관한 3대 학파가 탄생했을 때, 당시 사회학과 인류학에서 이미 기능주의에 대한 의문이 생겨나고 있음에도 불구하고(Wrong 1961; Dahrendorf 1968), 이들 모두 구조기능주의(Parsonson 1937; Merton 1968)에 의해 크게 영향을 받았다는 점이다. 아마도 (신고전제도주의) 경제와 국제관계학에는 구조적 기능주의가 여전히 어느 정도 영향을 미친다고 볼 수 있다.

---

40 방어적 현실주의도 제도가 국제정치에서 일정한 역할을 한다는 점을 부인하지는 않지만, 제도 문제에 대해 많은 관심을 기울이지 않는다. 따라서 이 부분에서 방어적 현실주의를 언급하지 않았다. 국제법 방법론(그로티우스-푸펜도르프의 방법론)은 항상 영국학파의 중요한 축을 담당하고 있으며, 점차 규범의 사회구조주의에서도 한 축을 이루고 있다.

기능주의는 전체주의와 화합학파 사이의 '신성하지 않은 최초의 동맹'의 결과물이다(Tang 2011a, 2011b). 기능주의는 실제로 제도 변화의 이론과 (사회질서의 일부로서) 제도 시스템의 이론을 직접적으로 제공하지 않지만, 제도 변화와 제도 시스템의 잘못된 이론을 강하게 내포하고 있다. 기능주의의 시각에서 보면, 모든 제도는 집단의 복지를 촉진하기 위해 존재하며, 조화로운 사회 질서의 일부로서 유기적인 전체를 형성한다.

기능주의가 신자유주의에 미친 영향은 의심할 여지가 없다(Stterling-Folker 2000; Keohane 1984; Martin & Simons 1998 참조). 신자유주의는 제도 변화의 실제 과정과 실질적인 영향을 검토함으로써 구조기능주의 전체론과는 거리를 두지만, 기능주의 관점에서 보면 신자유주의는 제도 연구의 화합 노선을 따른다.[41] 가장 주목할 만한 것은 신자유주의는 비록 (협의적인) 권력과 관련된 이해의 충돌이 있을 수 있지만, 체제를 확립하는 과정에서 실제적인 충돌은 없다고 인식한다. 즉 제도는 협력과 조정을 위한 거듭된 교섭의 결과물이다.

처음부터 영국학파는 주로 제도와 질서(Bull 1977; Little 2000; Bujan 2004; Linklater and Suganami 2006)에 집중하며 '영국적 제도주의'라고 불려졌다(Evans and Wilson 1992; Suganami 2003). 영국학파에는 다원주의와 사회연대주의라는 두 개의 갈래가 있다. 이들 사이에는 중요한 차이가 있지만, 구조기능주의의 두 기둥 측면에서 본질적으로 유사하다. 일반적

---

41 애초부터 신자유주의는 다른 측면에서 기능주의와 다르다. 신자유주의는 보통 조직을 제도로 본다. 왜 조직이 제도로 간주되지 말아야 하는지에 대해서는 North 1990; Duffield 2007; Tang 2011a, 제1장을 참조. 물론, 조직은 운영하기 위한 규칙을 가지고 있어야 한다.

으로 신자유주의와 비교했을 때, 영국학파는 구조기능주의의 보다 더욱 정확한 복제품이다.

우선, 영국학파의 두 분파에는 차이가 있다. 이들은 주로 세 개의 '거대한 개념'(즉, 국제체제, 국제사회, 세계사회)을 탐구하고 있지만 제도 및 질서의 형성에 대한 실질적인 이해를 위한 실증적 연구를 수행하지는 않았다(Copeland 2003; Clark 2005; 2007 참조) 따라서 둘 모두 전체주의의 길을 굳건하게 따르고 있다. 동시에 협력과 조정, 일관성의 가능성을 강조함으로써 화합학파의 진영에도 굳건히 합류한다.

이와 같이 영국학파의 다원주의는 본질적으로 신자유주의다. 그들 사이의 핵심적인 차이점은 다원주의가 공식적인 규칙(가령 조약)과 비공식적인 규칙(가령 규범)을 모두 강조하는 반면, 신자유주의는 공식적인 규칙만을 강조한다는 것이다.[42] 한편, 영국학파의 사회연대주의는 변형되고 규범적이며 칸트주의적인 사회구성주의(Adler and Barnett 1998, 9-15; Buzan 2004, 10~15; Copeland 2003, 430)에 해당한다. 사회연대주의는 우리가 그것을 하는 한, 공통적인 문화와 가치체계가 국제시스템에서 출현하여 모든 사람들이 유사한 법과 도덕을 따르는 세계사회에 우리를 참여시킬 것이라고 주장한다.

구성주의 진영 내에는 전체주의(또는 구조주의)와 비전체주의(Adler 1991; 2005; Crawford 2002; Checkel 2007; Johnston 2008)의 두 가지 분파도

---

42 예를 들어, 영국학파의 다원주의 분파들은 1648년 이후의 베스트팔렌 체제를 구체화시켰으나, 베스트팔렌 체제 형성의 실제 과정은 고찰하지 않았다. 이에 비해 신자유주의는 1945년 이후 국제정치경제의 미국 중심 구조를 찬양하는 면은 있지만 제도 변천의 진면목을 제대로 고찰했다.

있다. 전체주의자들은 철학적인 용어로 거대한 개념을 논의하면서 점차 영국학파의 사회연대주의 쪽으로 나아갔다(예: Onuf 1989; Wendt 1999; 2003; Linklater; Suganami 2006). 비전체주의자들은 사회 구성의 실제 과정에 초점을 맞추며 전체주의의 함정을 피했다.[43] 그러나 비록 차이는 있지만, 전체주의자와 비전체주의자들은 제도적이든 문화적이든 사회 구성 과정에 대한 연구에서 화합학파의 길을 따른다. 관념이 주로 권력에 의해 전달된다는 사실을 정당화할 수 있는 구성주의자는 거의 없기 때문에, 종종 권력이 관념을 전파시키며 나타나는 유혈적인 과정들에 대해 구성주의자들은 의도적으로 무시한다. 그들은 좋은 생각들이 평화적인 수단을 통해 존재하며 퍼져 나간다고 믿는다. 그러나 권력(흔히 야만적인 힘)이 없으면 좋은 생각조차 전파될 수 없다(Kill 2003; Angie 2004).

따라서 국제제도 연구의 새로운 경로가 필요하다. 본서는 오직 사회진화 패러다임만이 효과적인 경로임을 보여주고 있다. 사회진화 패러다임은 기능주의에서 비롯된 각종 제도의 연구경로를 배제하는 한편, 더욱 문제적이고 비판적인 국제제도의 연구경로를 견지하고 있다. 제도의 변천 과정과 같은 구체적인 사회적 사실을 고찰할 때, 이 경로는 사회과학에서 다양한 근본적 수준의 패러다임을 유기적으로 통합했다(Tang 2011a; 2011b).

---

43 전혀 놀랍지 않게도, 영국학파와 사회구조주의 간의 대화와 통합을 바라는 목소리가 커지고 있다(예: Reus-Smit 2002).

5. 세계국가: 실현 불가능하고 위험한 유토피아

지역적 차원(비교적 큰 정도)과 글로벌 차원(비교적 작은 정도)에서 우리의 세계는 보다 규칙에 기초한 시스템으로 바뀌었다. 이 사실로부터 흥미로운 질문을 이끌어낼 수 있다. 제도화된 평화의 과정은 도대체 얼마나 멀리 갈 수 있는가? 제도와 문화를 연구하는 많은 국제관계 이론가들이 (즉, 칸트식 구성주의자, 영국학파 내의 사회연대주의자) 하나의 '세계국가(world state)' 또는 '세계사회(world society)'의 가능성을 기대하고 믿는 것은(예를 들어, Wendt 2003; Linklater and Suganami 2006, 제4장; Clark 2007), 그들의 유토피아적 입장에 기인한다.[44] 우리 인류사회의 진화에 대한 이해는 단호히 이러한 유토피아주의를 버리고, 동시에 우리의 세계가 더 규칙에 기반한 시스템이 되었다는 사실을 인정하는 동시에, 우리의 세계가 규칙에 기반한 시스템으로 더욱 나아가고 있다는 가능성을 인정해야 한다. 세계국가는 위험한 유토피아다.

(1) 세계국가: 실현 불가능한 유토피아

우리 세계가 이미 규칙에 더욱 기초를 둔 시스템으로 바뀐 것은 의심할 여지가 없다. 하지만 이로 인해 하나의 세계국가로 나아갈 것인가? 다음

---

44 본서에서는 '세계국가' 혹은 '세계사회'에 대해 최소한의 정의를 내렸다. 세계국가는 개별 국가가 큰 틀에서 유사한 기본 규칙과 가치를 수용해 일종의 '공동체적 느낌' 또는 '사회적 느낌'을 가지고 있는 하나의 세계를 가리킨다. 최대한의 세계국가 정의를 채택하는 것은 본서의 논점을 강화시킬 뿐이다. '세계국가'와 '세계사회'를 구분하는 것은 큰 의미가 없다. 사회를 국가와 분리하는 습관은 주로 우리의 권력으로부터 탈출하고 싶은 욕구를 반영한다(Tang 2011a, 제5장).

과 같은 세 가지 이유 때문에 그렇지 않을 것이다.[45]

먼저, 국제시스템 전체에 하나의 보편적인 질서를 적용하는 것은 불가능하다. 이는 오늘날 국제시스템에서 권력의 범위가 물리적 그리고 도덕적으로 제한되기 때문이다. 국내정치에서 국가(혹은 규칙을 적용하는 권력투쟁에서 승리한 행위자)는 선호하는 규칙을 많이 적용할 수 있다. 대조적으로, 제2차 세계대전 이후 국제정치에서 영토 보전과 주권은 국제시스템의 두 가지 기초적 제도(의심할 여지없이 이는 거대한 진보이다)로 받들어지기 때문에 어떤 국가나 국제기구도 무력을 통해 다른 국가에 모종의 질서를 행사할 수 없다. 미국이 서유럽과 일본에 적용한 질서 및 동유럽에 소련이 적용한 질서는 두 개의 장기적인 예외였고 두 경우 모두 강대국에 의해 질서가 부여되고 지지되었다. 그러나 이 두 사례에서조차 질서의 적용은 철저하지 못했다. 제2차 세계내전 이후 유엔이 시행한 규칙은 더 실망스럽다. 요컨대 '질서정연한 국내정치시스템과 달리 세계정치에서는 규칙과 절차가 그렇게 완전하지도 않고 그렇게 잘 시행되지도 않는다……'[Keohane and Nye 1977(1989), 19; 추가로 Mearsheimer 1994-1995를 참조]

다음으로, 규칙 위반은 항상 사회 현실의 일부이다. 자신에게 유리하면서 처벌이 예상되지 않을 때 인간은 규칙을 어기는 경향이 있다. 세이드만과 아이어스(Saidemen and Ayers 2007a; 2007b)는 국제기구가 (규칙

---

45 그런 면에서 본서에서는 영국학파(다원주의 분파)와 신자유주의의 편에 서있고 칸트식 이상주의는 거부한다는 것을 인정한다. 관련 논의는 Linklater and Suganami 2006, 제4장을 참조.

을 제정하고 집행해야 한다고 함에 따라) 국가의 행동을 제한적으로 제약한다는 사실을 발견했다. 유럽연합(세계국가의 원형)에서도 회원국이 공동체 내 규칙을 항상 준수하는 것은 아니다(Börzel et al. 2010). 이러한 규칙 위반은 한 시스템에서 규칙집행의 한계를 보여주며, 이 한계는 하나의 피드백 형식인 시스템 내의 추가적인 제도화를 약화시킨다.

마지막으로 중요한 것은 여러 가지 이유로 인해 국제정치에서 규칙과 규범의 내재화(혹은 규칙과 규범을 통한 행위자의 사회화)가 고유한 한계에 직면해 있다는 것이다. 이는 다음 세 가지로 정리할 수 있다.

먼저, 내재화 또는 더 정확히 말하면 개체의 몸과 영혼에 대한 권력의 침투는 가혹하고 장기적인 권력을 필요로 한다[Elias 1939 (1994); Foucault 1980; 2000]. 제2차 세계대전 이후의 국제정치에서 권력에 의한 제도적 질서의 획일화 가능성은 희박하기 때문에 본질적으로는 국내정치보다 국제관계에서의 내재화가 더 제한적이다.

완전한 내재화의 실현은 여전히 마찬가지로 넘을 수 없는 또 다른 장애물에 직면해 있다. 인간의 본성은 세 부분으로 이루어져 있는데, 이 세 부분은 또 각각 생물진화, 사회화, 그리고 반사회화에 의해 결정된다(Tang 2011b; 본서의 5장 참조). 이 사실은 사회화가 국내정치에서도 철저할 수 있음을 본질적으로 부정한다. 인간의 본성 가운데 생물진화에 의해 결정되는 부분은 당연히 완전하게 사회화될 수 없다. 공감과 관련된 문제에 직면할 때 사회화는 종종 어려워진다.

더 나쁜 것은 사회화가 거의 불가피하게 반사회화(또는 저항)를 초래한다는 점이다.[46] 따라서 로이스-스밋(Reus-Smit 1997, 566)은 '근본적인 헌법'이 종종 '패권적 신념'을 포함한다는 것을 인정했다. 반면 "대체 개

넘은 대립적 요소(즉 반의식상태)를 담고 있다며 지지자들은 국제사회 진입을 위한 조건 설정과 제도적 실천 방식을 자주 비난하고 있다"고 말했다. 이와 같이 "국가와 비국가 행위자들이 무엇이 정당성과 적절한 국가 행위를 구성하는지에 대한 지배적인 해석을 반대하는 것은 이례적이지 않다"(Reus-Smit 1997, 568). 최근 아차리아(Acharya 2009)도 아시아 지도자들이 서방으로부터의 특정 규범과 규칙에 저항했다고 밝혔다. 그리고 우리는 물질에 의존해서 살고, 희소 물질 자원에 의존하는 생존은 필연적으로 어떤 이익 충돌과 실제 충돌의 가능성을 초래한다. 우리의 작은 물질적 욕구가 충족되더라도, 지위에 대한 경쟁은 여전히 존재하고, 지위와 인식은 제로섬화 경향이 있기 때문에 지위 경쟁에서 모든 개체가 만족할 수는 없다. 물질적인 상품들은 무한할 수 있지만, 높은 지위와 수변의 인정과 같은 상품들은 본질적으로 제한적이다(Tang 2010d; Veblen 1898; Hirsch 1977; Frank 1985 참조). 그러나 보다 높은 지위와 인정을 추구하는 동기는 사회화의 산물이거나 혹은 인간성에 있어서의 사회화의 일부이다(Lebow 2008; Tang 2010d). 물질적, 지위적 경쟁에서 승리자와 패배자(Knight 1992; Barnett and Finnemore 2004)가 자주 발생하기 때문에, 제도가 개체 간의 이익을 조화시키는 경우는 드물다. 이것은 또다시 개체가 제도를 내재화하는 것을 제한한다.

마지막으로 좀 더 기본적인 차원에서 민족주의, 애국주의, 그리고

---

46 저항 가능성을 인정하는 이런 구조주의자들(예: Reus-Smit 1997, 566~568; Johnston 2001, 492~493; Acharya 2009)은 예외에 해당한다. 존스톤(Johnston)은 사회화와 내재화의 미시적인 측면에 대해 세밀하게 논의했다.

인종주의로 표현되는 민족중심주의는 세계국가의 가능성을 제한한다. 민족중심주의는 상대권력과 영예, 지위에 대한 집단의 관심을 이용했다. 타인의 규칙을 준수하는 것이 자신의 민족(LeVine and Campbell 1972)을 위태롭게 하기 때문에, 설령 그 규범과 가치가 우리의 복지를 개선시킬지 모르더라도 다른 종족의 규범과 규칙을 내재화시키는 것에 반대한다. 즉, 관념, 규범, 규칙과 제도에 대해 소유권 문제에 깊은 관심을 가진다.

　　요컨대, 위의 메커니즘은 많은 제도가 수립될 수 있더라도 국제정치에서 규칙과 규범의 내재화가 본질적으로 제한됨을 보여준다. 푸코식으로 말하면 국제관계에서 '순한 육체'는 드물다(Joseph 2010; 추가로 Koskenniemi 2009를 참조). 따라서 하나의 세계국가는 나올 수 없다.

(2) 세계국가: 위험한 유토피아

세계국가는 실현 불가능한 유토피아이기 때문에 위험하다. 기술과 자본의 세계화 속에서 세계국가들의 물질적 기반이 지속된다고 가정한다면(이것은 매우 가능성이 있다)[47], 세계국가들의 형성은 공통 규칙과 규범의 전파에 크게 의존한다. 이런 공통 규칙과 규범에 대한 심각한 의존은 위험을 예고한다. 모든 공통적인(우리에게 있어 전세계적인) 규칙과 규범은 국지적인 규칙과 규범에서 시작된다[48]. 따라서 국가제도의 경우 로이스-스

---

[47]　세계화는 국제사회 또는 세계사회 실현을 위한 중요한 과정으로써, 중심국가 혹은 중심국가로부터 나온 비정부단체와 같이 권력이 있는 행위자에 의해 추진되는데, 이를 사람들이 모를 수가 없다 (Woods 2000). 이는 주로 권력으로부터 탈출하고 싶은 욕구를 반영한다(Tang 2011a, 제5장).

[48]　국지적인 규칙과 규범도 권력에 의해 집행되고 지지된다(Tang 2011).

밋(Reus Smit 1997, 668)은 '헌법의 구조에 포함된 가치는 지배적인 국가의 국내 정치 문화에서 발생하며, 이러한 국가들의 연합은 국제제도화에 있어 불균형적인 영향을 미친다'고 지적한 바 있다(Keohane 1984; Barkin and Cronin 1994; Keal 2003; Anghie 2004; Clark 2007 참조). '어떤 특정 사회에 속하지 않는 도덕관은 존재하지 않기 때문'에(MacIntrye 1984, 265~266) 이것은 이상하지 않다. 공통의 규칙과 규범은 국지적인 규칙과 규범에서 비롯되기 때문에 규칙과 규범의 전파는 불가피하게 권력의 지지가 필요하며 때로 이 권력은 장기적이고 야만적이다. 이것은 국내정치에서 진실일 뿐만 아니라[Elias 1939(1994); Foucault 1980; 1990], 국제정치에서는 심지어 더 사실적이다(Barkin and Cronin 1994; Ikenberry 2000; Keal 2003; Anghie 2004; Clark 2007). 하나의 전체적인 시스템으로서 세계는 방어적 현실주의 세계로 진화했고, 또 어떤 곳에서는 좀 더 규칙에 기초한 세계로 진화하고 있지만, 이 사실이 위의 핵심 메커니즘을 증명하는 것은 아니다.

국제시스템에서 규칙과 규범의 전파는 종종 장기적이고 야만적인 권력의 지지가 필요하기 때문에 폭력적인 권력이 아니더라도 규칙과 규범의 전파를 추구하는 것은 위험을 예고한다. (비폭력적인) 권력이 항상 불공정하게 생기는 것은 아니지만 권력이 불공정을 초래할 가능성을 간과해서는 안 된다. 우리가 우리의 행동을 보편화하려는 충동에 빠질 때, 득보다 실이 더 많다. 맥킨타이어(MacIntyre 1984, 221)는 '사람들이 사실상 그들 자신에 속하는 특수한 보편적 원칙과 동일시할 때 그들의 행동은 통상적으로 그렇게 하지 않을 때보다 더 나쁜 경우가 많다'고 말했다.

일신론 종교(또는 보편화)의 부상, 특히 기독교와 이슬람교는 이러한 위험의 전형적인 사례이다(Foucault, Paras 2006, 131). 일신론 종교는 이교도들을 겨냥한 이른바 정의로운 전쟁을 지지함으로써 선교 열정을 장려해 음식, 영토, 성, 권력, 그리고 피비린내 나는 허영과 같은 덜 명예로운 목표들을 가린다. 일신론 종교도 '우리-그들'의 집단 정체성과 경쟁을 강화했다. 많은 오래된 종교에서 정의로운 전쟁의 의무는 명백했다. 새로운 보편화된 인식 하에서 교인 간 전쟁 금지와 같이 이러한 의무는 강화되었다.(Gat 2006, 435) 불교와 유교만이 이 함정에서 탈출했다.

국제법의 출현은 아마도 좀 더 적절한 예시가 된다. 키알(Keal 2003) 과 안기(Anghie 2004)는 국제법의 발생이 비서방 민족을 문명화시키는 사명에 의해 구동되고 있으며 이를 실현하기 위해 필요하다면 무력 사용도 불사한다는 점을 입증했다. 그래서 오늘날 국제법이 인간의 이익에 봉사할 수 있다고 해도 그것이 걸어온 길은 비서방민족의 피로 물들어 있다. 오늘날, 전 세계 통치에 관한 대다수의 논의는 단지 어떤 국가의 권력을 (이번에는 미국) 유지하기 위해 권력을 과시하려는 또 다른 시도일 뿐이며, 따라서 국제법을 전파하며 야기될 수 있는 불공정함을 교묘하게 간과했다(Bartelson 2006; Koskenniemi 2009; 추가로 Millennium 2010 '민주평화' 포럼을 참조).

요컨대, 규칙과 규범의 전파는 권력과 떨어질 수 없기 때문에 그것이 공정하다는 보장은 없다(종종 아니다). 우리 모두 잘못을 저지르기 쉽기 때문에 자신의 도덕윤리준칙이 보편적으로 적용되고 실시되어야 한다고 주장할 수 있는 사람은 없다. 안기(Anghie 2004, 4)는 국제법의 유럽/식민주의적 기원을 강력하게 비판했다. '어떻게 이것이 가능한가. 유럽 문명은 이처럼 자신의 특수성을 표방하면서 보편성을 내세우며 비유럽 국가에 대한 구속성을 갖고 있다.'

따라서 도덕적 절대주의는 위험한 함정(MacIntyre 1984, 220)이며 우리는 그것을 단호히 버려야 한다. 도덕적 상대주의(또는 다원주의)만이 지식의 진화론과 일치할 수 있다. 도덕적 상대주의에 의해 발생하는 폐단은 훨씬 더 적은데, 그것은 국지적인/민족중심주의 관념에 의해 발생 가능한 폭정을 방비할 수 있기 때문에, 이러한 관념은 권력에 의해 지탱되고 있으며 보편적이라고 공언한다(Tang 2011a, 제5장). 실제로 도덕적 상대주의만이 제도 연구의 비판적 경로와 일치하고, 제도 연구의 비판적 경로만이 지식의 진화론과 하나의 개방적 사회와 일치할 수 있다.[49] 따라서 비록 인간 집단이 어떤 공통된 규칙과 규범을 공유한다는 것을 부인할 수 없지만, 우리는 그것들을 자세히 살펴봐야하며 더 나은 규칙과 규범으로의 변화 가능성을 남겨두어야 한다. 결국 역사를 거울로 삼고보면, 세계국가, 정의로운 전쟁과 보편적 원칙과 같은 고귀한 후광 뒤에 숨어 있는 것은 다른 미개하고 야만적인 민족을 정복하려는 잠재적 욕망과 실제적 욕구이다(Anghie 2004; 2009). 사실은 많은 당대의 국제법과 세계질서의 지지자들이 자신들을 제국주의자라고 생각하지 않을지 모르지만, 그들은 공개적으로 또는 간접적으로 제국주의 원칙을 선전하는데 부끄러워하지 않는다. 이 사실은 적어도 우리가 한 세계국가의 가능성을 긍정할 때 심사숙고하게 만든다(예를 들어 Anghie 2004, 제6장의 참고문헌을 참조; 2009; Craig 2004; Koskenniemi 2009).

49　이러한 문제에 대한 원칙적인 논의는 Shiping Tang, 2013, '신현대성: 선언문(Neo-modernity: A Manifesto)', www.ssru.com(http://papers.ssrn.com/sol3/papers.cfm?abstract_id=2202213)을 참조.

마지막으로, 세계국가는 위험한 유토피아이기 때문에 우리를 끌어당기고 있다. 인간은 꿈이나 희망을 떠나 살 수 없기 때문에 어쩌면 유토피아 사상은 필요악일지 모른다. 하지만 우리는 유토피아의 추구가 초래할 위험을 절대 잊어서는 안 된다. 모든 유토피아가 이데올로기로 발전하며 비판을 제한했고, 이로 인해 비판은 부득이하게 적당한 정도에서 멈춰야 했다. 그러나 비판은 지식 진보와 사회 변천의 관건적인 동력이기 때문에[Popper(1937) 1959; 1945(1967); Foucault(1984) 1997; Connolly 1993], 비판 정신을 억제하는 것은 본질적으로 모든 유토피아가 우리에게 정지된 사회에서의 안주를 요구하는 것을 의미한다. 포퍼(Popper 1945)가 일찍이 지적했듯이 이러한 요구는 반박할 가치도 없을 뿐만 아니라 위험하며 그의 관점은 지금까지도 무시될 수 없다. 따라서 우리는 '세계국가'라는 유토피아적 이념 뒤에 숨어 있는, 우리 자신의 도덕관(특히 권력을 통한)을 보편화하려는 유혹을 단호히 뿌리쳐야 한다.

소결

본 장에서 다음과 같은 하나의 논점이 제시되었다. 사회진화의 강력하지만 불완전한 '인위적인 선택' 메커니즘 덕분에 국제시스템에서 세계국가는 불가능하지만, 상대적으로 항상 불완전하지만 더 나은, 개방된 사회로 나아가야 한다는 것이다.

먼저 세계가 하나의 공세적 현실주의 세계에서 방어적 현실주의 세계로 진화했기 때문에 그것이 더욱 규칙에 기초한 세계로 진화할 가능성은 실재한다. 대부분의 국가들이 방어적 현실주의 세계의 규칙을 인식하기 시작하고 정복이 물질적으로나 관념적으로 더 이상 실행 가능한 선택지가 아니라는 것을 이해하게 되면, 국가는 점점 더 많은 협력을 통해 안보를 얻을 수 있을 것이다. 국가가 안보와 경제에서 더 많은 협력으로 나아갈 때, 더 많은 협력을 고착화하고 촉진하는 규칙은 결국 더 광범위해지고 국가에 의해 더욱더 내재화될 것이다.

둘째, 지역은 국제시스템 전체보다 제도화되기 쉽다. (혹은) 세계화가 진행된다 하더라도 지리는 여전히 중요하다. 지리적 요인은 지역 내 상호작용을 촉진하지만 지역 간 상호작용은 제한하였다. 특정지역 내 국가가 하나의 '지역 안보 공동체'를 형성해 일종의 집단정체성을 형성할 가능성이 크지만 그 범위는 제한적이다. 더 중요한 것은, 민족중심주의와 지리적 요인의 영향을 감안할 때 이러한 지역적 공감대가 지역 안보 공동체 이외의 다른 국가로 확장될 가능성은 별로 없다는 점이다. 이에 따라 평화는 글로벌 차원의 제도화에 뿌리 깊은 한계에 직면하고 있다.

셋째, 국가는 다른 국가가 확립한 제도와 규범을 배격하는 경향이 있기 때문에, 보다 제도화된 세계는 다원화된, 따라서 민주적인 세계이다. 패권국들은 그들이 수립한 국제시스템이 다른 모든 국가들이 생존할 수 있는 가장 좋은 세계라고 주장할 수 있고 따라서 다른 국가들에게 그것을 받아들이고 존중할 것을 요구할 수 있지만(예를 들어 Ikenberry 2000), 다른 국가들은 그렇게 쉽게 속지 않는다(Schweller 2001; Carr 1939).

결국 우리는 미국이 여전히 국제시스템의 특이한 행위자가 될 것임을 스스로에게 상기시키지 않을 수 없다. 앞으로 몇 년 동안 미국은 여전히 국제시스템에서 선두적인 패권국이 될 것이다. 미국이 현명하게 자신의 권력을 운용할 때 비로소 세계의 복음이 되겠지만, 반면 자신의 권력을 어리석게 운용한다면 세계의 재앙이 될 것이다. 그러나 천혜의 지리적 위치와 다른 국가들을 능가하는 거대한 권력 우위 때문에, 미국은 여전히 국제시스템의 낮은 수준의 사회화를 거친 행위자가 될 것이다(Tang and Long 2012). 미국이 "도자기 가게에 난입한 황소"일 가능성을 영원히 배제할 수 없는 이상, 시스템에 있는 다른 국가들도 미국에 대한 경계심을 늦추지 않으며, 이 또한 평화가 전체 시스템에서 제도화되는 것을 가로막는다.

요컨대, 규칙과 규범의 전파는 이미 우리 세계를 더 나은 세상으로 이끌었다. 만약 그렇다면, 우리는 방어적 현실주의 이론이 오늘날 세계 대부분 지역에서 여전히 적절한 이론이지만, 방어적 현실주의 이론이 더 이상 적용되지 않는 세계를 기대해야 한다. 더욱 규칙에 기반한 세계가 우리의 눈앞에 펼쳐질지 모르며 이러한 세계는 미래에 더 제도화된 평화를 가져다줄 수 있다. 설령 미국이 세계적인 영향력을 보유하더라도 더욱 규칙에 기반한 세계는 미국(또는 다른 패권국)에 의해 지배될 가

능성이 낮다. [50]

---

50   부잔(Buzan 2011)도 초강대국이 없는 세계가 더욱 지역화될 것으로 예상했다.

제5장

진화시스템으로서
국제시스템

서론

지금까지 사회진화 패러다임(SEP)을 사회과학의 기초적인 패러다임이자 역사 속 국제시스템의 변환으로 설명했다. 다음으로 사회시스템의 변환에 관한 좀 더 포괄적인 주제들을 다루고자 한다. 시공간 안에서 행위자들의 상호작용 및 행위자와 시스템(구조는 시스템의 일부분임) 사이의 상호작용이 결국 시스템 내 상호작용을 촉진하고 나아가 시스템의 변형을 추동한다는 것을 강조하고자 한다. 사회과학(국제관계학 포함)의 구조주의가 (행위자의) 구조(또는 이와 관련된 것)에 지나치게 집중하는 것은 일종의 재앙적이고 부정당한 미련에 불과하며, 따라서 이를 끝내야 한다.[1] 반면, 사회과학자들이 한 시스템 내의 상호작용을 충분히 이해하고 싶다면, 진정한 시스템적 접근방법을 수용해야 한다. 또한 시스템의 변형에 대해 충분히 이해하고 싶다면, 마땅히 사회진화의 방법을 채택해야 한다(Tang 2011b, 미발표 원고).

---

1 아쉽게도 영문판 원고가 인쇄된 후 필자는 이 장에서 두 가지 핵심 문제(구조와 시스템의 개념적 차이, 국제시스템이 국가에 영향을 미치는 방법)에 대한 논의가 불충분하다는 것을 깨달았다. 이와 관련해 보완된 논의는 Tang 2014; 2015; 唐世平 2016, '국제시스템의 영향: 6대 채널', 『세계 경제와 정치(世界經濟與政治)』 2016년 제8기를 참고하기 바란다. 필자는 중문판과 영문판의 내용을 동일하게 유지하기 위해 수정된 내용을 중문판에 넣지 않았다. 로얄과 반스(Loyal and Barnes 2001)는 '행동(agency)'이 사회이론의 주의력을 분산시키는 화제(red herring)라 주장했다. 물론 '구조' 자체가 사회과학에서 제거되어야 한다고 말하는 것은 아니다. 오히려 시스템(구조는 시스템의 일부이다)이 하나의 연구 출발점으로서 더 많은 가능성이 있다고 생각한다.(중문판 저자 주)

이 장은 세 부분으로 나뉜다. 제1부에서는 잘 알려진 행위자-구조 이론에 대해 이야기하고 더불어 시스템을 이해하는데 이 이론이 가진 한계를 논할 것이다. 구조만으로는 어떠한 것도 결정할 수 없으며, 또한 한 시스템 내의 상호작용과 시스템 자체의 변형을 이해하는데 설령 '구조화(예를 들어, Giddens 1979; 1984)' 또는 자연발생주의자(emergentist, 또는 형태발생학적(morphogenetic))의 접근(예를 들어, Archer 1995)으로 행위자와 구조 간의 상호작용(국제관계와 사회과학의 다른 분야에서 규정되었듯이)에 초점을 맞춘다고 해도 충분하지 않다(추가로 Kontopoulos 1993; Porpora 1993 참조; 국제관계와 관련된 논의는 Dessler 1989; Wendt 1987; Carlsnaes 1992; Buzan et al. 1993; Doty 1997; Wendt 1999; Wight 2006; Sørensen 2008; 국제관계에서 행위자-구조 논쟁에 대한 비판적 평가에 대해서는 Gould 1998; Wight 2006, 제4장 참조)는 점을 강조하고자 한다.[2] 이는 이른바 행위자-구조의 문제가 여전히 인류사회의 큰 부분을 간과하고 있기 때문이다. 이렇게 되면 행위자-구조 문제와 관련한 심화된 논의는 진전될 수 없다.

제1부를 바탕으로 '무정부 논리'에 대한 두 개의 논쟁을 고찰하고 제2부는 이 이념을 강화한다. 구조만으로는 거의 아무것도 결정할 수 없다. 따라서 사회과학을 연구하는 이들은 오랫동안 가져왔던 구조(그리고 행위자-구조의 문제)에 대한 구조주의적 접근이라는 미련을 버릴 필요가 있다. 소위 '무정부 논리'가 아니라 '시스템 논리'가 있음을 분명히 밝힌다.

---

2   필자는 확실히 아처(Archer)의 소위 '분출하는' 과정이 기든스의 구조화 과정보다 더 유용하다고 생각하는데, 이는 전자가 시스템 과정에 가깝기 때문이다. 다행히도 국제관계에서 행위체와 구조에 대한 논의는 줄어들었는데 이는 어쩌면 이 논의의 빈약함을 반영하는 것이다.

제3부에서는 시스템이 행위자에 미치는 영향을 검토했다. 먼저 시스템이 행위자에 미치는 영향의 다섯 가지 경로를 선별했다. 또한, 행위자와 시스템의 새로운 이해가 이론화된 국가 행위에 가지는 함의를 논의하며, 간단한 결론으로 끝내고자 한다.

그에 앞서, 서론에서 언급한 사회(혹은 사회시스템)에 대한 정의를 짚고 넘어가야 한다. 정태적으로 보았을 때 사회는 행위자나 행위체(즉, 개체와 개체의 집합), 하나의 제도 시스템(즉 구조)과 물질적 환경으로 구성된 시스템이다. 따라서 하나의 시스템으로서 사회는 단지 하나의 구조와 행위자들의 상호작용만을 포함하는 것이 아니다. 동태적으로 보았을 때, 사회는 시스템에서 이뤄지는 모든 발전 과정들을 포함한다(예를 들어, 행위, 상호작용, 제도화, 사회화와 내재화 등). 이밖에 시스템 안에서 이뤄지는 발전 과정도 이것이 어떻게 정의되는지와 별개로 단순히 개체 간 상호작용(그들의 행위들을 포함해서) 및 행위자와 구조간의 상호작용만을 의미하지는 않는다. 개체와 물질적 환경의 상호작용은 의심할 여지없이 시스템 상의 중요한 발전 과정을 구성한다[Keohane and Nye 1977(1989), esp. 260~264; Buzan et al. 1993, 18; Wendt 1999, 145~147]. 시스템 내 상호작용은 또한 '자연발생적' 경향(예를 들어 산업화, 식민화, 비식민화, 세계화, 지구온난화, 민주화 등)이 있는데 이러한 경향은 시스템의 중요한 특징이다(예를 들어 Wendt 1999, 145~147). 요컨대 하나의 시스템으로서 사회는 시스템의 특징(즉 자연적으로 발생하는 특징)을 보여주며 이러한 특징들은 시스템 내의 개체와 부분의 합으로 간소화될 수 없다(Jervis 1997). 사회가 하나의 제도적 시스템(즉 하나의 구조, 아래 내용 참조)을 가지고 있는 것은 사실이지만 이 사실은 사회를 개체의 합으로 되돌릴 수 없는 하나의 이유일 뿐 유일한 근본적인 원인은 아니다[Giddens 1976(1993), 128; 2006, 106-107].

사회시스템(즉 '사회')의 완전한 정의에 비춰보면, 명백하게도 사회에 관한 대부분의 기존 정의는 불완전하다. 가장 중요한 점은 왈츠(Waltz, 1979, 79; 1986, 327) 이후, 대다수의 학자들이 사회시스템을 정의할 때 그 일부로서의 물질적 환경을 간과했다는 점이다. 따라서 부잔(Buzan et al. 1993, 18) 등은 시스템을 '개체, 상호작용 및 구조'로 정의하여 구성한다. 그들의 저의가 한 시스템의 정태적, 동태적 측면을 포함하고 있음에도 불구하고 이 정의는 여전히 물질적 환경을 간과하고 있다. 같은 문제가 웬트(Wendt 1999)의 이론에서도 발견된다. 확연히 드러나지는 않지만 사회시스템에 대한 웬트의 정의는 왈츠의 정의와 매우 유사하다.[3] 아래에 밝힌 바와 같이 이러한 시스템에 관한 불완전한 정의는 단지 잘못된 이해를 초래한다.

1. (국제)구조가 아닌 (국제)시스템

이 부분에서, 먼저 각종 국제구조의 개념을 명확히 한 후 아무리 심오하더라도 구조이론이 국제시스템을 이해하기에는 고유한 결함이 있음을 강조해서 밝히고자 한다. 이는 구조에 대한 정의에 관계없이 구조가 단지 시스템의 일부일 뿐, 결코 전체 시스템이 아니기 때문이다.[4] 국

---

3 웬트(Wendt 1999)는 '사회' 또는 '사회시스템'을 정의하지 않았다.

4 달리 말하면, 구조이론은 준시스템 이론(Jervis 1997)일 수밖에 없다(Ruggie 1983, 271;

제관계(그리고 더 넓은 범위의 인류사회)를 이해하기 위해서는 구조이론보다는 시스템 진화이론이야말로 나아갈 방향이다.

(1) 구조란 무엇인가? (그리고 이것이 중요한가?)

왈츠의 구조현실주의(신현실주의)의 부상은 국제정치구조를 국제관계의 중심으로 이끌었다. 그런데 구조란 무엇인가? 왈츠에 따르면 국제정치의 구조는 1) 기본가정(국제정치에서 일종의 중앙의 권위가 부재된 무정부상태)[5], 2) 개체의 분화, 3) 권력의 분포[6]라는 세 가지 차원으로 나뉜다. 무정부 상태가 불변하고 개체들이 기능적으로도 분화되지 않는 이상, 왈츠의 구조에서 유일한 변수는 권력의 분포, 다시 말해 '개체들 상호 간 위치 관계'(이들이 어떻게 배열되고 어떠한 위치를 차지했는지)이다(Waltz 1979, 80).[7]

구조에 대한 왈츠의 정의는 순수물질주의이다(유사한 정의로 Mearsheimer 1995, 91을 참조).[8] 왈츠 이후 국제관계 이론가들은 또 다른 구

Waltz 1979, 79; Spirtas 1996, 392 등을 참조).

5 무정부상태에 대한 많은 정의가 있는데, 이는 밀러(Milner 1991)를 참조. 여기서, 필자는 무정부상태는 중앙권력이 없다는 가장 간단한 정의를 사용했다.

6 본서의 제2, 3장에서 설명한 바와 같이, 국제시스템의 단위는 확실히 차이가 있으며, 제일 중요한 것은 공세적 현실주의 국가와 비공세적 현실주의 국가의 구별이다(Tang 2008a 참고). 또한 단위 간에 모종의 분화가 존재하는지 여부는 구조의 일부가 아니라 시스템의 특징이다(Buzan and Albert 2011 참조).

7 따라서 방법론적 시각에서 볼 때 왈츠의 이론은 유일한 (해석적) 독립변수를 가지고 있다. 예외 없이 단 하나의 독립변수에 초점을 맞추는 논리는 모두 오해의 소지와 오류가 있는데, 이는 사회시스템이라는 것이 본래 너무 복잡하기 때문이다. 따라서 이러한 이론의 지지자들은 종종 (이론의) 간결성으로 자신을 변호하는 데 그치며 그 이상은 하지 못한다.

8 웬트(Wendt 1999, 제3장)는 권력과 이익(의 분포)이 관념으로 이루어져 있다고 생각한다.

조의 개념들을 발전시켰는데 일반적으로 왈츠의 정의를 보충하는 식이었다.[9] 다른 현실주의자들은 이 구조에 대한 물질주의적 정의에 기술을 추가하고자 했다(가령, 공세-수세 간 균형, 핵무기; Jervis 1978; idem 1997, 제3장; Nye 1988; Glaser 1994—1995; 2010 참조). 한편 신자유주의자들의 시각에서 구조는 분명 (상호작용의 일부인) 상호의존과 상호의존을 관리하기 위한 국제제도를 포함한다[Keohane and Nye 1987; 1977(1989)]. 상호의존은 물질적이면서 관념적이지만 물질적인 성격을 더 갖고 있다. 하지만 제도는 고착화된 관념(Tang 2011a)이기 때문에 구조에 대한 신자유주의자의 정의는 왈츠의 정의 관념보다 더 풍부하다(Wendt 1999, 160). 구조주의자들에게 구조주의는 관념주의의 입장과 일치하며 국제구조는 주로 관념적이다. 국제구조의 가장 중요한 부분은 문화인데, 그것은 규범, 제도, (집단)정체성과 지식 공유를 포함한다(Adler 1991; 2005; Wendt 1992; 1999, 제3장; Adler and Barnett 1998, 10).

확실히 구조를 정의할 때 왈츠와 웬트는 각각 물질주의에서 관념주의에 이르는 두 극단에 있으며, 코헤인과 나이는 중간의 입장을 취하고 있다. 어찌됐든, (국제정치)구조가 무엇인지에 대한 공감대는 찾아보기 어렵다. 이것은 이상한 일이 아니다. 사회과학의 다른 분야에서도 구조는

이것은 잘못된 생각인데, 이는 비록 이익과 권력의 의미가 관념에 의해 구축되는 것이 틀림없긴 하지만, 물질적 권력의 분포 자체는 관념에 의해 구축되는 것이 아니기 때문이다. 물질적 권력의 분포는 독립적으로 존재한다. 따라서 웬트는 개념을 제대로 구분하지 못한 실수를 범했다.

9   구조 개념에 대한 초기 문헌연구는 Powell 1994, 320-326; Adler and Barnett 1998, 9~10을 참조.

마찬가지로 논쟁이 계속되는 개념이다[이와 관련된 비판적 평가는 Porpora 1989(1998); López and Scott 2000; Wight2006, esp. 제4장 참조].

그러나 사회시스템의 시각에서 보면, 구조에 대한 공감대가 형성되었다고 해도 국제정치와 광범위한 인류사회를 충분히 이해할 수 없다. 이것은 구조가 국제시스템의 일부분일 뿐 전부가 아니기 때문이다. 시스템과 구조는 별개이다.

왈츠는 본질적으로 시스템 이론과 구조이론을 서로 바꿀 수 있다고 생각했기 때문에 은연중에 구조와 시스템을 혼동했다.[10] 그의 말을 인용하면, "구조현실주의는 국제정치의 시스템적인 그림을 제공하며, 개체들의 배열방식에 따라 구성 개체들을 묘사한다. …… 강대국의 수가 변화할 때, 구조, 그러므로 시스템 또한 변화한다. …… 시스템 이론은 정치적이든 경제적이든 해석에 있어 일종의 구속력과 추진력으로서 한 분야의 조직(방식)이 시스템 내 상호작용하는 개체들에 어떻게 작용하는가에 관한 것이다(Waltz 1988, 618; Waltz 1979, 제5장)." 분명히, 왈츠에게 있어 시스템의 우선적인 측면은 그것의 구조(즉 한 분야의 조직 방식)이며, 또한 구조의 변화만이 시스템의 변화라고 할 수 있다(Waltz 1979, 100~101). 왈츠는 그의 구조이론이 하나의 시스템 이론이라고 주장했고, 대부분의 현실주의자들은 이에 동의한다(예를 들어, Schweller 1996; Mearsheimer 2001).

10　이 부분에서 왈츠의 비판에 대한 총평은 부잔(Buzan et al., 1993, 제2장)을 참조. 사회학에서도 파슨스(Parsons 1951)는 시스템과 구조를 본질적으로 같은 것으로 간주한다. 왈츠와 파슨스의 유사점은 고더드와 넥슨(Goddard and Nexon 2005)을 참조. 케플런(Kaplan 1957)이 일찍이 국제시스템에 대해 진행했던 논의는 더욱 혼란스러웠지만, 지금은 공교롭게도 잊혀졌다.

부잔(Buzan et al. 1993, 2장), 스피어타스(Spirtas 1996, 292)와 저비스(Jervis 1997, 107~110)만이 왈츠의 이론이 구조에 관한 것이지 시스템에 관한 것이 아니라는 것을 명확하게 지적했다. 실제로 많은 왈츠의 비판자들도 구조와 시스템을 혼동하고 있다(예를 들어 Hollis and Smith 1991, esp. 110~118; Wendt 1999, 11).

구조를 시스템과 동일시하는 것은 심각한 오류이다. 비록 구조가 시스템에만 존재하고 사회시스템의 중요한 부분이지만, 구조에 개체들을 더하는 것은 여전히 시스템이 아니다. 왈츠(Waltz 1979, 79)의 관점과는 반대로, 시스템은 구조와 개체의 범주를 훨씬 초과한다. 하나의 시스템으로 인류사회는 적어도 행위자, 사회구조, 물질적 환경(우선적으로는 시간과 공간이 필요하다)으로 구성된다. 더 중요한 것은 개체들이 서로 상호작용할 뿐만 아니라, 시스템의 세 가지 구성 부분도 상호작용을 하는데 만약 단순히 그것들을 더하거나 그것들 중 일부만을 인정한다면 이러한 상호작용이 만들어내는 특징들을 이해하기 어렵다.[11] 따라서 오직 시스템 이론만이 한 사회시스템에서의 상호작용을 충분히 이해할 수 있다. 아무리 정교한 구조이론이라도 시스템 이론을 대체할 수 없다. 구조적 해석만으로는 아무것도 할 수 없으며, 이렇게 되면 하나의 순수한 구조이론은 의미가 없다(Powell 1994).

(순수한) 구조이론은 무엇이 구조인지, 그리고 구조가 어떻게 특정한 사회적 결과를 만들어왔는지 설명해야 한다. 따라서 왈츠의 이론은 무

---

11 따라서 왈츠(Waltz 1979, 80)의 관점과는 반대로 상호작용은 단위 차원 밖에서도 발생할 수 있다.

정부상태(하나의 상수)와 극성(구조의 또 다른 지향)이 개체들의 행위(예를 들어, 견제와 균형을 이루는 상태)를 어떻게 만드는지, 개체 간 상호작용이 초래할 수 있는 결과(가령, 사실상의 세력균형)가 무엇인지를 강조한다. 이는 하나의 구조이론에 불과하며 어떤 기준으로 보더라도 완전히 성숙한 시스템 이론은 아니다. '전통 현실주의의 개체 차원의 해석에 구조의 영향을 가미해야만 국제정치를 이해할 수 있다'는 왈츠의 정확한 지적에도 불구하고 그는 '한 가지 방법이 개체차원과 구조차원을 동시에 고려하면 시스템에서 발생하는 변화와 연속을 설명할 수 있다'라고 잘못 선언했다(Waltz 1988, 617~618). 정반대로, 이러한 이론은 시스템의 '변화와 연속'을 충분히 이해하지 못하는데(Lebow 2007, 418~421), 시스템은 단지 개체와 구조만이 전부가 아니기 때문이다. 그 이전에 있었던 다른 구조주의 이론가들(가령, Parsons)처럼, 왈츠는 구조이론의 설명력을 지나치게 과장했다(아래 내용 참조).

당연히 하나의 시스템 이론은 현실에서 개체와 구조가 분리될 수 없음을 인정하며, 또한 개체차원과 구조차원의 요소, 그리고 그들 간의 상호작용을 고려한다(Waltz 1988, 617~618; Buzan et al. 1993; Powell 1994, 321~324; Wendt 1999 등을 참조). 그러나 하나의 시스템 이론은 '구조화(Giddens 1797; 1984; Buzan et al. 1993)', '형태발생(morphogenesis, Archer 1995)' 또는 상호작용/구성(Wendt 1999 참고)을 통해 개체와 구조를 결합해야 할 뿐만 아니라, 그 내용이 훨씬 풍부해야 한다. 시스템 이론은 구조와 이른바 행위자-구조 문제를 내포하고 있다.

가장 기본적인 것은, 하나의 시스템 이론이 시스템 내(구조는 단지 하나의 시스템적 특징일 뿐이다.) 개체들이 어떻게 상호작용하고, 개체가 시스템의 다른 부분과 어떻게 상호작용하는지, 그리고 이러한 상호작용이 어떻게 시스템의 변화를 일으켰는지를 설명해야 한다는 점이다. 따라서 사회시스템 패러다임의 경로를 따라 제대로 구축되었을 때, 시스템 이론은 구조이론보다 더욱 복잡하며 강력한 설득력을 갖춘다.

(2) 국제시스템의 몇 가지 특징

이 부분에서는 국제시스템의 몇 가지 중요한 특징을 다루고자 한다. 이들은 시스템을 이해하기 위해 매우 중요하며 특징들이 많다 하더라도 일일이 열거할 수 없다. 이를 통해 구조이론이 영원히 충분할 수 없다는 생각이 강화되었는데, 어떻게 정의하든 구조가 모든 시스템의 특징을 포용할 수 없기 때문이다. 물질 능력의 개체 간 분포에 대해 논하지 않는데 그 이유는 현실주의자(예를 들어, Waltz 1979; Mearsheimer 2001)들이 그것을 지속적으로 강조하고 있기 때문이다. 또한 구성주의자들(예를 들어 Adler and Barnett 1998; Wendt 1999; Lebow 2008)이 '집단적 공감'이나 '공유 문화'에 대해 계속해서 강조하고 있기 때문에 이를 논의하지 않을 것이다.[12]

가. 시스템의 지리적 환경

사회의 상호작용은 현실 공간(및 현재는 가상공간에서도)에서 이루어지며

---

12 웬트(Wendt 1999)에게는 어떤 집단 문화(홉스식, 로크식, 칸트식)가 나라를 태동시켰는지가 관건이다. 르보우(Lebow 2008)에게는 주요 동기(이익, 정신과 이성) 중 어떤 조합이 나라를 태동시켰는지가 관건이다. 필자는 웬트와 르보우보다 더 넓은 개념을 지지한다. 예를 들어, 단위는 현재 사용되는 제도, 사회적 규범(명예 포함)과 내재된 동기에 의해 추구될 수 있다. 웬트는 문화/집단 정체성을 사용해 대부분의 단위의 성격을 해석하기 때문에, 동어반복으로 바뀌기 쉽다. 관련 논의는 본서의 제4장을 참조.

지리는 공간의 중요한 차원이다. 비록 지정학에서 공언하는 것처럼 지리가 인간의 운명을 결정하는 것은 아닐지라도 지리는 인류 역사, 특히 고대사를 형성할 때 가장 중요한 요인이었다.

가장 두드러지는 것은 인류역사의 많은 부분에서 지리적 요소들이 개체 간 상호작용의 빈도와 범위를 결정한다는 것이다. 비록 항해, 항공기술, 대륙간탄도미사일, 그리고 후에 장거리 통신과 인터넷의 출현이 지리적 요소의 차단과 제한을 크게 감소시켰지만, 지리적 환경은 인류의 상호작용에 여전히 강력한 영향력을 가지고 있다(Mearsheimer 2001).

지리적 환경의 영향은 아마도 지역적 측면에서 가장 뚜렷이 나타난다. '지역'은 역내 국가 간 상호작용을 만드는 결정적인 힘이며(Solingen 1998; Katzenstein, 2005; 추가로 Archarya 2007을 참조), 이로 인해 '지역 안보 복합체(Regional Security Complexes, RCSs)'가 발생한다(Buzan 1986; 1991; Buzan and Weaver 2004).[13] 대부분의 경우, 외부의 힘(예를 들어 역외국가)이 그 지역의 안보 복합체를 둘러싸고 있는 지리적 장벽을 뚫는 경우에만 역내의 상호작용에 영향을 미칠 수 있다(Tang 2004). 따라서 역사상 대부분의 기간 동안 지역적 차원의 국제시스템만이 존재했고 진정한 글로벌 차원의 국제시스템은 18-19세기 이후에 나타나기 시작했으며, 이 국제시스템은 지금까지 '부분적으로' 글로벌화 되었다(이 책의 제2, 3, 4장을 볼 것).

---

13   아마도, '지역 안보 복합체'를 '지역 안보 시스템'이라고 부르는 것이 적절하다고 판단된다.

나. 시스템에서 개체의 수

하나의 특정 시스템에서 개체의 수는 그 시스템의 중요한 특징이다. 강대국으로만 구성된 시스템에서 개체의 수는 극의 수이다. 왈츠(Waltz 1979)가 말했듯이, 하나의 강대국 시스템 내에서 개체 수의 변화는 구조의 변화를 야기한다.[14] 이러한 논리에 따라 시스템 내에서 개체 수의 어떠한 변화도 시스템의 변화를 야기한다. 한 시스템 내에서 개체 수의 양적 변화도 확실히 시스템의 질적 변화를 초래할 수 있다.

다. 시스템에서 대다수 개체들의 성질

시스템에서 대다수 개체들의 객관적 성질은 국제시스템의 중요한 특징 중 하나이다.[15] 앞의 몇 장은 시스템 내의 대다수 국가가 공세적 현실주의 국가인지 아닌지가 국가의 행동에 강력한 영향을 미친다고 밝혔다. 이 특징은 각 개별 개체들의 정체성 또는 개체그룹 간의 집단정체성과는 다르다. 기존의 논의는 이러한 차원과 그 영향을 굉장히 과소평가했다(Tang 2008a 참조).

---

14 하나의 하위시스템에서 극점(대국 또는 역내 대국)은 시스템에 더 큰 영향을 미칠 수 있지만, 때로는 소국이 시스템에 비대칭적인 영향을 미칠 수 있다. 1945년 이후의 동북아 시스템에서 북한과 한국의 영향이 좋은 사례다. 중동의 이스라엘과 남아시아의 파키스탄도 비슷한 사례다. 왈츠가 대국에 초점을 맞춘 것은 하나의 선택/인지 편견을 반영한다. 우리가 큰 것을 강조하는 경향과 같다. 왜냐하면 우리는 대국만이 시스템(또는 구조)에 중요한 영향을 미친다고 믿기 때문이다. 이것은 전형적으로 시스템의 성격을 고려하지 못한(혹은 선형적인) 사고이다(Jervis 1997, 제2장).

15 여기서 중요한 것은 시스템 내 대다수 단위의 성격도 사회진화(사회화보다 넓은 범위)의 산물이지, 지금의 구조주의자들과 과거의 기능주의자들이 찬양한 것처럼 단지 사회화의 산물이 아니라는 점이다.

라. 개체 간 상호작용의 총량 및 범위

하나의 과정으로서 상호작용은 시스템의 고유한 일부분이기 때문에 (Jervis 197; Rescher 1997), 많은 학자들은 상호작용의 다른 측면을 서로 다르게 강조하였다. 현실주의는 권력에 대한 경쟁과 전쟁, 자유주의는 무역, 신자유주의는 제도의 변천(그리고 기구, 조직), 구성주의는 사회학습과 구조를 강조한다. 분명히 상호작용은 충돌과 협력(즉 이 과정의 결과는 불확실하다)을 조성하는데 주요 국제관계이론들 간의 몇몇 중요한 이론적 차이들이 나타나는 이유는 이론들이 각기 다른 상호작용의 측면과 그 결과를 강조하기 때문이다.

비록 상호작용 자체가 개체 차원에 발생한 것(예를 들어, Waltz 1979, 80)이더라도 (개체 간 및 그 외)상호작용의 총량과 범위는 시스템의 특징 중 하나이다(Wendt 1999, 145~150).[16] 총량은 상호작용의 총량을 가리킨다 (그리고 빈도는 그 총량의 시간적 분포이다). 범위는 개체 간 상호작용이 발생하는 영역의 수(예를 들어 경제 분야, 정치 분야, 사회 분야)를 가리킨다. 상호작용의 총량은 (개체 간) 상호의존을 내포하고 있다. 대부분의 주류 국제관계이론이 인식하고 있듯이, 상호의존(상호작용의 결과로서)은 역으로 더 나아간 상호작용을 형성할 수 있다.

---

16 웬트는 이러한 상호작용의 특징을 "구조" 일부로 포함시키고 싶을지 모른다. 이는 부분적으로 상호작용이 하나의 "미시적 구조"를 가지고 있기 때문이다(Wendt 1999, 147~150). 웬트의 이런 행동은 어떤 개념에 강제로 다른 것을 집어넣는 것인데, 이는 불필요하다. 상호작용을 구조의 일부가 아닌 시스템의 특징으로 보는 것이 훨씬 적절하다. 분명히 역사적으로 많은 경우에 이런 차원의 접근은 지리적 요인의 제약을 많이 받았다. 부잔 (Buzan et al. 1993, 제4장)은 상호작용의 수와 범위가 '상호작용 능력'에 기초하고 있으며, 여기에는 교통/통신 기술, 규범 및 조직이 포함되어 있다고 설명했다. '상호작용 능력'이라는 개념은 너무 많은 것들이 뒤섞여 만족스럽지 못한 점이 있다.

마지막으로 다음과 같은 점에 주목하는 것이 중요하다. 이론가들은 좀 더 의식적이고 규칙적인 상호작용[예를 들어 Waltz 1979; Nye and Keohane(1977) 1989; Wendt 1999]을 강조하는 경향이 있지만, 시스템적인 접근 방법은 의식적이든 무의식적이든, 규칙적이든 불규칙적이든 모든 상호작용이 시스템에 영향을 미친다고 생각한다. 의심할 바 없이, 우리의 (의식을 하지 않는) 본능적인 행동(안전함을 추구하고 음식을 먹는 것과 같은)이 역사에 미치는 영향은 우리의 의식적인 행동이 미치는 영향보다 뒤떨어지지 않는다. 몇몇 잘 발생하지 않는 상호작용(예를 들어 몽골인들의 침입)이 시스템 전체에 미치는 영향은 자주 발생하는 상호작용이 미치는 영향보다 훨씬 크다.

마. 개체와 물질적 환경 간의 상호작용 수와 범위[17]

앞서 말했듯이, 시스템 내의 과정은 단지 개체 간 상호작용(그것들의 행위를 포함에서), 행위자와 구조(어떻게 정의하든지) 간 상호작용만을 의미하지 않는다. 의심할 여지 없이 개체와 물질적 환경의 상호작용은 시스템의 중요한 프로세스를 구성한다. 인류역사에 관한 가장 기본적인 지식을 갖춘 사람이라면 누구나 이 상호작용이 인류사에 심대한 영향을 미쳤다는 것을 인정할 것이다(Diamond 1997). 이에 대해 정착 농업과 원양 항해의 출현, 흑사병 그리고 아메리카 대륙의 발견을 상기하면 된다.

---

17 이 특징은 매우 중요한데, 사회과학자들은 종종 단지 단위 간 상호작용과 행위체와 구조 간 상호작용을 강조하지만, 행위체와 물질적 환경 간 상호작용(예: Archer 1995; Wendt 1999, 제4장)은 완전히 잊어버리기 때문이다. 이는 극단적 관념주의의 함정(예: 사회구조주의)과 행위체-구조의 미로에 쉽게 빠져들게 한다.

바. 제도화 수준

(공세적)현실주의자(예를 들어, Waltz 1986, 336; Mearsheimer 1994-1995; Glaser 1994-1995)들이 예외라는 점을 제외하고, 국제관계 이론가들은 이 범주에 많은 관심을 기울였다. 제도화 수준은 다음 세 가지 측면, 밀도(density), 강도(rigidity), 그리고 내재화(internalization)에 의해 평가할 수 있다. 국제제도에 대한 현실주의, 신자유주의와 구성주의/영국학파의 사회연대주의의 차이는 이 세 가지 차원에 따라 설명할 수 있다(자세한 논의는 Tang 2016a; 선행연구에 관해서는 Mearsheimer 1994-1995; 1995; Keohane and Martin 1995; Ruggie 1995; Wendt 1995; Jervis 1999; Tang 2010b, 6장 참조).

간단히 말해, 현실주의(공세적 현실주의와 방어적 현실주의)는 국제정치의 제도화 가능성을 부인(즉 밀도가 낮다)하는 반면, 신자유주의와 구조주의는 국제정치의 제도화 가능성을 높게 본다(즉 밀도가 높다). 게다가 현실주의는 제도가 아무런 역할을 하지 못한다고 믿는 반면(즉 강도가 약하다), 신자유주의, 영국학파 그리고 구조주의는 제도가 큰 역할을 한다고 믿는다(강도가 강하다). 마지막으로 방어적 현실주의, 신자유주의와 영국학파의 다원주의 분파는 국가가 국제제도에 의해 구현된 관념을 내재화시킬 수 있다는 것을 부정하지만(즉 내재화 정도가 낮다), 구성주의와 영국학파의 사회연대주의 분파는 국가가 흔히 이러한 관념을(규칙으로서) 그들의 가치시스템과 자아정체성의 일부로 내재화시킨다는 것을 강조한다(즉 내재화 정도가 높다). 여기서 중요한 것은 비록 제도가 존재하기 위해서는 상호의존이 필요하지만, 상호의존은 자동적으로 (적어도 공식적인) 시스템의 제도화를 초래하지 않는다는 점이다. 행위자가 규칙적인 상호작용을 하지 않는 이상, 제도는 거의 필요하지 않다. 달리 말하면, 어떤 상호작용은 관리되지만, 많은 상호작용들은 공식적이든 비공식적이든 관리되지 않는다. 물론, 상호작용이 많을수록(또는 행위자가 상호의존적일수록), 상호 작용을 관리하거나 조절하는 제도 시스템의 밀도가 높아질 수 있다. 게 다가 대부분의 사회학자와 사회과학자들의 시각에서 보면, 한 사회의 시 스템이 사회구조의 주체를 구성하기 때문에(Tang 2011a; López and Scott 2000), 행위자가 상호의존적일수록 구조의 영향력도 광범위해진다.

사. 행위자의 시스템에 관한 지식의 양

행위자의 서로 다른 성질과 시스템의 성질에 관한 지식의 양은 사회시 스템의 또 다른 중요한 특징이다. 즉 지식의 진위여부나 구체적인 내용 과 무관하게 행위자 간, 그리고 시스템에 대한 행위자들의 지식이 얼마 나 많은지가 중요하다. 분명히 행위자들이 다른 행위자들과 시스템에 대 해 더 많은 지식을 가질수록, 행위자의 행동은 다른 행위자들과 시스템 의 영향을 많이 받는다. 이것은 국가들이 시스템의 성질에 대해 잘못 인 식하더라도 국가는 여전히 시스템을 재구성할 수 있다는 것을 의미한다. 하나의 시스템에서, 자기실현과 자기부정의 추세만이 작동하고 있는 것 은 아니다(본서의 2,3장; Jervis 1997; Wendt 1999; Houghton 2009 참조).

아. 시스템에 관한 행위자 지식의 공통성

행위자의 개별 성질과 시스템의 성질에 관한 행위자의 지식이 갖는 공 통성은 사회시스템의 또 다른 중요한 특징이다. 여기서 중요한 것은 지 식의 공통성(혹은 동질성)을 구성주의의 '문화' 개념과 구분하는 것이다. '문화'는 금기, 규범, 집단적 공감에서부터 (공유)지식에 이르는 모든 것을 포괄한다(예를 들어, Adler 1992; Wendt 1999, esp. 141~142). 우선 여기서, 지식의 공통성은 심지어 이성적 선택/게임이론의 '공유지식' 개념보다 더 협소하다('공유지식이란 모든 행위자가 알고 있는 어떤 것을 모든 행위자가 알고 있고, 다른 모든 행위자가 이를 아는 것이 무한하게 순환하는 것을 의미한다', Morrow 1994, 349). 이렇게 되면, 여기서 '지식의 공통성'은 구성주의의 '집단의 지식(Wendt 1999, 157~165)'[18] 개념보다 훨씬 작아야 한다. 여기서 지식의 공통성은 단지 행위자와 다른 행위자의 시스템에 관한 지식이 서로 중첩된다고 이야기할 수 있다. 다음으로, 지식과 문화는 모두 획득, 계승, 변형, 거부 또는 폐기될 수 있지만, 지식은 검증된 것이고, 문화는 주입되고 신앙적이며 내재화된 것이다. 아마도 시스템 특징의 가장 중요한 부분은 시스템의 전반적인 성질에 대한 국가의 인식이다. 앞서 말했듯이 국제시스템은 다음 네 가지로 광범위하게 개념화할 수 있다. (1) 국제시스템은 평화로운 파라다이스이다. (2) 국제시스템은 공세적 현실주의 세계이다. (3) 국제시스템은 방어적 현실주의 세계이다. (4) 국제시스템은 규칙에 기반한(후기 방어적 현실주의/신자유주의) 세계이다. 국가들의 행위는 국가들의 전체 시스템에 관한 개념화의 영향을 많이 받기 때문에,[19] 그들의 개념화가 하나로 모아질지 나눠질지가 시스템 내 상호작용에 중요한 영향을 미친다. 확실히 (시스템에 관한) 지식의 공통성은 최소한 부분

---

18 웬트(Wendt 1999, 251)는 문화가 필연적으로 협력이나 충돌을 초래하지는 않는다고 지적했다.

19 여기에서도 다음을 강조하는 것이 중요하다. 비록 어떤 시점에 시스템에 대한 국가의 인지가 잘못된 것일 수 있지만, 장기적으로 볼 때 선택과 학습으로 인해 국가의 인지적 성향은 사회 현실과 일치된 방향으로 나아간다.

적으로는 시스템의 객관적 성질에 기초하는 것, 즉 상술한 '시스템 내 대다수 국가의 성질'이다. 이렇게 되면, 지식의 공통성은 객관적인 '시스템 내 대다수 개체의 성질'과 중첩된다. 객관적 실제와 객관적 실제의 (주관적) 이해는 상호작용하여 서로 재구성되기 때문이다. 대부분의 국가가 서로를 공세적 현실주의 국가로 간주할 때(이러한 견해가 옳든 아니든), 국가들은 서로 공세적 현실주의 국가들처럼 행동하는 경향이 있고, 이 때문에 (다시) 이 세계를 공세적 현실주의 세계로 만들면서 동시에 방어적 현실주의 세계의 도래를 위한 토대를 마련하게 된다. 같은 맥락에서, 대부분 국가들이 서로를 비공세적 현실주의 국가로 간주할 때(이러한 견해가 옳든 아니든), 국가들은 비공세적 현실주의 국가들처럼 행동하는 경향이 있으며, 그리고 이로 인해(다시) 이 세상은 비공세적인 현실주의 세계로 변해가고, 동시에 규칙에 기초한 세계의 도래를 위한 토대를 마련하게 된다. 자기실현과 자기부정의 추세는 확실히 시스템 내에서 실행된다 (Jervis 1997; Wendt 1999; Houghton 2009).

시스템의 특징에서 또 다른 중요한 측면은 국가들이 그들의 과거 기억을 가지고 있다는 것이다. 이러한 관점은 스웰러(Schweller 1996)가 처음 제시했고, 허이난(He 2009)에 의해 발전되었다.[20] 스웰러는 약탈적인 국가의 과거에 대한 기억은 안보 딜레마에 대한 하나의 필요조건이라는 점에 주목했다. '범죄를 경험해 본 적이 없는 세상에서 안전이라는 개념은 무의미하다(Schweller 1996, 91).' 폭력적인 과거에 대한 기억이 없

---

20 기억은 현재 인류학, 문화 연구, 사회학과 정치이론에서 매우 중요한 연구 분야이다. 국가 간 화해의 기억에 관한 논의에 대해서는 Tang 2011c 및 그 인용을 참조.

다면 방어적 현실주의 국가는 탐욕스러운 국가가 근처에 있을 가능성(또는 다른 국가가 현재 또는 미래에 침략할 가능성)을 완전히 잊어버릴 수 있다. 그렇게 되면 한 국가는 다른 국가들이 모두 자기처럼(평화를 사랑하고), 서로의 의도에 대한 불확실성을 크게 해소함으로써 안보딜레마를 해소할 수 있다고 굳게 믿게 된다(Tang 2009b).[21]

화해를 평화의 구축 과정으로 고찰할 때, 허이난(He 2009)은 서로 적이었던 두 국가, 즉 적어도 부분적으로 과거 기억을 서로 공유하고 있는 국가들의 신화는 서로 협력하기도 갈등하기도 한다는 점에 주목했다. 이들이 서로 등을 돌릴 때, 양국은 결국 긴장이 고조되는 악순환에 빠지게 된다. 이들이 서로 협력할 때, 두 나라는 결국 '깊은 평화'를 구축하는 선순환으로 접어들 수도 있다(Tang 2011c 참조).

자. 시스템의 주된 경향

마지막으로, 시스템의 주된 경향은 시스템의 또 다른 주요 특징을 구성하는데, 이러한 경향은 주류 국제관계이론에 의해 심각하게 과소평가되어 왔다(상호의존의 신자유주의는 예외). 식민화에서 (세계경제의) 세계화와 민주화에 이르기까지 우리는 이러한 경향을 '프로세스' 또는 '프로세스 변수'라고 부른다. 이러한 경향은 종종 강력한 긍정적인 피드백 과정을 일

---

21 유사한 관점은 Copeland 2000a, 25; Kydd 2005, 18을 참조. 안타깝게도, 인류사회는 너무 많은 잔혹한 기억을 가지고 있다. 스웰러(Schweller)도 "무정부상태에서 안보 딜레마를 촉발하는 것은 시스템 안에 포함된 단위 카테고리에 약탈적 국가가 있을 가능성"이라고 지적했다. 요컨대, 국가들이 서로를 두려워하게 하려면, 그것들은 과거의 약탈자들에 대한 기억뿐만 아니라 오늘날의 우호적인 나라들이 미래에 약탈적인 국가로 변할 가능성을 필요로 한다.

으키며, 개체들이 직면해야만 하는 국제시스템의 중요한 특징을 이룬다. 모두 같은 조건에 놓여있다고 할 때, 이러한 경향을 빠르게 인식하고 효과적으로 적응하는 국가들이 상대적으로 느리고 적응하지 못한 국가들에 비해 더 능력이 있다.

소결

요컨대, 구조가 어떻게 정의되든지 하나의 사회시스템은 쉽게 '구조'에 귀속될 수 없는 많은 결정적인 특징을 가지고 있다. 본질적으로 개체, 구조, 그리고 물질적 환경이 함께 하나의 시스템을 구성하는데, 이를 이해하지 못하면 시스템 내의 상호작용을 충분히 이해할 수 없고, 시스템의 변형에 대해서는 더욱 이해할 수 없다. 오랫동안 국제관계학자들은 행위자-구조를 지나치게 강조하며 구조를 개체와 대립시키거나, 행위자-구조의 분야를 넘어서려고 시도한 반면, 국제시스템에서 이미 일어나고 있는 상당 부분의 일을 간과하고 있었다. 구조와 시스템의 서로 다른 접근 방법에 대한 정리에 대해서는 표 5.1을 참고하길 바란다.

2. 구조만으로는 아무것도 결정할 수 없다.[22]

앞선 논의는 분명하고도 중요한 입장을 보여준다. 국제관계 이론가들이 구조 자체를 무정부상태와 동일시하는지 여부에 관계없이 구조는 국제정치의 많은 부분을 결정하지 않는다. 이렇게 되면, 구조주의 전통을 계승한 모든 국제관계(그리고 보다 광범위한 사회과학)이론은 구조가 개체들의 행태를 포함하여 시스템 내부의 역학관계에 미치는 영향을 잘못 과장하게 된다. 어떻게 구조적 접근을 정의하는지를 떠나서 구조적 접근은 시스템의 너무 많은 중요한 특징을 포착하지 못하게 만들기 때문에 국제관계와 더 넓은 범주의 인류사회를 충분히 이해할 수 없다. 구조주의적 견해의 반대에 있는 두 가지 예를 들어 설명할 수 있다. 공세적 구조 현실주의와 방어적 구조 현실주의 사이의 변론을 사례로 양쪽 모두가 구조가 국가에 미치는 영향을 과장하고 있다는 것을 증명하고자 한다. 또한 웬트의 구성주의를 사례로 구성주의가 근본적으로 구조적이지 않다는 것, 즉 구조구성주의가 모순되었다는 점을 증명하고자 한다.

(1) 공세적 현실주의 vs. 방어적 현실주의: 무정부상태의 의미에 관한 논쟁

왈츠의 구조주의 혁명(Waltz 1979) 이후, 확고한 구조주의자이건 아니

---

22 부분의 영문 원문은 'structural constructivism is an oxymoron'이다. 옥시모론(Oxymoron)이란 단어는 직역하면 모순어법이다. 여기서는 해당 단어의 연장된 의미, 곧 자가당착이라는 뜻으로 사용한다. 여기서 구조주의는 구조의 구속을 지나치게 강조하는 이론을 의미할 뿐, 소쉬르의 구조언어학의 영향을 받아 '구조주의'라고 불리는 사회이론학파가 아니다. 구조주의와 구조의 개념에 대한 양질의 논의는 Wight 2006, 제4장을 참조.(중문판 저자 주)

건 간에, 공세적 현실주의자와 방어적 현실주의자 모두 구조주의를 전심전력으로 받아들였다. 가장 두드러지는 특징은, 양쪽 모두 무정부상태가 구조의 중요한 부분이라는 점을 인정한다는 것이다. 따라서 각각의 이론을 지지하기 위해 양쪽 모두는 그들의 이론이 보다 정확한 국제정치이론이 될 수 있었던 이유가 구조 때문이었으며 따라서 국가의 정책 수립에 더욱 적합한 이론이라고 주장한다(예를 들어, Mearsheimer 2001; Glaser 2010). 구조현실주의 내의 두 분파에게 무정부상태는 하나의 상수로 작용하기 때문에, 둘 모두 무정부상태가 각자가 강조하는 행위유형만을 지지한다고 이야기하며, 상대편에서 강조하는 행위유형을 부정하는 방식의 근거로 사용했다. 즉 구조현실주의 내의 두 분파는 모두 무정부상태의 의미를 독점하려고 했다. 방어적 현실주의자는 무정부상태가 주로 (그러나 제한적이지 않은) 방어적 전략을 지지한다고 주장한다(예를 들어 Waltz 1979; Jervis 1978; Walt 1987a; 1987b; Glaser 1994-1995).[23] 반면 공세적 현실주의자들은 무정부상태가 공세적 전략만을 지지한다고 말한다(Copeland 2000; Labs 1997; Mearsheimer 1994-1995; 2001). 도덕적 우위를 점하기 위해 한쪽은 다른 한쪽이 규범적인 편견을 '무정부 논리'로 끌어들였다고 비난했다. 공세적 현실주의자는 방어적 현실주의자가 방어적 수단에 대한 규범적 편견을 '무정부 논리(예를 들어, Schweller 1996, 90~92; Zakaria 1992, 196; 1998, 26~31)[24]'로 끌어들였다고 정확하게 지적하면서

---

23 왈츠의 신현실주의가 방어적 현실주의에 더 가깝기는 하지만, 신현실주의는 공세적 현실주의와 방어적 현실주의 사이에 있다. 더 자세한 논의는 Tang 2010a 제6장; Spirtas 1996; Zakaria 1998; Kydd 2005 등을 참조.

24 방어적 현실주의의 등장은 권력정치를 규제할 필요성과 관련이 있으며, 이 필요성은 궁

도 본인들도 같은 실수를 했다는 것을 인정하지 않았다(방향이 반대일 뿐이다). 마찬가지로 방어적 현실주의자들도 공세적 현실주의자들이 공세적 편견을 가지고 '무정부 논리'를 오독했다고 비난하는데 이는 핵 억제와 공격-방어 균형이라는 구조적인 요소가 방어 전략을 강력하게 지지하는 것처럼 보이기 때문이다(Jervis 1978; Walt 1987b; Glaser 1994-1995; Van Evera 1999; 추가로 Snyder 1991; 관련된 이전 논의는 Brooks 1997; Jervis 1999; Taliaferro 2000-2001; Tang 2008a 참조).

하지만 실제로, 구조는 생각보다 많은 것을 결정할 수 있는 것이 아니며, 양 분파 모두 구조의 영향을 과장했다. 결과적으로 양쪽의 논리 모두 국제정치의 전환적 변화를 인정하기 어렵다. 그들의 이론에 안보 추구에서의 공세성을 대입하면 공세적 현실주의자들은 최근에 왜 전쟁이 비교적 급격히 감소했는지 설명하기 쉽지 않다. 핵심 지역에서 전쟁이 국가정책의 선택지에서 사라진 것은 말할 것도 없다(Muller 1989; Lebow 1994; Jervis 2002; 이 책의 3,4장 참고). 대조적으로, 그들 이론에 안보 추구에서의 방어성을 대입하면, 방어적 현실주의자들은 인류 역사 대부분의 시간 동안 보편적으로 존재했던 (성공적인)정복 전쟁을 설명하기 어렵다(본서의 2, 3장 참고; Mearsheimer 2001; Hui 2005; Hamblin 2006).

다시 말해, 무정부상태는 변하지 않기 때문에 이 두 가지 구조현실주의는 국제정치의 성격이 근본적인 변화를 겪고 있을 가능성에 대처할 수 없다(Lebow 1994, 277~278; Fettweis 2004, 99). 국제정치의 근본적인

극적인 무기의 출현 이후(Craig 2003)에 나타났다.

성질 변화가 진실일 경우 구조현실주의의 논리를 무력화시킬 수 있기 때문에(참고 Wendt 1999, 248) 그 둘은 어떠한 전환적인 변화도 일어나거나 일어날 것이라는 점을 부인하려고 할 뿐이다(예를 들어 Waltz 1979, 66; 2000, 5; Mearsheimer 2001, 2). 안정적인 양극체제가 무너진 이상, 공세적 (구조)현실주의를 구하기 위해 미어샤이머(Mearsheimer 1990)는 유럽이 공세적 현실주의가 예상하는 폭력적 충돌의 미래로 돌아오기를 기대하거나 예측할 수밖에 없다(Van Evera 1990-1991; Jervis 1991-1992; 2002; Jervis 1997, 103n38의 주해에서 인용한 참고문헌을 참조). 더욱이 구조(또는 무정부상태)의 기본전제를 지나치게 강조하고 무정부 논리를 독점적으로 해석해야 했기 때문에, 많은 (구조)현실주의자들은 사실 왜곡을 통해 자신의 구조주의 논리에 적응할 수밖에 없다. 가령, 그리에코(Grieco 1990, 49-50, 10)는 '무정부상태의 절대적으로 필요한 결과는 다른 국가를 한 국가가 파멸시킬 수 있다는 것을 알아차리는 것이나 다른 국가가 한 국가를 노예화할 수 있다는 위험을 감지하는 것이다.'라고 말한 바 있다. 이와 유사하게 글레이저(Glaser 1992, 502)는 '탐욕과 위협의 원천은 본질적으로 서로 독립적이며, 탐욕은 국가의 내부로부터, 위협은 무정부상태(즉 구조)로부터 온다'고 설명했다(Waltz 1979 참조).

그러나 무정부상태만으로는 불안감이나 생존에 대한 두려움을 설명하지 못한다. 한편으로, 현대인의 등장 이전에, 개체와 집단의 불안감이나 생존에 대한 두려움은 대부분의 척추동물에서 쉽게 찾을 수 있다(Wilson and Wrangham 2003). 한편, 초기 인류역사의 대부분의 시간 동안, (집단 간의) 무정부상태는 우리 선조들이 자유롭게 이동할 수 있는 평화로운 상태였으며, 이 때 인간 집단 사이에는 두려움이 크지 않았다(이 책의 2장을 볼 것). 따라서 무정부상태 자체가 불안감을 초래하지 않는다. 반대로 '심각한 국가 안보 위협은 어떤 다른 조건들의 함수이지, 공동정부가 없기 때문은 아니다(Milner 1992, 483; Wendt 1992; 1999; Schweller 1996, 90~92; Lebow 2008).'

그리고 현실주의자든 아니든 상관없이, 모든 구조주의 이론가들은 구조가 다른 사람의 의도에 대한 우리의 불확실성을 결정한다고 믿는다(Keohane 1984; Glaser 1994—1995; Copeland 2000; 2003). 그러나 타인의 의도에 대한 불확실성과 그에 따른 두려움은 무정부상태와는 무관하다. 두려움은 어디에나 있고 심지어 위계질서 하의 우리의 일상생활에서도 존재하기 때문이다.[25] 결국 다른 이로부터 피해를 입었을 때 경찰에 신고하는 것은 약간의 위안만을 줄 뿐이며, 경우에 따라서는 피해자들이 경찰에 신고할 기회조차 없다. 요약하자면, 현실주의의 양 분파 모두 무정부상태(또는 구조)가 하나의 시스템 내에서 많은 일들을 결정한다고 생각하기 때문에 구조(또는 무정부상태)의 힘을 심각하게 과장하고 있다. 실제로 구조는, 구조의 일부로서 무정부상태를 논할 필요도 없으며, 이를 어떻게 정의하는 것과 별개로 절대 아무것도 결정할 수 없다. 구조나 무정부상태 자체는 그다지 논리적이지 않다(Powell 1994, 324~326; Wendt 1999, 146, 247; Buzan et al. 1993). 의심할 바 없이, 왈츠(Waltz 1979; 1988), 스피어타스(Spirtas 1996), 그리고 미어샤이머(Mearsheimer 2001)의 주장과는 달

---

25 이러한 타국 의도의 불확실성에 대한 지나친 강조는 또 다른 부정적인 결과를 초래했는데, 우리가 국제관계에서 불확실성의 다른 역할을 크게 소외시켰다는 것이다(Tang 2012).

리, 무정부상태 자체는 국가를 전쟁, 평화, 타국의 의도에 대한 불확실성, 생존에 대한 공포, 죄악 또는 비극으로 향하게 할 수 없다(예를 들어, Schweller 1996; Kydd 1997; Tang 2010a).

무정부상태가 대체로 변하지 않는다면 국제정치의 시공간적 변화(Powell 1994, 332)를 어떻게 설명할 것인가? 우리가 이러한 변화를 인정한다면, 이는 국가의 가장 중요한 행동에 대해 무정부상태가 결정적이지 않다는 것을 의미한다.

(2) 구조구성주의(Structural Constructivism)?

구조의 영향에 대한 과대평가는 왈츠 이후의 현실주의에만 국한되지는 않는다. 거의 모든 주요한 구조주의 국제관계이론들이 같은 실수를 범하고 있다. 가장 두드러지는 것은, 왈츠의 (신)구조현실주의에 도전하고 싶은 열망에도 불구하고, 웬트(Wendt 1999)는 여전히 구조주의의 입장을 고수한다. 웬트의 말을 인용하면 "…… 사회구성주의는 관념주의일 뿐만 아니라, 구조주의나 전체론(holism)과도 관련이 있다"(Wendt 1999, 139; 142~144). 왈츠(Waltz 1979)와 마찬가지로, 웬트는 구조이론이 강한 설명력을 가지고 있다고 주장한다(Wendt 1999, 184).

의심할 여지없이, 구조에 관한 논의에서 웬트의 구조구성주의는 왈츠의 구조현실주의에 비해 커다란 진보이다. 웬트는 구조에 관념의 차원을 추가했을 뿐만 아니라, 거시적인 측면이 아닌 보다 미시적인 측면에서도 상호작용이 일종의 구조를 갖는 것으로 이해될 수 있기 때문에 구조가 시스템의 일부라는 점도 주목했다(Wendt 1999, esp. 145-157; Waltz 1979; Buzan et al., 1993).[26] 웬트는 또한 행위자-구조 문제를 상호구조적인 관점에서 살펴보았다. 결과적으로 왈츠(Waltz 1979)는 구조(즉 무정부상태)의 성질이 영속적으로 변하지 않는 것으로 간주했지만 웬트(Wendt 1999)는 구조의 성질이 이미 변하고 있다고 예측했다(Powell 1994, 321 참조).[27]

그러나 안타깝게도 구성주의의 구조에 대한 접근법은 (구조)현실주의보다 적합하지 않다. 구조구성주의는 자기 모순적이기 때문이다.

존재론적으로 프로세스에 기반을 둔 구조의 일부로서 행위자 간 상호작용을 간주하더라도, 웬트는 여전히 명확성이 결여된 많은 구조적 프로세스를 간과하고 있다. 가장 두드러지는 것은, 그가 인류사회의 물질적 환경과 행위자와 물질적 환경 사이의 상호작용을 간과했다는 점이다. 이렇게 된 이유는 웬트가 입으로만 '잔여 물질주의(rump materialism)'를 주창할 뿐, 관념적인 힘이 대부분의 물질적인 힘을 구성한다고 주장했기 때문일 가능성이 높다.(Wendt 1999, 109~113). 그러나 물질적인 힘은 관념적인 힘보다는 존재론적으로 우선이기 있기 때문에 웬트의 주장은 성립할 수 없다(보다 자세한 비평은 Tang 2014b를 참조).

인식론과 방법론에 있어, 현실주의는 주로 물질주의적 접근을 하므로 관념 변화의 실제 프로세스와 인류사회에서 관념의 전환적인 힘

---

26 이런 면에서, 우리는 심지어 웬트의 노력이 어렵고 불필요하며, 상호작용이 어떤 '구조'를 가지고 있더라도 상호작용을 시스템의 특징으로 보는 것은 결코 적합하지 않다고 말할 수 있다. 이익의 분포를 구조의 일부로 간주한 것도 마찬가지로 적절하지 않다(Wendt 1999, 103~109).

27 이것이 웬트의 구조구성주의가 왜 반쯤 진화되어 있고, 왜 왈츠의 구조현실주의보다 더 많은 진화 성분을 가지고 있는지를 설명한다. 웬트(Wendt 1999, 147)도 개체주의(individualism)는 필연적으로 원자주의(atomism, 단위의 특징만 강조)가 아니며, 단위 간 상호작용을 고찰할 수 있다는 점을 정확히 인식했다. 따라서 원자주의는 개체주의의 보다 제한적인 형식이다.

을 어느 정도 무시할 수 있다. 그러나 관념주의적 접근을 하는 구성주의는 관념 변화의 실제 프로세스와 관념의 전환적인 힘을 무시할 수 없다. 관념 변화를 말하기 위해 구성주의는 개인, 국가 그리고 국가 상호 간의 차원에서 관념 변화의 실제 프로세스를 살펴봐야 한다[Adler 1991(2005); Lebow and Risse-Kappen 1994; Katzenstein 1996; Acharya 2001; Checkel 2007; Johnston 2008]. 국제정치에서 관념변화의 실제 프로세스를 이해하기 위해 구성주의는 신고전현실주의(예를 들어, Lobell, Ripsman, and Talifaerro 2009)처럼 국제정치와 국내정치를 연계시킬 뿐만 아니라 사회심리학적인 시각을 가져야만 한다(Jervis 2004; Lebow 2008; Tang 2011c; 2012 참고).[28]

위의 두 가지 결함 때문에, 웬트의 이론은 유사 진화(quasi-evolutionary) 이론에 불과하며, 또한 순수한 유토피아에 가깝다. 웬트는 시스템의 변화에 주목함에도 불구하고, 관념적 변화에 대한 미시적 프로세스가 부족하기 때문에 시스템 변화의 내생적 역량을 밝히지 못했다. 따라서 웬트는 국제시스템의 변형 가능성을 (세 종류의) '자기실현적 예언으로서의 문화', 또는 '순전한 소망(desires all the way down)'에 기댈 수밖에 없다. 도티(Doty 2000)가 지적했듯, 웬트가 열거한 4대 변수와 핵심 프로세스(Wendt 1999, 6장, 7장)는 홉스적 시스템에서 로크적 시스템, 나아가 칸트적 시스템으로의 변화를 이끌어낼 수 없다. 가장 결정적인 것은, 웬트는 세 가지 문화 혹은 무정부상태가 최초에 어떻게 형성되었는지에

---

28   웬트는 구조주의가 '실제 세계 속 국가이익(및 많은 다른 것들)을 연구하는 실증연구 원칙(Wendt 1999, 133)을 제창한다'고 생각했지만, 자신의 구조주의 입장이 본질적으로 이런 원칙을 위배하고 있다는 사실을 인식하지 못했다.

대한 문제를 설명할 수 없다. 분명한 것은, 문화적인 구조와 이에 구속된 행위자(내재화의 여부와는 상관없이) 이전에, 그것은 반드시 그곳에 존재해야 한다는 것이다. 따라서 웬트는 왈츠가 구조를 구체화한 것에 대한 반론을 자신에게도 똑같이 적용했다(Wendt 1999, 146~147). 즉 구조만을 구체화함으로써 시스템을 구체화했다. 웬트는 그가 이미 완성한 것(Wendt 1999, 247~249)보다 더 멀리 가야 했지만 (아무리 정의해도) 소위 '구조의 논리'는 존재하지 않고 '시스템의 논리'만 존재하기 때문이다.[29]

본질적으로, 국제관계에서 구성주의는 거시적인 사회 변화(물질적 그리고 관념적)와 심리적 변화 간의 거리를 좁히는 것을 필요로 한다.[30] 구조주의를 고수한다면, 구조주의는 피상적이고 왜곡된 인류사회의 모습만을 제공할 뿐이다.

3. 시스템이 국가에 미치는 영향: 다섯 가지 경로[31]

위의 논의에서 밝혔듯이 구조가 개체와 시스템의 존재를 가정함에도 불

---

29 사회 변천을 설명하고 환원주의를 거부하는데 있어, 웬트는 실용주의(또는 범종교주의)로만 국제시스템의 변천을 설명할 수 없다(Wendt 1999, 150~157).

30 그런 면에서 엘리아스(Norbert Elias's 1939 (1994))의 걸작 『문명화 과정(The Civilizing Process)』은 영원한 영감의 근원이 된다. 이 책은 심리적 변화를 거시적 사회 변천(물질적 및 관념적)과 능숙하게 엮는다. 더 자세한 논의는 Tang 2014b를 참조.

31 수정된 논의에서 필자는 '구속/지원'을 '단순한 물질적 힘의 구속/지원'과 '물질 이론과 정신적 힘이 공동으로 영향을 준 구속/지원'으로 분류했다(Tang 2016). 양원(楊原)의 비판과 의견에 특히 감사하다.(중문판 저자 주)

구하고, 만약 우리가 국제시스템이 어떻게 국가의 행동에 영향을 미치는지를 이해하려면 (개체와 상대 개념인) 구조에 오류가 있다는 사실을 강조해야 한다.[32] 우리는 구조의 영향이 아닌 시스템의 영향을 살펴봐야 한다. 기존의 시스템, 구조와 행위자-구조 문제에 관한 논의(예를 들어, Parsons 1937; 1951; Giddens 1979; 1984; Waltz 1979; Jervis 1997; Wendt 1999; Wight 2006; Lebow 2008)를 비판적으로 참고해, 이 부분에서는 국제시스템이 핵심개체로서 국가에 영향을 미치는 다섯 가지 경로를 강조하고자 한다.

(1) 다섯 가지 경로

본질적으로, 시스템은 다섯 가지 경로를 통해 개체의 행위와 성질에 영향을 미친다. 앞의 네 가지 경로, 즉 행위에 대한 제약/허가(constraining/enabling), 학습(learning), 선택(selection)과 구조/구성(constituting/contructing)은 우리가 일반적으로 의미하는 '사회화'를 구성한다.[33] 다섯 번째 경로는 대부분의 국제관계 이론가들이 알아차리지 못한 '반사회화(anti-socialization)'[34]이다(예외로 Scott 1985; 1990; 국제관계에서 반사회화에 관

---

32 행위자-구조 담론에서 행동(사람의 의지에 의해 작동)은 행위(꼭 사람의 의지에 의해 작동하는 것은 아님)와 구별하기 위해 자주 강조된다. 행위를 사용할 때, 필자는 행위체의 행위가 자원한 것이든, 강요된 것이든, 임의로 한 것이든 모두 한 사회시스템 내의 움직임과 이 시스템의 가능한 변화가 작용된다고 생각한다.

33 사회화가 더 넓은 설명에도 유용하기는 하지만, 시스템이 어떻게 능동적인 행위체를 만드는지를 정확히 이해하기에는 너무 투박하다. 다른 연구(Tang 2011b)에서 필자는 인간 행위 동기로서의 인간 본성 일부를 사회화로 지칭한다. 적극적 학습 및 (내재화를 통한) 구조화는 모두 사회적 유전 메커니즘이다.

34 '저항'이라는 용어를 피하고자 한다. 이는 '저항'은 물질적 저항을 의미할 수도 있고 관

한 최근의 두 가지 논의에 대해서는 Schweller and Pu 2011; Epstein 2012를 참조).

가. 행위에 대한 제약과 허가(constraining/ enabling)

첫 번째 경로로서 행위에 대해 제약을 가하거나 허가하는 부분은 이미 기든스(Giddens 1979; 1984)의 행위자-구조 문제의 구조화 이론에 의해 강조되었다. 기든스의 이론은 구조가 어떻게 행위자를 형성하는가에 한 정되어 있다. 그러나 행위에 대한 허가 여부와 관련된 경로는 물질적 환경이 어떻게 행위자를 형성하는지를 이해하는데 사용될 수 있고, 행위자가 서로의 행위를 어떻게 형성하는지 이해하는데 사용될 수 있으며 이는 시스템 전체를 재생산하고 형성한다. 실제로, 물질적 환경과 행위자 및 행위자 간 상호작용을 이해하는데 사용되어야 한다. 그래야만 우리는 파슨스(Parsons 1951)에서 기든스(Giddens 1979; 1984)를 통해 웬트(Wendt 1999)로 이어지는 행위자-구조 문제의 극단적 관념주의의 함정을 피할 수 있다.

물질적 환경은 의심할 여지없이 우리가 물리적, 정신적으로 할 수

념적 저항을 지칭할 수도 있는데, 관념적인 저항만이 반사회적이기 때문이다. 물론 마르크스주의/비판이론과 푸코주의 정치 이론가(예: 글랜시, 푸코)는 '저항'을 사용해 왔으나, 이는 실제 저항 또는 반사회화를 기록한 것과 다르다(예: Scott 1985; 1990). 물질적 저항은 대체로 현실주의자의 소위 '균형 제어'에 해당한다. 따라서 반사회화도 현실주의적인 균형 제어 개념과는 다르다. 의심할 바 없이, (관념상 저항으로서의) 반사회화는 반드시 물질적 기반이 있어야 한다. 또 반사회화는 '사회적 아노미'(anomie)와 구분해야 한다. 원인으로서의 반사회화는 결과로서의 '사회적 아노미'에 필수적이지만, '사회적 아노미'는 종종 여러 원인의 조합으로 인해 일어난다. '사회적 아노미'에 대한 한 대표적인 논의는 Merton 1968, 131~194를 참조. 이 용어들에 대해 더 명확한 구분을 하도록 안내해준 푸샤오위(蒲曉宇)에게 감사하다.

있는 일에 제약을 가한다. 사막에 사는 사람들은 배를 상상하여 만들 수는 없으며, 더욱이 원거리 항해를 할 필요도 없다. 같은 맥락에서 이 사람들이 벼농사를 지을 수는 없다. 이와 동시에 물질적 환경은 우리가 물리적, 정신적으로 무언가를 할 수 있게 해준다. 공기, 물 그리고 다른 것들은 우리를 생존하게 한다. 더욱 중요한 것은 물질 환경은 또한 우리의 지적 능력을 자극하여 몇몇 물질적 장애물을 극복할 수 있게 한다. 일단 우리가 지적 능력을 활용해 몇몇 발명품을 발명함으로써 물질적 환경에 내재된 에너지를 이용할 수 있게 되면, 물질적 환경과의 긍정적인 상호작용은 더욱 커질 것이다. 이러한 이유로, 원거리 항해가 이루어진 후에, 인류를 둘러싸고 있는 바다는 장거리 무역, 식민지 확장, 그리고 궁극적으로는 세계화를 가능하게 했다. 같은 맥락에서 인류가 태양 에너지를 더욱 효과적으로 활용할 수 있는 전문 기술을 고안한 후에야 햇빛이 태양에너지 산업을 가능하게 했다.

마찬가지로 행위자 사이에서도 서로의 행위에 제약을 가하기도 한다. 예를 들어 동맹의 체결은 한 나라가 다른 나라를 어떤 식으로 행동하게 할 수 있다(예: 적에게 강경책을 사용하는 것). 하지만 동맹은 구속효과도 갖는다. 동맹은 한 나라가 어떠한 일을 하는 것(가령 도발적 행위와 같은 행위)을 막을 수도 있다. 같은 논리로 적으로 삼아 한 나라가 어떠한 일을 하는 것을 막는다. 동시에 적을 상정하여 한 나라가 동맹국들의 행위를 조정할 수 있게 하기도 한다.

나. 학습(Learning)

학습은 개체들이 시스템을 이해하고 그들의 행위를 적응시키는데 중요하기 때문에 시스템이 개체에 영향을 미치는 기본적인 경로이다. 개체가 시스템과 그 특징을 어느 정도 이해할 수 없는 한, 개체의 행동은 본능에 완전히 휩쓸릴 수밖에 없다.

넓은 의미에서 학습은 행위자(예를 들어 국가 내 개인)에 의해 새로운 관념을 생산하고 선택하며 이전의 관념을 기억하고 강화하는 과정이다 (Levy 1994, 203 참조). 따라서 캠벨[Campbell 1960; (1965) 1998; 1974a; 1974b; Popper(1937) 1959; (1963) 1999]이 지적했듯이, 학습은 사회진화의 관념차원에서 하나의 사회진화 과정을 나타낸다. 학습이 반드시 관념의 변화를 초래하는 것은 아니다. 이는 아마도 단순히 기존의 관념을 강화시킬 뿐일지도 모른다. 비록 행위의 변화가 일반적으로 학습 이후에 일어나 학습내용을 반영하고 있다고 해도, 학습이 반드시 행위의 변화를 수반하지는 않는다. 학습을 행위의 변화와 동일시하면, '실증주의(positivism)'의 함정(Levy 1994, 289~291)에 빠지기 쉽다. 마지막으로, 우리가 배운 것이 반드시 객관적이고 정확한 것은 아니기 때문에 학습이 반드시 효용의 향상으로 이어지는 것도 아니고, 적어도 단기간에 그렇게 되는 것도 아니다.

우리는 학습을 다양한 기준으로 분류할 수 있으며 이렇게 분류된 서로 다른 학습프로세스는 중첩되기도 한다.(Levy 1994; Adler and Barnett 1998, 43~45; Bar-Siman-Tov 2004, 69~71). 우선, 학습을 부정적 학습과 긍정적 학습으로 나눌 수 있다. 부정적 학습이란 자신이나 타인의 부정적인 경험으로부터 학습되는 것을 의미하며 이러한 부정적인 경험은 개체와 다른 개체 그리고 시스템 내에서 다른 성분 사이(구조와 물질적 환경과 같은)의 상호작용에서 발생한다. 긍정적 학습은 모방(Schweller and

Wohlforth 2000, 78~80)이라고도 하며 자신과 타인의 '성공'한 관념, 행위, 문화와 제도(고착화된 관념으로서)를 채택하는 것을 의미한다. 분명히, 부정적 학습은 하나의 뚜렷한 선택 성분(selection element)을 포함하고 있다. 그리고 우리는 종종 부정적인 경험으로부터 더 많은 것을 배우기 때문에 부정적 학습이 적어도 긍정적 학습과 동등하게 중요한 역할을 했을 가능성이 높다. '실패는 성공의 어머니(그리고 성공도 실패의 어머니)'라는 말은 이 부정적 학습의 모습을 담고 있다.[35]

학습은 개인학습과 집단학습으로도 나눌 수 있다(즉, 하나의 집단실체적 학습이라 볼 수 있다). 하지만 엄밀히 말하면 집단은 학습하지 않으며, 집단을 구성하는 개체만이 학습한다. 따라서 집단학습은 결국 개체학습에 달려있다. 모든 개체가 어떤 개체가 창조하거나 입력한 관념을 받아들이거나 (더욱이) 이러한 관념을 내재화했을을 때(혹은 적어도 이 관념을 따르고 공개적으로 도전하지 않을 때), 집단학습은 완전할 수 있다. 물론, 한 집단에는 항상 다른 사람의 관점에 의문을 제기하는 개체들이 있고, 이러한 관점을 받아들이기를 거부하거나 또는 이러한 관점의 내재화를 원하지 않는 개체들이 있기 때문에 집단학습은 항상 불완전하다.

집단 배경에서 긍정적 학습의 개념은 구성주의의 '사회학습(social learning, Adler and Barnett 1998b)'과 '사회화(socialization, Johnston 2001; Checkel 2007, 5~14)'와 부분적으로 겹친다. 그러나 구성주의자들의 '사회

---

35 이것은 또한 다음과 같은 사실의 지지를 받고 있다. 우리는 부정적인 경험 후에 반사실적 사고를 하는 반면, 긍정적 경험 후에 그렇게 하는 경우는 드물다. 우리의 행위가 학습과 조정을 통해 미래에 유사한 실수를 피하는데 있어 반사실적 사고는 강력한 도구이다 (Roese 1997; Epstude and Roese 2008).

학습'과 '사회화'는 피해야할 성급한 개념이다. 우선, 우리의 모든 학습은 사회적이다. 따라서 '사회 학습'은 자가당착적인 논법이 아니라면 부적절한 개념이다. 인류에게 비사회적 학습은 불가능하다. 동시에, 구성주의자들의 '사회화' 개념은 적어도 두 가지 과정을 포함한다. 첫 번째 과정은 타인의 관념(사회규범 포함)을 따르는 것이지만 그것을 내재화시키지 않는 것이고, 두 번째 과정은 타인의 관념을 내재화시키는 것이다 (Adler and Barnett 1998b; Johnston 2001; Checkel 2007, 5~14). 분명히 사회화의 첫 번째 개념은 (긍정적) 학습에서 더 잘 포착되고, 두 번째 개념은 구성과 구조화에서 더 잘 포착된다. 하나의 관념이 행위자에 내재화되었을 때, 이 행위자는 이미 이 관념에 의해 '구성(constituted)'되었거나 '구조화(constructed)'되었다고 이해할 수 있다.

학습은 자신의 경험에서 비롯될 수도 있고 타인의 경험(즉 간접체험에서의 학습)에서 비롯될 수도 있다. 비록 타인의 경험(특히 부정적 경험)으로부터 배우는 것이 종종 우리 자신의 경험으로부터 배우는 것보다 비용이 적게 들지만,[36] 우리 스스로의 (부정적) 경험에서 배우는 것이 타인의 경험보다 효과적일 수 있는 이유는 일상적 사고가 자기발견적이고도 자기중심적인 본질 때문이다.

마지막으로 학습을 전술적(tactic) 학습(때로는 모방(imitation))과 적응/전략적(adaptation/strategic) 학습으로 구분해서는 안 된다(Lebow 1994, 273~276; Levy 1994). 이는 잘못된 구분이다. 왜냐하면 모든 종류의 학습

---

36 따라서 비스마르크는 '바보는 경험에서 배우고, 지혜로운 사람은 다른 사람의 경험에서 배운다'는 유명한 말을 남겼다(Jervis 1976, 239에서 인용).

이 전략적이고 적응적일 수 있기 때문이다. 또한 이러한 분류는 사후적일 수밖에 없기 때문에 이 분류가 행위의 관념과 변화를 설명하는데 사용될 때, 동어반복이 될 가능성이 크다.

다. 선택(selection)

사회진화에서의 선택은 두 가지(또는 두 차원)로 나눌 수 있다(Wendt 1999, 100~101). 첫 번째 선택은 우리의 사고 운동을 통해 특정한 관념(그리고 관념에 의해 야기되는 행위)을 배제하고 보류하는 것이다. 이러한 선택은 거의 지속적이고 종종 순식간에 발생할 수 있으며 이미 부정적 학습에 내포되어 있다(위의 글 참조).

두 번째 종류의 선택은 한 시스템 내에서 어떤 개체를 도태시키고 보류하는 것을 의미하며, 이 과정에서 도태된 개체들이 가지고 있는 어떤 관념과 행위도 종종 함께 도태된다. 두 번째 종류의 선택보다 약한 형식에서 개체들은 다음과 같은 세 가지 이유, 즉 물질적 환경에 대한 잘못된 판단, 개체 자신이나 시스템 내 다른 개체의 경험을 참고하지 못하고 행동, 시스템 내 규범적 혹은 비규범적 규칙의 위반으로 손해를 입는다. 비록 왈츠는 아마도 국제정치에서 규범적 규칙을 위반했을 때 큰 대가를 치른다는 것을 부정했을지도 모르지만, 이 두 번째 종류의 선택은 왈츠의 선택이다(Waltz 1979, 73~77, 118~119; 1986, 330~331; 1988, 618).[37] 대다

---

37 존스턴(Johnston 2001, 489)은 왈츠의 틀에서 사회화가 경쟁을 통한 선택과 같은 개념이라고 지적했다(Wendt 1999, 100~102; Schweller and Wohlforth 2000, 78~80). 웬트(Wendt 1999, 324~336)의 '문화적 선택'은 보이드와 리처슨(Boyd and Richerson 1980, 102)을 따라가다 잘못된 길로 들어서게 되었는데, 실제로 이는 모방과 (사회적) 학습의 계승과 전

수 국제관계학자들도 이러한 사실을 간과하고 있다. 어떤 생물이나 사회 시스템에서 물질 환경에 대한 개체의 잘못된 판단은 그들이 손해를 보는 결정적인 원인이 된다. 어쨌든 두 번째 종류의 선택은 종종 불규칙적이고 느리다. 게다가 이러한 선택이 반드시 특정 행위나 개체의 완전한 소멸을 초래하는 것은 아니다. 하나의 특정 시스템에서 다른 유형의 행위와 개체는 공존할 수 있다.[38] 마지막으로 이러한 도태(및 보류)를 통한 한 시스템 내 어떤 개체의 선택은 후기 공세적 현실주의에서는 드문 것이지만 대부분의 우리 역사에서 그것은 국제정치를 만드는 하나의 강력한 (하지만 순간적으로 일어난 적은 없다) 힘이었다(본 책의 2,3장 참조). 이렇게 하면 오늘날의 국제시스템에서 개체들은 더 많은 실수를 저지른 대가를 감당할 수 있다.

라. 구성(constituting)

대체로, 우리는 행위자의 구성(constituting) 혹은 구조(constructing)를 통해 두 가지 프로세스를 정의할 수 있다. 첫 번째 프로세스에서 행위자는 의식적으로 관념(규범, 관념, 제도, 기억, 행위준칙, 자아정체성 등)을 내재화한다. 또 다른 프로세스에서 푸코학파의 관점에서 보면, 행위자가 무의식적으로 국제시스템 내의 관념에 참여한다. 물론 사회시스템에서 의식적인 내재화와 무의식적인 침투는 종종 상호 강화[Elias (1939) 1994; Foucault

---

파를 거친다.

38 예를 들어, 공세적 현실주의 세계 말기에는 방어적 현실주의 국가도 성공할 수 있다. 방어적 현실주의 세계에서 공세적 현실주의 국가가 반드시 번영한다고 할 수는 없지만 생존할 수는 있다.

1980; 2000]되기 때문에 이 두 과정을 명확히 구별하는 것은 쉽지 않다. 여기서 중요한 것은 행위자를 구성하는(constituting) 과정을 시스템을 만드는 과정과 구별하는 것이다. 후자는 행위자의 행위, 그리고 시스템과의 상호작용을 통해 시스템을 구조(혹은 재건)하는 과정을 말한다. 대조적으로 전자는 행위자의 관념과 행위가 이 시스템에 의해 만들어지는 과정을 말한다. 두 개의 과정은 지속적으로 상호작용하므로 '상호 구성'된다. 이들의 행위 및 시스템과의 상호작용을 통해 행위자는 시스템을 구축하고 지속적으로 구축되는 시스템은 역으로 행위자를 재구성한다. 다만 이러한 둘을 동일시하게 되면 순환논리에 빠질 위험이 있다.

마. 반사회화(혹은 관념적 저항, ideational resistance)

사회화는 거의 항상 권력에 의해 뒷받침되는 제도화, 교조화, 주입을 통해 내재된다. 또한 최소한의 사회화가 있는 모든 사회에서도 반사회화는 필연적으로 존재한다.[39] 본질적으로 반사회화는 하나의 행위자가 시스템으로부터의 사회화 압력에 의식적으로 저항하는 과정이다. 따라서 반사회화는 사회화 변증 과정의 결과 중 하나이다. 사회화가 없으면, 반사회화도 없다(Tang 2011b).

인간의 집단생활 초기에는 제도구조가 느슨했다. 이렇게 되면 사회화는 상대적으로 약하고 반사회화는 더 약할지도 모른다. 그러나 제도구

---

[39]   실제로, 심지어 뒤르켐, 파슨스, 머튼과 같은 구조기능주의자들은 반사회화의 결과(이상, 혼란, 비정상)를 인정한다. 그들의 문제는 반사회화가 '정상적인 현상'이라는 것을 인정할 수 없거나 인정하고 싶지 않아 한다는 것이다.

조가 긴밀해지고 엄격해지면서 사회화는 더욱 보편화되고 인간을 더욱 구속했다[Elias 1939(1994) ; Freud 1961].[40] 이렇게 더 강해진 제도화(또는 합리화), 행위자에 대한 교화와 주입 과정은 권력에 의해 뒷받침되기도 하며, 결과적으로 불가피하게 일부 개체들을 반사회화로 몰아간다. 즉, 사회화와 반사회화 사이에는 변증법적인 관계가 있다(Tang 2011a; 2011b). 푸코(Foucault 1988, 123)의 말처럼 '권력관계가 존재하면 저항할 가능성이 있다. 우리는 결코 권력의 함정에 빠지지 않을 것이다. 확실한 조건 하에서 분명한 전략으로 우리는 항상 권력으로부터 장악되는 것을 늦출 수 있다.'

국제정치에서 '남남협력(南南協力)'은 지배적 지위에 있는 서방 중심의 세계질서에 저항하려는 개발도상국들의 시도(그들의 성공여부와 별개로)를 반영한다. 비(非)서구권의 시각, 나아가 '비(非)서방 국제관계이론'에 대한 열망(과 출현 가능성)은 국제관계이론에서 앵글로색슨의 패권에 대한 반발을 시사한다(Ayoob 2002; Kang 2003; Amitav and Buzan 2009; Ringmar 2012). 의존이론(Dependency theories Smith 1979)과 에드워드 사이드의 오리엔탈리즘(Sais 1978)을 통해 그동안 서양의 관념과 편견이 보편적이며 가치중립적이라는 사회과학 지식분야에서의 저항이 시도되고 있다.

여기서 마찬가지로 반사회화가 반드시 시스템을 재형성(시스템을 전복시키고 새 시스템을 만드는 것)하려는 행위자의 열망에 의해 일어날 필요

---

40   칸트[Kant 1784 (1991), 44~45]는 '비사회적 사교성'으로 이를 포착했다[Elias 1939(1994), 440]. 프로이트는 생물학적 본능이 반사회화 충동의 일부일 수 있다는 가능성을 우리에게 일깨워주었다.

는 없다는 점을 인식하는 것이 중요하다. 반사회적 행위가 성공한다고 해서 반드시 시스템의 변형으로 이어지는 것은 아니다. 마지막으로 반사회화는 현실주의에서 말하는 소위 균형과는 다르다. 반사회화는 시스템 속에서 지배적인 이념에 저항하는 투쟁 형태인데, 행위자의 균형행위는 주로 특정 행위자에 대한 '물리적' 저항이며, 균형의 목표가 반드시 패권이라고도 할 수 없다.

(2) 국가행위의 이론화에 대한 함의: 시스템으로서의 다섯 가지 경로

위의 다섯 가지 경로 중, 첫 번째였던 행위에 대한 제약/허가는 가장 기초에 해당한다.[41] 그리고 학습이 그 뒤를 잇는다. 관념은 근거 없이 생기는 것이 아니라 모종의 학습을 통해서만 생기기 때문이다. 선택 하나만으로 관념이나 행위를 생산할 수 없으며, 단지 이미 나와 있는 것들을 선택할 뿐이다. 개체에 대한 사회시스템의 선택은 이미 학습된 개체에 기초하는 것이지 백지 상태에서 나오는 것은 아니다. 구성하는 것 역시 학습에 달려있지만 학습한다고 하여 반드시 구성으로 이어지지 않는다. 학습 없이 행위자를 구성하는 것은 불가능하다. 반사회화 역시 학습에서 비롯된다. 행위자가 지배적인 관념(성질)을 배우지 않는 한, 행위자는 이러한 관념에 저항하지 않는다.

다만, 이들 다섯 가지 경로가 하나의 시스템을 구성한다는 점이 특히 중요하다. 이들은 각각 독립적으로 개체의 관념, 공감, 행위 그리고

---

41 기존의 토론은 종종 구속/지원을 소홀히 하기 때문에, 필자가 구속/지원이 하나의 기초적인 채널이라고 주장하기는 하지만, 그들의 관점으로 필자의 관점을 설명하고자 한다.

그로 인한 시스템의 성질(구조 포함)을 만드는 것이 아니라 공동으로 상호작용한다. 이렇게 되면 한두 개의 경로만 골라 다른 채널을 간과하거나, 다섯 가지의 경로 모두를 인정하되 서로 무관하다고 보는 것은 오류이다. 안타깝게도, 모든 국제관계의 주류 이론들은 이런 실수를 저지르고 있다. 각각의 이론들은 이러한 경로들을 무시한 채 서로를 비판하고, 자신의 이론에는 한없이 관대하다. 신자유주의자들은 현실주의자가 학습을 도외시했다고 비판한 반면(Keohane 1986), 구성주의자들은 현실주의자와 신자유주의자가 구성을 경시한다고(Wendt 1999) 비판했다. 그리고 현실주의자는 신자유주의자와 구성주의자가 선택을 잊고 있다고 비난했다(Waltz 1986, 330~332; Feaver et al. 2000, 166~167).

왈츠는 개체의 도태와 기타 부정적 이익으로 인해 국가행위가 선택된다고 주장하는 한편, 학습과 구성이 국가행위에 미치는 영향은 부인했다.[42] 가장 두드러지는 것은 왈츠(Waltz 1979, 74~78, 127~128)가 (균형행위의) 선택이 학습을 거치지 않고 실행될 수 있다고 고집한다는 점이다. 하지만 많은 사람들이(Keohane 1986, 164~165, 173; Levy 1994; Elman 1996, 42~44; Taliaferro 2000—2001, 138) 정확하게 지적했듯이, 왈츠의 균형(능력) 메커니즘은 근본적으로 학습에 달려 있다. 국가가 다른 나라의 능력에 대한 정보를 얻을 수 있지 않는 한 누구를 견제할지 알 수 없다.[43] 이후

---

42 왈츠는 학습를 이성과 동일시한다. 심지어 그의 이론은 이성을 필요로 하지 않기 때문에, 학습의 역할을 부인할지도 모른다. 이것은 안타까운 일이다. 왜냐하면 이성이라는 개념은 많은 함의가 있고 학습과 동일하지 않기 때문이다. 물론 이성은 상당히 학습에 의존한다.

43 왈츠(Waltz 1986, 331)는 또한 국가가 대가에 민감하다고 지적한다. 그러므로 우리는 왈

에 왈츠는 비록 그가 사용하는 단어가 '모방'임에도 불구하고(Waltz 1986, 331) 그의 세력균형이론에서 학습이 필요하다는 것을 인정해야만 했다.

구성주의자(예를 들어 Wendt 1999; Johnston 2001, 488-494)가 자주 지적했듯이, 합리적 선택 방법을 선호하는 학자들은 선택과 학습을 강조하지만 구성하는 과정을 낮게 평가했다(현실주의자와 신자유주의자 모두 합리적 선택을 옹호한다).[44] 그러나 구성하는 과정은 확실히 일어나고, 그것은 구성주의자와 이를 비판하는 학자들이 인식하는 것보다 더 빈번하고 보편적이다. 결국, 왈츠(Waltz 1979)는 냉전 시 양극체제에서의 평화와 안정에서 그의 생각을 구성했다면, 로버트 코헤인(Keohane1984)은 제2차 세계대전 이후의 미국을 중심으로 한 국제시스템의 안정성에 바탕을 두어 그의 생각을 구성했다(Ayoob 2002, esp. 32~37; Craig 2003).

그러므로 현실주의자, 신자유주의자, 그리고 다른 합리적 선택의 이론가들이 구조가 국가의 행위(결국 국제시스템까지도 형성) 형성에 역할을 한다는 사실을 부인하는 것은 이치에 맞지 않는다. 푸코(Foucault)의 말을 인용하자면(Foucault, 1980), 관념은 전파되고, 어떤 관념은 확실히 우리의 신체와 영혼에 깊이 들어간다. 우리가 약간의 관념들을 내면화할 때, 이 관념들은 우리도 모르는 사이에 우리의 행동을 만들어 낼 수 있다[Elias 1939(1994); Foucault 2000]. 비록 우리가 통상적으로 평가하기 어렵더라도, 구성/구조라는 채널은 학습/선택/구속—도움/반사회화라는 채

즈가 학습과 선택에 관해 사용한 몇몇 부정확한 표현(예: Taliaferro 2000~2001, 156~157) 을 표면적으로만 보지 말아야 한다.

44 이 부분은 (급진적인) 구조주의의 공격에 직면했을 때 현실주의와 신자유주의가 의기투합하는 모습을 잘 설명한다(예: Keohane 1993; Keohane and Martin 1995; Jervis 1999).

널들에 비해 특정한 행위를 만드는데 있어 가중치를 갖지만(Jervis 1997; Tang 2011b), 우리가 관념을 내면화할 수 있다는 것을 부인할 수는 없다. 의심할 여지없이 주권과 민족주의와 같은 관념의 전파와 그것들이 국가와 국제관계 이론가들에 의해 내면화되어 이미 현대 국제정치와 과학으로서 국제관계를 만드는데 결정적인 역할을 했다(Bull and Watson 1984; Spruyt 2000; Anghie 2004; 제3장 참조).

동시에, 대다수 구성주의자들은 긍정적 학습과 구성을 강조한다 (예를 들어, Adler 1997a; Adler and Barnett 1998, 43~45; Wendt 1999, 324~336; Checkel 2001; Johnston 2001; Acharya 2004). 그러나 그들은 부정적 학습(선택의 한 형태로)과 특히 역사상에 있었던 단위의 선택을 간과했다.[45] 다만, 단위 수준에서 부정적 학습은 긍정적 학습을 위해 필수적이다. 전자는 후자의 기초에 해당한다. 긍정적 학습의 대상으로서, 많은 관념들은 우선 부정적 학습을 통해 더 확고하게 자리 잡는다. 어떤 부정적 학습이 결핍되어 있으면, 단위는 단순히 어떤 관념이 좋고 나쁜지 판단할 수 없다. 구성이 꼭 단위를 도태시키는 것은 아니지만 단위에 대한 어떠한 선택압력을 가할 필요가 있다. 즉, 규칙을 어기는 것에 대한 어떠한 제재를 말할 수 있다. 단위가 하나의 체계적인 (규범적인) 문화를 위배할 때, 부차적으로 처벌받지 않는 한, 문화는 구속력이 없게 되며 따라서 기껏해야 약한 기초에 의해서만 존속될 수 있다. 게다가 구성주의의 기능주의

---

45 실제로 웬트(Wendt 1999, 157)는 하나의 비유(호텔 화재)를 언급했지만, 그 비유가 선택을 완벽하게 설명했다고는 말하지 않았다. 앞서 지적했듯이, 웬트(동일문헌, 323~336)의 "문화적 선택" 개념은 사실 선택 그 자체가 아니라, 계승과 전파를 가리킨다.

와 이상주의/유토피아의 기원이 일치(Sterlinkg-Folker 2000)하기 때문에, 구성주의자들은 종종 지배적 지위의 좋은 관념의 국제화를 강조하지만 (예를 들어, Checkel 2001; Johnston 2001) 흔히 단위 내에서의 나쁜 관념의 존재 가능성을 간과한다(예를 들어 일종의 오류가 있는 시스템의 개념화를 받아 들여서 잘못된 행동준칙을 따르고 잘못된 인식을 갖게 된다). 그러나 유럽 열강의 지정학과 사회다원주의에 대한 관념의 내재화 그리고 근대 일본제국의 '문명국가'라는 지배적인 관념의 내재화는 확실히 다른 국가들과 (최종적 으로는) 그들 자신들에게도 부정적 결과를 가져왔다(Schweller 2006; Suzuki 2009).

마지막으로, 대다수 국제정치의 주요 대이론들은 시스템에 영향을 미치는 단위인 반사회라는 핵심 경로를 간과하고 있다. 이렇게 되면, 파 슨스의 "과도한 사회화를 한 사람(또는 단위)"이라는 기능주의의 오류에 빠지기 쉽고, "과도한 사회화를 한" 단위를 통해 사회시스템의 안정성을 설명하게 된다(Wrong 1961; Sterling-Folker 2000; Goddard and Nexon 2005). 반사회화가 중요한 통로라는 것을 깨달아야만, 우리는 이 전형적인 파슨 스식 기능주의의 오류를 피할 수 있다(Tang 2011a; 2011b).

요컨대, 어떤 사회시스템 안에서든 행위체의 행동은 인류사회의 다 양한 힘과 차원에 의해 뒷받침되는 하나의 시스템으로서 다섯 가지 경 로에 의해 형성된다. 따라서 한 개 또는 두 개의 경로만을 강조하거나, 다섯 가지 경로를 인정하지만 각각을 독립적으로 단위로 간주하는 것은 굉장한 오류가 있다. 우리는 오히려 다섯 가지 경로를 하나의 시스템으 로 간주해야 하고, 바로 시스템 효과를 통해 다섯 가지 경로가 궁극적으 로 단위의 행위를 만들었다는 것을 인정해야 한다.

(3) 부족한 논쟁: 하나의 예시

주요한 국제관계의 대이론은 종종 하나 또는 두 개의 경로를 강조하며 다른 경로를 무시하거나, 다섯 가지 경로가 서로 상호 관련이 없다고 생각하기 때문에 기존의 국가 행위에 관한 많은 논쟁들에 오류가 나타난다. 이러한 논쟁들은 시스템이 어떻게 국가를 움직이는지를 이해하는 것에 대한 체계적인 사고가 부족하다는 것을 잘 보여주고 있으며, 이에 하나의 예시를 들고자 한다.

현실주의에 대한 많은 비판론자들은 국가의 행위가 현실주의가 예측한대로 이루어지지 않을 때 현실주의가 틀렸다고 주장한다(Keohane 1986, 182~183; Lebow 1994, 274; Schroeder 1994a, esp. 116~123). 이는 현실주의 비판자들이 징벌(때로는 죽음)과 같은 (부정적인) 선택 방식이 현실주의 이론에서 차지하는 중심적 위치를 인식하지 못하고 있음을 반영한다.

왈츠 이후, 현실주의자들은 학습과 징벌(부정적)의 선택 방식이 국가의 행위 형성에 일정한 역할을 한다고 강조해왔다(Waltz 1979; 1986; Jervis 1997, 118~119). 따라서 현실주의는 '행위의 결과(consequences)뿐만 아니라 행위의 결정요인(determinants)에도 주목한다.'(Feaver 2000, 166) 이 때문에 국가가 현실주의에 의거해 외적 행동을 하지 않는다는 (즉 현실주의가 국가의 행동을 예측하지 못했다는) 사실은 현실주의 자체의 오류를 자동으로 입증하지 못한다.[46] 이는 현실주의에 의거해 국가가 현실주의적 선택을 하지 않을 가능성을 허용하기 때문이 아니라(인지편향이나 오차 때문

---

[46] 필자는 여기서 필자의 논의가 현실주의 그 자체를 변호하기 위한 아니라는 것을 설명하고 싶다. 필자는 현실주의자가 아니다.

이거나 정치인의 지식이 잘못된 것일 수 있다), 보다 더 중요한 점은 현실주의가 국가가 현실주의의 제안을 지키지 않았을 경우 대가(때로는 매우 비싼 대가)를 치를 것이라고 주장하기 때문이다(Waltz 1979; 1986; Feaver 2000, 166~167). 달리 말하면, 현실주의는 어떤 행위를 규정(또는 설파)할 뿐만 아니라, 규정을 준수하지 않은 나라들은 자멸할 정도까지는 아니지만 어쨌든 피해를 입을 것이라고 주장한다. 그러므로 만약 한 국가가 현실주의의 외적 행위를 위배함으로써 대가를 치렀다면, 현실주의는 실제로 유효한 것이다.

따라서 만약 영국과 프랑스를 비롯한 많은 유럽 국가들이 당시의 나치독일의 위협을 제어하지 않았더라도, (많은 현실주의에 대한 비판자들이 생각했던 것처럼) 현실주의 자체에 오류가 있음을 증명할 수 없다(예를 들어, Lebow 1994, 274; Schroeder 1994a). 이것은 현실주의가 옳다는 것을 강력하게 증명하는 것인데, 영국과 프랑스 두 나라가 현실주의를 "배신"하여 대가를 치렀기 때문이다. 마찬가지로, 현실주의에 대한 비판론자들의 관점과는 반대로(Lebow 1994, 259~268) 단지 미하일 고르바초프가 현실주의의 안내에 따라 행동하지 않았다고 해서 현실주의가 틀렸다는 것을 증명할 수는 없다. 현실주의자들은 이를 간단하게 반박할 수 있는데, 고르바초프와 구소련은 비현실주의적이고 심지어 반현실주의적인 정책때문에 대가를 치렀다. 같은 맥락에서, 과도한 팽창 행위가 방어적 현실주의의 외적 행위와 일치하지 않음에도 불구하고, 19세기 이후에 있었던 주요한 팽창 시도들은 실패했다. 그리고 침략자들(예를 들어 나폴레옹 시기의 프랑스, 나치 독일, 일본 제국) 모두가 좋은 결과를 얻지 못했다는 사실은 의심할 여지없이 현실주의를 방어하는 관점을 강력하게 뒷받침했다(Jervis

1997, 106; Snyder 1991; Tang 2010a).[47]

따라서 현실주의는 사실 많은 비판자들과 지지자들이 생각하는 것보다 틀렸음을 입증하기 어렵다. 현실주의가 잘못되었다는 것을 증명하려면, 일부 국가들이 현실주의의 규칙에 따라 행동하지 않았다는 것을 지적하는 것만으로는 충분하지 않으며, 현실주의 비판론자들 또한 이런 국가들이 사실 현실주의의 외적 행위에 따르지 않아 이득을 얻었거나 반대로 이 때문에 적어도 손해는 보지 않았다는 것을 증명해야 한다.

그러나 다른 한편으로, 현실주의자들도 곤경에서 완전히 벗어나지 못했다. 많은 현실주의자들이 마찬가지로 충분히 인식하지 못하기 때문에, 현실주의는 국가의 행동을 해석하고 예측하기 위해 선택압력에 결정적으로 의존한다(예를 들어, Waltz 1986, 330~332; Elman and Elman 1995).[48] 그들은 반대의 증거에 직면했을 때 (즉 어떤 국가들이 현실주의의 설교에 따라 행동하지 않을 때), 종종 자신의 이론을 수정하여 소위 라카토스(Lakatos)의 '퇴화(degenerative)'의 위험을 감수하고는 했다(예를 들어, Schroeder 1994a).[49]

한편으로, 많은 현실주의자들은 국가적 차원과 심리학적 변수를 도

---

47 여기서도 마찬가지로 중요한 것은, 한 나라가 다른 나라를 견제하려 했으나 세력균형을 이루는데 실패했다는 사실이 현실주의가 틀렸다는 것을 증명하지 못한다는 점이다. 사실상의 세력균형과 (실제 권력에 대한) 균형 제어의 구분에 대해서는 러기(Ruggie 1983, 267)를 참조.

48 따라서 왈츠조차 현실주의에서 선택이 중심 메커니즘이라는 사실을 깨닫지 못했다.

49 많은 국제 관계학자들이 계속해서 포퍼, 토마스 쿤, 라카토스의 실증주의적인 사회과학 철학에 빠져 있으며 "과학 실재주의"라는 보다 정교한 원칙을 무시해왔다는 점을 지적하고 싶다. 이 부분에 대해서는 Monteiro and Ruby 2009를 참조.

입하거나 국가의 모든 행위가 현실주의와 일치한다는 주장을 통해 현실주의의 외적 행위에서 벗어난 것들을 설명하는데 바빴다(예를 들어, Elman and Elman 1995; Brooks and Wohlforth 2000—2001; Taliaferro 2004). 이는 현실주의를 '진보적인' 패러다임으로 만들 수 없다. 왜냐하면 현실주의가 (도전으로부터) '방수처리(water-proof)' 되도록 만들었기 때문이다. 본질적으로 콜린 엘만과 미리암 엘만(Elman and Elman 1995, 184~186)은 국가가 외부 위협에 반응하는 한 현실주의에 부합한다는 견해를 견지하고 있다. 그러나 이들은 자신들의 주장이 현실주의를 최저 수준의 이성이나 전략적 행위체로 단순화시킨다는 것을 깨닫지 못했다. 이는 의심할 여지없이 모든 사람을 현실주의자로 만들고, 동시에 아무도 현실주의자가 아닌 것처럼 만든다(Legro and Moravcsik 1999; Schroeder 1995, 193~195 참조).[50]

이와 유사하게, 현실주의자들은 고르바초프가 1980년대 중반 어려움에 처한 소련을 되살리기 위해 실행했던 구체적인 조치들이 현실주의와 맞지 않을 수 있지만, 미국과 그 동맹들이 냉전에서 승리한 결과는 '물리적인 힘에 따라 갈등의 결과가 결정된다'는 현실주의의 핵심 가설과 정확하게 일치한다고 주장할 수 있다. 그러나 현실주자들이 이를 분명히 지적하는 경우는 드물며 그들은 오히려 고르바초프의 모든 정책에 현실주의의 이름을 붙이거나, 고르바초프와 그의 동료들이 받는 물리적인 압력이 커서 다른 선택지가 없었다는 주장을 반복, 강화하는데

---

50 콜린 엘만과 미리암 엘만(Elman and Elman 1995, 192)의 신현실주의에 대한 또 다른 변호는 지능적인 속임수에 가깝다. 그들은 하나의 이론이 대체되기 위해서는 더 나은 이론이 있어야 한다고 주장하면서도 신현실주의보다 더 나은 이론이 존재한다는 점은 부인한다. 이에 대한 반론은 Schroeder 1995, 194~196; Fettweis 2004, 99를 참조.

노력을 기울였다(예를 들어, Brooks and Wohlforth 2000-2001; Schweller and Wohlforth 2000). 그러나 르보우(Lebow 1994, 259~268)가 지적한 바와 같이 적어도 고르바초프의 행동 일부는 현실주의의 '구속복(straitjacket)'과 맞지 않는다. 게다가 고르바초프는 북한, 쿠바와 같이 다른 길을 선택할 수도 있었다.

현실주의자들은 현실주의적인 처방에 따르지 않은 국가들이 그 후에 확실히 (엄격하게) 대가를 치렀다는 사실을 보여주는 것이 비판자들을 반박할 수 있는 보다 강력하고 효과적인 방법임을 깨닫지 못했다. 더욱 중요한 것은 피버(Feaver 2000, 166~167)가 지적했듯이, 현실주의자들이 아직 '징벌/대가'을 조작화하지 않았다는 것이다. 이를 위해, 현실주의자들은 어떤 행위가 현실주의와 일치하고 어떤 행위가 현실주의와 일치하지 않는지를 분명히 구별해야 하며, 현실주의를 벗어난 국가들이 이미 큰 대가를 치르고 있다는 것을 보여주어야 한다. 이는 현실주의자가 균형과 편승이라는 이분법을 넘어서도록 요구하고, 또한 국가에 섬세한 '선택의 층위'를 제공하게 했다(예를 들어, Tang 2010a, 제4장).

시스템이 국가에 영향을 미치는 하나의 중요한 통로인 선택을 과소평가하는 것은 구성주의에 부정적인 영향을 미친다. 지금까지 구성주의는 주로 국가가 왜 어떤 특정한 방식으로 행동해야 하는지에 대한 주된 논점을 제시하면서, 국가가 그렇게 하지 않으면 벌을 받을지에 대해서는 침묵해왔다(예를 들어, Wendt 1999; Adler 2005). 선택이라는 메커니즘을 간과하면 구성주의는 국가의 행위를 예측할 수 없으며, 단지 특정 행위에 대해 안내하고, 국가가 이에 대해 주의를 기울이기를 바랄 수밖에 없다.[51] 이렇게 되면, 구성주의는 취약해진다. 구성주의에 대해 비판을 제기하기 위해서는 국가가 완전히 사회화되지 않았다는 것을 지적해야 한다. 어떠한 사회시스템이라도 시스템 내에서의 반사회화는 고유한 성질이기 때문에, 시스템 내 모든 단위들이 완전하게 사회화될 수 있는 사회시스템은 없다.

이와 반대로, 앞서 제시한 바와 같이 현실주의자도 행위에 대한 조언을 내지만 물러설 여지를 남겨두었다. 선택은 결국 국가가 특정한 행위를 강구하도록 몰고 가기 때문이다. 만약 구성주의가 더 효과적으로 변하고 싶다면, 현실주의처럼 언제 국가가 어떠한 특정한 행위를 취하는지, 마찬가지로 국가가 그렇게 하지 않을 경우 벌을 받을 수 있는지에 대해 명확하게 설명해야 한다. 선택은 필연적으로 구성주의를 포함한 모든 국제정치 대이론 논리의 일부이다.

---

51   다시 말해, 구조주의는 자기실현적 예언에만 의존하는 반면, 현실주의는 자기실현적 예언에도 의존할 수 있고 자기부정적 예언에도 의존할 수 있다(Houghton 2009).

소결

백 년 가까운 시간 동안 여러 세대의 학자들이 구조에 심취해왔지만 우리가 믿었던 것에 비해 구조가 실제로 세계를 형성하는데 그다지 강력한 적이 없었다는 것을 깨닫지 못했다. 왈츠(Waltz 1959, 231~232)와 그의 전후에 있는 수많은 구조주의자들(예를 들어, Parsons 1937; 1951; Giddens 1979; 1984; Wendt 1999)의 관점과는 반대로, 사회의 어떤 것에 대해서도 구조주의적 해석은 최종적인 해석이 될 수 없다.[52] 구조이론은 구조의 영향을 과장하며 사회시스템 내 다른 힘들(행위체 뿐만이 아닌)의 영향을 불가피하게 평가절하한다. 구조와 행위자-구조 문제에 대한 우리의 오랜 집착이 잘못된 것이었다(Loyal and Barnes 2001).

국제관계의 구조(더 좁은 의미로 말하자면 무정부상태)에 대한 집착도 마찬가지로 치명적이다. 구조는 당연히 어떤 사회시스템의 중요한 구성요인이지만, 이는 전체 시스템이 아니며, 심지어 시스템의 중심도 아니다. 현실 정치의 대부분은 구조에 의해서만 결정되지 않는다. 구조의 영향이 과장되면서 구조주의는 국제정치에서 수많은 현실정치를 포괄하지 못하게 되었다.

왈츠(Waltz 1979)는 시스템의 일부로서 구조가 국가행위의 선택(또는 형성)에 역할을 했다고 정확히 지적했다. 그러나 선택의 과정과 결과는 구조만이 아니라 시스템 전체에 달려 있다. 단순히 구조뿐만 아니라

---

52 물론 왈츠(Waltz 1986, 343-344)는 이후 구조만이 '형성하고 구속할 수만 있다'고 인정했다.

시스템 그 자체는 선택을 하고 있다.[53] 동일한 논리가 시스템 내 상호작용을 통한 결과에 더욱 강력하게 적용된다. 이렇게 되면, '무정부 논리'는 물론 '구조 논리'까지도 어떻게 정의를 내리든 간에 존재하지 않으며 '시스템 논리'만이 존재한다(Buzan et al., 1993; Wendt 1999, 247, 249). 따라서 구조이론은 행위자를 포함하는 문제와 별개로 우리가 국제정치를 적절하게 이해하는데 너무 동떨어지게 하지 않는다(가령, 국제정치시스템의 전환뿐 아니라, 갈등과 협력까지도 말이다. Jervis 1978; Glaser 1994—1995; 2010; Van Evera 1999; Wendt 1999; Montgomery 2006; Wight 2006; Sørensen 2008).

인류사회는 인간 행위자로 이루어진 시스템으로, 진화하는 시스템이다. 따라서 시스템 내의 중심 메커니즘은 시스템 변화의 배후에 있는 추진력이며, 항상 시스템의 각 요소(구조는 그 중 하나에 불과) 사이의 시공간적 상호작용이다. 시스템에서 시스템의 요소(시스템 자체)는 하나의 요소가 다른 하나를 지배하는 것이 아니라 서로 공통적으로 진화한다.[54] 따라서 인류사회(국제정치 포함)를 충분히 이해하기 위해서는 구조주의는 부족할 수밖에 없다. 사회진화 패러다임(사회시스템 패러다임 및 기타 기본적인 패러다임을 포함함)만이 감당할 수 있다. 이와 같이, 사회과학자들과 국제관계학자들은 구조주의를 떠나 사회진화 패러다임을 수용할 때가 되었다. 국제관계는 다른 사회과학과 마찬가지로 단지 하나의 구조 혹은

---

53 왈츠의 입장에서 보면, 국가의 행위가 선택에 의해 결정되는 것이 아니라, 앞서 지적한 바와 같이 학습, 구조, 그리고 반사회화에 의해 결정된다는 사실은 굉장히 파괴적이다.

54 달리 말하면, 사회진화 모델은 시스템 내 모든 요소(역사적으로는 시스템 자체도 포함)가 시스템의 변화와 안정에 기여한다고 생각한다. 실증조사 전에는 어떤 요소에 더 큰 가중치를 부여할 수 없다. 더 자세한 논의는 Tang 2014b를 참조.

그림 5.1 하나의 시스템으로서의 사회

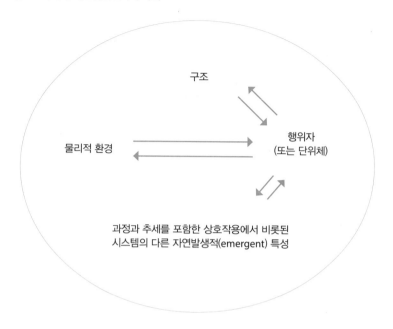

하나의 시스템이 아니라 하나의 진화하는 과학이 되어야 한다. 그래야만 우리의 자기중심주의나 인간중심주의가 반영된 행위자-구조 문제도 해결할 수 있다(Elias [1970] 1978).[55]

모든 구조이론에서 행위자의 포함 여부에 관계없이, 구조는 거의 하나의 제약이고, 행위자는 본질적으로 이 제약에 순응한다(Waltz 1979; Keohane 1984; Wendt 1999; Mearsheimer 2001; Wrong 1961). 이 개념은 파슨

---

[55] 엘리아스[Elias 1939(1991); 1939(1994)]가 이 문제를 넘어선 것에 가깝다고 볼 수 있지만, 이 문제를 제거하지는 않았다.

표5.1 시스템과 구조의 개념화 비교

방면 /학파	왈츠(Waltz)/ 미어샤이머 (Mearsheimer) 구조현실주의	코헤인(Keohane) 구조신자유주의	애들러(Adler)/ 웬트(Wendt) 구조구성주의	탕스핑(Tang Shiping) 사회진화
구조 개념	주로 물질적이며, 매우 불완전함	주로 물질적이나 일부 관념적인 내용 포함 (예: 제도)	주로 관념적이며 (예: 문화, 정체성), 매우 불완전함	구조가 아닌 시스템. 구조주의를 넘어섬.
시스템의 진화	반(反)진화적. 시스템의 본질은 변화하지 않음	일부 진화적. 시스템의 진화를 인정하나, 메커니즘을 적절하게 규명하지 못함	일부 진화적. 시스템의 진화를 인정하나, 메커니즘을 적절하게 규명하지 못함	진정한 의미의 진화. 메커니즘에 대해 정확하게 이해. 메커니즘을 적절하게 규명.
시스템의 영향 : 다섯 가지 경로	불완전. 단위체의 생존선택	불완전. 관념과 이성적 학습을 통한 선택. 국가생존차원의 선택이 없음. 구성과정 (Construction) 없음. 반사회화과정 없음.	불완전. 사회학습, 구조 (construction), 구성 (constituting) 국가생존 차원의 선택이 없음. 반사회화 없음.	완전함. 시스템으로서의 다섯 가지 경로.
구조를 포함한 시스템 vs. 행위자로서의 국가	시스템을 행위자가 새롭게 만들 수 없음. 시스템 (혹은 구조)이 지배.	행위자가 (제도를 통해) 시스템의 일부를 새롭게 만들 수 있음. 국가정체성이 변할 가능성 없음. 시스템(혹은 구조)이 지배하지만, 구조현실주의가 주장한바 보다 강도가 약함	(새로운 문화의 채택을 통해) 행위자가 시스템을 전환시킬 수 있음. 시스템(혹은 구조)이 지배하지만, 구조현실주의와 구조신자유주의가 주장한바 보다 강도가 약함	행위자의 행동은 시스템을 통해 형성되지만, 행위자와 구조, 행위자와 시스템 내의 다른 구성요소와의 상호작용이 시스템을 전환시킬 수 있음. 행위자, 구조, 시스템의 공진화.

스-머튼의 구조기능주의 사회학의 핵심 가정이지만,[56] 사회학에서 이는 이미 시대에 뒤떨어진 개념이다. 국제관계와 다른 사회과학들은 구조주의에서 벗어나기 위해 변해야 한다. 구조주의는 사회과학을 너무 오랫동안 괴롭힌 '파슨스식 악몽(Parsonian nightmare)'이다.[57]

근본적으로 구조를 어떻게 정의하는지에 관계없이 구조주의는 일종의 집단주의(웬트에게 있어서는 전체주의)의 입장을 반영하기 때문에, 구조주의를 출발점이나 지향점으로 삼을 때마다 개체주의와 같은 존재론적인 우선성을 간과하는 심각한 실수를 저지르게 된다. 인류사회를 충분히 이해하기 위해서는 개체주의(국가, 심지어는 개인)에서 출발해 개체주의를 집단주의와 유기적으로 종합해야 한다(자세한 논의는 Tang 2013 참조).

---

56   따라서 구조현실주의와 구조기능주의 사이에, 전자는 충돌을 일으키고 후자는 화합을 촉진하는 차이점이 있기는 하지만, 굉장히 놀라운 유사성이 있다(Goddard and Nexon 2005).

57   드웨인 우즈(Dwayne Woods)가 필자의 다른 글(Tang 2014b)을 논평할 때 "파슨스식 악몽"이라는 흥미로운 용어를 만들어준 것에 대해 감사를 표하고 싶다.

제6장

결론

사회진화 패러다임(SEP)을 통해 국제정치의 전환에 대한 내생적 해석을 성공적으로 제공했다. 국제정치가 애초부터 '파라다이스 같은'(여전히 자조적이지만) 무정부상태로부터 '더럽고 야만스러우며 오래되지 못한' 홉스식(혹은 미어샤이머식) 공세적 현실주의의 세계로 진화했다. 이후 로크식(저비스식) 방어적 현실주의의 세계로 진화되고 이후 규칙에 기반한 세계로 진화했다. 인류사회에 있어 (사회) 진화에 대한 해석만이 진정으로 내생적이고 전면적이다. 본 장에서 국제정치의 사회진화적 해석에 관한 이론과 정책적 함의에 대해 논의한다.

1. 사회진화 패러다임과 진화과학으로서의 국제관계

앞선 장에서는 파라다이스와 같은 세계에서 공세적 현실주의 세계, 방어적 현실주의의 세계, 마지막으로 보다 규칙에 기반한 세계로 전환하는 과정을 보여주면서 국제시스템은 늘 진화하는 시스템이고, 국제시스템의 특징인 무정부상태가 유지되더라도 그의 근본적인 성질은 변화한다고 주장했다. 따라서 국제정치에서의 전환을 믿지 않고 국제정치가 단일한 유형의 세계에 영원히 머물 것이라고 믿는 이론들은 버려야 한다. 그리고 시스템의 전환은 인정하지만 이러한 전환에 대한 내생적인 해석을 제공할 수 없다는 이론도 버려야 한다.

즉, 국제정치는 진정한 의미의 진화적 성격을 갖춘 과학이어야 한다. 국제정치 학자들에게 '다윈과 마땅한 지위'를 주어야 한다.[1] 헤르만 뮐러(Hermann Muller, 1959)의 말을 빌리자면 국제정치학에서 다윈주의가 없었던 150년은 너무나 길다. 이러한 진화적 관점을 강조하는 것은 미시적, 거시적 측면에서 국제정치의 역사를 이해하는데 중요하다.[2]

왈츠의 구조주의 혁명이 하나의 준(準)체계적인 혁명으로 나타난 이후, 국제관계 이론은 이미 시스템 이론을 받아들였다. 국제정치학의 주요한 대이론은 시스템에 관한 유사이론이거나 불완전한 이론이다.[3] 그러나 시스템 이론은 단지 동적인 이론(즉 시스템의 사물은 지속적으로 상호작용하여 변화하지만 시스템 자체는 자기 복제만 한다)일 뿐, 진화적인 이론은 아니다. 시스템 이론은 시스템 자체가 어떤 조건에서 외생적인 추진력을 빌리지 않고 다른 시스템으로 진화할 수 있는지에 대해서는 설명하지 못한다. 러기(Ruggie, 1983, 285)의 표현대로 '재생적(reproductive)' 논리만 담겼을 뿐, '전환적(tranformational)' 논리는 거의 없거나 드물다.[4] 진화하

---

1 키처(Kitcher 2003)는 '다윈에게 있어야만 하는 지위를 부여하다'라는 표현을 만들었다.

2 본서는 거시적인 측면에 주로 초점을 맞추고 있지만, 필자는 이미 사회진화 모델을 국가적 측면(Tang 2008b; Tang and Long 2012)과 심리적 측면(Tang 2009a;2012)의 연구에 사용한 바 있다.

3 본서 제5장에서 지적한 바와 같이, 구조이론은 준(準)시스템 이론일수밖에 없는데, 왜냐하면 구조는 시스템의 일부이지 전체는 아니기 때문이다.

4 왈츠(Waltz 1986, 342~343) 본인도 '한 시스템의 구조가 변화에 저항하며', '시스템 내의 변화와 시스템의 전환은 시스템의 구조가 아니라, 그 시스템의 구성부분'이라고 인정했다.

는 과정이 부족하기 때문에, 국제정치의 시스템 이론은 어떤 특정한 시스템(또는 시스템의 일부인 구조)이 국가의 행위에 어떻게 영향을 미치는지를 이해하는데 적용될 수 있지만 시스템이 어떻게 다른 것으로 진화하는지를 이해하는데 적용될 수 없으며, 기존 이론의 시스템에 더 이상 적용되지 않을 수도 있다(Cox 1981, 133).[5] 국제정치시스템은 근본적인 변화를 경험한 진화시스템이었기 때문에, 아무리 복잡한 시스템 논리라 할지라도 이는 어떤 특정 시간 범위의 특정 시스템을 이해하는데 도움이 될 수 있을 뿐, 국제정치의 역사를 본질적으로 이해하는 데 도움이 될 수 없다. 이러한 진화적 성격이 없는 이론을 진화된 시스템에 사용해 국제정치의 역사를 이해하고 이 시스템이 진화되지 않은 것처럼 평가하는 것은 바람직하지 않다.

진화적 성격이 없는 이론을 진화하고 있는 시스템에 대입하려는 시도는 세 가지 주요 국제정치 대이론(공세적 현실주의, 방어적 현실주의, 신자유주의) 간의 기존 논쟁이 풀리지 않기 때문이다.[6] 이러한 논쟁에서 세 가지 대이론의 지지자들은 자신이 지지하는 이론이 최고는 아니더라도 상대적으로 보다 나은 이론이라는 것을 증명하려고 한다. 더 나아가 단일한 대이론으로 국제정치 역사 전체를 설명하는 목표를 가지고 있다(Keohane 1986; Glaser 1994-1995; Brooks 1997; Jervis 1999; Wendt 1999;

---

5   칼러(Kahler 1999, 191~192)는 비슷한 견해를 함축적으로 표현해, 국제관계 이론가들이 "1945년 이후 국제시스템과 냉전에서 생겨난 정책에 눈을 고정시켜 왔다"고 지적했다.

6   세 가지 이론 간의 토론을 부인하려는 것은 아니다. 이론적 통일을 하나의 숨은 목표로 하여, 국제정치에 대한 우리의 이해를 극적으로 밀어붙였지만 결국 통일이 불가능하다는 사실이 증명되었다.

Copeland 2000; Mearsheimer 1994; 2001; Taliaferro 2000-2001). 보다 나은 혹은 가장 좋은 국제정치 대이론에 대한 신념에는 하나의 (함축적인) 가정이 있다. 바로 국제정치의 근본적인 성격이 전체적으로 거의 변한 적이 없다는 것이다. 국제정치 역사 전체를 단일한 대이론으로 해석하려는 노력도 이미 진화되지 않은 이론을 진화된 시스템에 사용하려는 시도를 의미한다. 그러나 국제정치는 근본적으로 진화되고 있는 시스템이다. 국제정치는 어떤 특징(예를 들어 무정부상태)이 유지되었음에도 불구하고 전환적인 변화를 이미 경험했다. 이렇게 되면 단일한 대이론만으로 국제정치의 역사를 설명하는 것은 애초부터 불가능한 일이다.

세 가지 이론 사이의 논쟁이 해결되지 못하는 근본적인 원인은 국제정치시스템은 항상 진화하는 시스템인 반면, 국제관계학은 아직 진화된 과학이 아니기 때문이다. 이 논쟁에 대한 간단한 해결책은 바로 시대에 따라 서로 다른 국제정치 이론이 필요하다는 것이다. 다른 말로 세 가지 대이론은 세 개의 서로 다른 시대에서 비롯되고 그 시대에만 적용된다.[7]

첫째, 공세적 현실주의는 '대국 시대(Great Power Era)'의 역사적 사실과 일치하지 않는다. 확장과 정복이 안전에 도움이 되기 때문에 공세적 현실주의는 각 국가가 지역 패권을 얻을 때까지 확장과 정복을 추구할 것이라고 예측했다. 그러나 미어샤이머가 인정했듯이 한 번의 예외를

---

[7] 서로 다른 국제정치 이론이 서로 다른 국제정치 시대에서 유래하고 적용된다는 사실이 시대별로 서로 다른 이론이 형성될 수밖에 없다는 것을 의미하지는 않는다. 사실 서로 다른 '원시이론(proto-theory)'은 동일한 시대에 나타날 수도 있는데, 이는 국제정치에 대한 해석이 현저하게 다를 수 있기 때문이다.

제외하고 대국 시대의 주요한 확장 시도는 비참한 패배를 당했고 확장을 추구하는 국가도 처벌받았다. 즉, 대국이 지속적으로 확장을 추구한다는 것은 자신의 이익에 반하여 행동하고 실현불가능한 목표를 완성하려고 노력한다는 것을 의미한다. 이는 국가가 전략적 행위자라는 현실주의의 가정에 어긋나다. 실제로 19세기 후반 이후 공세적 현실주의 국가가 드물어지고 있다는 사실을 확인할 수 있다(Schweller 2006, 104).

대조적으로 보면, 방어적 현실주의는 대국 시대의 역사와 더 일치한다. 방어적 현실주의는 정복이 어려울 것이고 제국은 지속가능하지 않을 것이라고 예측한다. 대국 시대의 역사는 확실히 이에 해당한다(Kupchan 1984; Snyder 1991; Walt 1987a; 1987b).

이전의 논의를 통해 방어적 현실주의가 공세적 현실주의보다 대국 시대에 더 적합한 설명으로 평가되는 이유는 바로 대국 시대에서 국제정치가 이미 방어적 현실주의 세계로 진화했기 때문이다. 당시 국가의 수는 이미 급격히 감소됐고 개별국가의 평균 규모도 눈에 띄게 커졌다. 즉, 방어적 현실주의자들은 이론을 발전시킬 때 정확한 역사적 시기를 대상으로 삼았다. 대국 시대에서 국제정치는 이미 공세적 현실주의 세계에서 방어적 현실주의 세계로 진화하기 시작했기 때문에, 공세적 현실주의자들은 잘못된 역사적 시기(대국 시대를 집중함)에 그들의 이론을 발전시켜 왔다.

공세적 현실주의자와 방어적 현실주의자 모두 대국 시대의 역사를 해석하려고 하지만 사실상 이들은 서로 다른 역사적 시기에 초점을 두고 이론을 뒷받침할 증거를 찾아야 한다. 공세적 현실주의자는 대국 시대 이전의 역사에, 방어적 현실주의자는 대국 시대에 초점을 맞추어 각자의 논의를 발전시켜야 한다. 따라서 현실주의의 두 분파가 방법론적으로 통일될 수 있다 하더라도, 가능성(possibility)과 개연성(probability)이 극단적인 형태이기 때문에 방어적 현실주의가 공세적 현실주의를 포함할 수 있지만 두 진영이 합쳐질 수 없다.[8] 존재론적으로 볼 때 양자는 국제정치에서 비롯되었지만 다른 시기에 적용되며 서로 어울릴 수 없다.

신자유주의와 방어적 현실주의의 관계는 좀 더 복잡하다.[9] 저비스(Jervis 1999, 45~47)는 "신자유주의와 방어적 현실주의 간의 불일치가 과장되었을 뿐만 아니라 오도되었다.……그들 간의 차이는 부분적으로는 양자가 서로 다른 영역에 중점을 두는 경향이 있다는 점에서 비롯됐다. 즉 신자유주의는 국제정치경제 및 환경 등 이슈를 중시하고 현실주의는 국제안보에 더 큰 관심을 갖는다"고 명확하게 지적했다.[10]

그러나 저비스는 양자 간의 명확한 차이점을 놓쳤다. 방어적 현실주의(그리고 일반적인 의미상의 현실주의)는 국제정치에서 긴 역사 시기(포스트 웨스트팔리아 심지어 1495년 이후의 대국 시대)를 고찰하려고 시도하는 반면, 신자유주의는 제2차 세계대전 이전의 국제정치 분야에 대한 연구에 뛰어드는 위험을 무릅쓰지 않는다. 신자유주의자들이 그들의 이론을 지

---

8 많은 사람들(예: Brooks 1997, 473; Snyder 2002, 151; Taliaferro 2000~2001; Spirtas 1996, 387)이 방법론적 통일을 요구한다. 미어샤이머(Mearsheimer 2006, 110)도 두 가지 현실주의의 통일 가능성을 거부했지만, 그의 입장을 설명하지는 않았다.

9 신자유주의와 공세적 현실주의 사이의 차이는 너무 커서 통합하기 어렵다. 본서에서는 이 부분을 다루지 않겠다(Mearsheimer 1994; 2001; Jervis 1999, 48~49, 51; Tang 2008a 등을 참조).

10 물론 신자유주의자들도 중대한 어려움에도 불구하고 안보연구를 시도해왔다(예: Wallander, Haftendorn, and Keohane 1999; Lake 2001).

지할 수 있는 거의 모든 실증적 증거는 제2차 세계대전 이후부터 유래되었으며 주로 유럽지역을 기반으로 한다.

신자유주의가 스스로 시간적 범위를 제한한 이유는 근본적인 문제가 있었기 때문이다. 신자유주의자들은 국제정치 역사의 전반에서 신자유주의가 성립된다는 것을 증명하려고 했지만 스스로 신자유주의의 시간적 한계를 잘 알고 있었다. 신자유주의자들은 그들의 이론이 '제2차 세계대전' 이후의 세계를 이해하는 데는 유용하지만, 그 이전의 역사를 이해하는 것과 거의 관련이 없는 것을 알고 있다.

신자유주의자들이 그들 스스로의 이론이 시간적 한계가 있다는 것을 인정한 행동은 정확한 판단이다. 신자유주의 세계는 방어적 현실주의 세계에서만 진화할 수 있고 공세적 현실주의 세계에서는 진화할 수 없다. 공세적 현실주의 세계의 논리는 '정복하거나 정복당하는' 것인데 이러한 세계에서 협력을 추구하는 시도는 자멸하는 선택이다. 협력을 위한 반복적인 상호작용은 거의 발생하지 않는다(Tang 2008a; 2010b, 제4장).[11]

대조적으로 보면 방어적 현실주의 세계의 논리는 '생존하는 것과 생존하게 해주는 것'이다. 이런 세상에서 협력은 결국 스스로를 위해 실

---

11 미어샤이머(Mearsheimer 2001, 51~53)는 공세적 현실주의 세계에서 협력은 공동의 위협에 직면할 때 결성된 잠정적인 연합인 경우를 제외하면, 사용가능한 하나의 자주적 수단이라른 점을 결단코 부인한다. 저비스(Jervis 1999, 50)와 글레이저(Glaser 1994-1995, 60, 67, 71~72) 모두 확실히 혹은 은연중에 비슷한 의도를 가지고 안보를 추구하는 국가(현상유지를 원하거나 확장성이 없는 국가)를 상대하는 경우에만, 협력을 추구해 안보 딜레마를 완화한다는 사실을 인정한다. 어떤 국가도 공세적 현실주의(수정주의) 국가들과 협력을 모색하지는 않는다. 필자는 이와 관련해 공동 위협에 직면한 임시 동맹 이외의 협력 여부는 공세적 현실주의 이론과 모든 비공세적 현실주의 이론 간의 근본적인 차이점이라고 지적한 바 있다(Tang 2008a).

행 가능한 수단이 되며 반복적인 협력도 가능하다(Axelrod 1984; Glaser 1994).[12] 또 방어적 현실주의 세계에서 반복적이고 협력적인 교류에서 비롯된 관념과 규범이 제도화될 기회가 있다. 즉 자조(自助)적 수단으로서의 협력은 견실한 객관적 기반이 반드시 있어야 하고 이 객관적 기반은 공세적 현실주의 세계에서 방어적 현실주의 세계로의 전환이 있어야만 제공된다. 이 전환은 '제2차 세계대전' 후에 비로소 완전히 이루어졌기 때문에 신자유주의자들이 자발적으로 그들의 사례를 '제2차 세계대전' 이후의 시기로 제한한 것은 전혀 이상하지 않다. '제2차 세계대전' 이전의 일은 신자유주의와 거의 무관하다.

요약하자면, 국제정치가 전환적이며, 시스템적인 변화를 겪고 있기 때문에 모든 단일한 국제정치 대이론은 국제정치의 역사를 통틀어서 설명할 수 없다. 국제정치의 존재론적인 이유로 인해 하나의 대이론으로 역사를 통틀어 설명하려는 숭고하지만 실현 불가능한 목표를 포기해야 한다.[13] 대신에 하나의 대이론으로 국제정치의 특정한 역사적 시기를 설명하려는 겸손한 시도에서 더 큰 수확을 얻을 수 있다. 다시 말해, 국제정치학에서 주요한 대이론들은 헛된 사업을 추구해 왔다. 그들은 자신의 이론이 다른 이론들에 비해 상대적으로 보다 '과학적'이라는 것을 증명하는 데에 주력했다. 그러나 이보다 서로 다른 역사 시대에 해당하는 각

---

12   악셀로드는 무정부상태가 방어적 현실주의를 기반으로 한 것이라고 명시하지는 않았지만, 국가가 상호작용 환경에 있다는 가정에 대해, 심지어 방어적 현실주의가 말하는 것보다 훨씬 더 우호적인 무정부상태를 암시했다. 자세한 논의는 Tang 2008a, 497~498를 참조.

13   홀스티(Holsti 1998)는 인식론의 관점에서 비슷한 견해를 제시한다.

자의 이론을 보완할 필요가 있다. 게다가 특정한 역사적 시기를 정하지 않는 한 어떠한 이론이 과학적으로 우세한지 판단할 수 없다. 국제정치학의 이론들은 영원(timeless)할 수 없다.

마지막으로 국제정치에 관한 사회진화적 해석은 다른 연구주제와 관련해서도 상당히 흥미로운 함의를 가진다. 가령, 역사상 가장 불안한 '민주 평화'가 나타난 시기는 공교롭게도 공세적 현실주의 세계에서 방어적 현실주의 세계로의 전환과 시기적으로 일치한다.[14] 그렇다면 공세적 현실주의 세계에서 방어적 현실주의 세계로의 진화와 '민주 평화'의 형성에는 어떤 관계가 있는 것인가? 이 문제와 관련해 기본적으로 세 가지 가능성이 있다. 첫째, 시스템의 전환은 '민주 평화'의 출현과는 관계가 없지만, '민주 평화'는 독특한 기원을 가지고 있다. 둘째, 시스템의 전환은 대다수 국가 간에 증가하는 평화를 설명하는데 '민주 평화'는 단지 이 전환의 부차적인 결과일 뿐이다. 셋째, 시스템의 전환은 '민주 평화'가 진실이라는 것을 지지하지만, 아직 근본적인 원인을 찾지 못했다. 이른바 '전제평화(dictatorial peace)'에 대해서도 우리는 같은 질문을 제기할 수 있다(Peceny et al. 2002).

---

14   "민주평화"에 관한 문헌은 안개가 가득한 바다와 같다. 최근의 토론은 International Politics, vol. 41 2004, '민주평화'에 대한 진화적 시각에서의 논의는 Huntley 1996, Cederman 2001a; 2001b을 참조.

2. 정책적 함의: 안보 추구의 과거, 현재, 미래

약 기원전 4000-기원전 3500년, 국제정치는 이미 파라다이스와 같은 세계에서 공세적 현실주의의 세계로 진화하였으며, 이후 늦어도 제2차 세계대전까지 방어적 현실주의 세계로 진화했다. 1945년 이래로 주요 지역에서 국제정치는 제도화된 평화로 가고 있다. 이 인식은 국제정치의 이론화 측면뿐 아니라, 국가의 현재와 미래의 안보 추구에도 중요한 의미를 가지고 있다.

냉전이 끝난 초기에는 미어샤이머가 한 쪽을 대표하였고, 저비스와 반 에베라가 다른 한 쪽을 대표했다. 양측은 유럽의 미래에 대해 작은 논쟁을 벌였다 (Mearsheimer 1990; Van Evera 1990—1991, Jervis 1991—1992). 공세적 현실주의자인 미어샤이머는 안정된 양극이 붕괴되었기 때문에 유럽의 과거가 미래가 될 것이라고 예측한 반면, 방어적 현실주의자인 반 에베라는 유럽은 미래로 돌아가지 않을 것이라고 주장한다. 저비스는 미래가 현재나 과거와 유사할 것이라고 예측할 수 없다고 경계했다.[15]

따라서 국제정치의 대이론 사이에서 나타난 국제정치의 성격에 관한 논쟁은 학자 간의 무의미한, 자기중심적인 논쟁만이 아니다. 이러한 논쟁들은 현실 세계와 강한 연관성을 가지고 있다. 왜냐하면 각각의 대이론이 국가의 안보전략에 대한 함의를 제공하기 때문이다.[16] 따라서

---

15   이후의 상황은 당연히 방어적 현실주의를 지지하고 보다 낙관적인 예측에 기울어져 있다. 이 토론에 대한 양질의 문헌연구는 페트바이스(Fettweis 2004)를 참조.

16   왈츠는 국제정치 이론이 외교정책 이론이 되려고 시도에 대해 부정적이었지만 대부분의 이론가들은 그들의 이론으로 국가의 정책에 영향을 주려는 의도를 가지고 있다. 왈

우리가 어떤 세계에서 생존하고 있을지에 대해 이해하는 것은 오늘날 어떻게 생존할 것인지 그리고 미래에 어떤 세상에서 살아남을 것인지에 대해 매우 중요하다.

국제정치의 진화적 성격에 주목하면서 서로 다른 국제정치 이론이 서로 다른 국제정치 시대에서 유래되고 서로 다른 시대에 적용된다는 것을 알 수 있다. 구체적으로, 미어샤이머는 과거에는 옳았지만 현재와 미래 모두 틀릴 것이다. 오늘과 내일의 세계에서 그의 정책은 재앙을 초래할 것이다. 대조적으로 보면 저비스는 과거에 잘못되었다. 공세적 현실주의 세계에서 그의 정책은 자멸적이지만, '제2차 세계대전' 이후의 시기에 그의 주장은 현실에 부합하며, 앞으로도 점점 더 부합해질 수 있다. 마지막으로 코헤인은 공세적 현실주의의 세계인 과거에는 틀렸지만, '제2차 세계대전' 이후의 시기에 옳을 수도 있고 점점 더 정확해질 수 있다. 즉 공세적 현실주의는 과거에 관한 이론이고, 방어적 현실주의는 현재와 미래의 일부에 관한 이론이며, 신자유주의 이론은 현재의 일부에 관한 것이지만 미래에는 더더욱 중요해질 것이다.

서로 다른 국제정치 이론이 국제정치의 서로 다른 시대에서 유래되고 적용되기 때문에 과거를 잘 설명할 수는 있지만 그것이 자동적으로 국가의 현재와 미래의 안보정책에 가장 좋은 이론이라고 의미하지 않는다. 우리의 과거를 효과적으로 설명할 수 있는 이론은 '과학적'이고 좋은 이론이지만 현재와 미래에 대해 좋은 안내를 할 수 있을지는 알 수 없으

츠(Waltz 1996)와 엘만(Elman 1996) 사이의 논의를 참조.

며, 심지어 잘못될 수도 있다. 만약 그렇다면 한 국가가 어떤 특정한 국제정치 대이론들을 선택하여 정책에 반영할 때, 해당 이론의 과학적 가치에 의해서만 선택할 것이 아니라 자신이 어떤 세상에 살고 있는지 그리고 자신의 세계에서 그 이론은 과연 옳은 것인지에 대해 잘 생각해봐야 한다.[17] 과거에서 유래하고 과거에 적용된 대이론들이 '과학적으로' 좋은 이론이라고 해도 현재, 이 시대의 정책에 반영되는 것은 큰 실수가 될 수 있다.

공세적 현실주의 세계에서 방어적 현실주의 국가는 바보이다. 소멸되거나 사회화되어 공세적 현실주의 국가로 변할 수 있다. 반면, 방어적 현실주의 세계에서 공세적 현실주의 국가는 엄한 처벌을 받게 된다. 보다 규칙적인 세계에서(특히 냉전 후의 세계에서) 공세적 현실주의 전략은 매우 위험한 것이고 방어적 현실주의 전략은 공세적 현실주의 전략보다 훨씬 안전할 수 있지만 신자유주의 전략보다 효과적이지 못하다.

미어샤이머, 저비스, 반 에버라의 논쟁을 이미 앞선 장을 통해 정리할 수 있다. 국제정치를 하나의 진화적인 시스템이라고 상정하고 진화과정의 동력을 보여줌으로써 국제정치가 공세적 현실주의 세계에서 방어적 현실주의로 진화되고 심지어 방어적 현실주의를 넘어선다는 것을 보여주었다. 만약 그렇다면 우리는 목적론적으로 미래를 예측할 수 없을지

---

17 이 두 문제는 서로 밀접하게 얽혀있으며 불가분하다. 각국의 안보 전문가들이 그런 주장에 개입한 것이 사실이라고 말했다. 미국에서 조지 W. 부시가 정권을 잡은 후, 많은 분석가들은 그가 냉전이 끝났다고 생각했는지를 알아내려고 했다(Daalder and Hill, 2001). 마찬가지로, 중국에서도 중국이 어떤 세계에서 살고 있는지에 대한 토론이 이루어졌다(Goldstein 2001; Tang and Gries 2002; Tang 2008a).

라도 자신 있게 국제정치가 '더럽고 야만적이며 단명한' 공세적 현실주의 세계로 돌아가지 않거나 (ㄴ) 주기적 순환을 하지 않을 것이라고 단언할 수도 있다.[18] 왜냐하면 진화적인 시스템은 단순하게 뒷걸음치거나 주기적으로 순환하지 않기 때문이다. 따라서 오늘날 국가의 안보전략에 있어 공세적 현실주의는 좋은 가이드가 될 수 없다.

오늘날 대부분의 국가는 여전히 방어적인 현실주의의 하위시스템에 살고 있다. 따라서 대부분 국가들의 안보 전략에서 방어적 현실주의는 더 나은 지침이다(Tang 2010b). 이러한 세계에서 협력은 여전히 어렵다. 협력으로 가는 길은 항상 충돌로 가는 길보다 더 많은 굴곡이 있다. 그러나 이러한 세계에서 협력은 가능하다(Jervis 1999; Kydd 2005; Tang 2008a, 2010b). 국가는 점점 더 평화와 협력을 제도화하고 촉진하며, 규칙에 기반한 세계를 위한 새싹을 가지고 있다.

그렇다면 이런 세상에서 우리는 어떻게 행동해야 하는가. 여기서 네 가지를 제안하고자 한다. 첫째, (방어적 현실주의) 국가는 방어적 현실주의의 행동 준칙에 따라 협력을 구해야 한다(Tang 2010a). 둘째, 가급적이면 국가는 제도(또는 규칙)를 통해 협력을 규제해야 한다. 셋째, 국가는 효용을 증대하는 규칙에 의해 상호 사회화되어야 한다. 더 나아가, 모든 국가들이 이러한 공식적이고 비공식적인 규칙들을 내면화하여 그들의 가

---

18 하나의 진화과정은 목적론적일 수 없다. 왜냐하면 진화는 (외부적인) 우연적 사건을 허용하기 때문이다. 따라서 우리는 국제정치의 확실한 미래에 대해 목적론적인 해석을 진행하지 않는다. 물론 우리는 미래 시스템의 모든 근본적인 변화가 '역사적 진보'가 될 것임을 시스템의 내적 동력이 보여준다는 정도를 이야기할 수는 있다(Wendt 1999, 312). 본서의 제4장도 함께 참조.

치 체계로 혹은 자신의 정체성으로 삼는 것을 기대할 수 있다. 넷째, 이러한 보다 규칙에 기반한 세계에서도 어떤 행위가 여전히 규칙을 위반할 수 있다는 것을 깨달아야 한다. 이러한 문제에 대한 해결방안은 비폭력적인 방식으로 규칙을 통과시키고 집행하는 것이다. 이 모든 조치들을 통해 우리의 세계는 규칙에 기반한 더 좋은 세상으로 변화할 것이다.

이미 보다 성숙하고 규칙에 기반한 시스템에 속한 국가들(예를 들어, 유럽연합(EU)과 메르코수르(MERCOSUR))이 할 역할은 좀 더 쉽다. 그들은 훨씬 더 유리한 환경에서 규칙에 기반한 세계의 규칙을 지켜야 한다.

부록

1. 민족인류학에서 유래된 증거

제2장에서 언급한 바와 같이 민족인류학(ethnographic anthropology)은 전쟁의 기원을 이해하는데 중요한 지식을 제공해준다. 본 부록은 본문 외에 본서에서 제시한 이론을 뒷받침하는 민족인류학의 핵심적인 증거를 간략하게 기술하고 있다. 더 많은 관련 정보를 알고 싶으면 킬리(Keeley 1996), 켈리(Kelly 2000)와 퍼거슨(Ferguson 2006)을 참조하길 바란다. 특히 반 데르 덴넨(van der Dennen 1995; 2007)과 프라이(Fry 2006)의 저서에는 더욱 비판적인 연구 내용이 담겨 있다.

상대적인 인구 압력과 자원 경쟁은 전쟁 발생의 필요(혹은 충분) 조건

본서의 이론은 상대적으로 높은 인구 압력(절대적인 인구밀도 자체가 아닌)과 그에 따른 폐쇄적인 생태계 내에서 발생하는 희소한 자원을 둘러싼 경쟁이 전쟁을 발생시키는 필요(혹은 충분) 조건이라는 점을 강조한다. 킬리(Keeley 1988; 1996, 117~121)는 상대적인 인구 압력이 전쟁과 밀접하게 연관되어 있다는 사실을 발견했다. 이는 본서의 이론을 뒷받침하는 중요한 증거를 제공했다. 킬리(Keeley 1996, 138~141)는 '힘든 시기'에 더 많은 집단 간 전쟁이 발생했다는 점을 발견했다. 폴리네시아의 이스터섬(Eastern Island)에서 벌어진 비극도 한 예라 볼 수 있다. 높은 상대적 인구 압력에 따른 자원 경쟁은 전쟁을 일으키는 필수조건이다(Keegan 1993, 25~30; Diamond 1997).[1]

한 곳에 정착하는 것은 단체에 더 강한 소유지에 대한 인식을 주고, 이는 반대로 방어의 필요성에 대한 인식을 강화시킨다. 대조적으로 보면 소유지에 대한 인식이 강한 반(半)유목민족도 전쟁(Kelly 2000)에 휘말린 적이 있다. 솔티스, 보이드와 리처슨(Soltis, Boyd, Richerson 1995)은 이리안 자야(Irian Jaya)와 파푸아뉴기니의 반 이상의 전쟁이 영토전쟁에서 유래되었다는 것을 발견했다. 더 흥미로운 점은 활동 범위가 고정된 지 얼마 되지 않은 사냥꾼들이 보다 엄격하게 계급제도가 확립된 사회조직을 형성하는 경향을 수반한다는 것이다(Kent 1989; 반대의견으로 Knauft 1990b). 켈리(Kelly 2000)는 또한 계급적으로 세분화된 집단들에 항상 전쟁이 뒤따른다고 지적했다.

채그넌(Chagnon 1968; 1997)은 간접적인 증거를 제시했다. 야노마미족(Yanomamös)의 전쟁은 본서의 제2장에 나오는 하위시스템들의 전쟁처럼 잔인하지 않다. 야노마미족에게 전쟁은 존재하지만 영토를 빼앗기 위해 정복하는 것이 아니라 항상 기습하는 형태로 이루어졌다. 야노마미족은 적은 인구 대비 넓은 영토를 차지하기 때문에 그들의 상대적 인구 압력은 낮다. 야노마미족의 전쟁이 잔인하지 않다는 사실이 본서의 논점을 뒷받침할 수 있다. 즉, 높은 상대적 인구 압박은 전쟁의 발발과 심화의 핵심 원동력이다.

---

1   캐롤 엠버와 멜빈 엠버(Ember and Ember 1992)도 전쟁이 종종 현재 자원이 심각하게 불확실한(예: 가뭄, 홍수를 겪은 이후) 해에 발생한다는 점을 발견했다. 유감스럽게도 반 데르 덴넨(van der Dennen 2007, 86)이 지적했듯이, 캐롤 엠버와 멜빈 엠버(Ember and Ember 1992)는 복수, 싸움, 전쟁을 혼동해서 설명했다(Wilkinson 1999, 266~267; Hamblin 2006, 33~34).

원시 인류 간의 전쟁은 빈번하고, 잔인하며, 전면적이다.

이 부분과 관련해 킬리(Keeley 1996)는 가장 포괄적이고 정밀한 조사결과를 제시하고 있다. 더 정확하게 말하자면 (1) 작은 집단 간의 원시전쟁에 참여한 남성인구의 비율은 현대국가의 전쟁에 참여한 남성인구의 비율(40%)과 같다. (2) 원시전쟁에서 사망자의 비율은 현대국가의 전쟁보다 훨씬 높고 때로는 100%에 이른다. (3) 원시전쟁에서 목숨을 잃은 인구수는 전체 인구의 40%에 이를 수 있다(Keeley 1996, 33~36, 63~66, 83~97, 173~177, 189, 194~197). 이와 마찬가지로, 캐롤 엠버와 멜빈 엠버(Ember and Ember 1998, 5, 표1.1)의 연구에서는 서양의 정복자들에 의해 억압되지 않은 90개의 원시 집단 중 56.66%가 전쟁을 경험한 것으로 나타났다. 그 중 9%만이 전쟁을 경험한 적이 없거나 거의 없다.

서양의 정복자들이 들어온 후, 일부 하위시스템에서의 전쟁이 아주 잔인하다는 사실을 서양의 민족학 연구자들도 관찰했다. 이 시스템들은 아프리카(예를 들어 줄루 제국(Zulu Empire)), 오세아니아(마오리족(Maori) vs. 모리오리족(Morooi)), 하와이에서 발견되었다(Keegan 1993, 24~32; 103~106; Diamond 1997; Flannery 1999). 다른 지역의 증거에 대해서는 킬리(Keeley 1996), 마틴과 프레이어(Martin and Frayer 1998)를 참조하길 바란다. 이 증거들은 서로 다른 하위시스템이 비슷한 발전 과정을 경험한다는 것을 증명하고 있다.

상비군 이전의 훈련과 전술

본서의 제2장에서 지적한 바와 같이 소규모 집단에는 상비군을 배치할 수 없다. 따라서 이러한 집단의 전투력과 전술훈련은 일반 상비군의 수준에 미치지 못한다. 이는 터니 하이(Turney-High(1949) 1991)가 원시전쟁이 군기 부족, 집중 부족, 전술 부족과 같은 많은 부족한 점을 발견했다는 것을 설명해 준다. 그러나 이 모든 '단점' 때문에 원시의 전사들이 현대의 전사들보다 능력이 뒤떨어지는 것을 의미하지는 않으며, 사실은 아마도 반대일 것이다(Keeley 1996, 42~48, 173~176). 또 일부 소규모 집단은 전사 훈련과 스킬, 전술 훈련에서 핵심 방법을 성공적으로 적용했다. 예를 들어, 브라질 중부의 카야브인(Kayapo)과 아프리카 동부의 마사이족(Masai) 모두가 남성을 연령대로 다양한 그룹으로 나누고 청장년 남성을 전사 계급으로 바꾸는 체계를 발전시켰다. 이것은 고대 그리스의 스파르타 시스템과 유사성을 가지고 있다([Carneiro] 2000, 12929).

전쟁은 전파될 것이다.

요르겐 요르겐센(Jorgen Jorgensen)의 인도 전쟁에 대한 연구를 인용해 킬리(Keeley 1996, 127~128)는 전쟁이 항상 고르게 분포되는 것이 아니라 한 곳으로 모이는 것에 주목했다. 그는 전쟁이 심화된 요인 중 하나가 침략적인 이웃 때문이라고 추측했다.

켈리(Kelly 2000, 특히 제3장)의 안다만(Andaman)섬 주민에 대한 연구도 그들의 조상들이 이미 전쟁을 겪었을 수도 있고, 또한 침입자들로부터 전쟁에 대해 배운다는 사실을 보여주고 있다. 안타깝게도, 켈리는 이 사실이 그의 전쟁 기원 이론에 깊은 의미를 갖는다는 것을 인식하지 못했다.

2. 제2장에 대한 보충표

표S2.1 고대 메소포타미아와 고대 이집트의 전쟁 기원과 전파

메소포타미아 (시리아 북부, 자그로스산맥과 토로스산맥 포함)	이집트
아카드 제국 (B.C.2350-B.C.2100) 전쟁이 만연했으며 전면전으로 치닫고 오랜 시간 지속. - 증거: 사르곤왕이 5000여 명의 강력한 상비군 조직, 나람신(B.C.2254-B.C.2218 재위) 석비와 기타 군사 예술품.[2]	중기 왕국(Middle Kingdom) 시기 (B.C.2061/2055/2040-B.C.1730/1650/1569) 이전과 같이 전쟁이 일어나면 전면전으로 확대.[3]
수메르 초기 왕조 시기 (B.C.2900-B.C.2350) 전쟁이 만연, 일부는 사료에 기록되어 있음. (라가시-움마 충돌): 우르의 깃발(The Standard of Ur, B.C.2550)과 독수리 석판(The Stele of the Vultures, B.C.2425)[4] - 기타 증거: 무기(전차 포함), 공성 장면을 묘사한 예술품, 무기가 들어 있는 고분, 제사의 기념비, 가죽이 벗겨진 두개골, 제물과 공동묘지.	제 1 중간기 (B.C.2190/2160-B.C.2061/2055/2040) 고왕국시기, 제3왕조-제8왕조 (약 B.C.2770/2686/2650-B.C.2190/2160) 전쟁 발발 시에는 전면전으로 확대됨, 하지만 이집트 왕국의 세력이 약해지거나, 혹은 왕국이 외적을 방어할 때에 발발. - 대량의 증거: 돌기둥, 기념비, 금자탑 문헌, 군사 예술품.[5]
옘뎃 나스르(Jemdet Nasr) 문화 (B.C.3100-B.C.2900) 방어시설을 갖춘 도시가 전쟁의 증거로 추측됨.	초기 왕조, 제0왕조-제2왕조 (B.C.3200/3150-B.C.2770/2686/2650) 전쟁이 기승을 부리며 전면전으로 확대됨. - 대량의 증거: 유명한 나르메르 팔레트(Narmer Palette, B.C.5000-B.C.4000)는 전쟁포로 학살과 처형의 장면, 대규모의 요새화 공사와 해전을 묘사함.[6]

우루크(Uruk) 문화 (B.C.4000-B.C.3100) B.C.4000년, 우루크가 첫 번째 도시로 건설. - 방어시설을 갖춘 도시가 전쟁의 증거로 추측됨.	나카다 문화의 제 I - III 단계 (전왕조 시기) (B.C.4000-B.C.3200/3150) 전쟁 발생, 빠르고 잔인하게 확산. - 증거: 방어 시설, 철퇴, 전쟁의 신, 전쟁 예술품 (예: Battlefield Palette), 전쟁포로를 제물로 바침.[7] 신석기 말기와 전왕조 시기의 과도기 (B.C.5000-B.C.4000)에 촌락이 출현함. 전쟁 증거는 매우 적음.
우바이드(Ubaid) 문화 (B.C.5500-B.C.4000) B.C.4500년, 우바이드 문화는 메소포타미아 중·북부의 할라프 문화를 대신함. 에리두 문화(Erid, 메소포타미아 남부, B.C.5700- B.C.4750)의 전쟁 증거는 매우 적음.	바다리(Badarian) 문화 (B.C.6000/5500-B.C.5000] - [신석기 시대 초·중기] 농업 출현. 전쟁 증거 없음.
B.C.5000년, 할라프 문화가 하수나 문화와 사마라 문화를 대체. 하수나(Hassuna) 문화(메소포타미아 북부) 사마라(Samarra) 문화(메소포타미아 중부) - 전쟁의 증거(희소함): 사마라에서 방어 시설이 출현함.(B.C.6000-B.C.5000)[8]	B.C.10000/9000-B.C.6000/5500 - [구석기 말기, 중석기] 동식물 사육. 전쟁 증거 없음.
나투프(Natufian) 문화 (B.C.13000-B.C.10000) - [구석기 말기]	B.C.22000-B.C.10000/9000 - [구석기 말기] 제벨 사하바(Gebel Sahaba)의 '117호 유적 (B.C.12000-B.C.10000)' 이외 전쟁 증거 없음.

메소포타미아의 연표는 크라이어(Cryer 1995, 660~61), 반 드 미에룹(van de Mieroop 2007, 14), 매킨토시(McIntosh 2005, 부록 1, '연표', 349~360), 그니르스(Gnirs 1999, 71~72) 등을 정리했다.

이집트의 연표는 쿠어트(Khurt 1995, 표 10(p.128), 표 11(p.136)), 쇼

(Shaw 2000, 479~480), 윈크(Wenke 2009, 표 5.1(pp.197~198)), 햄블린(Hamblin 2006, 표 12.1(p.310))을 정리했다. 이 저자들은 대체적으로 같은 연표를 사용했다. 윌킨슨(Wilkinson 1999, 27)을 참조해도 좋다.

근동 연표에 대한 토론은, 새슨(Sasson et al. 1995)에 수록된 크라이어(Cryer)의 글을 참조하길 바란다.

고대 근동의 고고학 소개와 심층적 토론에 관해서는, 마이셀(Maisels 1993)의『근동: 문명 요람의 고고학(The Near East: Archaeology in the Cradle of Civilization)』과 매튜스(Matthews 2003)의『메소포타미아 고고학: 이론과 방법(The Archaeology of Mesopotamia: Theories and Approaches)』을 참조하면 된다.

근동의 전반에 대한 소개는 레드맨(Redman 1978)의『문명의 흥기: 고대근동의 초기 농민사회부터 도시사회까지(The Rise of Civilization: From Early Farmers to Urban Society in the Ancient Near East)』를 참조하면 된다. 이 조사는 다소 시간이 지났지만, 현존하는 증거를 정리하고 고대 근동의 진화성에 대해 해석했다는 장점이 있다. 유감스럽게도 동시대 대다수

---

2   Kuhrt 1995, 48~55; van de Mieroop 2007, 63~73; Hamblin 2006, 73~101.

3   Kuhrt 1995, 118~184; Hamblin 2006, 382~455.

4   Hamblin 2006, 49~150, 55~59.

5   Kuhrt 1995, 118~184; Hamblin 2006, 321~358. Hamblin Hamblin이 '금자탑 시대의 눈부신 문화의 일부 기초는 곧 이집트 초기왕조가 어떠한 잠재 군사세력보다 절대 우세했다(p.329)'는 사실을 의미한다.

6   Bard 2000, 77~80; Wenke 2009, 181~188; Hamblin2006, 315~327.

7   Hamblin 2006, 특히 312~315.

8   Wilkinson 1999, 266~267; Hamblin 2006, 33~34.

인류학의 '진화' 문헌과 같이, 조사의 진화에 대한 개념은 전후 단계와 시간의 순서를 정확히 파악하는 것에만 국한됐고, 사회진화의 핵심체제에 대한 언급은 없었다.

기타 훌륭한 전면적인 조사는, 마이셀(Maisels 1990)의 『문명의 출현: 근동의 수렵채집에서 농업, 도시와 국가까지(The Emergence of Civilizations: From Hunting and Gathering to Agriculture, Cities, and the State in the Neat East)』를 참조하면 된다.

쿠어트(Kuhrt 1995)의 『고대 근동, 기원전 3000년부터 기원전 330년까지(The Ancient Near East, c. 3000-330BC)』도 유용하다.

고고학 증거를 기반으로 인류학의 시각에서 고대 근동국가의 형성을 분석한 저서로는 스테인과 로스만(Stein and Rothman 1994)의 『근동의 군장국가와 조기국가: 복잡한 조직동력(Chiefdoms and Early States in the Near East: The Organizational Dynamics of Complexity)』을 참조하면 된다.

새슨(Sasson et al. 1995) 등이 집필한 『고대근동문명(Civilizations of the Ancient Near East)』과 마이어스(Myers 1997)가 집필한 『옥스퍼드 근동 고고학 백과사전(The Oxford Encyclopedia of Archaeology of the Near East)』은 이 모두 매우 풍부한 정보를 제공한다.

메소포타미아를 단독으로 논한 저서로는 폴록(Pollock 1999)의 『고대 메소포타미아: 존재하지 않았던 에덴(Ancient Mesopotamia: The Eden That Never Wars)』, 맥킨토시(McIntosh 2005)의 『고대 메소포타미아: 새로운 시각(Ancient Mesopotamia: New Perspectives)』와 반 드 미에룹(van de Mieroop 2007)의 『고대근동사, 기원전 2000년부터 기원전 323년까지(A History of the Ancient Near East, ca. 2000-323 BC)』를 참조하면 된다(이 저서의 제목을 오

해할 수 있다. 책의 내용은 모든 고대 근동이 아닌 메소포타미아만을 다루고 있다.).

고대 이집트에 대한 전반적인 소개는 캠프(Kemp 1993)의 『고대 이집트: 문명의 해부(Ancient Egypt: The Anatomy of a Civilization)』, 쇼(Shaw 2000)가 집필을 주관한 『옥스퍼드 고대 이집트사(The Oxford History of Ancient Egypt)』와 원크(Wenke 2009)의 『고대 이집트국가: 이집트 문화의 기원, 기원전 8000-기원전 2000년(The Ancient Egyptian State: The Origins of Egyptian Culture, c. 8000-2000 B.C)』의 제4, 5, 6장을 참조하면 된다. 또한, 쿠어트(Kuhrt 1995)와 햄블린(Hamblin 2006)의 저서 중 이집트에 대한 부분과 새슨(Sasson et al.,1995)에 수록된 문장을 참조하면 된다.

이집트에 대한 보다 전문적인 글은 윌킨슨(Wilkinson 1999)의 『이집트 초기 왕조(Early Dynastic Egypt)』와 스팔린저(Spalinger 2005)의 『고대 이집트 전쟁: 새로운 왕국(War in Ancient Egypt: The New Kingdom)』을 참조하면 된다.

고대 근동의 전쟁에 대해서는 햄블린(Hamblin 2006)의 『기원전 1600년 이전의 고대근동전쟁: 유사 이전의 신성 전사(Warfare in the Ancient Near East to 1600 BC: Holy Warriors at the Dawn of History)』를 참고하면 된다, 이 작품은 고대 근동 전쟁의 이론에 대한 정보가 풍부하다.

표S2.2 고대 중국 전쟁의 기원과 전파 (모두 기원전에 해당)

연대	문화 유적 명칭	전쟁의 증거
동주 (춘추/전국, B.C.771-B.C.221) 서주 (B.C.1046-B.C.771) [청동기 말기 - 철기]	대량의 유적	전쟁이 만연했으며, 기본적으로 모두 사서에 기록됨. 전쟁(특히 정복)에 대한 최초의 기록은 거북이 등껍질에 기록된 것이며, 청동기와 죽간, 그리고 비단 위에 기록됨. 매우 정교한 무기. 모든 도시는 성벽과 참호로 보호.
상 (약 B.C.1700-B.C.1046) [청동기 중·말기]	안양 은허(安陽殷墟)-상 말기 얼리강(二里崗)-상 중기 얼리터우(二里頭) 말기-상 초기	전쟁이 만연했으며, 일부가 사료에 기록됨. 도시의 대부분이 단단하게 쌓아진 성벽, 참호, 보루로 보호. 남성 귀족의 고분에 무기(전차, 창 등)는 전형적인 배장품. 가죽이 벗겨진 두개골, 제사품과 공격을 당해 죽은 사람들의 공동묘지에 같이 묻음.[9] 고도로 발전된 고대국가(상):등급이 엄격했고, 의식이 더 복잡했음. 다른 권력 상징물들이 출현(전차, 청동기 등)
하 (약 B.C.2200-B.C.1700) [청동기 초·중기]	얼리터우 초기: 상고 국가 (하 말기로 추정) 신자이(新砦): 룽산 문화와 얼리터우(하 초기로 추정)의 과도 형태 룽산(龍山) 문화 말기	전쟁 발생은 빈번했지만 사료 기록은 적음. 신식 무기의 발명: 전차, 청동병기. 많은 도시들이 단단한 성벽, 참호, 보루 등으로 보호됨. 고분의 무기수량은 희소하고 유형 또한 비교적 단일함. 가죽이 벗겨진 두개골, 제사품과 공동묘지가 있었으며 더 많은 권력 상징물이 출현함(청동기, 창 등)[10]
삼대 이전 (약 B.C.3000-B.C.2200) 룽산 문화 말기 전설중의 삼황오제시대 (황제, 전욱, 요, 순, 우)[11] [신석기 말기 - 청동기 초기]	룽산 문화(황하분지)[12] 량주(良渚) 문화(장강삼각주): 상고국가[13] 홍산(紅山) 문화(동북지역)	전쟁 발생은 빈번했지만 사료 기록은 적음. 일부 도시는 단단하게 쌓아진 성벽, 참호와 기타 방어공사 (돌로 쌓여진 보루) 등으로 보호. 많은 촌락을 참호와 장벽으로 보호. 고분의 석제 무기 수량 희소, 유형 또한 비교적 단일. 가죽이 벗겨진 두개골, 제사품과 공동묘지가 있었음. 권력상징물의 출현(옥석, 월) 고대 중국의 첫 번째 상고국가 형성: 량주 국가

B.C.4000-B.C.3000 양사오 문화 말기, 룽산 문화 초기 [신석기 말기]	중국 북방: 양샤오(仰韶) 문화 말기, 다원커우(大汶口) 문화 말기 중국 남방(장강 삼각주와 태후 유역): 허무뚜(河姆渡) 문화 말기, 마쟈방(馬家濱) 문화 말기 중국 동북: 홍산 문화 중국 서북: 마쟈방 문화	전쟁이 존재했다고 확신. 이전과 비교했을 때, 전쟁이 더 빈번해진 것으로 추측됨.[14] 일부 도시 단단한 성벽, 참호 등으로 보호. 많은 촌락을 참호와 장벽 등으로 보호. 권력 상징물로 추측되는 물건들의 출현(옥석, 토기)[15]
B.C.5000-B.C.4000 양사오 문화 초기 [신석기 말기]	중국 북방: 양샤오(仰韶) 문화 초기, 빤포(半坡) 문화, 다원커우 문화 초기 중국 남방(장강 삼각주와 태후 유역): 허무뚜 문화, 마쟈방 문화 초기	정착지의 면적이 확대되고 수량 또한 증가. 어디에서나 정착 농업을 볼 수 있음. 쌀 파종의 출현 유해 증거 희소, 하지만 전쟁이 일어났을 가능성 높음. - 촌락은 저지용 대문과 참호의 울타리의 보호 하에 있었음. 많은 곳에 방어시설을 설치한 유적 발견.[16]
B.C.7000-B.C.5000 페이리강 문화, 허무뚜 문화 [신석기 중기]	중국 북방: 페이리강(裴李崗) 중국 남방: 펑터우산(彭頭山)	소량의 정착지. 정착 농업의 초기 형태 출현. 도미 파종 출현(펑터우산) 전쟁 증거 거의 없음. 참호가 있었지만, 주로 맹수 방어용으로 사용(펑터우산)
B.C.9000-B.C.7000 [신석기 초기]	중국 북방: 난좡터우(南莊頭), 동후린(東胡林), 위쟈거우(于家溝) 등 중국 남방: 위찬옌(玉蟾岩) 댜오통환(吊桶環), 시엔런동(仙人洞), 정피옌(甑皮岩) 등	정착 농업의 유적 없음. 토기 출현, 전쟁 증거 없음. 확인된 유적 10개 초과.

위 증거들의 주요 출처는 창과 쉬(Chang and Xu 2005), 뚜진펑(杜金鵬 2007, 특히 14~27), 리우(Liu 2004), 리우칭주(劉慶柱 2010), 쩡제양(鄭傑樣 2005), 저우잉과 우징(週膺, 吳晶 2004) 등이다.

장광즈(張光直, Chang 1986)의 『고대 중국 고고학 (古代中國考古學)』은 일반론이긴 하나, 시대에 뒤떨어졌다.

근래의 중국 고고학 조사에 대한 권위 있는 문헌은, 리우(Liu 2004), 쩡제양(鄭傑樣 2005), 리우칭주(劉慶柱 2010)에 수록된 탕지근(唐際根)과 주나이청(朱乃誠)의 글이라 볼 수 있다. 또한 치오피 레빌라(Cioffi-Revilla 2000, 표 1), 오터바인(Otterbein 2004, 160, 표 6.4)를 참조했다.

---

9   Chang 1986, 317~338.

10   Chang 1986, 317~338; 2005; 鄭傑樣 2005; 張國碩 2008.

11   이와 관련된 내용은 鄭傑樣 2005, 제 4, 5, 6장을 참조.

12   롱산 문화는 중국 북방의 모든 황하유역(최소 3개의 단계가 존재)에 위치해 있으며, 양사오 문화와 다원커우 문화의 산물이다. 롱산 문화에 관한 심도 있는 연구는 Liu 1996을 참조. 황하유역의 하-상-주가 중국 고고학의 사상계를 지배하고 있지만, 고대 중국의 가장 이른 상고국가의 출현은 다른 곳에 있다.

13   량주 문화는 장강 삼각주와 타이후 유역에 위치한다. 량주 문화는 마쟈방 문화의 산물이다. 량주가 황하유역보다 이르게 국가 단계에 진입했다는 증거는 주나이청(朱乃誠, 2010, 180~186)을 참조.

14   鄭傑樣 2005 , 196~209; 張國碩 2008.

15   Chang 1986, 262-267, 270; Liu 2004, 105, 109~111, 170~176; 鄭傑樣 2005, 295~305; Shao 2005; 朱乃誠 2010; 唐際根 2010, 200~212.

16   Chang 1986, 116; Liu 2004, 93~95

표S2.3 페루의 북해안과 오악사카계곡의 전쟁 기원과 전파

페루 북해안: 챠빈/모체(Chavin/Moche)	오악사카계곡(Oaxac): 사포텍(Zapotec)
말기(B.C.600-A.D.1470) 잔인한 전쟁이 기승을 부림. 적대적 왕국/제국(와리(Wari) 제국 등) 정복과 명망을 모색하기 위해 교전.	B.C.100-A.D.100 잔인한 전쟁이 기승을 부림. 사포텍이 산곡 밖으로 세력을 확장하며 두 개골로 만든 지지대를 세움. 사포텍, 미스텍(Mixtec), 테오티우아칸(Teotihuacan) 사이의 충돌 격화.
조기 간헐기와 중기(B.C.200-A.D.600) 잔인한 전쟁이 기승을 부림. 적대적 국가/왕국(챠빈과 모체) 간 교전.	B.C.500-B.C.100 잔인한 전쟁이 기승을 부림. 몬테알반 시기의 제 I 단계, 모든 산곡이 정복당하고, 사포텍 국가가 형성. 증거: 대량의 척결에 사용된 기념비, 제사와 정복에 관련된 상형문자, 엘리트 전사 계급.
조기(B.C.900-B.C.200) 잔인한 전쟁이 기승을 부림, 국가의 출현 증거: 챠빈의 대외 확장, 방어 공사, 제사품과 인간의 뼈로 만든 전리품, 금자탑식의 기념비.	B.C.850-B.C.500 전쟁이 만연하기 시작하며 잔인해짐. 증거: 기습의 확대, 촌락/도시의 방어 시설 설치, 촌락의 대량 잔해 소각, 고분 내 무기, 척결에 사용된 기념비, 제사와 정복에 관련된 상형문자(3호 기념비)
초기(B.C.2000/1800-B.C.900) 전쟁이 잔인해지며 심지어 만연해지기 시작. 증거: 대량의 무기, 전사 계급의 출현 그림(참수, 사람 머리로 만든 전리품과 사지 등)[17]	B.C.1600-B.C.850 기습/ 전쟁이 더욱 빈번해짐. 증거: 촌락의 확장과 촌락 수의 증가. 기습 격화. 울타리의 출현, 소각의 흔적[18]
B.C.3000-B.C.2000/1800 [전토기 시대 말기] 정착의 상시화. 기념비의 공공장소 출현. 시대 말기의 전쟁 강림. 증거: 무기(곤봉, 창, 투석기 포함) 머리가 없는 뼈대, 불안전한 두개골	B.C.2050-B.C.1600 촌락의 출현 뒤 머지않아 기습이 있었던 것으로 추측.

B.C.4500-B.C.3000	B.C.8050-B.C.2050
[전토기 시대 초기] 수렵과 채집, 반정착 상태가 가장 많음. 전쟁 없음.	수렵과 채집 전쟁 없음.

페루 연표는 하스(Haas et al. 1987), 버거(Burger 1989; 1995, 230~231), 치오피 레빌라(Cioffi-Revilla 2000), 스태니쉬(Stanish 2001), 오터바인 (Otterbein 2004, 130~142), 포조로스키(Pozorski and Pozorski 1987, 그림1; 2006) 등을 참조했다.

사포텍의 연표는 마커스와 플래너리(Marcus and Flannery 1996), 블랜튼(Blanton et al. 1999), 치오피 레빌라(Cioffi-Revilla 2000), 스펜서(Spencer 2003), 스펜서와 레드몬드(Spencer and Redmond 2001; 2004), 플래너리와 마커스(Flannery and Marcus 2003), 오터바인(Otterbein 2004, 121~130), 조이스(Joyce 2010) 등을 참조했다.

표 S2.4 고대 아나톨리아 전쟁의 기원과 전파

B.C.2000-B.C.1200 [청동 시대 중·말기]	히타이트 고왕국(Old Hittite state)의 번성(B.C. 1650-B.C.1500)과 아시리아(Assyrian)가 식민 통치한 히타이트 신왕국(B.C.1400-B.C.1200)
	전쟁이 기승을 부리고 잔인해짐.
	대량의 증거: 정교한 방어 공사, 무기, 히타이트와 아시리아의 문자 기록.[19]

---

17 Burger 1995, 77~79; Stanish 2001, 48~49. Pozorski and Pozorski 2006의 라스팔마스에 대한 조사를 참조.

18 플래너리와 마커스(Flannery and Marcus 2003)는 지금까지 발견한 가장 이른 방어 울타리를 근거로, 오악사카/사포텍의 전쟁 발발 시간을 기원전 1260년 이전으로 확정했다.

B.C.3000-B.C.2000 [청동 시대 초기]	도시국가(Troy, Hattusas 등) 혼란의 연대. 전쟁이 도처로 확산. 대량의 증거: 정교한 방어 공사, 권력 상징물, 무기와 공동묘지(e.g. Titrish-Huyuk)
B.C.5500-B.C.3000 [청동 시대 초기]	메르신(Mersin, B.C.4500): 대량의 무기, 방어공사를 준비. 아슬란테페(Arslantete, B.C.3300-B.C.3000):방어 공사, 폐허, 무기와 우루크(Uruk)의 대외 확장의 유적. 코루쿠테페(Koucutepe, B.C.3500-B.C.3000): 무기 (비수,철퇴)를 묻은 전사의 고분.20
B.C.6500-B.C.5500 [신석기 시대 말기]	전쟁의 기원으로 추측 하실라르(Hacilar, B.C.5700-B.C.4800):방어 공사와 공성 무기 차탈 후요크(Catal Huyuk, B.C.6500-B.C.5500): 특히 말기에 촌락의 방어시설, 벽화와 무기 출현.21
B.C.11000-B.C.6500 [신석기 시대 초기]	농경 촌락 출현, 동식물 사육, 토기의 발명22 유적: 싸요누(Cayonu, B.C.8250-B.C.5000), 니발리 코리(Nevali Cori, B.C.8300-B.C.5000) 전쟁 증거 없음, 무기로 추측되는 물건의 출현(돌로 만든 삼각 철퇴)

출처: Kuhrt 1995, 225~282; Meyers 1997, 122~131; Macqueen 1995; Zimansky 1995; Hamblin 2006, 285~307; Sagona and Zimansky 2009, 특히 제7, 8, 9장

19 많은 아시리아 문헌들이 기록한 우라르투는 그와 교전했던 안나톨리아의 히타이트 왕국을 일컫는다.

20 Hamblin 2006, 265~266; Sagona and Zimansky 2009, 160, 그림 5.7.

21 Meyers 1997, 448~449; Hamblin 2006, 25~26.

22 Meyers 1997, 122~131; Hamlin 2006, 24; Sagona and Zimansky 2009, 제 2장, 특히 88~99.

3. 전쟁의 2차 시스템

본서의 이론은 초기 시스템에서의 충돌에서 나타난 패자가 주변지역으로 도망갈 수밖에 없다고 주장한다. 2차 시스템의 집단이 이들 침입자를 만나면 학습을 통해 간접적으로 공세적 현실주의 시스템으로 전환한다. 문자가 나왔던 시대(약 기원전 1500년)에 전쟁은 이미 대부분의 2차 시스템을 휩쓸었다. 시스템의 증거가 매우 광범위하기 때문에 본 부록에서 간략하게 정리하고자 한다.

(1) 레반트(Levant)/가나안(Canaan)

고대 레반트에는 오늘날의 이스라엘, 팔레스타인, 요르단, 레바논과 시리아 연안이 포함되었다.[23] 레반트는 2차 시스템이다. 동쪽으로는 동메소포타미아(북부)와 국경을 접하고, 서남쪽으로는 고대 이집트와 접했다. 이 두 초기 시스템은 공세적 현실주의 세계로 전환한 후, 점차 레반트에 침투하여 결국 레반트를 공세적 현실주의 세계로 전환(흡수)시켰다. 레반트는 이 둘 사이에 위치하고 있었기 때문에 양자의 전쟁은 레반트에게 재앙을 초래할 수밖에 없었다.

---

23 캐롤 엠버와 멜빈 엠버(Ember and Ember 1992)도 전쟁이 종종 자원이 심각하게 불확실한(예: 가뭄, 홍수를 겪은 이후) 해에 일어난다는 점을 발견했다. 유감스럽게도 반 데르 덴넨(van der Dennen 2007, 86)이 지적했듯, 캐롤 엠버와 멜빈 엠버(Ember and Ember 1992)는 복수, 싸움, 전쟁을 혼동해 설명했다(Wilkinson 1999, 266~267; Hamblin 2006, 33~34)

레반트의 가장 유명한 고고학적 유적 중 하나가 예리코(Jericho) 일
대의 대규모 요새이다(약 B.C.8000-B.C.7500). 이 대규모 요새는 성벽, 조
망/수비용 돌탑 건물, 그리고 바닥이 V자 모양으로 된 깊은 참호 도랑
을 포함한다. 처음에 로퍼(Roper 1975)는 이 건물들을 전쟁의 표시로 인
식했다. 그러나 바르-요세프(Bar-Yosef 1986)가 재해석한 후에 대부분의
고고학자들은 이 건물이 홍수와 맹수에 맞서기 위해 사용되었을 가능성
이 있거나 다른 사람들의 습격을 방어하는 것이라고 생각했다(Ferguson
2006, 483; Hamblin 2006, 29~30; Watkins 1989, 16~17를 참조). 즉 예리코의 건
물은 당시에 전쟁이 빈번하게 일어났다는 것을 증명하지는 못한다. 만약
예리코를 전쟁의 증거로 삼지 못한다면 기원전 5000-기원전 4000년 이
전에 고대 레반트에서 전쟁이 일어났다는 증거를 찾을 수 없다.

그러나 기원전 4000년 중반(약 B.C.3500-B.C.3000)부터 전쟁은 상당
히 빈번해졌다. 그 이후 메소포타미아 남부 우르크(Uruk) 문명이 레반트
까지 확장됐고 그 과정에서 전쟁이 중요한 역할을 했을 가능성이 크다
(Hamblin 2006, 40~42). 수메르(Sumer)가 하브바 카비라(Habuba Kabira)라
는 식민지(약 B.C.3500-B.C.3200)와 대략 비슷한 시기에 다른 소형 식민지
에 강력한 수준의 요새화를 진행했다는 사실도 이와 같은 해석을 뒷받
침할 수 있다(Hamblin 2006, 238~239).

기원전 3100년에서 기원전 3000년쯤에 이집트 북부(즉 하(下)이집트)
가 통일된 이후(Kemp 1989, 제2장; Kuhrt 1995, 125~134; Wilkinson 1999, 제2
장), 이집트 군대는 가나안 남부를 포함한 주변지역에 출병해 정복과 약
탈을 일삼았다. 따라서 대략 기원전 3000년에서 기원전 2800년에 가나
안 남부의 아라드(Arad)가 이집트를 물리치기 위해 대규모의 요새를 지

었다는 것은 놀라운 일이 아니다(Hamblin 2006, 318~320).

과거에 일어난 충돌에 대한 기억(과 전설)이 있기 때문에 헤브루 성경(구약)은 아카데/수메르(Akkad/Sumer), 바빌론(Babylon), 이집트와 아시리아 간의 전쟁을 기재하고 있다. 구약은 이스라엘 내부의 혈전과 정복역사라고 할 수 있을 뿐만 아니라 이스라엘과 다른 강하고도 약한 이웃나라의 충돌 역사로 이해해도 된다(Kuhrt 1995, 제8장; Liverani 2005) 구약중 다음은 이 점을 잘 요약하고 있다. '아시리아의 이름을 딴 모든 왕국이 그렇게 불리게 된 것은 이스라엘 자손의 대가로 그들 스스로를 확장시켰기 때문이고…이집트의 이름을 딴 모든 왕국이 그렇게 부르는 것은 그들이 이스라엘 자손을 박해했기 때문이다'(Genesis Rabbah 16:4, Liverani 2005 5장에서 인용).[24]

고대 레반트 전쟁에 관한 더 많은 정보는 쿠어트(Kuhrt 1995), 새슨(Sasson 1995), 리베라니(Liverani 2005), 햄블린(Hamblin 2006), 사고나와 짐만스키(Sagona and Zimansky, 2009) 등을 참조하길 바란다.

(2) 고대 유럽(옛 그리스의 유럽, 고대 그리스 및 로마 제국)

기원전 5500년 이전까지 유럽 시스템에서 전쟁이 벌어진 증거는 거의 없다(Ferguson 2006, 480~490). 한 가지 예외가 바로 오늘날의 독일 바이에른주에 약 기원전 7500년(즉 중석기 시대)으로 추정되는 오브네(Ofnet)

---

24 지리적으로 볼 때, 레반트는 가나안과 중첩된 부분이 매우 크며, 후자는 전자보다 약간 더 크다. 가나안은 오늘날의 이스라엘, 팔레스타인, 요르단, 레바논, 시리아 연안, 키프로스 일부 심지어는 북이라크까지 포함한다. 본서에서는 레반트를 비교적 협소한 지역으로 간주한다.

동굴이다. 해당 동굴에서 도끼에 뒤통수를 맞아 사망한 시신 몇 구가 발견되었는데, 이는 이들이 폭력에 의해 죽었다는 것을 시사한다(Keeley 2004,111; Guilain and Zammit 2005, 80~81).

약 기원전 5000년에서 기원전 4500년으로 추정되는 전쟁의 증거가 나타났다(Vencl 1984; Keeley and Cahen 1989; Keeley 1997; 2004; Christensen 2004; Ferguson 2006; Guilain and Zammit 2005). 약 기원전 5000년으로 추정되는 탈하임(Talheim, 오늘날의 독일 바덴뷔르템베르크주)에는 명백하게 폭력으로 인해 사망한 시신(기본적으로 남성의 시신, 머리는 후방에서 공격당하고 무기와 도끼에 의한 상처를 입음) 34구가 묻혀 있다. 탈하임 유적지와 비슷한 연대이고 참호로 둘러싸인 아스파른슐레츠 유적(오늘의 하(下)오스트리아주)은 명백하게 폭력적인 공격으로 사망한 사람들의 시신 67구가 묻혀 있다. 마지막으로 헤라클레스의 집단묘지에서는 300여 구가 발견됐다. 이 세 곳의 유적은 모두 유럽에서 이미 전쟁이 벌였다는 것을 암시한다(Keeley 1996, 38; Guilain and Zammit 2005, 86~1011).

기원전 3500년 이전의 프랑스 남부에는 투척하는 무기에 맞아 다친 뼈가 매우 드물었다. 그러나 그 후 기원전 3000년에서 기원전 2200년 사이에 이러한 뼈의 수가 급격히 증가했다. 이는 기원전 3300년에서 기원전 3000년 사이 이 지역에 전쟁이 휩쓸었다는 사실을 암시한다(Guilain and Zammit 2005, 127~133, 240~251).

기원전 3000년 이전에는 무기를 부장품으로 사용하는 남성의 묘장(즉 전사는 물론 영웅의 묘장)이 드물었지만, 이후 시기로 추정되는 유적지에서 흔히 볼 수 있다. 이와 마찬가지로 기원전 3000년을 경계로 방어 공사도 유사한 현상이 나타났다(Keeley and Cahen 1989; Christensen 2004;

Guilain and Zammit 2005, 제4장).[25]

신석기 시대로 추정되는 유럽에서 가장 유명한 전쟁 그림은 스페인 레반테(Levante)의 암벽화다. 이 암벽화에는 궁수가 교전하는 장면이 묘사되었다(Guilain and Zammit 2005, 103~119). 무엇보다도 이 암벽화들은 대형, 지휘, 전진과 공격 측익/포위와 같은 전투와 행군의 기교가 표현되었다. 이는 모두 전쟁이 이미 존재하고 있다는 사실을 말해주고 있다(Guilain and Zammit 2005, 110; Ferrill 1985, 21~22 참조). 기원전 3000년에서 기원전 2000년에 유럽 시스템은 이미 전쟁으로 가득 차 있었다(Keeley 2004; Guilain and Zammit 2005, 제4장, 제5장).

고대 그리스의 많은 나라들은 고도로 군사화된 문화를 발전시켰다.[26] 그 중에 가장 유명한 것은 스파르타다. 스파르타에서는 엄격한 우생학 정책을 채택해 몸에 아픈 아기를 직접 죽였고, 인구를 효과적으로 통제하기 위해 출산율이 가장 높은 연령대에서 남성을 여성과 격리시켰다. 이 모든 조치들은 스파르타의 강한 전투력을 유지하기 위한 것이다(de Souza et al. 2004, 82~87).

신석기 시대와 청동기 시대의 유럽(특히 오늘날의 프랑스, 독일 및 스페인)에서 전쟁에 대한 묘사는 귈랭과 재밋(Guilain and Zammit, 2005)를 참조하길 바란다. 고대와 고전 그리스에 관한 내용은 데 소우자(de Souza et al. 2004)를 참조하길 바란다. 이 시기의 그리스 전쟁에 관한 보다 자

---

25 구약성경의 사무엘상(上) 17장 49-50절에 다윗이 골리앗(Goliath)과 결투했을 때에도 투석기를 사용한 기록이 남아 있다.

26 유라시아 대륙의 방어공사에 대한 증거는 Guilaine and Zammit 2005, 210~211, 그림 57; Guilaine and Zammit 2005, 188~191를 참조.

세한 내용은 프리쳇(Pritchett 1971-1991)의 『전쟁 중의 그리스 국가(The Greek States at War)』를 참조하길 바란다. 세이지(Sage 1996) 의 『고대 그리스 전쟁: 원시 자료(Warfare in Ancient Greece: A Sourcebook)』, 한슨(Hanson 2009)의 『전쟁의 서양 방법론: 고전 그리스의 보병 전쟁(The Western Way of War: Infantry Battle in Classical Greece)』을 참조하길 바란다.

로마시대(로마공화국과 로마 제국) 전쟁의 소개에 대해서는 로스(Roth 2009)의 『로마전쟁 (Roman Warfare)』을, 이보다 깊이 있는 논의는 해리스(Harris 1979)의 『로마 공화국의 전쟁과 제국주의: 기원전 327-기원전 70년(War and Imperialism in Republican Rome: 32-70BC)』, 엑스타인(Eckstein 2006)의 『무정부하의 지중해, 국가 간 전쟁과 로마의 발흥(Mediterranean Anarchy, Interstate War, and the Rise of Rome)』을 참조하길 바란다. 고대 그리스와 로마를 상세히 논의하는 작품으로는 세이빈, 반·위스와 휘트비(Sabin·van Wees and Whitby 2007)의 『캠브리지 그리스 로마 전쟁(The Cambridge History of Greek and Roman Warfare)』을 참조하길 바란다.

(3) 고대 인도

기원전 3600년에서 기원전 2700년(하라파 시대 초기) 고대 인도에서 처음으로 요새화의 흔적이 발견되었다. 기원전 2600년 이후(하라파 문화 중기)에는 요새가 이미 곳곳에 있었다(Avari 2007, 32, 41~44). 기원전 1700년경 아리아인은 오늘날의 이란 일대(현재의 아프가니스탄과 파키스탄을 거쳐)에서 인도까지 이동하고 인도 원주민 문화와 결합해 인도-아리안 문화(일명 베이다 문화(Veduic culture))를 형성했다.[27] 이 외래 집단들이 충돌을 유발했다(Avari 2007, 66~69).

약 기원전 700년에 수많은 민족과 국가가 지속적으로 서로를 공격했다. 전쟁은 남아시아대륙을 지배했다. 마우리아왕조 이전 시기(약 B.C.600-B.C.320, pre-Maurya era)에 페르시아의 다리우스 1세(Darius I)와 알렉산더대제(Alexander the Great)가 인도를 차례로 침공했다(Avari 2007 제5장). 마우리아 왕조(B.C.321-B.C.185)의 설립 과정은 더욱 폭력적이었다 (Thapar 2003, 제 6장; Avari 2007, 제6장).

고대 인도의 서사시인 『마하바라다(Mahabharata)』와 『라마야나 Ramayana)』는 귀족, 영웅, 전사들에 관한 전설을 담은 이야기이다 (Thapar 2003, 98~104; Avari 2007, 99~100). 전 마우리아 왕조 시대에 신성 왕(diveine king)의 개념은 이미 깊이 파고들었다(Thapar 2003,117~122; Avari 2007, 88~90, 157~158). 아바리는 고대 인도에 관한 소개서를 썼고 (Avari 2007), 타파의 작품들은 더욱 깊이 있는 인류학적 흔적을 담아냈다(Thapar 2003). 쿨케와 호터문드(Kulke and Rothermund 1998)의 『인도사 (A History of India)』와 슈타인(Stein 2010)의 『인도 역사(A History of India)』 모두 가치 있는 저서이다. 아쉽게도 차크라바티(Chakrabarti 1999)의 『인도-고고학의 역사: 구석기 시대의 시작과 초기 역사의 기초(India: An Archaeological History: Palaeolithic Beginnings to Early History Foundations)』 라는 저서는 정보가 풍부하지만 전쟁에 대한 언급은 없다.

---

27 이 시기에 산발적으로 나타난 증거에 대한 간략한 정리는 반 데르 덴넨(van der Dennen 1995, 53~58)을 참조.

(4) 다른 2차 시스템: 북아메리카와 아프리카

북아메리카의 식민시대 이전 전쟁에 관한 전반적인 내용은 킬리(Keeley 1996), 퍼거슨(Ferguson 2006, 490~495)을 참조하길 바란다. 테네시강 일대에 대한 자료는 스미스(Smith 1998)를, 북아메리카 북서해안에 관한 자료는 마쉬너(Maschner 1998)를, 미시시피강 유역에 대한 자료는 레드먼드와 스펜서(Redmond and Spencer 2012)를 참조하길 바란다.

아프리카의 누에르족(Nuer)과 딩카족(Dinka) 사이의 전쟁, 줄루족(Zulus)과 응구니족(Ngunis) 사이의 전쟁, 그리고 북아메리카 온타리오호수의 이로쿼이족(Iroquois)과 휴런족(Huron) 간의 전쟁에 관한 자료는 오터바인(Otterbein 2004, 특히 제8장과 인용문헌)을 참조하길 바란다. 이들 전쟁의 공통점은 희소 자원(예: 토지, 사냥감, 여성)에 대한 싸움이 전쟁 발발의 중요한 조건이었다는 점이다.

(5) 유목민족의 전쟁

본서의 전쟁 기원 이론이 직면한 도전은, 이 이론이 농경사회에서 전쟁의 기원을 확실히 설명할 수 있지만 가장 호전적인 집단인 유목민족(흉노인, 훈인, 몽고인)에게 적용될 수 있는지 여부이다. 인구 증가에 따른 식량 부족, 자연재해(가뭄, 눈보라), 그리고 농경사회가 가진 엄청난 재산, 온화한 기후와 비옥한 땅은 유목민족들의 쉽게 전쟁을 일으키는 이유가 된다. 다시 말해 전차(약 B.C.1500년부터 메소포타미아에서 유래, Hamblin 2006, 제5장 참조; van de Mieroop 2007, 122~125)와 기병대(대략 B.C.900-B.C.800)에 의존하는 유목사회의 전쟁 기원은 초기 시스템보다 훨씬 늦다. 따라서 전쟁이 초기 농경 하위시스템에 일어난 후 비로소 유목 사회에서는 전사가 되는 것을 배운다.

물론 유목민족이 기병대를 통해 두려움을 주는 전사가 된 후에 그들은 농경을 하는 상대를 휩쓸어버린다. 따라서 아모리족(Amorites)이 우르 제3왕조(Third Dynasty of Ur)를 무너뜨린 주요 원인일 가능성이 크다 (Charpin 1995; Whiting 1995; Kuhrt 1995, 70~72; van de Mieroop 2007, 82~85). 마찬가지로, 한(漢)왕조도 흉노족과 약 200년 동안 전투를 펼쳤다(『사기(史記)』). 고대 중국에서는 중심지역의 여러 제국, 왕국과 군벌들이 유목민족 정권과 수천 년 동안 싸웠다(Barfield 1989; Di Cosmo 2004). 유럽 시스템을 들여다보면, 게르만부족과 훈족(Huns)도 아마 로마 제국의 붕괴와 연관이 있을 것이다(Heather 2006).

참고문헌

Abler, Thomas S. 1991. "Comments on Knauft." *Current Anthropology* 32 (4): 409‒410.

Acemoglu, Daron, Simon Johnson, and James A. Robinson. 2005. "Institutions as a Fundamental Cause of Long‒Run Growth." In *Handbook of Economic Growth*. Vol. 1A, eds. Philippe Aghion and Steven N. Durlauf. Amsterdam: North‒Holland, 385‒472.

Acharya, Amitav. 2000. "Ethnocentrism and Emancipatory IR Theory." In *(Dis)Placing Security: Critical Evaluations of the Boundaries of Security Theory*, eds. Samantha Arnold and J. Marsha Beier. Toronto: Center for International and Security Studies, 1‒18.

Acharya, Amitav. 2001. *Constructing a Security Community in Southeast Asia: ASEAN and the Problem of Regional Order*. London: Routledge.

Acharya, Amitav. 2004. "How Ideas Spread: Whose Norms Matter? Norm Localization and Institutional Change in Asian Regionalism." *International Organization* 58 (2): 239‒275.

Acharya, Amitav. 2007. "The Emerging Regional Architecture of World Politics." *World Politics* 59 (4): 629‒652.

Acharya, Amitav. 2009. *Whose Ideas Matter? Agency and Power in Asian Regionalism*. Ithaca, N.Y.: Cornell University Press.

Acharya, Amitav, and Barry Buzan, eds. 2009. *Non‒Western International Relations Theory: Perspectives on and beyond Asia*. London: Routledge.

Adams, Karen Ruth. 2003. "Attack and Conquer? International Anarchy and the Offense‒Defense‒Deterrence Balance." *International Organization* 28 (3): 45‒83.

Adams, Robert McCormick. 1981. *Heartland of Cities: Surveys of Ancient Settlement and Land Use on the Central Floodplain of the Euphrates*. Chicago, I.L.: University of Chicago Press.

Adler, Emanuel. 1991. "Cognitive Evolution: A Dynamic Approach for the study of International Relations and Their Progress." Reprinted in Emanuel Adler, 2005. *Communitarian International Relations: The Epistemic Foundations of*

International Relations. London: Routledge, 65 – 88.

Adler, Emanuel. 1992. "The Emergence of Cooperation: National Epistemic Communities and the International Evolution of the Idea of Nuclear Arms Control." *International Organization* 46 (1): 101 – 145.

Adler, Emanuel. 1997a. "Seizing the Middle Ground: Constructivism in World Politics." *European Journal of International Relations* 3 (3): 319 – 363.

Adler, Emanuel. 1997b. "Imagined (Security) Communities: Cognitive Regions in International Relations." *Millennium: Journal of International Studies* 26 (2): 249 – 277.

Adler, Emanuel. 1998. "Seeds of Peaceful Change: the OSCE's Security Community-Building Model." *In Security Communities, eds*. Emanuel Adler and Michael N. Barnett. Cambridge: Cambridge University Press, 119 – 160.

Adler, Emanuel. 2005. *Communitarian International Relations: The Epistemic Foundations of International Relations*. London: Routledge.

Adler, Emanuel, and Michael N. Barnett, eds. 1998a. *Security Communities*. Cambridge: Cambridge University Press.

Adler, Emanuel, and Michael N. Barnett. 1998b. "A Framework for Studying Security Community." In *Security Communities, eds*. Emmanuel Adler and Michael N. Barnett. Cambridge: Cambridge University Press, 29 – 65.

Alchian, Armen A. 1950. "Uncertainty, Evolution, and Economic Theory." *Journal of Political Economy* 58 (3): 211 – 221.

Alexander, Richard D. 1979. *Darwinism and Human Affairs*. Seattle, W.A.: University of Washington Press.

Algaze, Guillermo. [1993] 2005. *The Uruk World System: The Dynamics of Expansion of Early Mesopotamian Civilization*. 2nd ed. Chicago, I.L.: University of Chicago Press.

Algaze, Guillermo. 2008. *Ancient Mesopotamia at the Dawn of Civilization: The Evolution of an Urban Landscape*. Chicago, I.L.: University of Chicago Press.

Anderson, Benedict. 1983. *Imagined Communities: Reflections on the Origins and Spread of Nationalism*. London: Verso.

Anderson, James. 1985. "Nationalism and Geography." In *The Rise of the Modern State*, ed. James Anderson. Brighton, Sussex: Wheatsheaf.

Anghie, Antony. 2004. *Imperialism, Sovereignty and the Making of International Law*. Cambridge: Cambridge University Press.

Anghie, Antony. 2009. "Rethinking Sovereignty in International Law." *Annual Review of*

Law and Social Science 5: 291 – 310.

Angner, Erik. 2002. "The History of Hayek's Theory of Cultural Evolution." Studies in *History and Philosophy of Biological and Biomedical Sciences* 33 (4): 695 – 718.

Anwar, Dewi Fortuna. 2006. "Leadership in the History of Southeast Asia Integration: The Role of Indonesia in ASEAN." In *Regional Integration in East Asia and Europe: Convergence or Divergence?*, eds. Bertrand Fort and Douglas Webber. London: Routledge, 59 – 68.

Archer, Margaret S. 1995. *Realist Social Theory: The Morphogenetic Approach.* Cambridge: Cambridge University Press.

Aristotle. 1998. *Politics.* Trans. C. D. C. Reeves. Indianapolis, I.N.: Hackett Publishing Company.

Arkush, Elizabeth N., and Mark W. Allen, eds. 2006. *The Archaeology of Warfare: Prehistories of Raiding and Conquest.* Gainesville, F.L.: University Press of Florida.

Avari, Burjor. 2007. *India: The Ancient Past: A History of the Indian-Subcontinent from 7000 BC to AD 1200.* London: Routledge.

Axelrod, Robert. 1984. *The Evolution of Cooperation.* New York, N.Y.: Basic Books.

Axelrod, Robert, and Robert O. Keohane. 1985. "Achieving Cooperation under Anarchy: Strategies and Institutions." *World Politics* 38 (1): 226 – 254.

Ayoob, Mohammed. 2002. "Inequality and Theorizing in International Relations: The Case for Subaltern Realism." *International Studies Review* 4 (3): 27 – 48.

Baldwin, David A. 1978. "Power and Social Exchange." *American Political Science Review* 72 (4): 1229 – 1242.

Baldwin, David A. 1979. "Power Analysis and World Politics: New Trends versus Old Tendencies." *World Politics* 31 (2): 161 – 194.

Baldwin, David A. 1980. "Interdependence and Power: A Conceptual Analysis." *International Organization* 34 (4): 471 – 506.

Baldwin, David A., ed. 1993. *Neorealism and Neoliberalism: The Contemporary Debate.* New York, N.Y.: Columbia University Press.

Bard, Kathryn A. 2000. "The Emergence of the Egyptian State (c. 3200 – 2686 BC)." In *The Oxford History of Ancient Egypt*, ed. Ian Shaw. Oxford: Oxford University Press, 61 – 88.

Barfield, Thomas J. 1989. *The Perilous Frontier: Nomadic Empires and China.* Malden, M.A.: Blackwell.

Barkin, J. Samuel. 2003. "Realist Constructivism." *International Studies Review* 5 (3):

325 – 342.

Barkin, J. Samuel, and Bruce Cronin. 1994. "The State and the Nation: Changing Norms and the Rules of Sovereignty in International Relations." *International Organization* 48 (1): 107 – 130.

Barnes, Barry. 1988. *The Nature of Power*. Cambridge: Polity.

Barnett, Michael N., and Raymond Duvall. 2005. "Power in International Politics." *International Organization* 59 (1): 39 – 75.

Barnett, Michael, N., and Martha Finnemore. 1999. "The Politics, Power, and Pathologies of International Organizations." *International Organization* 53 (4): 699 – 732.

Barnett, Michael N., and Martha Finnemore. 2004. *Rules for the World: International Organizations in Global Politics*. Ithaca, N.Y.: Cornell University Press.

Barraclough, Geoffrey, ed. 1978. *The Times Atlas of World History*. London: Times Books Limited.

Bar-Siman-Tov, Yaacov. 2004. "Dialectics between Stable Peace and Reconciliation." In *From Conflict Resolution to Reconciliation, ed.* Yaacov Bar-Siman-Tov. Oxford, UK: Oxford University Press, 61 – 80.

Bartelson, Jens. 2006. "Making Sense of Global Civil Society." *European Journal of International Relations* 12 (3): 371 – 395.

Bar-Yosef, Ofer. 1986. "The Walls of Jericho: An Alternative Interpretation." *Current Anthropology* 27 (2): 157 – 162.

Beitz, Charles R. [1979] 1999. *Political Theory and International Relations*. Princeton, N.J.: Princeton University Press.

Bell, Duncan S. A., Paul K. MacDonald, and Bradley A. Thayer. 2001. "Correspondence: Start the Evolution without Us." *International Security* 26 (1): 187 – 198.

Berger, Peter, and Thomas Luckmann. 1966. *The Social Construction of Reality: A Treatise in the Sociology of Knowledge*. New York, N.Y.: Anchor Books.

Berger, Thomas U. 1998. *Cultures of Antimilitarism: National Security in Germany and Japan*. Baltimore, M.D.: John Hopkins University Press.

Berlin, Isaiah. [1960] 2002. *Liberty: Incorporating Four Essays on Liberty*. Oxford: Oxford University Press.

Betts, Richard K. 1999. "Must War Find a Way?: A Review Essay." *International Security* 24 (2): 166 – 198.

Bhaskar, Roy. [1978] 2008. *A Realist Theory of Sciences*. London: Routledge.

Bhaskar, Roy. 1986. *Scientific Realism and Human Emancipation*. London: Verso.

Bible (*The Holy Bible*). King James Version.

Bicho, Nuno, et al. 2007. "The Upper Paleolithic Rock Art of Iberia." *Journal of Archaeological Method and Theory* 14 (1): 81 – 151.

Biersteker, Thomas J., and Cynthia Weber, eds. 1996. *State Sovereignty as Social Construct*. Cambridge: Cambridge University Press.

Blackmore, Susan. 1999. *The Meme Machine*. Oxford: Oxford University Press.

Blainey, Geoffrey. 1988. *Causes of War*. 3rd ed. Basingstoke, UK: Macmillan.

Blanton, Richard E, Gary M. Feinman, Stephen A. Kowalewski, and Linda M. Nicholas. 1999. *Ancient Oaxaca: The Monte Alban State*. Cambridge: Cambridge University Press.

Blute, Marion. 2006. "Gene–Culture Coevolutionary Games." *Social Forces* 85 (1): 151 – 166.

Blute, Marion. 2010. *Darwinian Sociocultural Evolution: Solutions to Dilemmas in Cultural and Social Theory*. Cambridge: Cambridge University Press.

Bocquet-Appel, Jean-Pierre, and Ofer Bar-Yosef, eds. 2008. *The Neolithic Demographic Transition and its Consequences*. Berlin: Springer.

Boehm, Christopher. 1999. *Hierarchy in the Forest: The Evolution of Egalitarian Behavior*. Cambridge, M.A.: Harvard University Press.

Boesche, Roger. 2003. "Kautilya's Arthasastra on War and Diplomacy in Ancient India." *Journal of Military History* 67 (1): 9 – 37.

Boland, Lawrence A. 1979. "Knowledge and the Role of Institutions in Economic Theory." *Journal of Economic Issues* 13 (4): 957 – 972.

Booth, Ken, ed. 2005. *Critical Security Studies and World Politics*. Boulder, C.O.: Lynne Rienner.

Börzel, Tanja A., Tobias Hofmann, Diana Panke, and Carina Sprungk. 2010. "Obstinate and Inefficient: Why Member States Do Not Comply With European Law." *Comparative Political Studies* 43 (11): 1363 – 1390.

Boucher, David. 1990. "Inter-Community & International Relations in the Political Philosophy of Hobbes." *Polity* 23 (2): 207 – 232.

Bourdieu, Pierre. [1980] 1990. *The Logic of Practice*. Stanford, C.A.: Stanford University Press.

Bourdieu, Pierre. 1998. *Practical Reason: On the Theory of Action. Stanford, C.A.:*

Stanford University Press.

Boyd, Robert, and Peter J. Richerson. 1980. "Sociobiology, Culture and Economic Theory." *Journal of Economic Behavior and Organization* 1 (2): 97 – 121.

Boyd, Robert, and Peter J. Richerson. 1985. *Culture and the Evolutionary Process.* Chicago, I.L.: University of Chicago Press.

Bradford, Alfred S. 2001. *With Arrow, Sword, and Spear: A History of Warfare in the Ancient World.* Westport, C.T.: Praeger.

Brandon, Robert N. 1982. "The Levels of Selection." *PSA: Proceedings of the Biennial Meeting of the Philosophy of Science Association* 1982 (1): 315 – 323.

Brandon, Robert N. 1998. "The Levels of Selection: A Hierarchy of Interactors." In *The Philosophy of Biology,* eds. David L. Hull and Michael Ruse. Oxford: Oxford University Press, 176 – 197.

Brandon, Robert N. 1999. "The Units of Selection Revisited: The Modules of Selection." *Biology and Philosophy* 14 (2): 167 – 180.

Brass, Paul. 2000. "Foucault Steals Political Science." *Annual Review of Political Science* 3: 305 – 330.

Braubach, Max, et al. 1978. *Gebhardt Handbuch der Deutschen Geschichte* [Gebhardt Handbook of German History]. Stuttgart: Gebhardt.

Brenner, William J. 2007. "The Forest and the King of Beasts: Hierarchy and Opposition in Ancient India (c. 600 – 232 BCE)." In *The Balance of Power in World History,* eds. Stuart J. Kaufman, Richard Little, and William C. Wohlforth. New York, N.Y.: Palgrave Macmillan, 99 – 121.

Brewer, Marilynn B. 1999. "The Psychology of Prejudice: Ingroup Love or Outgroup Hate." *Journal of Social Issues* 55 (3): 429 – 444.

Briant, Pierre. 1999. "The Achaemenid Empire." In W*ar and Society in the Ancient and Medieval Worlds: Asia, the Mediterranean, Europe, and Mesoamerica,* eds. Kurt A. Raaflaub and Nathan Stewart Rosenstein. Cambridge, M.A.: Harvard University Press, 105 – 128.

Brodie, Bernard. 1973. *War and Politics.* New York, N.Y.: Macmillan.

Brooks, Stephen G. 1997. "Dueling Realisms." *International Organization* 51 (3): 445 – 477.

Brooks, Stephen G., and William C. Wohlforth. 2000 – 2001. "Power, Globalization, and the End of the Cold War: Reevaluating a Landmark Case for Ideas." *International Security* 25 (3): 5 – 53.

Bull, Hedley. 1977. *The Anarchical Society: A Study of Order in World Politics*. New York, N.Y.: Columbia University Press.

Bull, Hedley, and Adam Watson, eds. 1984. *The Expansion of International Society*. New York, N.Y.: Oxford University Press.

Buller, David J. 2005a. "Evolutionary Psychology: The Emperor's New Paradigm." *Trends in Cognitive Sciences* 9 (6): 277 – 283.

Buller, David J. 2005b. *Adapting Minds: Evolutionary Psychology and the Persistent Quest for Human Nature*. Cambridge, M.A.: MIT Press.

Bunge, Mario. 1996. *Finding Philosophy in Social Science*. New Haven, C.T.: Yale University Press.

Bunge, Mario. 1997. "Mechanism and Explanation." *Philosophy of the Social Sciences* 27 (4): 410 – 465.

Burger, Richard L. 1989. "An Overview of Peruvian Archaeology (1976 – 1986)." *Annual Review of Anthropology* 18: 37 – 69.

Burger, Richard L. 1995. *Chavin and the Origins of Andean Civilization*. New York, N.Y.: Thames and Hudson.

Burger, Richard L., and Lucy C. Salazar, eds. 2004. *Machu Picchu: Unveiling the Mystery of the Incas*. New Haven, C.T.: Yale University Press.

Buss, David M. 1995. "Evolutionary Psychology: A New Paradigm for Psychological Sciences." *Psychological Inquiry* 6 (1): 1 – 30.

Buss, David M. 2008. *Evolutionary Psychology: The New Science of the Mind. 3rd ed*. Boston, M.A.: Pearson.

Buss, Leo. W. 1983. "Evolution, Development, and the Units of Selection." *Proceedings of the National Academy of Science of U.S.A.* 80 (5): 1387 – 1391.

Buzan, Barry. 1986. "A Framework for Regional Security Analysis." In *South Asian Insecurity and the Great Powers, eds.* Barry Buzan and Gowher Rizvi. London: Macmillan, 3 – 33.

Buzan, Barry. 1991. *People, States, and Fear*. 2nd ed. Boulder, C.O.: Lynne Rienner.

Buzan, Barry. 1993. "From International System to International Society: Structural Realism and Regime Theory Meet the English School." *International Organization* 47 (2): 327 – 352.

Buzan, Barry. 2004. *From International to World Society?: English School Theory and the Social Structure of Globalisation*. Cambridge: Cambridge University Press.

Buzan, Barry. 2011. "The Inaugural Kenneth A. Waltz Annual Lecture: A World without

Superpowers: Decentralized Globalism." *International Relations* 25 (1): 3 – 25.

Buzan, Barry, and Mathias Albert. 2010. "Differentiation: A Sociological Approach to International Relations Theory." *European Journal of International Relations* 16 (3): 315 – 337.

Buzan, Barry, Charles Jones, and Richard Little. 1993. *The Logic of Anarchy: Neorealism to Structural Realism.* New York, N.Y.: Columbia University Press.

Buzan, Barry, Gowher Rizvi, and Rosemary Foot. 1986. *South Asian Insecurity and the Great Powers.* New York, N.Y.: St. Martin's.

Buzan, Barry, and Ole Wæver. 2003. *Regions and Powers: The Structure of International Security.* Cambridge: Cambridge University Press.

Buzan, Barry, Ole Wæver, and Jaap de Wilde. 1998. *Security: A New Framework for Analysis.* Boulder, C.O.: Lynne Rienner.

Calvert, Randall L. 1995. "Rational Actors, Equilibrium, and Social Institutions." In *Explaining Social Institution*, eds. Jack Night and Itai Sened. Ann Arbor, M.I.: University of Michigan Press, 57 – 93.

Campbell, Brian. 1999. "The Roman Empire." In *War and Society in the Ancient and Medieval Worlds: Asia, the Mediterranean, Europe, and Mesoamerica*, eds. Kurt A. Raaflaub and Nathan Stewart Rosenstein. Cambridge, M.A.: Harvard University Press, 217 – 241.

Campbell, Donald T. 1960. "Blind Variation and Selective Retention in Creative Thought as in Other Knowledge Processes." *Psychological Review* 67 (6): 380 – 400.

Campbell, Donald T. [1965] 1998. "Variation and Selective Retention in Socio-Cultural Evolution." In *Socio Changes in Developing Areas*, eds. Herbert R. Barringer, George I. Blanksten, and Raymond W. Mack. Cambridge, M.A.: Schenkman Publishing Company, 19 – 49. Reprinted in Geoffrey M. Hodgson, ed. The Foundations of Evolutionary Economics. Cheltenham, UK: Edward Elgar, 354 – 370.

Campbell, Donald T. 1974a. "Evolutionary Epistemology." In *The Philosophy of Karl Popper*, ed. Paul Arthur Schilpp. La Salle, I.L.: Open Court, 413 – 463.

Campbell, Donald T. 1974b. "Unjustified Variation and Selective Retention in Scientific Discovery." In *Studies in the Philosophy of Biology: Reduction and Related Problems*, eds. Francisco J. Ayala and Theodosius Dobzhansky. Berkeley, C.A.: University of California Press, 139 – 161.

Campbell, Donald T. 1975. "The Conflict between Social and Biological Evolution and the Concept of Original Sin." *Zygon: Journal of Religion and Science* 10 (3): 234 – 249.

Campbell, Donald T. 1976. "On the Conflicts Between Biological and Social Evolution and Between Psychology and Moral Tradition." *Zygon: Journal of Religion and Science* 11 (3): 167–208.

Campbell, Donald T. 1991. "A Naturalistic Theory of Archaic Moral Orders." *Zygon: Journal of Religion and Science* 26 (1): 91–114.

Campbell, John L. 2002. "Ideas, Politics, and Public Policy." *Annual Review of Sociology* 28: 21–38.

Caporael, Linnda R., and Marilyn B. Brewer. 1995. "Hierarchical Evolutionary Theory: There Is an Alternative, and It's Not Creationism." *Psychological Inquiry* 6 (1): 31–34.

Carlsnaes, Walter. 1992. "The Agency-Structure Problem in Foreign Policy Analysis." *International Studies Quarterly* 36 (3): 245–270.

Carneiro, Robert L. 1970. "A Theory of the Origin of the State." *Science* 169 (3947): 733–738.

Carneiro, Robert L. 1978. "Political Expansion as an Expression of the Principle of Competitive Exclusion." In *Origins of the State: The Anthropology of Political Evolution*, eds. R. Cohen and E. R. Service. Philadelphia, P.A.: Institute for the Study of Human Issues, 205–223.

Carneiro, Robert L. 1987. "The Evolution of Complexity in Human Societies and its Mathematical Expression." *International Journal of Comparative Sociology* 28 (3-4): 111–128.

Carneiro, Robert L. 1994. "War and Peace: Alternating Realities in Human History." In *Studying War: Anthropological Perspectives*, eds. Stephan P. Reyna and R. E. Downs. Langhorne, P.A.: Gordon and Breach, 3–27.

Carneiro, Robert L. 2000. "The Transition from Quantity to Quality: A Neglected Causal Mechanism in Accounting for Social Evolution." *Proceedings of the National Academy of Science of U.S.A.* 97 (23): 12926–12931.

Carneiro, Robert L. 2003. *Evolution in Cultural Anthropology: A Critical History.* Boulder, C.O.: Westview.

Carr, Edward Hallett. 1939. *The Twenty Years' Crisis 1919–1939: An Introduction to the Study of International Relations.* London: Macmillan.

Cavalli-Sforza, L. L. 1971. "Similarities and Dissmilarities of Social, Cultural and Biological Evolution." In *Mathematics in the Archaeological and Historical Sciences*, eds. F. R. Hodgson, et al. Edinburgh, Scott: Edinburgh University Press, 535–541.

Cavalli-Sforza, L. L., and M. W. Feldman. 1981. *Cultural Transmission and Evolution: A Quantitative Approach*. Princeton, N.J.: Princeton University Press.

Cederman, Lars-Erik. 1997. *Emergent Actors in World Politics: How States and Nations Develop and Dissolve*. Princeton, N.J.: Princeton University Press.

Cederman, Lars-Erik. 2001a. "Back to Kant: Reinterpreting the Democratic Peace as a Macrohistorical Learning Process." *American Political Science Review* 95 (1): 15 – 31.

Cederman, Lars-Erik. 2001b. "Modeling the Democratic Peace as a Kantian Selection Process." *Journal of Conflict Resolution* 45 (4): 470 – 502.

Cederman, Lars-Erik. 2002. "Endogenizing Geopolitical Boundaries with Agent-Based Modeling." *Proceedings of the National Academy of Science of U.S.A.* 99 (3): 7296 – 7303.

Cederman, Lars-Erik, and Luc Girardin. 2010. "Growing Sovereignty: Modeling the Shift from Indirect to Direct Rule." *International Studies Quarterly* 54 (1): 27 – 48.

Cederman, Lars-Erik, and Kristinan Skrede Gleditsch. 2004. "Conquest and Regime Change: An Evolutionary Model of the Spread of Democracy and Peace." *International Studies Quarterly* 48 (3): 603 – 629.

Cederman, Lars-Erik, T. Camber Warren, and Didier Sornette. 2011. "Testing Clausewitz: Nationalism, Mass Mobilization, and the Severity of War." *International Organization* 65 (3): 605 – 638.

Centeno, Miguel Angel. 2002. *Blood and Debt: War and the Nation-State in Latin America*. University Park, P.A.: Penn State University Press.

Chagnon, Napoleon A. [1968] 1997. *Yanomamö*. Orlando, F.L.: Harcourt College.

Chakrabarti, Dilip K. 1999. *India: An Archaeological History: Palaeolithic Beginnings to Early History Foundations*. New Delhi: Oxford University Press.

Chang, Kwang-chih. 1986. *The Archaeology of Ancient China*. 4th ed. New Haven, C.T.: Yale University Press.

Chang, Kwang-chih. 2005. "The Rise of Kings and the Formation of City-States." In *The Formation of Chinese Civilization: An Archeological Perspective*, eds. Kwang-chih Chang and Pingfang Xu. New Haven, C.T.: Yale University Press, 125 – 139.

Charpin, Dominique. 1995. "The History of Ancient Mesopotamia: An Overview." In *Civilizations of the Ancient Near East*. Vol. II, eds. Jack M. Sasson et al. New York, N.Y.: Charles Scribner's Sons, 807 – 839.

Chaudhry, Azam, and Phillip Garner. 2006. "Political Competition between Countries and Economic Growth." *Review of Development Economics* 10 (4): 666 – 682.

Checkel, Jeffrey T. 2001. "Why Comply? Social Learning and European Identity Change." *International Organization* 55 (3): 553 – 588.

Checkel, Jeffrey T., ed. 2007a. *International Institutions and Socialization in Europe.* Cambridge: Cambridge University Press.

Checkel, Jeffrey T. 2007b. "Introduction." In *International Organization and Socialization in Europe*, ed. Jeffrey T. Checkel. Cambridge: Cambridge University Press, 3 – 27.

Chick, Garry. 1999. "What's in a Meme? The Development of the Meme as a Unit of Culture." *Presented at the Annual Meeting of the American Anthropological Association.* http://www.personal.psu.edu/gec7/ (Accessed January 2011).

Childe, Gordon V. 1941. "War in Prehistoric Societies." *Sociological Review* 33 (3 – 4): 126 – 138.

Childe, Gordon V. 1951. *Social Evolution.* London: Watts & Co.

Christensen, Jonas. 2004. "Warfare in the European Neolithic." *Acta Archaeologica* 75 (2): 129 – 156.

Cioffi-Revilla, Claudio. 1996. "Origins and Evolutions of War and Politics." *International Studies Quarterly* 40 (1): 1 – 22.

Cioffi-Revilla, Claudio. 2000. "Ancient Warfare: Origins and Systems." In *Handbook of War Studies.* Vol II, ed. Manus I. Midlarsky. Ann Arbor, M.I.: University of Michigan Press, 59 – 89.

Cioffi-Revilla, Claudio, and David Lai. 1995. "War and Politics in Ancient China, 2700 B.C. to 722 B.C." *Journal of Conflict Resolution* 39 (3): 467 – 494.

Cioffi-Revilla, Claudio, and Thomas Landman. 1999. "Evolution of Maya Polities in the Ancient Mesoamerican System." *International Studies Quarterly* 43 (4): 559 – 598.

Clare, Lee, Eelco J. Rohling, Bernhard Weninger, and Johanna Hilpert. 2008. "Warfare in Late Neolithic\Early Chalcolithic Pisidia, Southwestern Turkey: Climate Induced Social Unrest in the Late 7th Millennium Cal BC." *Documenta Praehistorica* 35 (1): 65 – 92.

Clark, Gregory. 2007. *A Farewell to Alms: A Brief Economic History of the World.* Princeton, N.J.: Princeton University Press.

Clark, Ian. 2005. *Legitimacy in International Society.* Oxford: Oxford University Press.

Clark, Ian. 2007. *International Legitimacy and World Society.* Oxford: Oxford University Press.

Clough, Shepard B., and Salvatore Saladino. 1968. *A History of Modern Italy*. New York, N.Y.: Columbia University Press.

Coase, Ronald H. 1937. "The Nature of the Firm." *Economica* 4 (16): 386–405.

Cohen, Raymond, and Raymond Westbrook, eds. 2002. *Amarna Diplomacy: The Beginnings of International Relations*. Baltimore, M.D.: John Hopkins University Press.

Collins, Randall. 1994. *Four Sociological Traditions: Selected Readings*. Oxford: Oxford University Press.

Collins, Randall. 2012. "C-Escalation and D-Escalation: A Theory of the Time-Dynamics of Conflict." *American Sociological Review* 77 (1): 1–20.

Commons, John R. 1934. *Institutional Economics: Its Place in Political Economy*. New York, N.Y.: Macmillan.

Connolly, William E. 1993. "Beyond Good and Evil: The Ethical Sensibility of Michel Foucault." *Political Theory* 21 (3): 365–389.

Copeland, Dale. 2000a. *The Origins of Major War*. Ithaca, N.Y.: Cornell University Press.

Copeland, Dale. 2000b. "The Constructivist Challenge to Structural Realism." *International Security* 25 (2): 187–212.

Copeland, Dale. 2003. "A Realist Critique of the English School." *Review of International Studies* 29 (3): 427–441.

Coser, Lewis A. 1956. *The Functions of Social Conflict*. Glencoe, I.L.: Free Press.

Coser, Lewis A. 1967. *Continuities in the Study of Social Conflict*. New York, N.Y.: Free Press.

Cosmides, Leda, and John Tooby. 1995. "From Evolution to Adaptations to Behavior: Toward an Integrated Evolutionary Psychology." In *Biological Perspectives on Motivated Activities*, ed. R. Wong. Norwood. N.J.: Ablex, 11–74.

Cosmides, Leda, John Tooby, and Jerome H. Barkow. 1992. "Introduction: Evolutionary Psychology and Conceptual Integration." In *The Adapted Mind: Evolutionary Psychology and the Generation of Culture*, eds. Jerome H. Barkow, Leda Cosmides, and John Tooby. New York, N.Y.: Columbia University Press, 3–15.

Cox, Robert W. 1981. "Social Forces, States and World Orders: Beyond International Relations Theory." *Millennium: Journal of International Studies* 10 (2): 126–155. Reprinted in Robert O. Keohane. ed. 1986. Neorealism and Its Critics. New York, N.Y.: Columbia University Press, 204–254.

Cozette, Murielle. 2008. "Reclaiming the Critical Dimension of Realism: Hans J.

Morgenthau on the Ethics of Scholarship." *Review of International Studies* 34 (1): 5 – 27.

Craig, Campbell. 2003. *Glimmer of a New Leviathan: Total War in the Realism of Niebuhr*, Morgenthau, and Waltz. New York, N.Y.: Columbia University Press.

Craig, Campbell. 2004. "Review Article: American Realism versus American Imperialism." *World Politics* 57 (1): 143 – 171.

Crawford, Neta C. 2002. *Argument and Change in World Politics: Ethics, Decolonization, and Humanitarian Intervention.* Cambridge: Cambridge University Press.

Crick, Francis H. 1970. "Central Dogma of Molecular Biology." *Nature* 227 (5258): 561 – 563.

Crouch, Caryl L. 2009. *War and Ethics in the Ancient Near East: Military Violence in Light of Cosmology and History.* Berlin & New York: Walter de Gruyter.

Cryer, Frederick. 1995. "Chronology: Issues and Problems." In *Civilizations of the Ancient Near East.* Vol. II, eds. Jack M. Sasson et al. New York, N.Y.: Charles Scribner's Sons, 807 – 839.

Daalder, Ivo H., and Fiona Hill. 2001. "Get over It, Mr. Bush– The Cold War Has Finished." *International Herald Tribune.* March 24. http://www.nytimes. com/2001/03/24/opinion/24iht-eddaal_ed2_.html

Daggett, Richard. 1987. "Toward the Development of the State on the North Central Coast of Peru." In *The Origins and Development of the Andean State*, eds. Jonathan Haas, Shelia Pozorski, and Thomas Pozorski. Cambridge: Cambridge University Press, 70 – 82.

Dahrendorf, Ralf. 1958. "Toward a Theory of Social Conflict." *Journal of Conflict Resolution* 2 (2): 170 – 183.

Dahrendorf, Ralf. 1968. *Essays in the Theory of Society.* Stanford, C.A.: Stanford University Press.

Daly, Martin, and Margo Wilson. 1995. "Evolutionary Psychology: Adaptationist, Selectionist, and Comparative." *Psychological Inquiry* 6 (1): 34 – 38.

Darwin, Charles. 1859. *On the Origin of Species by Means of Natural Selection, or the Preservation of Favored Races in The Struggle for Life.* London: John Murray.

Darwin, Charles. [1871] 1874. *The Descent of Man and Selection in Relation to Sex.* 2nd ed. London: John Murray (E-book version from Powell Books).

David, Paul A. 1994. "Why are Institutions the 'Carriers of History'?: Path Dependence and the Evolution of Conventions, Organizations and Institutions." *Structural Change and Economic Dynamics* 5 (2): 205－220.

Dawkins, Richard. 1976. *The Selfish Gene*. Oxford: Oxford University Press.

Dawkins, Richard. 1986. *The Blind Watchmaker: Why the Evidence of Evolution Reveals a Universe Without Design*. New York, N.Y.: W. W. Norton.

Dawson, Doyne. 1996a. "The Origins of War: Biological and Anthropological Theories." *History and Theory* 35 (1): 1－28.

Dawson, Doyne. 1996b. *The Origins of Western Warfare: Militarism and Morality in the Ancient World*. Boulder, C.O.: Westview.

Dawson, Doyne. 1999. "Evolutionary Theory and Group Selection: The Question of Warfare." *History and Theory* 38 (4): 79－100.

de Nevers, Renee. 2007. "Imposing International Norms: Great Powers and Norm Enforcement." *International Studies Review* 9 (1): 53－80.

Dennett, Daniel. 1995. *Darwin's Dangerous Idea: Evolution and the Meanings of Life*. New York, N.Y.: Simon & Schuster.

de Souza, Philip, Waldemar Heckel, and Lloyd Llewellyn-Jones. 2004. *The Greeks at War: From Athens to Alexander*. UK: Osprey.

Dessler, David. 1989. "What's at Stake in the Agent-Structure Debate?" *International Organization* 43 (3): 441－473.

Deutsch, Karl Wolfgang, et al. 1957. *Political Community and the North Atlantic Area: International Organization in Light of Historical Experience*. Princeton, N.Y.: Princeton University Press.

Diamond, Jared M. 1997. *Guns, Germs, and Steel: The Fates of Human Societies*. New York, N.Y.: W. W. Norton.

Diamond, Jared M. 2005. *Collapse: How Societies Choose to Fail or Survive*. New York, N.Y.: Viking.

Dickson, D. Bruce. 1987. "Circumscription by Anthropogenic Environmental Destruction: An Expansion of Carneiro's (1970) Theory of the Origin of the State." *American Antiquity* 52 (4): 709－716.

Di Cosmo, Nicola. 2004. *Ancient China and Its Enemies: The Rise of Nomadic Power in East Asian History*. Cambridge: Cambridge University Press.

Digeser, Peter. 1992. "The Fourth Face of Power." *Journal of Politics* 54 (4): 977－1007.

Dobzhansky, Theodosius. 1973. "Nothing in Biology Makes Sense Except in the Light of Evolution." *American Biology Teacher* 35 (3): 125－129.

Dopfer, Kurt. 2001. "Evolutionary Economics: Framework for Analysis." In *Evolutionary Economics: Program and Scope*, ed. *Kurt Dopfer*. Boston, M.A.: Kluwer, 1–44.

Doty, Roxanne Lynn. 1997. "Aporia: A Critical Exploration of the Agent–Structure Problematique in International Relations Theory." *European Journal of International Relations* 3 (3): 365–392.

Doty, Roxanne Lynn. 2000. "Desire All the Way Down." *Review of International Studies* 26 (1): 137–139.

Drezner, Daniel W. 2008. "The Realist Tradition in American Public Opinion." *Perspectives on Politics* 6 (1): 51–70.

Duffield, John S. 1995. *World Power Forsaken: Political Culture, International Institutions, and Germany Security Policy after Unification*. Stanford, C.A.: Stanford University Press.

Duffield, John S. 2007. "What are International Institutions?" *International Studies Review* 9 (1): 1–22.

Durham, William H. 1991. *Coevolution: Genes, Culture, and Human Diversity*. Stanford, C.A.: Stanford University Press.

Earle, Timothy K. 1987. "Chiefdoms in Archaeological and Ethnohistorical Perspective." *Annual Review of Anthropology* 16: 279–308.

Eckstein, Arthur M. 2006. *Mediterranean Anarchy, Interstate War, and the Rise of Rome*. Berkeley, C.A.: University of California Press.

Eckstein, Arthur M. 2007. "Intra–Greek Balancing, the Mediterranean Crisis of c. 201–200 BCE, and the Rise of Rome." In *The Balance of Power in World History*, eds. Stuart J. Kaufman, Richard Little, and William C. Wohlforth. New York, N.Y.: Palgrave Macmillan, 71–98.

Edelstein, David. 2004. "Occupation Hazards: Why Military Occupations Succeed or Fail?" *International Security* 29 (1): 49–91.

Eldredge, Niles, and Stephen Jay Gould. 1972. "Punctuated Equilibria: An Alternative to Phyletic Gradualism." In *Models in Paleobiology*, ed. Thomas J. M. Schopf. San Francisco, C.A.: Freeman Cooper, 82–115.

Elias, Norbert. [1939] 1991. *The Society of Individuals*. Oxford: Blackwell.

Elias, Norbert. [1939] 1994. *The Civilizing Process*. Revised ed. Oxford: Blackwell.

Elias, Norbert. [1970] 1978. *What Is Sociology?* New York, N.Y.: Columbia University Press.

Elman, Colin. 1996. "Horses for Courses: Why not Neorealist Theory of Foreign Policy?"

Security Studies 6 (1): 3 – 53.

Elman, Colin. 2004. "Extending Offensive Realism: The Louisiana Purchase and America's Rise to Regional Hegemony." *American Political Science Review* 98 (4): 563 – 576.

Elman, Colin, and Miriam Fendius Elman. 1995. "Correspondence: History vs. Neo-realism: A Second Look." *International Security* 20 (1): 182 – 193.

Ember, Carol. R., and Melvin Ember. 1992. "Resource Unpredictability, Mistrust, and War: A Cross-Cultural Study." *Journal of Conflict Resolution* 36 (2): 242 – 262.

Ember, Carol. R., and Melvin Ember. 1994. "War, Socialization, and Interpersonal Violence: A Cross-Cultural Study." *Journal of Conflict Resolution* 38 (4): 620 – 646.

Ember, Carol. R., and Melvin Ember. 1998. "Violence in the Ethnographic Record: Results of Cross-Cultural Research on War and Aggression." In *Troubled Times: Violence and Warfare in the Past*, eds. Debra L. Martin and David W. Frayer. Langhorne, P.A.: Gordon and Breach, 1 – 20.

Ember, Melvin, and Carol R. Ember. 1994. "Cross-Cultural Studies of War and Peace: Recent Achievements and Future Possibilities." In *Studying War: Anthropological Perspectives*, eds. Stephan P. Reyna and R. E. Downs. Langhorne, P.A.: Gordon and Breach, 185 – 208.

Epstein, Charlotte. 2012. "Stop Telling Us How to Behave: Socialization or Infantilization?" *International Studies Perspectives* 13 (2): 135 – 145.

Epstude, Kai, and Neal J. Roese. 2008. "The Functional Theory of Counterfactual Thinking." *Personality and Social Psychology Review* 12 (2): 168 – 192.

Erdal, O. D. 2012. "A Possible Massacre at Early Bronze Age Titris Höyük, Anatolia." *International Journal of Osteoarchaeology* 22 (1): 1 – 21.

Evans, Tony, and Peter Wilson, 1992. "Regime Theory and the English School of International Relations: A Comparison." *Millennium: Journal of International Studies* 21 (3): 329 – 351.

Fabbro, David. 1978. "Peaceful Societies: An Introduction." *Journal of Peace Research* 15 (1): 67 – 83.

Falger Vincent S. E. 2001. "Evolutionary World Politics Enriched: The Biological Foundations of International Relations." In *Evolutionary Interpretations of World Politics*, ed. William R. Thompson. New York and London: Routledge, 30 – 51.

Farkas, Andrew. 1996. "Evolutionary Models in Foreign Policy Analysis." *International Studies Quarterly* 40 (3) 343 – 361.

Farris, W. Wayne. 1999. "Japan to 1300." In *War and Society in the Ancient and Medieval Worlds: Asia, the Mediterranean,* Europe, and Mesoamerica, eds. Kurt A. Raaflaub and Nathan Stewart Rosenstein. Cambridge, M.A.: Harvard University Press, 47 – 70.

Fazal, Tanisha M. 2004. "State Death in the International System." *International Organization* 58 (2): 311 – 344.

Fazal, Tanisha M. 2007. *State Death: The Politics and Geography of Conquest,* Occupation, and Annexation. Princeton, N.J.: Princeton University Press.

Fearon, James D. 1995. "Rationalist Explanations for War." *International Organization* 49 (3): 379 – 414.

Feaver, Peter D., et al. 2000. "Brother, Can You Spare a Paradigm? (Or Was Anybody Ever a Realist?)" *International Security* 25 (1): 165 – 193.

Ferguson, Adam. [1765] 1995. *An Essay on the History of Civil Society,* ed. Fania Oz-Salberger. Cambridge: Cambridge University Press.

Ferguson, Brian R. 1989. "Game Wars? Ecology and Conflict in Amazonia." *Journal of Anthropological Research* 45 (2): 179 – 206.

Ferguson, Brian R. 1990. "Explaining War." In *The Anthropology of War,* ed. Jonathan Haas. Cambridge: Cambridge University Press, 26 – 55.

Ferguson, Brian R. 1994. "The General Consequences of War: An Amazonian Perspective." In *Studying War: Anthropological Perspectives,* eds. Stephan P. Reyna and R. E. Downs. Langhorne, P.A.: Gordon and Breach, 85 – 111.

Ferguson, Brian R. 1995. *Yanomami Warfare: A Political History.* Santa Fe, N.M.: School of American Research.

Ferguson, Brian R. 1998. "Violence and War in Prehistory." In *Troubled Times: Violence and Warfare in the Past,* eds. Debra L. Martin and David W. Frayer. Langhorne, P.A.: Gordon and Breach, 321 – 355.

Ferguson, Brian R. 2000. "The Causes and Origins of 'Primitive Warfare': on Evolved Motivations for War." *Anthropological Quarterly* 73 (3): 159 – 164.

Ferguson, Brian R. 2006. "Archaeology, Cultural Anthropology, and the Origins and Intensifications of War." In *The Archaeology of Warfare: Prehistories of Raiding and Conquest,* eds. Elizabeth N. Arkush and Mark W. Allen. Gainesville, F.L.: University Press of Florida, 469 – 523.

Ferguson, Brian R. 2008. "Ten Points on War." *Social Analysis* 52 (2): 32 – 49.

Ferguson, Brian R. 2010. "Book Review of David Livingstone Smith's The Most

Dangerous Animal: Human Nature and the Origins of War." *Peace & Change* 35 (1): 164 – 167.

Ferrill, Arther. 1985. *The Origins of War: From the Stone Age to Alexander the Great.* London: Thames and Hudson.

Fettweis, Christopher J. 2004. "Evaluating IR's Crystal Balls: How Predictions of the Future Have Withstood Fourteen Years of Unipolarity." *International Studies Review* 6 (1): 79 – 104.

Fiani, Ronaldo. n.d. "Was Hayek Really an Evolutionist?" http://citeseerx.ist.psu.edu/viewdoc/summary?doi=10.1.1.9.5178 (Accessed July 2012).

Flannery, Kent V. 1999. "Process and Agency in Early State Formation." *Cambridge Archaeological Journal* 9 (1): 3 – 21.

Flannery, Kent V., and Joyce Marcus. 2003. "The Origin of War: New 14C Dates from Ancient Mexico." *Proceedings of the National Academy of Science of U.S.A.* 100 (20): 11801 – 11805.

Flenley, John R., and Paul Bahn. 2002. *The Enigmas of Easter Island: Island on Edge.* New York, N.Y.: Oxford University Press.

Florini, Ann. 1996. "The Evolution of International Norms." *International Studies Quarterly* 40 (3): 363 – 389.

Fort, Bertrand, and Douglas Webber, eds. 2006. *Regional Integration in East Asia and Europe: Convergence or Divergence?.* London: Routledge.

Foucault, Michel. [1972] 1977. "Intellectuals and Power." In *Language, Counter-memory, Practice: Selected Essays and Interviews, trans.* and ed. Donald F. Bouchard and Sherry Simon. Ithaca, N.Y.: Cornell University Press, 205 – 217.

Foucault, Michel. [1976] 1990. *An Introduction. In The History of Sexuality.* Vol. 1, trans. Robert Hurley. New York, N.Y.: Vintage.

Foucault, Michel. 1980. *Power/Knowledge: Selected Interviews and Other Writings,* 1972 – 1977, ed. Colin Gordon. New York, N.Y.: Pantheon.

Foucault, Michel. [1984] 1997. "What is Enlightenment?" In *Ethics: Subjectivity and Truth. Vol. 1 of Essential Works of Michel Foucault* (1954 – 1984), ed. Paul Rabinow. New York, N.Y.: The New Press, 303 – 321.

Foucault, Michel. 1988. *Politics, Philosophy, Culture: Interviews and Other Writings 1977 – 1984,* ed. Lawrence D. Kirtzman. London: Routledge.

Foucault, Michel. 2000. *Power.* Vol. 3 of Essential Works of Foucault (1954 – 1984), ed. James D. Faubion. New York, N.Y.: The New Press.

Fracchia, Joseph, and Richard C. Lewontin. 1999. "Does Culture Evolve?" *History and Theory* 38 (4): 52 – 78.

Frank, Robert H. 1985. *Choosing the Right Pond: Human Behavior and the Quest for Status*. Oxford: Oxford University Press.

Frankel, Benjamin. 1996. "Restating the Realist Case: An Introduction." *Security Studies* 5 (3): ix – xx.

Frazier, Derrick, and Robert Stewart-Ingersoll. 2010. "Regional Powers and Security: A Framework for Understanding Order within Regional Security Complexes." *European Journal of International Relations* 16 (4): 731 – 753.

Freud, Sigmund. 1961. *Civilization and Its Discontents. Trans. James Strachecv.* New York, N.Y.: W. W. Norton.

Fry, Douglas P. 2006. *Beyond War: The Human Potential for Peace: An Anthropological Challenge to Assumptions about War and Violence*. New York, N.Y.: Oxford University Press.

Fulbrook, Mary, ed. 1997. *German History since 1800*. London: Arnold.

Futuyma, Douglas J. 1998. *Evolutionary Biology*. 5th ed. Boston, M.A.: Sinauer Associates.

Gaertner, Samuel et al. 1993. "The Common Ingroup Identity Model: Recategorization and the Reduction of Intergroup Bias." *European Review of Social Psychology* 4 (1): 1 – 26.

Gaertner, Samuel et al. 2000. "The Common Ingroup Identity Model for Reducing Intergroup Bias: Progress and Challenges." In *Social Identity Processes: Trends in Theory and Research*, eds. Dora Capozza and Rupert Brown. Thousand Oaks, C.A.: Sage, 133 – 148.

Gat, Azar. 1999. "The Pattern of Fighting in Simple, Small-Scale, Prestate Societies." *Journal of Anthropological Research* 55 (4): 563 – 583.

Gat, Azar. 2000a. "The Human Motivational Complex: Evolutionary Theory and the Causes of Hunter-Gatherer Fighting. Part I. Primary Somatic and Reproductive Causes." *Anthropological Quarterly* 73 (1): 20 – 34.

Gat, Azar. 2000b. "The Human Motivational Complex: Evolutionary Theory and the Causes of Hunter-Gatherer Fighting, Part II. Proximate, Subordinate, and Derivative Causes." *Anthropological Quarterly* 73 (2): 74 – 88.

Gat, Azar. 2006. *War in Human Civilization*. Oxford: Oxford University Press.

Gat, Azar. 2009. "So Why Do People Fight? Evolutionary Theory and the Causes of

War." *European Journal of International Relations* 15 (4): 571–599.

Geddes, Barbara. 2003. *Paradigms and Sand Castles: Theory Building and Research Design in Comparative Politics*. Ann Arbor, M.I.: University of Michigan Press.

Geertz, Clifford. 1973. *The Interpretation of Cultures: Selected Essays*. New York, N.Y.: Basic Books.

Gellner, Ernest. 1983. *Nations and Nationalism*. Ithaca, N.Y.: Cornell University Press.

Giddens, Anthony. [1976] 1993. *New Rules of Sociological Method*. 2nd ed. London: Polity.

Giddens, Anthony. 1979. *Central Problems in Social Theory: Action, Structure and Contradiction in Social Analysis*. Berkeley, C.A.: University of California Press.

Giddens, Anthony. 1984. *The Constitution of Society: Outline of the Theory of Structuration*. London: Polity.

Giddens, *Anthony*. 2006. Sociology. 5th ed. London: Polity.

Gilpin, Robert. 1981. *War and Change in World Politics*. New York, N.Y.: Cambridge University Press.

Glaser, Charles L. 1992. "Political Consequences of Military Strategy: Expanding and Refining the Spiral and Deterrence Models." *World Politics* 44 (4): 497–538.

Glaser, Charles L. 1994–1995. "Realists as Optimists: Cooperation as Self-help." *International Security* 19 (3): 50–90.

Glaser, Charles L. 2010. *Rational Theory of International Politics: The Logic of Competition and Cooperation*. Princeton, N.J.: Princeton University Press.

Gnirs, M, Andrea. 1999. "Ancient Egypt." In *War and Society in the Ancient and Medieval Worlds: Asia*, the Mediterranean, Europe, and Mesoamerica, eds. Kurt A. Raaflaub and Nathan Stewart Rosenstein. Cambridge, M.A.: Harvard University Press, 71–104.

Goddard, Stacie E., and Daniel H. Nexon. 2005. "Paradigm Lost? Reassessing Theory of International Politics." *European Journal of International Relations* 11 (1): 9–61.

Godfrey-Smith, Peter. 2000. "The Replicator in Retrospect." *Biology and Philosophy* 15 (3): 403–423.

Goldstein, Avery. 2001. "The Diplomatic Face of China's Grand Strategy: A Rising Power's Emerging Choice." *China Quarterly* 168: 835–864.

Goldstein, Joshua S. 1987. "The Emperor's New Genes: Sociobiology and War." *International Studies Quarterly* 31 (1): 33–43.

Gooch, Brison D. 1970. *Europe in the Nineteenth Century: A History*. London: Collier-Macmillan.

Gould, Harry D. 1998. "What Is at Stake in the Agent-Structure Debate?" In *International Relations in a Constructed World*, eds. Vendulka Kubálková, Nicholas G. Onuf, and Paul Kowert. Armonk, N.Y.: M. E. Sharpe, 79 – 98.

Gould, Stephen Jay. 1982. "Introduction." In *Genetics and the Origins of Species*, ed. Theodosius Dobzhansky. New York, N.Y.: Columbia University Press.

Gowa, Joanne. 1986. "Anarchy, Egoism, and Third Images: The Evolution of Cooperation and International Relations." *International Organization* 40 (1): 167 – 186.

Gramsci, Antonio. [1926-1937] 1992-1996. *Prison Notebooks*. New York, N.Y.: Columbia University Press.

Grieco, Joseph. 1990. *Cooperation among Nations: Europe*, America, and Non-Tariff Barriers to Trade. Ithaca, N.Y.: Cornell University Press.

Gries, Peter H. 2005. "Social Psychology and the Identity-Conflict Debate: Is a 'China Threat' Inevitable?" *European Journal of International Relations* 11 (2): 235 – 265.

Gruber, Llyold. 2000. *Ruling the World: Power Politics and the Rise of Supranational Institutions*. Princeton, N.J.: Princeton University Press.

Guilaine, Jean, and Jean Zammit. 2005. *The Origins of War: Violence in Prehistory*. Trans. Melanie Hersey. Malden, M.A.: Blackwell.

Guzman, Andrew T. 2002. "A Compliance-Based Theory of International Law." *California Law Review* 90 (6): 1823 – 1887.

Guzman, Andrew T. 2008. *How International Law Works: A Rational Choice Theory*. Oxford: Oxford University Press.

Guzzini, Stefano. 1993. "Structural Power: The Limits of Neorealist Power Analysis." *International Organization* 47 (3): 443 – 478.

Guzzini, Stefano. 2000. "The Use and Misuse of Power Analysis in International Theory." In *Global Political Economy: Contemporary Theories, ed. Ronen Palan*. London: Routledge, 53 – 66.

Guzzini, Stefano. 2005. "The Concept of Power: A Constructivist Analysis." *Millennium: Journal of International Studies* 33 (3): 495 – 521.

Haas, Jonathan, Shelia Pozorski, and Thomas Pozorski, eds. 1987. *The Origins and Development of the Andean State*. Cambridge: Cambridge University Press.

Hager, Robert P. Jr., and David A. Lake. 2000. "Balancing Empires: Competitive

Decolonization in International Politics." *Security Studies* 9 (3): 108 – 148.

Hall, Rodney Bruce. 1999. *National Collective Identity: Social Constructs and International Systems*. New York, N.Y.: Columbia University Press.

Hallpike, Christopher Robert. 1986. *The Principles of Social Evolution*. Oxford: Clarendon.

Hamblin, William J. 2006. *Warfare in the Ancient Near East to 1600 BC: Holy Warriors at the Dawn of History*. London: Routledge.

Hanson, Donald W. 1984. "Thomas Hobbes's 'Highway to Peace'." *International Organization* 38 (2): 329 – 354.

Hanson, Victor Davis. 2009. *The Western Way of War: Infantry Battle in Classical Greece*. 2nd ed. Berkeley, C.A.: University of California Press.

Harris, William V. 1979. *War and Imperialism in Republican Rome, 327 – 70 B.C.* Oxford: Clarendon.

Hasenclever, Andreas, Peter Mayer, and Volker Rittberger. 2000. "Integrating Theories of International Regimes." *Review of International Studies* 26 (1): 3 – 33.

Hasenclever, Andreas, and Brigitte Weiffen. 2006. "International Institutions Are the Key: A New Perspective on the Democratic Peace." *Review of International Studies* 32 (4): 563 – 585.

Hassig, Ross. 1992. *War and Society in Ancient Mesoamerica*. Berkeley, C.A.: University of California Press.

Hassig, Ross. 1999. "The Aztec World." In *War and Society in the Ancient and Medieval Worlds: Asia, the Mediterranean, Europe, and Mesoamerica*, eds. Kurt A. Raaflaub and Nathan Stewart Rosenstein. Cambridge, M.A.: Harvard University Press, 361 – 387.

Haugaard, Mark. 1997. *The Constitution of Power: A Theoretical Analysis of Power, Knowledge and Structure*. Manchester, UK: Manchester University Press.

Hayek, Friedrich A. 1967. *Studies in Philosophy, Politics and Economics*. London: Routledge and Kegan Paul.

Hayek, Friedrich A. [1973], [1976], [1979] 1982. *Law, Legislation, and Liberty*. 3 Vols. London: Routledge.

Hayek, Friedrich A. 1978. *New Studies in Philosophy, Politics, Economics and the History of Ideas*. Chicago, I.L.: University of Chicago Press.

He, Kai, and Huiyun Feng. 2012. "'Why Is There No NATO in Asia?' Revisited: Prospect Theory, Balance of Threat, and US Alliance Strategies." *European Journal of*

International Relations 18 (2): 227 – 250.

He, Yinan. 2009. *The Search for Reconciliation: Sino-Japanese and German-Polish Relations after World War II*. Cambridge: Cambridge University Press.

Heather, Peter. 2006. *The Fall of the Roman Empire: A New History of Rome and the Barbarians*. Oxford: Oxford University Press.

Heller, Mark A. 1980. "The Use & Abuse of Hobbes: The State of Nature in International Relations." *Polity* 13 (1) 1: 21 – 32.

Hemmer, Christopher J., and Peter J. Katzenstein. 2002. "Why is There No NATO in Asia? Collective Identity, Regionalism, and the Origins of Multilateralism." *International Organization* 56 (3): 575 – 607.

Hershey, Amos S. 1911. "The History of International Relations during Antiquity and the Middle Ages." *American Journal of International Law* 5 (4): 901 – 933.

Hill, J. 1989. "Concepts as Units of Cultural Replication." *Journal of Social and Biological Structures* 12 (4): 343 – 355.

Hinsley, F. H. 1986. *Sovereignty*. 2nd ed. Cambridge: Cambridge University Press.

Hirsch, Fred. 1977. *Social Limits to Growth*. London: Routledge.

Hirschman, Albert O. 1970. "The Search for Paradigms as a Hindrance to Understanding." *World Politics* 22 (3): 329 – 343.

Hobbes, Thomas. [1651] 1985. *Leviathan*, ed. C. B. Macpherson. London: Penguin.

Hobsbawn, Eric J. 1990. *Nations and Nationalism since 1780*. Cambridge: Cambridge University Press.

Hodgson, Geoffrey M. 1993. *Economics and Evolution: Bringing Life Back into Economics*. London: Polity.

Hodgson, Geoffrey M. 2001. "Is Social Evolution Lamarckian or Darwinian?" In *Darwinism and Evolutionary Economics*, eds. John Laurent and John Nightingale. Cheltenham, UK: Edward Elgar, 87 – 118.

Hodgson, Geoffrey M. 2002. "Darwinism in Economics: From Analogy to Ontology." *Journal of Evolutionary Economics* 12 (3): 259 – 281.

Hodgson, Geoffrey M. 2005. "Generalizing Darwinism to Social Evolution: Some Early Attempts." *Journal of Economic Issues* 39 (4): 899 – 914.

Hodgson, Geoffrey M. 2006. "What Are Institutions?" *Journal of Economic Issues* 40 (1): 1 – 25.

Hodgson, Geoffrey M., and Thorbjørn Knudsen. 2010a. "Generative Replication and the

Evolution of Complexity." *Journal of Economic Behavior and Organization* 75 (1): 12-24.

Hodgson, Geoffrey M., and Thorbjørn Knudsen. 2010b. *Darwin's Conjecture: The Search for General Principles of Social and Economic Evolution*. Chicago, I.L.: University of Chicago Press.

Hollis, Martin. 1988. *The Cunning of Reason*. New York, N.Y.: Cambridge University Press.

Hollis, Martin, and Steve Smith. 1991. *Explaining and Understanding International Relations*. Oxford: Clarendon.

Holsti, Kal J. 1998. "The Study of International Politics during the Cold War." In *The Eighty Years' Crisis: International Relations 1919-1999*, eds. Tim Dunne, Michael Cox, and Ken Booth. Cambridge: Cambridge University Press, 17-47.

Holsti, Kal J. (with Adam Jones). 2002. "Interview with Kal Holsti." *Review of International Studies* 28 (3): 619-633.

Holsti, Kal J. 2004. *Taming the Sovereigns: Institutional Change in International Politics*. Cambridge: Cambridge University Press.

Horowitz, Donald L. 1985. *Ethnic Groups in Conflict*. Berkeley, C.A.: University of California Press.

Houghton, David Patrick. 2009. "The Role of Self-Fulfilling and Self-Negating Prophecies in International Relations." *International Studies Review* 11 (3): 552-584.

Hui, Victoria Tin-bor. 2005. *War and State Formation in Ancient China and Early Modern Europe*. Cambridge: Cambridge University Press.

Hull, David L. 1980. "Individuality and Selection." *Annual Review of Ecology and Systematics* 11: 311-332.

Hull, David L. 1982. "The Naked Meme." In *Learning, Development and Culture: Essays in Evolutionary Epistemology*, ed. Henry C. Plotkin. New York, N.Y.: Wiley, 273-327.

Hunt, Terry L. 2006. "Rethinking the Fall of Easter Island: New Evidence Points to an Alternative Explanation for a Civilization's Collapse." *American Scientist* 94 (5): 412-419.

Hunt, Terry L., and Carl R. Lipo. 2009. "Revisiting Rapa Nui (Easter Island) 'Ecocide'." *Pacific Science* 63 (4): 601-616.

Huntley, Wade L. 1996. "Kant's Third Image: Systemic Sources of the Liberal Peace."

International Studies Quarterly 40 (1): 45 – 76.

Hurd, Ian. 1999. "Legitimacy and Authority in International Politics." *International Organization* 53 (2): 379 – 408.

Hurrell, Andrew. 1998. "An Emerging Security Community in South America?" *In Security Communities*, eds. Emanuel Adler and Michael N. Barnett. Cambridge: Cambridge University Press, 228 – 264.

Huxley, Julian. 1942. *Evolution: The Modern Synthesis*. 3rd ed. London: Allen and Unwin.

Huxley, Julian. 1956. "Evolution: Biological and Cultural." In *Current Anthropology: A Supplement to "Anthropology Today"*, ed. William L. Thomas. Chicago, I.L.: University of Chicago Press, 3 – 25.

Ibn-Khaldun. [1377] 1967. *An Introduction to History (abridged edition)*. Trans. Franz Rosenthal Ed. and Abr. N. J. Dawood. Princeton, N.J.: Princeton University Press.

Ikenberry, G. John. 2000. *After Victory: Institutions*, Strategic Restraint, and the Rebuilding of Order after Major Wars. Princeton, N.J.: Princeton University Press.

Ikenberry, G. John. 2008. "The Rise of China and the Future of the West: Can the Liberal System Survive?" *Foreign Affairs* 87 (1): 23 – 37.

Ikenberry, G. John., and Charles A. Kupchan. 1990. "Socialization and Hegemonic Power." *International Organization* 44 (3): 283 – 315.

Jablonka, Eva, and Marion J. Lamb. 2006. *Evolution in Four Dimensions: Genetic, Epigenetic, Behavioral, and Symbolic Variation in the History of Life*. Cambridge, M.A.: MIT Press.

Jackson, Patrick Thaddeus, and Daniel H. Nexon. 2004. "Constructivist Realism or Realist-Constructivism?" *International Studies Review* 6 (2): 337 – 341.

Jackson, Robert H. 1990. *Quasi-states: Sovereignty, International Relations and the Third World*. Cambridge: Cambridge University Press.

Jepperson, Ronald L., Alexander Wendt, and Peter J. Katzenstein. 1996. "Norms, Identity, and Culture in National Security." In *The Culture of National Security: Norms and Identity in World Politics*, ed. Peter J. Katzenstein. New York, N.Y.: Columbia University Press, 33 – 75.

Jervis, Robert. 1970. *The Logic of Images in International Relations*. Princeton, N.J.: Princeton University Press.

Jervis, Robert. 1976. *Perception and Misperception in International Politics*. Princeton, N.J.: Princeton University Press.

Jervis, Robert. 1978. "Cooperation Under the Security Dilemma." *World Politics* 30 (2): 167 – 214.

Jervis, Robert. 1982. "Security Regimes." *International Organization* 36 (2): 357 – 378.

Jervis, Robert. 1991 – 1992. "The Future of World Politics: Will It Resemble the Past?" *International Security* 16 (3): 39 – 73.

Jervis, Robert. 1997. *System Effects: Complexity in Political and Social Life.* Princeton, N.J.: Princeton University Press.

Jervis, Robert. 1999. "Realism, Neoliberalism, and Cooperation: Understanding the Debate." *International Security* 24 (1): 42 – 63.

Jervis, Robert. 2002. "Theories of War in an Era of Leading-Power Peace." *American Political Science Review* 96 (1): 1 – 14.

Jervis, Robert (with Thierry Balzacq). 2004. "The Logic of Mind: Interview with Robert Jervis." *Review of International Studies* 30 (2): 559 – 582.

Johnson, Allen W., and Timothy K. Earle. 2000. *The Evolution of Human Societies: From Foraging Groups to Agrarian State.* 2nd ed. Stanford, C.A.: Stanford University Press.

Johnston, Alastair Iain. 1995. *Cultural Realism: Strategic Culture and Grand Strategy in Chinese History.* Princeton, N.J.: Princeton University Press.

Johnston, Alastair Iain. 2001. "Treating International Institutions as Social Environment." *International Studies Quarterly* 45 (4): 487 – 515.

Johnston, Alastair Iain. 2008. *Social States: China in International Institutions, 1980 – 2000.* Princeton, N.J.: Princeton University Press.

Jones, Charles, I. 2005. "Ideas and Growth." In *Handbook of Economic Growth.* Vol. 1B, eds. Philippe Aghion and Steven N. Durlauf. Amsterdam: North-Holland, 1063 – 1111.

Joseph, Jonathan. 2010. "The Limits of Governmentality: Social Theory and the International." *European Journal of International Relations* 16 (2): 223 – 246.

Joyce, Arthur A. 2010. *Mixtecs, Zapotecs, and Chatinos: Ancient Peoples of Southern Mexico.* Malden, M.A.: Wiley-Blackwell.

Kacowicz, Arie M. 1998. *Zones of Peace in the Third World: South America and West Africa in Comparative Perspective.* Albany, N.Y.: SUNY Press.

Kahler, Miles. 1999. "Evolution, Choice, and International Change." In *Strategic Choices and International Relations*, eds. David A. Lake and Robert Powell. Princeton, N.J.: Princeton University Press, 165 – 196.

Kang, David A. 2003. "Getting Asia Wrong: The Need for New Analytical Frameworks." *International Security* 27 (4): 57 – 85.

Kang, David A. 2005. "Hierarchy in Asian International Relations: 1300 – 1900." *Asian Security* 1 (1): 53 – 79.

Kant, Immanuel. [1784] 1991. "Idea for a Universal History with a Cosmopolitan Purpose." In *Kant: Political Writings*, ed. Hans S. Reiss. Cambridge: Cambridge University Press, 41 – 54.

Kaplan, Morton A. 1957. *System and Process in International Politics*. New York, N.Y.: Wiley.

Katzenstein, Peter J., ed. 1996. *The Culture of National Security: Norms and Identity in World Politics*. New York, N.Y.: Columbia University Press.

Katzenstein, Peter J. 1996. *Cultural Norms and National Security: Police and Military in Postwar Japan*. Ithaca, N.Y.: Cornell University Press.

Katzenstein, Peter J. 2005. *A World of Regions: Asia and Europe in the American Imperium*. Ithaca, N.Y.: Cornell University Press.

Kaufman, Stuart J., and William C. Wohlforth. 2007. "Balancing and Balcning Failure in Biblical Times: Assyria and the Ancient Middle Eastern System, 900 – 600 BEC." In *The Balance of Power in World History*, eds. Stuart J. Kaufman, Richard Little, and William C. Wohlforth. New York, N.Y.: Palgrave Macmillan, 22 – 46.

Kautilya. [1915] 1967. *Arthashastra*. Trans. R. Shamasastry. Mysore, India: Mysore Printing and Publishing House. http://en.wikisource.org/w/index.php?oldid=607637 (Accessed August 2010).

Kaye, Howard L. 1986. *The Social Meaning of Modern Biology: From Social Darwinism to Sociobiology*. New Haven, C.T.: Yale University Press.

Keal, Paul. 2003. *European Conquest and the Rights of Indigenous Peoples: The Moral Backwardness of International Society*. Cambridge: Cambridge University Press.

Keegan, John. 1993. *A History of Warfare*. New York, N.Y.: Vintage Books.

Keeley, James. 1990. "Toward a Foucauldian Analysis of International Regimes." *International Organization* 44 (1): 83 – 105.

Keeley, Lawrence H. 1988. "Hunter-gatherer Economic Complexity and 'Population Pressure': A Cross-Cultural Analysis." *Journal of Anthropological Archaeology* 7 (4): 373 – 411.

Keeley, Lawrence H. 1996. *War before Civilization: The Myth of the Peaceful Savage*. New York, N.Y.: Oxford University Press.

Keeley, Lawrence H. 1998. "Frontier Warfare in the Early Neolithic." In *Troubled Times: Violence and Warfare in the Past*, eds. Debra L. Martin and David W. Frayer. Langhorne, P.A.: Gordon and Breach, 303–320.

Keeley, Lawrence H. 2004. "Warfare and Conquest." In *Ancient Europe, 8000 B.C.—A.D. 1000: An Encyclopedia of the Barbarian World*. Vol. 1, eds. Peter Bogucki and Pam J. Crabtree. New York, N.Y.: Thomson and Gale, 110–118.

Keeley, Lawrence H., and Daniel Cahen. 1989. "Early Neolithic Forts and Villages in NE Belgium: A Preliminary Report." *Journal of Field Archaeology* 16 (2): 157–176.

Kelly, Philip. 1997. *Checkerboards and Shatterbelts: The Geopolitics of South America*. Austin, T.X.: University of Texas Press.

Kelly, Raymond C. 2000. *Warless Societies and the Origin of War*. Ann Arbor, M.I.: University of Michigan Press.

Kelly, Raymond C. 2005. "The Evolution of Lethal Intergroup Violence." *Proceedings of the National Academy of Science of U.S.A.* 102 (43): 15294–15298.

Kemp, Barry J. 1989. *Ancient Egypt: The Anatomy of a Civilization*. London: Routledge.

Kent, Susan. 1989. "And Justice for All: The Development of Political Centralization among Newly Sedentary Foragers." *American Anthropologist* 91 (3): 703–712.

Keohane, Robert O. 1984. *After Hegemony: Cooperation and Discord in the World Political Economy*. Princeton, N.J.: Princeton University Press.

Keohane, Robert O., ed. 1986. *Neorealism and Its Critics*. New York, N.Y.: Columbia University Press.

Keohane, Robert O. 1989. *International Institutions and State Power*. Boulder, C.O.: Westview.

Keohane, Robert O. 1993. "Institutional Theory and the Realist Challenge after the Cold War." In *Neorealism and Neoliberalism: The Contemporary Debate*, ed. David A. Baldwin. New York, N.Y.: Columbia University Press, 269–300.

Keohane, Robert O., and Lisa L. Martin. 1995. "The Promise of Institutionalist Theory." *International Security* 20 (1): 39–51.

Keohane, Robert O., and Lisa L. Martin. 2003. "Institutional Theory as Research Program." In *Progress in International Relations Theory*, eds. Colin Elman and Miriam Fendius Elman. Cambridge, M.A.: MIT Press, 71–107.

Keohane, Robert O., and Joseph S. Nye. [1977] 1989. *Power and Interdependence: World Politics in Transition*. 2nd ed. Boston, M.A.: Little and Brown.

Keohane, Robert O., and Joseph S. Nye. 1987. "Power and Interdependence Revisited."

International Organization 41 (4): 725–753.

Kertzer, Joshua D., and Kathleen M. McGraw. 2012. "Folk Realism: Testing the Microfoundations of Realism in Ordinary Citizens." *International Studies Quarterly* 56 (2): 245–258.

Kingdon, John W. 1995. *Agendas, Alternatives, and Public Policies*. 2nd ed. New York, N.Y.: Harper Collins.

Kitcher, Philip. 1982. *Abusing Science: The Case Against Creationism*. Cambridge, M.A.: MIT Press.

Kitcher, Philip. 1985. *Vaulting Ambition: Sociobiology and the Quest for Human Nature*. Cambridge, M.A.: MIT Press.

Kitcher, Philip. 2003. "Give Darwin his Due." *Unpublished manuscript*. Columbia University.

Kitcher, Philip. 2007. *Living with Darwin: Evolution, Design, and the Future of Faith*. Oxford: Oxford University Press.

Knauft, Bruce M. 1990a. "Melanesian Warfare: A Theoretical History." *Oceania* 60 (4): 250–311.

Knauft, Bruce M. 1990b. "Violence among Newly Sedentary Foragers." *American Anthropologist* 92 (4): 1013–1015.

Knauft, Bruce M. 1991. "Violence and Sociality in Human Evolution." *Current Anthropology* 32 (4): 391–409.

Knight, Jack. 1992. *Institutions and Social Conflict*. Princeton, N.J.: Princeton University Press.

Knudsen, Thorbjørn. 2001. "Nesting Lamarckism within Darwinian Explanations: Necessity in Economics and Possibility in Biology?" In *Darwinism and Evolutionary Economics*, eds. John Laurent and John Nightingale. Cheltenham, UK: Edward Elgar, 121–159.

Kontopoulos, Kyriakos M. 1993. *The Logics of Social Structure*. Cambridge: Cambridge University Press.

Korman, Sharon. 1996. *The Right of Conquest: The Acquisition of Territory by Force in International Law and Practice*. Oxford: Clarendon Press.

Koskenniemi, Martti. 2009. "Miserable Comforters: International Relations as New Natural Law." *European Journal of International Relations* 15 (3): 395–422.

Kosse, Krisztina. 1990. "Group Size and Societal Complexity: Thresholds in the Long-term Memory." *Journal of Anthropological Archaeology* 9 (3): 275–303.

Krasner, Stephen D. 1982a. "Structural Causes and Regime Consequences: Regimes as Intervening Variables." *International Organization* 36 (2): 185 – 205.

Krasner, Stephen D. 1982b. "Regimes and the Limits of Realism: Regimes as Autonomous Variables." *International Organization* 36 (2): 497 – 510.

Krasner, Stephen D. 1984. "Approaches to the State: Alternative Conceptions and Historical Dynamics." *Comparative Politics* 16 (2): 223 – 246.

Krasner, Stephen D. 1988. "Sovereignty: An Institutional Perspective." *Comparative Political Studies* 21 (1): 66 – 94.

Krasner, Stephen D. 1999. *Sovereignty: Organized Hypocrisy.* Princeton, N.J.: Princeton University Press.

Kratochwil, Friedrich V. 1989. *Rules, Norms, and Decisions: On the Conditions of Practical and Legal Reasoning in International Relations and Domestic Affairs.* Cambridge: Cambridge University Press.

Kremer, Michael. 1993. "Population Growth and Technological Change: One Million B.C. to 1990." *Quarterly Journal of Economics* 108 (3): 681 – 716.

Kroeber, A. L., and Talcott Parsons. 1958. "The Concepts of Culture and Social System." *American Sociological Review* 23 (5): 582 – 583.

Kuhrt, Amélie. 1995. *The Ancient Near East,* c. 3000 – 330 BC. 2 Vols. London: Routledge.

Kulke, Hermann, and Dietmar Rothermund. 1998. *A History of India.* 3rd ed. London: Routledge.

Kupchan, Charles A. 1984. *The Vulnerability of Empire.* Ithaca, N.Y.: Cornell University Press.

Kupchan, Charles A. 2010. *How Enemies Become Friends: The Sources of Stable Peace.* Princeton, N.J.: Princeton University Press.

Kydd, Andrew. 1997. "Sheep in Sheep's Clothing: Why Security Seekers do not Fight Each Other." *Security Studies* 7 (1): 114 – 155.

Kydd, Andrew. 2005. *Trust and Mistrust in International Relations.* Princeton, N.J.: Princeton University Press.

Labs, Eric J. 1997. "Beyond Victory: Offensive Realism and the Expansion of War Aims." *Security Studies* 6 (4): 1 – 49.

Lake, David A. 2001. "Beyond Anarchy: The Importance of Security Institutions." *International Security* 26 (1): 129 – 160.

Lake, David A. and Patrick M. Morgan, eds. 1997. *Regional Orders: Building Security in a New World*. University Park, P.A.: Pennsylvania State University Press.

Lamberg-Karolvsky, C. C., and Jeremy A. Sabloff. 1995. *Ancient Civilizations: The Near East and Mesoamerica*. Long Grove, I.L.: Wave Press.

Lambert, Patricia M. 1998. "Patterns of Violence in Prehistoric Hunter-Gatherer Societies of Coastal Southern California." In *Troubled Times: Violence and Warfare in the Past*, eds. Debra L. Martin and David W. Frayer. Langhorne, P.A.: Gordon and Breach, 77 – 110.

LeBlanc, Steven, and Katherine Register. 2003. *Constant Battles: The Myth of the Peaceful, Nobel Savage*. New York, N.Y.: St. Martin's Press.

Lebow, Richard Ned. 1994. "The Long Peace, the End of the Cold War, and the Failure of Realism." *International Organization* 48 (2): 249 – 277.

Lebow, Richard Ned. 2007. *Coercion, Cooperation, and Ethics in International Relations*. London: Routledge.

Lebow, Richard Ned. 2008. *A Cultural Theory of International Relations*. Cambridge: Cambridge University Press.

Lebow, Richard Ned. 2010. *Why Nations Fight: Past and Future Motives for War*. Cambridge: Cambridge University Press.

Lebow, Richard Ned, and Thomas Risse-Kappen. 1995. "Introduction: International Relations Theory and the End of the Cold War." In *International Relations Theory and the End of the Cold War*, eds. Richard Ned Lebow and Thomas Risse-Kappen. New York, N.Y.: Columbia University Press, 1 – 22.

Legro, Jeffrey W. 2005. *Rethinking the World: Great Power Strategies and International Order*. Ithaca, N.Y.: Cornell University Press.

Legro, Jeffrey W., and Andrew Moravcsik. 1999. "Is Anybody Still a Realist?" *International Security* 24 (2): 5 – 55.

LeVine, Robert A., and Donald T. Campbell. 1972. *Ethnocentrism: Theories of Conflict, Ethnic Attitudes, and Group Behaviors*. New York, N.Y.: John Wiley & Sons.

Levins, Richard, and Richard C. Lewontin. 1985. *The Dialectical Biologist. Cambridge*, M.A.: Harvard University Press.

Levy, Jack S. 1983. *War in the Modern Great Power System*, 1495 – 1975. Lexington, K.Y.: The University Press of Kentucky.

Levy, Jack S. 1994. "Learning and Foreign Policy: Sweeping a Conceptual Minefield." *International Organization* 48 (2): 279 – 312.

Levy, Jack S. 1997. "Prospect Theory, Rational Choice, and International Relations."

International Studies Quarterly 41 (1): 87 –112.

Levy, Jack S. 1998. "The Causes of War and the Conditions of Peace." *Annual Review of Political Sciences* 1: 139 –165.

Levy, Jack S., and William R. Thompson. 2010. *Causes of War*. Malden, M.A.: Blackwell.

Lewis, Mark Edward. 1990. *Sanctioned Violence in Early China*. Albany, N.Y.: State University of New York Press.

Lewontin, Richard C. 1970. "The Units of Selection." *Annual Review of Ecology and Systematics* 1: 1 –18.

Lin, Justin Yifu. 1989. "An Economic Theory of Institutional Change: Induced and Imposed Change." *Cato Journal* 9 (1): 1 –35.

Lin, Justin Yifu, and Jeffrey B. Nugent. 1995. "Institutions and Economic Development." In *Handbook of Development Economics*. Vol. 3A, eds. Jere Behrman and T. N. Srinivasan. Amsterdam: North-Holland, 2301 –2370.

Linklater, Andrew, and Hidemi Suganami. 2006. *The English School of International Relations: A Contemporary Reassessment*. Cambridge: Cambridge University Press.

Little, Richard D. 2000. "The English School's Contribution to the Study of International Relations." *European Journal of International Relations* 6 (3): 395 –422.

Liu, Li. 1996. "Settlement Patterns, Chiefdom Variability, and the Development of Early States in North China." *Journal of Anthropological Archaeology* 15 (3): 237 –288.

Liu, Li. 2004. *The Chinese Neolithic: Trajectories to Early States*. Cambridge: Cambridge University Press.

Liverani, Mario. 2005. *Israel's History and the History of Israel*. Trans. Chiara Peri and Philip R. Davies. London: Equinox.

Lobell, Steven E., Norrin M. Ripsman, and Jeffrey W. Taliaferro, eds. 2009. *Neoclassical Realism, the State, and Foreign Policy*. Cambridge: Cambridge University Press.

López, Jose, and John Scott. 2000. *Social Structure*. Buckingham: Open University Press.

Lorenz, Konrad. [1966] 2002. *On Aggression*. London: Routledge.

Loyal, Steven, and Barry Barnes. 2001. "'Agency' as a Red Herring in Social Theory." *Philosophy of the Social Sciences* 31 (4): 507 –524.

Machiavelli, Niccolo. [1532] 2005. *The Prince. Trans. Peter Bondanella*. Oxford: Oxford University Press.

MacIntyre, Alasdair. 1984. *After Virtue: A Study in Moral Theory*. 2nd ed. Notre Dame,

I.N.: University of Notre Dame Press.

Macqueen, J. G. 1995. "The History of Anatolia and of the Hittite Empire: An Overview." In *Civilizations of the Ancient Near East*. Vol. II, eds. Jack M. Sasson et al. New York, N.Y.: Charles Scribner's Sons, 1085–1105.

Maisels, Charles Keith. 1993. *The Near East: Archaeology in the Cradle of Civilization*. London: Routledge.

Malinowski, Bronislaw. 1941. "An Anthropological Analysis of War." *American Journal of Sociology* 46 (4): 521–550.

Malthus, Thomas R. [1798] 1951. *An Essay on the Principle of Population*. London: Everyman.

Mann, Michael. 1986. *A History of Power from the Beginning to A. D. 1760*. Vol.1 of The Sources of Social Power. Cambridge: Cambridge University Press.

Mansfield, Edward D., and Helen V. Milner, eds. 1997. *The Political Economy of Regionalism*. New York, N.Y.: Columbia University Press.

Mansfield, Edward D., and Helen V. Milner. 1999. "The New Wave of Regionalism." *International Organization* 53 (3): 589–627.

Marcus, Joyce, and Kent V. Flannery. 1996. *The Zapotec Civilization: How Urban Society Evolved in the Mexico's Oaxaca Valley*. London: Thames and Hudson.

Martin, Debra L., and David W. Frayer. 1998. *Troubled Times: Violence and Warfare in the Past*. Langhorne, P.A.: Gordon and Breach.

Martin, Lisa L., and Beth A. Simmons. 1998. "Theories and Empirical Studies of International Institutions." *International Organization* 52 (4): 729–757.

Marx, Karl, and Friedrich Engels. 1846. *The German Ideology*. http://www.marxist.org/ (Accessed November 2007).

Maschner, Herbert D. G. 1998. "The Evolution of Northwest Coast Warfare." In *Troubled Times: Violence and Warfare in the Past*, eds. Debra L. Martin and David W. Frayer. Langhorne, P.A.: Gordon and Breach, 267–302.

Maschner, Herbert D. G., and Katherine L. Reedy-Maschner. 1998. "Raid, Retreat, Defend (Repeat): The Archaeology and Ethnohistory of Warfare on the North Pacific Rim." *Journal of Anthropological Archaeology* 17 (1): 19–51.

Mattern, Janice Bially. 2004. "Power in Realist-Constructivist Research." *International Studies Review* 6 (2): 343–346.

Matthews, Roger. 2003. *The Archaeology of Mesopotamia: Theories and Approaches*. London: Routledge.

Mayr, Ernst. 1942. *Systematics and the Origin of Species, from the Viewpoint of a Zoologist.* Cambridge, M.A.: Harvard University Press.

Mayr, Ernst. 1969. "Footnotes on the Philosophy of Biology." *Philosophy of Science* 36 (2): 197 – 202.

Mayr, Ernst. 1997. "The Objects of Selection." *Proceedings of the National Academy of Science of U.S.A.* 94 (6): 2091 – 2094.

McIntosh, Jane R. 2005. *Ancient Mesopotamia: New Perspectives.* Santa Barbara, C.A.: ABC-CLIO.

McMahon, Augusta, Arkadiusz Sołtysiak, and Jill Weber. 2008. "Late Chalcolithic Mass Graves at Tell Brak, Syria, and Violent Conflict during the Growth of Early City-states." *Journal of Field Archaeology* 36 (3): 201 – 220.

Mead, Margaret. [1940] 1964. "Warfare Is Only an Invention—Not a Biological Necessity." In *War: Studies from Psychology, Sociology, and Anthropology*, eds. Leon Bramson and George W. Goethals. New York, N.Y.: Basic Books, 19 – 22.

Mearsheimer, John J. 1990. "Back to the Future: Instability in Europe after the Cold War." *International Security* 15 (1): 5 – 56.

Mearsheimer, John J. 1994 – 1995. "The False Promise of International Institutions." *International Security* 19 (3): 5 – 49.

Mearsheimer, John J. 1995. "A Realist Reply." *International Security* 20 (1): 82 – 93.

Mearsheimer, John J. 2001. *The Tragedy of Great Power Politics.* New York, N.Y.: W. W. Norton.

Mearsheimer, John J. 2006a. "Conversations in International Relations: Interview with John J. Mearsheimer (Part I)." *International Relations* 20 (1): 105 – 123.

Mearsheimer, John J. 2006b. "Conversations in International Relations: Interview with John J. Mearsheimer (Part II)." *International Relations* 20 (2): 231 – 243.

Mellaart, James. 1967. *Çatal Hüyük: A Neolithic Town in Anatolia.* New York, N.Y.: McGraw Hill.

Mercer, Jonathan. 1995. "Anarchy and Identity." *International Organization* 49 (2): 229 – 252.

Mercer, Jonathan. 1996. *Reputation in International Relations.* Ithaca, N.Y.: Cornell University Press.

Merton, Robert K. 1968. *Social Theory and Social Structure.* New York, N.Y.: Free Press.

Meyer, Jörg. 2008. "The Concealed Violence of Modern Peace(-Making)." *Millennium: Journal of International Studies* 36 (3): 555 – 574.

Meyers, Eric, ed. 1997. *The Oxford Encyclopedia of Archaeology in the Near East*. 5 Vols. Oxford: Oxford University Press.

Miller, Gary, and Kathleen Cook. 1998. "Leveling and Leadership: Hierarchy and Social Order." In *Institutions and Social Order*, eds. Karol Soltan, Eric M. Uslaner, and Virginia Haufler. Ann Arbor, M.I.: University of Michigan Press, 67 – 100.

Milner, Helen. 1991. "The Assumption of Anarchy in International Relations Theory: A Critique." *Review of International Studies* 17 (1): 67 – 85.

Milner, Helen. 1992. "International Theories of Cooperation Among Nations: Strengths and Weaknesses." *World Politics* 44 (3): 466 – 496.

Modelski, George. 1978. "The Long Cycle of Global Politics and the Nation-State." *Comparative Studies in Society and History* 20 (2): 214 – 235.

Modelski, George. 1987. *Long Cycles in World Politics*. Seattle, W.A.: University of Washington Press.

Modelski, George. 1990. "Is World Politics Evolutionary Learning?" *International Organization* 44 (1): 1 – 24.

Modelski, George. 2005. "Long-Term Trends in World Politics." *Journal of World-Systems Research* 11 (2): 195 – 206.

Monteiro, Nuno P., and Keven G. Ruby. 2009. "IR and the False Promise of Philosophical Foundations." *International Theory* 1 (1): 15 – 48.

Montgomery, Evan Braden. 2006. "Breaking out of the Security Dilemma: Realism, Reassurance, and the Problem of Uncertainty." *International Security* 31 (2):151 – 185.

Moravcsik, Andrew. 1998. *The Choice of Europe: Social Purposes and State Power from Messina to Maastricht*. Ithaca, N.Y.: Cornell University Press.

Morgenthau, Hans J. 1948. *Politics among Nations*. New York, N.Y.: Knopf.

Morgenthau, Hans J. 1970. *Truth and Power: Essays of a Decade*, 1960 – 70. London: Pall Mall.

Morgenthau, Hans J. 1978. *Politics among Nations*. 5th ed. New York, N.Y.: Knopf.

Morrow, James D. 1994. *Game Theory for Political Scientists*. Princeton, N.J.: Princeton University Press.

Mueller, John. 1989. *Retreat from Doomsday: The Obsolescence of Major War*. New York, N.Y.: Basic Books.

Muller, Hermann J. 1959. "One Hundred Years without Darwinism Are Enough." *Social Science and Mathematics* 59 (4): 304 – 316.

Murphy, Alexander B. 1996. "The Sovereign State System as Political-Territorial Ideal: Historical and Contemporary Considerations." In *State Sovereignty as Social Construct*, eds. Thomas J. Biersteker and Cynthia Weber. Cambridge, Cambridge University Press, 81 - 120.

Nayak, Meghana V., and Christopher Malone. 2009. "American Orientalism and American Exceptionalism: A Critical Rethinking of US Hegemony." *International Studies Review* 11 (2): 253 - 276.

Nelson, Richard R. 2007. "Universal Darwinism and Evolutionary Social Science." *Biology and Philosophy* 22 (1): 73 - 94.

Nelson, Richard R., and Sidney G. Winter. 1982. *An Evolutionary Theory of Economic Change*. Cambridge, M.A.: Harvard University Press.

Neumann, Iver B. 2004. "Beware of Organicism: The Narrative Self of the State." *Review of International Studies* 30 (2): 259 - 267.

Niebuhr, Reinhold. [1932] 1960. *Moral Man and Immoral Society: A Study in Ethics and Politics*. New York, N.Y.: Charles Scribner's Sons.

Nolan, Patrick, and Gerhard E. Lenski. 2004. *Human Societies: An Introduction to Macrosociology*. Boulder, C.O.: Paradigm Publishers.

North, Douglass C. 1981. *Structure and Change in Economic History*. New York, N.Y.: W. W. Norton.

North, Douglass C. 1990. *Institutions, Institutional Change and Economic Performance*. Cambridge: Cambridge University Press.

Nugent, Neill. 2006. *The Government and Politics of the European Union*. New York, N.Y.: Palgrave Macmillan.

Nye, Joseph S. Jr. 1988. "Neorealism and Neoliberalism." *World Politics* 40 (2): 235 - 251.

Nye, Joseph S. Jr. 2004. *Soft Power: The Means to Success in World Politics*. New York, N.Y.: Public Affairs.

O'Connell, Robert L. 1989. *Of Arms and Man: A History of War, Weapons, and Aggression*. Oxford: Oxford University Press.

Oates, Joan, et al. 2007. "Early Mesopotamian Urbanism: A New View from the North." *Antiquity* 81 (313): 585 - 600.

Oelsner, Andrea. 2005. *International Relations in Latin America: Peace and Security in the Southern Cone*. London: Routledge.

Okasha, Samir. 2006. *Evolution and the Levels of Selection*. Oxford: Oxford University Press.

Onuf, Nicholas G. 1989. *World of Our Making: Rules and Rule in Social Theory and International Relations*. Columbia, S.C.: University of South Carolina Press.

Onuf, Nicholas G. 1998. "Constructivism: A User's Manual." In *International Relations in a Constructed World*, eds. Vendulka Kubálková, Nicholas G. Onuf, and Paul Kowert. Armonk, N.Y.: M. E. Sharpe, 58 – 78.

Osiander, Andreas. 2001. "Sovereignty, International Relations, and the Westphalia Myth." *International Organization* 55 (2): 251 – 287.

Otterbein, Keith F. 1989. *The Evolution of War: A Cross-Cultural Study*. 3rd ed. New Haven, C.T.: Human Relations Area Files Press.

Otterbein, Keith F. 2000. "Killing of Captured Enemies: A Cross-Cultural Study." *Current Anthropology* 41 (3): 439 – 443.

Otterbein, Keith F. 2004. *How War Began*. College Station, T.X.: Texas A & M University Press.

Palan, Ronen. 2000. "A World of Their Making: An Evaluation of the Constuctivist Critique in International Relations." *Review of International Studies* 26 (4): 575 – 598.

Papkin, David P. 2001. "Obstacles to an Evolutionary Global Politics Research Program." In *Evolutionary Interpretations of World Politics*, ed. William R. Thompson. New York and London: Routledge, 52 – 60.

Paras, Eric. 2006. *Foucault 2.0: Beyond Power and Knowledge*. New York, N.Y.: Other Press.

Parish, Randall, and Mark Peceny. 2002. "Kantian Liberalism and the Collective Defense of Democracy in Latin America." *Journal of Peace Research* 39 (2): 229 – 250.

Parsons, Talcott. 1937. *The Structure of Social Action: A Study in Social Theory with Special Reference to a Group of Recent European Writers*. New York, N.Y.: Free Press.

Parsons, Talcott. 1951. *The Social System*. New York, N.Y.: Free Press.

Patrick, Stewart. 2001. "The Evolution of International Norms: Choice, Learning, Power, and Identity." In *Evolutionary Interpretations of World Politics*, ed. William R. Thompson. New York and London: Routledge, 133 – 174.

Peceny, Mark, Caroline C. Beer, and Shannon Shchez-Terry. 2002. "Dictatorial Peace?" *American Political Science Review* 96 (1): 15 – 26.

Pettitt, Paul, and Alistair Pike. 2007. "Dating European Palaeolithic Cave Art: Progress, Prospects, Problems." *Journal of Archaeological Method and Theory* 14 (1): 27 – 47.

Pevehouse, Jon C. 2005. *Democracy from Above: Regional Organizations and Democratization*. Cambridge: Cambridge University Press.

Pinker, Steven. 2002. *The Blank Slate: The Modern Denial of Human Nature*. New York, N.Y.: Viking.

Polanyi, Karl. [1944] 2001. *The Great Transformation: The Political and Economic Origins of Our Time*. Boston, M.A.: Beacon.

Pollock, Susan. 1999. *Ancient Mesopotamia: The Eden That Never Was*. Cambridge: Cambridge University Press.

Popper, Karl. [1937] 1959. *The Logic of Scientific Discovery*. London: Routledge.

Popper, Karl. [1945] 1967. *The Open Society and its Enemies*. London: Routledge.

Popper, Karl. [1963] 1991. *Conjectures and Refutations: The Growth of Scientific Knowledge*. London: Routledge.

Popper, Karl. 1972. *Objective Knowledge: An Evolutionary Approach*. Oxford: Claredon Press.

Porpora, Douglas V. [1989] 1998. "Four Concepts of Social Structure." *Journal for the Theory of Social Behaviour* 19 (2): 195 – 211. Reprinted in Margaret S. Archer, et al., eds. Critical Realism: Essential Readings. London: Routledge, 339 – 355.

Porpora, Douglas V. 1993. "Cultural Rules and Material Relations." *Sociological Theory* 11 (2): 212 – 229.

Powell, Robert. 1994. "Anarchy in International Relations Theory: The Neorealist–Neoliberal Debate." *International Organization* 48 (2): 313 – 344.

Pozorski, Shelia. 1987. "Theocracy vs. Militarism: The Significance of the Casma Valley in Understanding Early State Formation." In The *Origins and Development of the Andean State*, eds. Jonathan Haas, Shelia Pozorski, and Thomas Pozorski. Cambridge: Cambridge University Press, 15 – 30.

Pozorski, Shelia, and Thomas Pozorski. 2006. "Las Haldas: An Expanding Initial Period Polity of Coastal Peru." *Journal of Anthropological Research* 62 (1): 27 – 52.

Premack, David, and Marc D. Hauser. 2004. "Why Animals Do Not Have Culture." In *Evolution and Culture*, eds. Stephen C. Levinson and Pierre Jaisson. Cambridge, M.A.: MIT Press, 133 – 152.

Pritchett, William Kendrick. 1971 – 1991. *The Greek State at War*. 5 Vols. Berkeley, C.A.: University of California Press.

Raaflaub, Kurt A. 1999. "Archaic and Classical Greece." In *War and Society in the Ancient and Medieval Worlds: Asia*, the Mediterranean, Europe, and Mesoamerica, eds. Kurt A. Raaflaub and Nathan Stewart Rosenstein. Cambridge, M.A.: Harvard University Press, 129–162.

Raaflaub, Kurt A., eds. 2007. *War and Peace in the Ancient World*. Malden, M.A.: Blackwell.

Rathbun, Brian C. 2007. "Uncertain about Uncertainty: Understanding the Multiple Meanings of a Crucial Concept in International Relations Theory." *International Studies Quarterly* 51 (3): 533–557.

Redmond, Elsa M., and Charles S. Spencer. 2006. "From Raiding to Conquest: Warfare Strategies and Early State Development in Oaxaca, Mexico." In *The Archaeology of Warfare: Prehistories of Raiding and Conquest*, eds. Elizabeth N. Arkush and Mark W. Allen. Gainesville, F.L.: University Press of Florida, 336–393.

Redmond, Elsa M., and Charles S. Spencer. 2012. "Chiefdoms at the Threshold: The Competitive Origins of The Primary State." *Journal of Anthropological Archaeology* 31 (1): 22–37.

Rescher, Nicholas. 1997. *Process Metaphysics: An Introduction to Process Philosophy*. Albany, N.Y.: SUNY Press.

Resende–Santos, João. 2002. "The Origins of Security Cooperation in the Southern Cone." *Latin American Politics and Society* 44 (4): 89–126.

Reus–Smit, Christian. 1997. "The Constitutional Structure of International Society and the Nature of Fundamental Institutions." *International Organization* 51 (4): 555–589.

Reus–Smit, Christian. 1999. *The Moral Purpose of the State: Culture*, Social Identity, and Institutional Rationality in International Relations. Princeton, N.J.: Princeton University Press.

Reus–Smit, Christian. 2002. "Imaging Society: Constructivism and the English School." *British Journal of Politics and International Relations* 4 (3): 487–509.

Reyna, Stephan P., and R. E. Downs. 1994. *Studying War: Anthropological Perspectives*. Langhorne, P.A.: Gordon and Breach.

Richards, Robert J. 1987. *Darwin and the Emergence of Evolutionary Theories of Mind and Behavior*. Chicago, I.L.: University of Chicago Press.

Richards, Robert J. 1992. "The Structure of Narrative Explanation in History and Biology." In *History and Evolution*, eds. Matthew H. Nitecki and Doris V. Nitecki. Albany, N.Y.: State University of New York Press, 19–53.

Richardson, Robert C. 2007. *Evolutionary Psychology as Maladapted Psychology*.

Cambridge, M.A.: MIT Press.

Richerson, Peter J., and Robert Boyd. 2005. *Not by Genes Alone: How Culture Transformed Human Evolution*. Chicago, I.L.: University of Chicago Press.

Ringmar, Erik. 1997. "Alexander Wendt: A Social Scientist Struggling with History." In *The Future of International Relations: Masters in the Making*, eds. Iver B. Neumann and Ole Wæver. London: Routledge, 269 – 289.

Ringmar, Erik. 2012. "Performing International Systems: Two East-Asian Alternatives to the Westphalian Order." *International Organizations* 66 (1): 1 – 25.

Ripsman, Norrin M. 2005. "Two Stages of Transition from a Region of War to a Region of Peace: Realist Transition and Liberal Endurance." *International Studies Quarterly* 49 (4): 669 – 694.

Risse-Kappen, Thomas. 1996. "Collective Identity in a Democratic Community: The Case of NATO." In *The Culture of National Security: Norms and Identity in World Politics*, ed. Peter J. Katzenstein. New York, N.Y.: Columbia University Press, 357 – 399.

Roberts, Christopher. n.d. "ASEAN Regional Identity Survey."

Robinson, Robert J., Keltner, D., Ward, A., and Lee Ross. 1995. "Actual versus Assumed Differences in Construal: 'Native Realism' in Intergroup Perception and Conflict." *Journal of Personality and Social Psychology* 68 (2): 404 – 417.

Rodseth, Lars. 1991. "Comments on Knauft." *Current Anthropology* 32 (4): 414 – 416.

Roese, Neal J. 1997. "Counterfactual Thinking." *Psychological Bulletin* 121 (1): 133 – 148.

Roper, Marilyn K. 1975. "Evidence of Warfare in the Near East from 10,000 – 4,300 BC." In *War: Its Causes and Correlates*, eds. Martin A. Nettleship, Dale Givens, and Anderson Nettleship. The Hague: Mouton Publishers, 299 – 344.

Rosenstein, Nathan Stewart. 1999. "Republican Rome." In *War and Society in the Ancient and Medieval Worlds: Asia, the Mediterranean, Europe, and Mesoamerica*, eds. Kurt A. Raaflaub and Nathan Stewart Rosenstein. Cambridge, M.A.: Harvard University Press, 163 – 216.

Ross, John. 1998. "Violence and Gender in Early Italy." In *Troubled Times: Violence and Warfare in the Past*, eds. Debra L. Martin and David W. Frayer. Langhorne, P.A.: Gordon and Breach, 111 – 144.

Ross, Lee, and Andrew Ward. 1995. "Psychological Barriers to Dispute Resolution." *Advances in Experimental Social Psychology* 27 (8): 255 – 304.

Ross, Marc Howard. 1985. "Internal and External Conflict and Violence: Cross-Cultural

Evidence and a New Analysis." *Journal of Conflict Resolution* 29 (4): 547 – 579.

Roth, Jonathan P. 2009. *Roman Warfare*. Cambridge: Cambridge University Press.

Rousseau, Jean-Jacques. [1762] 1993. *The Social Contract and Other Essays*. London: Everyman.

Ruggie, John G. 1983. "Continuity and Transformation in the World Polity: Toward a Neorealist Synthesis." *World Politics* 35 (2): 261 – 285.

Ruggie, John G. 1995. "The False Premise of Realism." *International Security* 20 (1): 62 – 70.

Russett, Bruce M., and John Oneal. 2001. *Triangulating Peace: Democracy, Interdependence, and International Organizations*. New York, N.Y.: W. W. Norton.

Sabin, Philip, Hans van Wees, and Michael Whitby, eds. 2007. *The Cambridge History of Greek and Roman Warfare*. 2 Vols. Cambridge: Cambridge University Press.

Sagan, Scott D. 1997. "Culture, Strategy, and Selection in International Security." *Unpublished manuscript*, Stanford University.

Sage, Michael M. 1996. *Warfare in Ancient Greece: A Sourcebook*. London: Routledge.

Sagona, Antonia, and Paul Zimansky. 2009. *Ancient Turkey*. London: Routledge.

Sahlins, Marshall D. 1960. "Evolution: Specific and General." In *Evolution and Culture*, eds. Marshall D. Sahlins and Elman R. Service. Ann Arbor, M.I.: University of Michigan Press.

Sahlins, Marshall D., and Elman R. Service. 1960. *Evolution and Culture*. Ann Arbor, M.I.: University of Michigan Press.

Said, Edward. 1978. *Orientalism*. New York, N.Y.: Vintage Books.

Said, Edward. 1993. *Culture and Imperialism*. New York, N.Y.: Knopf.

Saidemen, Stephen, and Williams Ayers. 2007a. "Pie Crust Promises and the Sources of Foreign Policy: The Limited Impact of Accession and the Priority of Domestic Constituencies." *Foreign Policy Analysis* 3 (3): 189 – 210.

Saidemen, Stephen, and Williams Ayers. 2007b. "Predicting a State's Foreign Policy: State Preferences between Domestic and International Constraints." *Foreign Policy Analysis* 3 (3): 211 – 232.

Salazar, Lucy C. 2004. "Machu Picchu: Mysterious Royal Estate in the Cloud Forest." In *Machu Picchu: Unveiling the Mystery of the Incas*, eds. Richard L. Burger and Lucy C. Salazar. New Haven, C.T.: Yale University Press, 21 – 47.

Sanderson, Stephen. 2001. *The Evolution of Sociality: A Darwinian Conflict Perspective*.

Lanham, M.D.: Rowman and Littlefield.

Sárváry, Katalin. 2006. "No Place for Politics? Truth, Progress, and the Neglected Role of Diplomacy in Wendt's Theory of History." In *Constructivism and International Relations: Alexander Wendt and his critics*, eds. Stefano Guzzini and Anna Leander. London: Routledge, 160 – 180.

Sasson, Jack M., et al. eds. 1995. *Civilizations of the Ancient Near East*, Vol. II. New York, N.Y.: Charles Scribner's Sons.

Sawyer, Ralph D. 1993. *The Seven Military Classics of Ancient China*, with the collaboration of Mei-chu n Sawyer, translation with a commentary. Boulder, C.O.: Westview Press.

Sawyer, Ralph D. 1998. *The Tao of Spycraft: Intelligence Theory and Practice in Traditional China, with the bibliographic collaboration of Mei-chu n Lee Sawyer.* New York, N.Y.: Basic Books.

Sawyer, Ralph D. 2011. *Ancient Chinese Warfare, with the bibliographic collaboration of Mei-chu n Lee Sawyer.* New York, N.Y.: Basic Books.

Schotter, Andrew. 1981. *The Economic Theory of Social Institutions.* Cambridge: Cambridge University Press.

Schroeder, Paul. 1994a. "Historical Reality vs. Neo-realist Theory." *International Security* 19 (1): 108 – 148.

Schroeder, Paul. 1994b. *The Transformation of Europe Politics 1763 – 1848.* Clarendon: Oxford University Press.

Schroeder, Paul. 1995. "Reply: History vs. Neorealism: Another Look." *International Security* 20 (1): 193 – 195.

Schweller, Randall L. 1996. "Neorealism's Status-Quo Bias: What Security Dilemma?" *Security Studies* 5 (3): 122 – 166.

Schweller, Randall L. 2001. "The Problem of International Order Revisited: A Review Essay." *International Security* 26 (1): 161 – 186.

Schweller, Randall L. 2006. *Unanswered Threats: Political Constraints on the Balance of Power.* Princeton, N.J.: Princeton University Press.

Schweller, Randall L., and David Priess. 1997. "A Tale of Two Realisms: Expanding the Institutions Debate." *Mershon International Studies Review* 41 (1): 1 – 32.

Schweller, Randall L., and Xiaoyu Pu. 2011. "After Unipolarity: China's Visions of International Order in an Era of U.S. Decline." *International Security* 36 (1): 41 – 72.

Schweller, Randall L., and William C. Wohlforth. 2000. "Power Test: Evaluating Realism in Response to the End of the Cold War." *Security Studies* 9 (3): 60 – 107.

Scott, James C. 1985. *Weapons of the Weak: Everyday Forms of Peasant Resistance.* New Haven, C.T.: Yale University Press.

Scott, James C. 1990. *Domination and the Art of Resistance: Hidden Transcripts.* New Haven, C.T.: Yale University Press.

Scriven, Michael. 1959. "Explanation and Prediction in Evolutionary Theory." *Science* 130 (3374): 477 – 482.

Searle, John. 1995. *The Construction of Social Reality.* New York, N.Y.: Free Press.

Service, Elman R. [1962] 1971. *Primitive Social Organization: An Evolutionary Perspective.* 2nd ed. New York, N.Y.: Random House.

Service, Elman R. 1968. "The Prime-Mover of Cultural Evolution." *Southwestern Journal of Anthropology* 24 (4): 396 – 409.

Service, Elman R. 1975. *Origins of the State and Civilization: The Process of Cultural Evolution.* New York, N.Y.: W. W. Norton.

Shao, Wangping. 2005. "The Formation of Civilization: The Interaction Sphere of the Longshan Period." In *The Formation of Chinese Civilization: An Archeological Perspective,* eds. Kwang-chih Chang and Pingfang Xu. New Haven, C.T.: Yale University Press, 85 – 124.

Shaughnessy, Edward L. 1985. "The 'Current' Bamboo Annals and the Date of the Zhou Conquest of Shang." *Early China* 11: 33 – 60.

Shaw, Ian, ed. 2000. *The Oxford History of Ancient Egypt.* Oxford: Oxford University Press.

Shaw, R. Paul, and Yuwa Wong. 1987. "Ethnic Mobilization and the Seeds of Warfare: An Evolutionary Perspective." *International Studies Quarterly* 31 (1): 5 – 31.

Shea, John J. 2001. "The Middle Paleolithic: Early Modern Humans and Neandertals in the Levant." *Near Eastern Archaeology* 64 (1/2): 38 – 64.

Shea, John J. 2003. "Neanderthals, Competition, and the Origin of Modern Human Behavior in the Levant." *Evolutionary Anthropology* 12 (4): 173 – 187.

Shinko, Rosemary E. 2008 "Agonistic Peace: A Postmodern Reading." *Millennium: Journal of International Studies* 36 (3): 473 – 491.

Simmel, Georg. 1964. *Conflict and the Web of Group Affiliations.* Trans. Kurt H. Wolff and Reinhard Bendix. New York, N.Y.: Free Press.

Simmons, Beth A. 2000. "International Law and State Behavior: Commitment and

Compliance in International Monetary Affairs." *American Political Science Review* 94 (4): 819 – 835.

Simpson, George Gaylord. 1944. *Tempo and Mode in Evolution.* New York, N.Y.: Columbia University Press.

Smith, Anthony. 1986. *The Ethnic Origins of Nations.* Oxford: Basil Blackwell.

Smith, David Livingston. 2007. *The Most Dangerous Animal: Human Nature and the Origins of War.* New York, N.Y.: St. Martin's Press.

Smith, Maria Ostendorf. 1998. "Osteological Indications of Warfare in the Archaic Period of the Western Tennessee Valley." In *Troubled Times: Violence and Warfare in the Past,* eds. Debra L. Martin and David W. Frayer. Langhorne, P.A.: Gordon and Breach, 241 266.

Smith, Maynard John, and Szathmary Eors. 1997. *The Major Transitions in Evolution.* Oxford: Oxford University Press.

Smith, Tony. 1979. "The Underdevelopment of Development Literature: The Case of Dependency Theory." *World Politics* 31 (2): 247 – 288.

Snyder, Glenn H. 2002. "Mearsheimer's World: Offensive Realism and the Struggle for Security: A Review Essay." *International Security* 27 (1): 149 – 173.

Snyder, Jack. 1991. *Myths of Empire: Domestic Politics and International Ambition.* Ithaca, N.Y.: Cornell University Press.

Snyder, Jack. 2002. "Anarchy and Culture: Insights from the Anthropology of War." *International Organization* 56 (1): 7 – 45.

Sober, Elliott. 1984. *The Nature of Selection: Evolutionary Theory in Philosophical Focus.* Cambridge, M.A.: Bradford Books–MIT Press.

Solingen, Etel. 1998. *Regional Orders at Century's Dawn: Global and Domestic Influences on Grand Strategy.* Princeton, N.J.: Princeton University Press.

Solingen, Etel, 2007. "Pax Asiatica versus Bella Levantina: The Foundations of War and Peace in East Asia and the Middle East." *American Political Science Review* 101 (4): 757 – 780.

Solingen, Etel. 2008. "The Genesis, Design and Effects of Regional Institutions: Lessons from East Asia and the Middle East." *International Studies Quarterly* 52 (2): 261 – 294.

Soltan, Karol. 1998. "Institutions as Products of Politics." In *Institutions and Social Order,* eds. Karol Soltan, Eric M. Uslaner, and Virginia Haufler. Ann Arbor, M.I.: University of Michigan Press, 45 – 64.

Soltis, Joseph, Robert Boyd, and Peter J. Richerson. 1995. "Can Group-Functional Behaviors Evolve by Cultural Group Selection?: An Empirical Test." *Current Anthropology* 36 (3): 473–494.

Sørensen, Georg. 2008. "The Case for Combining Material Forces and Ideas in the Study of IR." *European Journal of International Relations* 14 (1): 5–52.

Spalinger, Anthony J. 2005. *War in Ancient Egypt: The New Kingdom*. Malden, M.A.: Blackwell.

Spencer, Charles S., 2003. "War and Early State Formation in Oaxaca, Mexico." *Proceedings of the National Academy of Science of U.S.A.* 100 (20): 11185–11187.

Spencer, Charles S., and Elsa M. Redmond. 2001. "Multilevel Selection and Political Evolution in the Valley of Oaxaca, 500–100 B.C." *Journal of Anthropological Archaeology* 20 (2): 195–229.

Spencer, Charles S., and Elsa M. Redmond. 2003. "Militarism, Resistance, and Early State Development in Oaxaca, Mexico." *Social Evolution and History* 2 (1): 25–70.

Spencer, Charles S., and Elsa M. Redmond. 2004. "Primary State Formation in Mesoamerica." *Annual Review of Anthropology* 33: 173–199.

Spencer, Herbert. [1857] 1891. "Progress: Its Law and Cause." In *Essays: Scientific, Political, and Speculative*. Vol. 1. London: William and Norgate, 8–62. http://oll.libertyfund.org

Spencer, Herbert. 1873. *The Study of Sociology*. London: Henry S. King & Co. http://oll.libertyfund.org

Spencer, Herbert. [1898] 2003. *The Principles of Sociology*. 3 Vols. New Brunswick, N.J.: Transaction Publishers.

Spirtas, Michael, 1996. "A House Divided: Tragedy and Evil in Realist Theory." *Security Studies* 5 (3): 385–423.

Spruyt, Hendrik. 1994a. "Institutional Selection in International Relations: State Anarchy as Order." *International Organization* 48 (4): 527–557.

Spruyt, Hendrik. 1994b. *The Sovereign State and Its Competitors: An Analysis of Systems Change*. Princeton, N.J.: Princeton University Press.

Spruyt, Hendrik. 2000. "The End of Empire and the Extension of the Westphalian System: The Normative Basis of the Modern State Order." *International Studies Review* 2 (2): 65–92.

Spruyt, Hendrik. 2006. "Normative Transformations in International Relations and the Waning of Major War." In *The Waning of Major War: Theories and Debates*, ed.

Raimo Va yrynen. London: Routledge, 185‒205.

Stanish, Charles. 2001. "The Origin of State Societies in South America." *Annual Review of Anthropology* 30: 41‒64.

Stebbins, G. Ledyard. 1950. *Variation and Evolution in Plants*. New York, N.Y.: Columbia University Press.

Stein, Burton. 2010. *A History of India*. 2nd ed. Malden, M.A.: Blackwell.

Sterling-Folker, Jennifer. 2000. "Competing Paradigms or Birds of a Feather? Constructivism and Neoliberal Institutionalism Compared." *International Studies Quarterly* 44 (1): 97‒119.

Sterling-Folker, Jennifer. 2001. "Evolutionary Tendencies in Realist and Liberal IR Theory." In *Evolutionary Interpretations of World Politics*, ed. William R. Thompson. New York and London: Routledge, 62‒109.

Sterling-Folker, Jennifer. 2002. "Realism and the Constructivist Challenge: Rejecting, Reconstructing, or Rereading." *International Studies Review* 4 (1): 73‒97.

Sterling-Folker, Jennifer. 2004. "Realist-Constructivism and Morality." *International Studies Review* 6 (2): 341‒343.

Strang, David. 1991. "Anomaly and Commonplace in European Political Expansion: Realist and Institutional Accounts." *International Organization* 45 (2): 143‒162.

Struch, Naomi, and Shalom Schwartz. 1989. "Intergroup Aggression: Its Predicators and Distinctness from In-Group Bias." *Journal of Personality and Social Psychology* 56 (3): 364‒373.

Stuart-Fox, Martin. 1986. "The Unit of Replication in Socio-Cultural Evolution." *Journal of Social and Biological Structures* 9 (1): 67‒89.

Stuart-Fox, Martin. 1999. "Evolutionary Theory of History." *History and Theory* 38 (4): 33‒51.

Suganami, Hidemi. 2003. "British Institutionalists, or the English School, 20 Years On." *International Relations* 17 (3): 253‒271.

Sumner, William Graham. [1906] 1959. *Folkways: A Study of the Sociological Importance of Usages, Manners, Customs, Mores, and Morals*. New York, N.Y.: Dover Publications.

Suzuki, Shogo. 2009. *Civilization and Empire: China and Japan's Encounter with European International Society*. London: Routledge.

Tajfel, Henri. 1982. "Social Psychology of Intergroup Relations." *Annual Review of Psychology* 33: 1‒39.

Taliaferro, Jeffrey W. 2000–2001. "Security Seeking under Anarchy: Defensive Realism Revisited." *International Security* 25 (3): 128–161.

Taliaferro, Jeffery W. 2001. "Realism, Power Shifts, and Major War." *Security Studies* 10 (4): 145–178.

Taliaferro, Jeffery W. 2004. *Balancing Risks: Great Power Intervention in the Periphery*. Ithaca, N.Y.: Cornell University Press.

Tang, Shiping. 2000. "Economic Integration in Central Asia: The Russian and Chinese Relationship." *Asian Survey* 40 (2): 360–376.

Tang, Shiping. 2004. "A Systemic Theory of the Security Environment." *Journal of Strategic Studies* 27 (1): 1–32.

Tang, Shiping. 2005. "Reputation, Cult of Reputation, and International Conflict." *Security Studies* 14 (1): 34–62.

Tang, Shiping. 2006. "Leadership in Institution Building: The Case of ASEAN + 3." In *Regional Integration in East Asia and Europe: Convergence or Divergence?*, eds. Bertrand Fort and Douglas Webber. London: Routledge, 69–84.

Tang, Shiping. 2008a. "Fear in International Politics: Two Positions." *International Studies Review* 10 (3): 451–471.

Tang, Shiping. 2008b. "From Offensive to Defensive Realism: A Social Evolutionary Interpretation of China's Security Strategy." In *China's Ascent: Power, Security, and the Future of International Politics*, eds. Robert S. Ross and Zhu Feng. Ithaca, N.Y.: Cornell University Press, 141–162.

Tang, Shiping. 2009a. "The Social Evolutionary Psychology of Fear (and Trust): or why is international cooperation difficult." *Presented at the 26th ISA Annual Convention*, San Francisco, March 26–31, 2009.

Tang, Shiping. 2009b. "The Security Dilemma: A Conceptual Analysis." *Security Studies* 18 (3): 587–623.

Tang, Shiping. 2009c. "Taking Stock of Neoclassical Realism." *International Studies Review* 11 (4): 799–803.

Tang, Shiping. 2010a. "Social Evolution of International Politics: From Mearsheimer to Jervis." *European Journal of International Relations* 16 (1): 31–55.

Tang, Shiping. 2010b. *A Theory of Security Strategy for Our Time: Defensive Realism*. New York, N.Y.: Palgrave-Macmillan.

Tang, Shiping. 2010c. "Offense-Defense Theory: Toward a Definite Critique." *Chinese Journal of International Politics* 3 (2): 213–260.

Tang, Shiping. 2010d. "The Positional Market and Economic Growth." *Journal of Economic Issues* 44 (4): 915–942.

Tang, Shiping. 2011a. *A General Theory of Institutional Change*. London: Routledge.

Tang, Shiping. 2011b. "Foundational Paradigms of Social Sciences." *Philosophy of the Social Sciences* 41 (2): 211–249.

Tang, Shiping. 2011c. "Review Article: Reconciliation and the Remaking of Anarchy." *World Politics* 63 (4): 713–751.

Tang, Shiping. 2012. "Outline of a New Theory of Attribution in IR: Dimensions of Uncertainty and Their Cognitive Challenges." *Chinese Journal of International Politics* 5 (3): 299–338.

Tang, Shiping. 2013. "Power: Toward a Unifying Analytical Framework." http://papers.ssrn.com/sol3/papers.cfm?abstract_id=2199712

Tang, Shiping. 2014a. "International System, not International Structure: Against the Agent-Structure Problématique in IR." *Chinese Journal of International Politics* 7 (4): 483–506.

Tang, Shiping. 2014b. "Priority versus Weight in Social Sciences: Ontological and Epistemological." www.academia.edu

Tang, Shiping. 2015. "The Reaches of the International System: Six Channels." www.ssrn.com

Tang, Shiping. 2016a. "Order: A Conceptual Analysis." *Chinese Political Science Review* 1 (1): 30-46.

Tang, Shiping. 2016b. "Eurasia Advantage, Not Genetic Diversity: Against Ashraf and Galor's 'Genetic Diversity' Hypothesis." *Historical Social Research* 41 (1): 287-327.

Tang, Shiping. 2017. "Toward Generalized Evolutionism: Beyond Generalized Darwinism and its Critics." *Journal of Economic Issues* 51 (3): 588-612.

Tang, Shiping. n.d.-a. On Social Evolution: Phenomenon and Paradigm.

Tang, Shiping. n.d.-b. "Social Evolutionary Psychology: A Manifesto." *Unpublished manuscript*.

Tang, Shiping, and Peter Hay Gries. 2002. "China's Security Strategy: From Offensive to Defensive Realism and Beyond." *EAI Working Paper* No. 97. East Asian Institute, National University of Singapore.

Tang, Shiping, and Joey Shi-Ruey Long. 2012. "American Military Interventionism: A Social Evolutionary Interpretation." *European Journal of International Relations* 18 (3): 507–536.

Tang, Shiping, Zhan Hu, and Yun Li. n.d. "Institution, Knowledge, and Growth: Toward a Unifying Economics of Growth." *Unpublished manuscript.*

Thapar, Romila. 2003. *The Penguin History of Early India: From the Origins to AD 1300.* London: Penguin.

Thayer, Bradley A. 2004. *Darwin and International Relations: On the Evolutionary Origins of War and Ethnic Conflict.* Lexington, K.Y.: University of Kentucky Press.

Thompson, William R., ed. 2001. *Evolutionary Interpretations of World Politics.* New York and London: Routledge.

Thucydides. [c.431 BC] 1954. *The History of the Peloponnesian War.* Trans. Rex Warner. London: Penguin Books.

Tilly, Charles. 1984. *Big Structures, Large Processes, Huge Comparisons.* Malden, M.A.: Blackwell.

Tilly, Charles. 1985. "War Making and State Making as Organized Crime." In *Bringing the State Back*, eds. Peter B. Evans, Dietrich Rueschemeyer, and Theda Skocpol. Cambridge: Cambridge University Press, 167–189.

Tilly, Charles. 1990. *Coercion, Capital, and European States*, AD 990–1990. Malden, M.A.: Blackwell.

Tilly, Charles, and Willem P. Blockmans, eds. 1994. *Cities and the Rise of States in Europe*, A.D. 1000 to 1800. Boulder, C.O.: Westview Press.

Tooby, John, and Leda Cosmides. 1990. "The Past Explains the Present: Emotional Adaptations and the Structure of Ancestral Environments." *Ethology and Sociobiology* 11 (4-5): 375–424.

Tooby, John, and Leda Cosmides. 1992. "The Psychological Foundation of Culture." In *The Adapted Mind: Evolutionary Psychology and the Generation of Culture*, eds. Jerome H. Barkow, Leda Cosmides, and John Tooby. New York, N.Y.: Columbia University Press, 99–136.

Topic, John, and Theresa Topic. 1987. "The Archaeological Investigation of Andean Militarism: Some Cautionary Observations." In *The Origins and Development of the Andean State*, eds. Jonathan Haas, Shelia Pozorski, and Thomas Pozorski. Cambridge: Cambridge University Press, 47–55.

Trigger, Bruce G. 2003. *Understanding Early Civilizations: A Comparative Study.* Cambridge: Cambridge University Press.

Trivers, Robert. 1985. *Social Evolution.* Menlo Park, C.A.: Benjamin/Cummins.

Turney-High, Harry Holbert. [1949] 1971. *Primitive War: Its Practices and Concepts.*

Columbia, S.C.: University of South Carolina Press.

Tylor, Edward Burnett. 1871. *Primitive Culture: Researches into the Development of Mythology*, Philosophy, Religion, Art, and Custom. 2 Vols. London: J. Murray.

UNESCO. 1986. "The Seville Statement." http://www.unesco.org/cpp/uk/declarations/seville.pdf (Accessed September 2011).

van de Mieroop, March. 2007. *A History of the Ancient Near East*, ca. 3000 – 323 BC. 2nd ed. Malden, M.A.: Blackwell.

van den Berghe, Pierre L. 1974. "Bringing Beasts Back In: Toward a Biosocial Theory of Aggression." *American Sociological Review* 39 (6): 777 – 788.

van der Dennen, Johan Matheus Gerardus. 1995. *The Origin of War: The Evolution of a Male-Coalitional Reproductive Strategy*. 2 Vols. Groningen, Netherlands: Origin Press. http://rint.rechten.rug.nl/rth/dennen/dennen.htm (Accessed March 2012).

van der Dennen, Johan Matheus Gerardus. 2007. "Three Works on War." *Politics and the Life Sciences* 26 (1): 71 – 92.

Van Evera, Stephen. 1984. "The Cult of the Offensive and the Origins of the First World War." *International Security* 9 (1): 58 – 107.

Van Evera, Stephen. 1990 – 1991. "Primed for Peace: Europe after the Cold War." *International Security* 15 (3): 7 – 57.

Van Evera, Stephen. 1994. "Hypotheses on Nationalism and War." *International Security* 18 (4): 5 – 39.

Van Evera, Stephen. 1998. "Offense, Defense, and the Causes of War." *International Security* 22 (4): 5 – 43.

Van Evera, Stephen. 1999. *Causes of War: Power and the Roots of Conflict*. Ithaca, N.Y.: Cornell University Press.

Va   yrynen, Raimo. 2003. "Regionalism: Old and New." *International Studies Review* 5 (1): 25 – 51.

Va   yrynen, Raimo, ed. 2006. *The Waning of Major War: Theories and Debates*. London: Routledge.

Veblen, Thorstein. 1898. "Why is Economics Not an Evolutionary Science?" *Quarterly Journal of Economics* 12 (4): 373 – 397.

Velázquez, Arturo C. Sotomayor. 2004. "Civil-Military Affairs and Security Institutions in the Southern Cone: The Sources of Argentine-Brazilian Nuclear Cooperation." *Latin America Politics and Society* 46 (4): 29 – 60.

Vencl, S. I. 1984. "War and Warfare in Archaeology." *Journal of Anthropological*

Archaeology 3 (1): 116–132.

Wallander, Celeste, Helga Haftendorn, and Robert O. Keohane. 1999. *Imperfect Unions: Security Institutions over Time and Space*. New York, N.Y.: Oxford University Press.

Walt, Stephen M. 1987a. "Alliance Formation and the Balance of World Power." *International Security* 9 (4): 3–43.

Walt, Stephen M. 1987b. *The Origins of Alliances*. Ithaca, N.Y.: Cornell University Press.

Waltz, Kenneth N. 1959. *Man, the State and War*. New York, N.Y.: Columbia University Press.

Waltz, Kenneth N. 1979. *Theory of International Politics*. Reading, M.A.: Addison-Wesley.

Waltz, Kenneth A. 1986. "Reflections on Theory of International Politics: A Response to My Critics." In *Neorealism and its Critics*, ed. Robert O. Keohane. New York, N.Y.: Columbia University Press, 322–345.

Waltz, Kenneth N. 1988. "The Origins of War in Neorealist Theory." *Journal of Interdisciplinary History* 18 (4): 615–628.

Waltz, Kenneth N. 1996. "International Politics Is Not Foreign Policy." *Security Studies* 6 (1): 54–57.

Waltz, Kenneth N. 2000. "Structural Realism after the Cold War." *International Security* 25 (1): 5–41.

Wang, Yuan-kang. 2011. *Harmony and War: Confucian Culture and Chinese Power Politics*. New York, N.Y.: Columbia University Press.

Watkins, Trevor. 1989. "The Beginnings of Warfare." In *Warfare in the Ancient World*, ed. John W. Hackett. London: Sidgwick & Jackson, 15–35.

Watson, Adam. 1987. "Hedley Bull, State Systems, and International Societies." *Review of International Studies* 13 (1): 147–153.

Watson, James D., and Francis H. Crick. 1953. "Molecular Structure of Nucleic Acids." *Nature* 171 (4356): 737-738.

Wæver, Ole. 1995. "Securitization and Desecuritization." In *On Security, ed. Ronnie D. Lipschutz*. New York, N.Y.: Columbia University Press, 46–86.

Wæver, Ole. 1998. "Insecurity, Security, and Asecurity in the West European Non-War Community." In *Security Communities, eds. Emanuel Adler and Michael N. Barnett*. Cambridge: Cambridge University Press, 69–118.

Weber, Max. 1978. *Economy and Society*. 2 Vols. Berkeley, C.A.: University of California Press.

Webster, David. 1999. "Ancient Maya Warfare." In *War and Society in the Ancient and Medieval Worlds: Asia, the Mediterranean, Europe, and Mesoamerica*, eds. Kurt A. Raaflaub and Nathan Stewart Rosenstein. Cambridge, M.A.: Harvard University Press, 333－360.

Weiffen, Brigitte, et al. 2011. "Democracy, Regional Security Institutions, and Rivalry Mitigation: Evidence from Europe, South America, and Asia." *Security Studies* 20 (3): 378－415.

Welch, David A. 2003. "Why International Relations Theorists Should Stop Reading Thucydides." *Review of International Studies* 29 (2): 301－319.

Welch, David A. 2005. *Painful Choices: A Theory of Foreign Policy Change*. Princeton, N.J.: Princeton University Press.

Wendt, Alexander. 1987. "The Agent-Structure Problem in International Relations Theory." *International Organization* 41 (3): 335－370.

Wendt, Alexander. 1992. "Anarchy Is What States Make of It: The Social Construction of Power Politics." *International Organization* 46 (2): 391－425.

Wendt, Alexander. 1994. "Collective Identity Formation and the International State." *American Political Science Review* 88 (2): 384－396.

Wendt, Alexander. 1995. "Constructing International Politics." *International Security* 20 (1): 71－81.

Wendt, Alexander. 1999. *Social Theory of International Politics*. Cambridge: Cambridge University Press.

Wendt, Alexander. 2003. "Why a World State is Inevitable?" *European Journal of International Relations* 9 (4): 491－542.

Wendt, Alexander. 2004. "The State as Person in International Theory." *Review of International Studies* 30 (2): 289－316.

Wenke, Robert J. 2009. *The Ancient Egyptian State: The Origins of Egyptian Culture (c. 8000－2000 BC)*. Cambridge: Cambridge University Press.

White, Leslie A. 1949. *The Science of Culture: A Study of Man and Civilization*. New York, N.Y.: Farrar and Straus.

Whiting, Robert M. 1995. "Amorite Tribes and Nations of Second-Millennium Western Asia." In *Civilizations of the Ancient Near East*. Vol. II, eds. Jack M. Sasson et al. New York, N.Y.: Charles Scribner's Sons, 1231－1242.

Wight, Colin. 2006. *Agents, Structures, and International Relations: Politics as Ontology*. Cambridge: Cambridge University Press.

Wilkins, John S. 2001. "The Appearance of Lamarckism in the Evolution of Culture." In *Darwinism and Evolutionary Economics*, eds. John Laurent and John Nightingale. Cheltenham, UK: Edward Elgar, 160–183.

Wilkinson, Toby A. H. 1999. *Early Dynastic Egypt*. London: Routledge.

Williams, George C. [1966] 1996. *Adaptation and Natural Selection: A Critique of Some Current Evolutionary Thought*. Princeton, N.J.: Princeton University Press.

Williams, Michael C. 1996. "Hobbes and International Relations: A Reconsideration." *International Organization* 50 (2): 213–236.

Williamson, Oliver E. 1975. *Markets and Hierarchies: Analysis and Antitrust Implications*. New York, N.Y.: Free Press.

Williamson, Oliver E. 1985. *The Institutional Foundation of Capitalism*. New York, N.Y.: Free Press.

Wilson, David J. 1987. "Reconstructing Patterns of Early Warfare in the Lower Santa Valley: New Data on the Role of Conflict in the Origins of Complex North Coast Society." In *The Origins and Development of the Andean State*, eds. Jonathan Haas, Shelia Pozorski, and Thomas Pozorski. Cambridge: Cambridge University Press, 56–69.

Wilson, David Sloan. 1975. "A Theory of Group Selection." *Proceedings of the National Academy of Science of U.S.A.* 72 (1): 143–146.

Wilson, Edward O. [1975] 2000. *Sociobiology: The New Synthesis*. Cambridge, M.A.: Belknap Press of Harvard University Press.

Wilson, Edward O. 1978. *On Human Nature. Cambridge*, M.A.: Belknap Press of Harvard University Press.

Wilson, Michael L., and Richard W. Wrangham. 2003. "Intergroup Relations in Chimpanzees." *Annual Review of Anthropology* 32: 363–392.

Wolfers, Arnold. 1952. "'National Security' as an Ambiguous Symbol." *Political Science Quarterly* 67 (4): 481–502.

Wolfers, Arnold. 1962. *Discord and Collaboration: Essays on International Politics*. Baltimore, M.D.: Johns Hopkins University Press.

Woods, Ngaire, ed. 2000. *The Political Economy of Globalization*. Basingstoke, UK: Macmillan.

Worth, Owen. 2011. "Recasting Gramsci in International Politics." *Review of International Studies* 37 (1): 373–392.

Wrangham, Richard W. 1999. "Evolution of Coalitionary Killing." *Yearbook of Physical*

Anthropology 110 (S29): 1–30.

Wrangham, Richard W., and Dale Peterson. 1996. *Demonic Males: Apes and the Origins of Human Violence*. London: Bloomsbury.

Wright, Henry T. 1977. "Recent Research on the Origin of the State." *Annual Review of Anthropology* 6: 379–397.

Wright, Henry T. 1984. "Prestate Political Formations." In *On the Evolution of Complex Societies: Essays in Honor of Harry Hoijer*, ed. Timothy K. Earle. Malibu, C.A.: Undena Press, 41–77.

Wright, Quincy. [1942] 1983. *A Study of War*. 2nd ed. Chicago, I.L.: University of Chicago Press.

Wrong, Dennis H. 1961. "The Oversocialized Conception of Man in Modern Sociology." *American Sociological Review* 26 (2): 183–193.

Yates, D. S. Robin. 1999. "Early China." In *War and Society in the Ancient and Medieval Worlds: Asia, the Mediterranean*, Europe, and Mesoamerica, eds. Kurt A. Raaflaub and Nathan Stewart Rosenstein. Cambridge, M.A.: Harvard University Press, 7–45.

Zacher, Mark W. 2001. "The Territorial Integrity Norm: International Boundaries and the Use of Force." *International Organization* 55 (2): 215–250.

Zakaria, Fareed. 1992. "Realism and Domestic Politics." *International Security* 17 (1): 177–198.

Zakaria, Fareed. 1998. *From Wealth to Power: The Unusual Origins of America's World Role*. Princeton, N.J.: Princeton University Press.

Zehfuss, Maja. 2001. "Constructivism and Identity: A Dangerous Liaison." *European Journal of International Relations* 7 (3): 315–348.

Zimansky, Paul E. 1995. "The Kingdom of Urartu in Eastern Anatolia." In *Civilizations of the Ancient Near East*. Vol. II, eds. Jack M. Sasson et al. New York, N.Y.: Charles Scribner's Sons, 1135–1146.

佚名, [~500 BC]『春秋』

佚名, [~400 BC] 1988.『左傳』, 長沙: 嶽麓書社.

佚名, [~400 BC] 1988.『國語·戰國策』, 長沙: 嶽麓書社.

商鞅, [~390–338 BC]『商君書』.

韓非, [~280–233 BC]『韓非子』.

司馬遷, [~145–87 BC] 1997.『史記』兩卷, 上海: 上海古籍出版社.

陳壽, [233‐297]『三國志』.

杜金鵬, 2007.『夏商周考古學研究』, 北京: 科學出版社.

江曉原, 鈕衛星, 1999.“以天文學方法重現武王伐紂之年代及日程表”,『科學』, 第5期, 第25‐31頁.

林沄, 1990.“商代兵制管窺”,『吉林大學社會科學學報』, 第1期, 第11‐17頁.

劉慶柱(主編), 2010.『中國考古發現與研究(1949‐2009)』, 北京: 人民出版社.

石曉霆, 陶威娜, 2003.“夏商時期的戈與野戰方式淺說”,『中原文物』, 第5期, 第39‐42頁.

宋鎮豪, 1991.“夏商人口初探”,『曆史研究』, 第4期, 第92‐106頁.

譚其驤(主編), 1991.『簡明中國曆史地圖集』, 北京: 中國地圖出版社.

唐際根, 2010.“夏商周考古”,『中國考古發現與研究(1949‐2009)』, 北京: 人民出版社.

楊寬, 2003.『戰國史』, 上海: 上海人民出版社.

楊升南, 1991.“夏代軍事制度初探”,『鄭州大學學報(哲學社會科學版)』, 第3期, 第40‐46頁.

張國碩, 2008.“夏國家軍事防禦體系研究”,『中原文物』, 第4期, 第40‐49頁.

鄭傑祥, 2005.『新石器文化與夏代文明』, 南京: 江蘇教育出版社.

周膺, 吳晶, 2004.『中國5000年文明第一證: 良渚文化與良渚古國』, 杭州: 浙江大學出版社.

朱乃誠, 2010.“中國新石器時代考古研究”, 載『中國考古發現與研究(1949‐2009)』, 北京: 人民出版社.